KB065924

인간행동과 사회환경 3판

Human Behavior And The Social Environment

손병덕 · 성문주 · 백은령 · 이은미 · 최인화 · 정정호 · 송현아 공저

학지사

3판 머리말

사회복지사는 「사회복지사업법」 제11조 제1항의 규정에 의하여 "사회복지에 관한 전문지식과 기술을 가진 자"로서 인간의 존엄성 존중과 평등, 다양성, 사회적 연대와 협력을 바탕으로 전문적인 지식과 실천기술을 통해 사회구성원 모두가 인간답게 살아갈 수 있도록 일정한 교육과정을 이수하고 사회복지사 2급 자격을 취득하거나, 2급 자격 취득 후 사회복지사 1급 국가시험에 합격하여 보건복지부 장관의 면허를 받고 「사회복지사업법」 제14조에 따라 시도, 시군구 및 읍면동 또는 복지사무 전담 기구에 사회복지 전담 공무원으로 일하거나 지역사회에서 사회복지 프로그램을 개발 · 운영하고 시설거주자의 생활지도를 행하며 아동, 청소년, 노인, 여성, 장애인 등 복지대상자에 대한 보호 · 상담 · 후원 업무를 담당한다.

사회복지사는 인간의 존엄성 존중과 평등을 추구해야 하므로 사회복지사 윤리강령에 따라 전문가로서의 품위와 자질을 유지하고 관장하고 있는 업무에 대하여 책임을 져야 하며, 전문직의 가치를 지니고 관련 지식과 기술을 습득 · 개발 · 전달하는 데 최선의 노력을 기울여야 한다.

'인간행동과 사회환경'은 '사회복지개론'과 함께 사회복지학의 기초학문 영역에 해당하며, 사회복지사 1급 자격시험 과목이기도 하다. 또한 인간행동과 사회환경은 전문적 사회복지 실천을 위하여 인간행동의 영향요인 · 성격 · 이상행동을 고려하고, 생애주기에 적절한 인간발달을 생각하며, 동시에 사회환경을 분석하는 능력을 기르도록 하고, 궁극적으로 최적의 사회복지서비스를 제공하기 위한 서비스 개발의 기초를 제공하는 학문적 방향성을 가진다.

보다 구체적으로 이 책을 통하여 사회복지 실천의 주요 관점인 '환경 속의 인간(person-in-environment)'이라는 입장에서 인간행동을 설명하는 대표적인 이론들에 대한 이해하고, 인간과 사회환경의 상호작용을 체계이론과 생태학이론의 관점에서 파악하며, 개인 · 가족 · 사회 · 문화적 요소 간의 상호작용과 상호교류가 인간행동에 미치는 영향을 이해하고, 인간의 발달을 전 생애주기적 관점(태아기~노년기)으로 바라보며, 각 단계에서 발달의 특성과 과업을 조망하고, 인간행동 · 인간 발달 · 생태체계적 관점에 관한 이론들이 사회복지실천에 갖는 의미와 연관성을 파악하는 데 학습목표를 가진다.

이 책의 완성을 위하여 한국사회복지교육협의회의 최신 지침서를 기반으로 하여 1장과 11장은 총신대학교 손병덕 교수가, 8장과 14장은 남서울대학교 성문주 교수가, 6장과 7장은 총신대학교 백은령 교수가, 12장과 13장은 서울신학대학교 이은미 교수가, 9장과 10장은 명지대학교 최인화 교수가, 4장과 5장은 청운대학교 정정호 교수가, 그리고 2장과 3장은 총신대학교 송현아 교수가 각각 저술에 참여하였다. 저자 일동은 출판을 위하여 애써 주신 학지사 김진환 대표이사님과 모든 직원분께 깊은 감사를 드리며, 이 책을 통하여 사회복지학도들이 사회복지 실천의 전문성을 보다 강화하고, 잘 준비하는 데 도움이 되길 간절히 소망한다.

2022년 9월

저자 일동

1판 머리말

사회복지사는 사회복지학 전공으로 일정한 교육과정을 이수하고 사회복지사 2급 자격을 취득하거나 2급 자격 취득 후 사회복지사 1급 국가시험에 합격하여 보건복지부장관의 면허를 받은 자로, 「사회복지사업법」 제14조에 따라 시·도, 시·군·구 및 읍·면·동 또는 복지사무전담기구에서 사회복지 전담 공무원으로 일하거나 지역사회에서 사회복지 프로그램의 개발·운영 및 시설거주자의 생활지도를 행하며 청소년, 노인, 여성, 장애인 등 복지 대상자에 대한 보호·상담·후원업무를 담당하는 전문가다.

사회복지사는 사회복지사 윤리강령에 따라 전문가로서의 품위와 자질을 유지하고, 관장하고 있는 업무에 대하여 책임을 져야 하며, 전문직의 가치를 지니고 관련 지식과 기술을 습득, 개발, 전달하는 데 최선의 노력을 기울여야 한다.

'인간행동과 사회환경'은 '사회복지개론'과 함께 사회복지학의 기초 학문 영역에 해당하고, 사회복지사 1급 자격시험 과목이기도 하다. 인간행동과 사회환경은 전문적 사회복지 실천을 위하여 인간행동의 영향요인·성격·이상행동을 고려하고, 생애주기에 적절한 인간 발달을 생각하며, 동시에 사회환경을 분석하는 능력을 기르도록 한다. 궁극적으로는 최적의 사회복지 서비스를 제공하기 위한 서비스 개발의 기초를 제공하는 학문적 방향성을 가진다.

보다 구체적으로 이 책이 추구하는 학습목표는 사회복지 실천의 주요 관점인 '환경 속의 인간(person in environment)'이라는 입장에서 인간행동을 설명하는 대표적인 이론들에 대해 이해하고, 인간과 사회환경의 상호작용을 체계이론과 생태학이론의 관점에서 파악하며, 개인 · 가족 · 사회 · 문화적 요소 간의 상호작용과 상호교류가 인간행동에 미치는 영향을 이해하는 것이다. 또한 인간의 발달을 전 생애주기적 관점으로 바라보고, 각 단계별 발달의 특성과 과업을 조망하며, 인간행동 · 인간 발달 · 생태체계적 관점에 관한 이론들이 사회복지 실천에 갖는 의미와 연관성을 파악한다.

이 책은 한국사회복지교육협의회의 최신 지침서를 기반으로 1장과 11장은 총신대 손병덕 교수가, 8장과 14장은 남서울대 성문주 교수가, 6장과 7장은 총신대 백은령 교수가, 12장과 13장은 서울신학대 이은미 교수가, 9장과 10장은 명지대 최인화 교수가, 4장과 5장은 청운대 정정호 교수가, 그리고 2장과 3장은 피츠버그대 송현아 연구원이 각각 저술에 참여하였다. 저자 일동은 출판을 위하여 애써 주신 학지사 김진환 사장님과 모든 직원분께 깊은 감사를 드리며, 이 책을 통하여 사회복지학도들이 사회복지 실천의 전문성을 갖추고 보다 강화하는 데 도움이 되길 간절히 소망한다.

2014년 8월

저자 일동

차례

인간행동에 관한 주요 이론: 프로이트, 융, 아들러, 에릭슨의 정신역동이론 … 35

인간행동에 관한 주요 이론: 피아제, 콜버그의 인지이론 … 95

인간행동에 관한 주요 이론: 파블로프, 스키너, 밴듀라의 행동주의이론 … 119

인간행동에 관한 주요 이론: 매슬로, 로저스의 인본주의이론 … 151

사회체계이론과 생태학이론 … 181

사회환경의 수준: 미시 · 중간 · 거시체계 … 209

다문화이론 … 247

인간의 성장과 발달: 태내기에서 유아기 … 267

인간의 성장과 발달: 아동기 … 325

인간의 성장과 발달: 청소년기 … 351

인간의 성장과 발달: 청년기 … 373

인간의 성장과 발달: 장년기 … 399

인간의 성장과 발달: 노년기 … 423

제1장

인간행동, 발달, 사회환경과 사회복지 실천

학습목표

- 인간행동과 사회복지 실천을 이해한다.
- 인간 발달과 사회복지 실천을 이해한다.
- 사회환경과 사회복지 실천을 이해한다.
- 가족, 집단, 지역사회와 사회복지 실천을 이해한다.
- 인간행동, 발달, 사회환경과 사회복지 실천의 함의를 인지한다.

1. 인간행동과 사회복지 실천

1) 인간행동에 미치는 영향요인

인간행동을 관찰하고 이해하는 것은 효과적인 사회복지 실천을 위한 필연적인 요소다. 인간행동은 문화, 태도, 정서, 가치, 윤리, 유전 등에 영향을 받은 인간에 의해 표출된 행위이고 그 행위는 본능, 욕구, 충동, 분노, 기쁨, 절망 등의 내적 상태를 포함한다. 버거와 페데리코(Berger & Federico, 1982)는 인간행동에 영향을 미치는 요인으로 유전적 · 신체적 특성과 같은 생물학적 원인, 개인의 인지 · 심리 · 정서적 원인, 정치 · 경제 · 종교 · 교육 등과 같은 사회구조적 원인 그리고 오랫동안 축적된 가치 · 생활양식과 같은 문화적 원인을 제시하였다. 이 네 가지 원인들은 서로 상호작용하면서 인간행동에 영향을 미치는 것으로 이해된다. 각각의 원인을 살펴보면 다음과 같다.

첫째, 인간은 부모로부터 전해진 유전적 특성에 기인한 유전적 영향을 받아 장애를 위시한 타고난 특정 건강상태를 가질 수 있고, 이것과 연관된 행동특성을 가질 수 있다. 생리적 차원에서 가족력에 따라 신체건강문제에 취약할 수 있고 행동특성에 영향을 미칠 수 있다.

둘째, 인간행동은 개인이 가진 인지 · 심리 · 정서적 특성에 따라 다르게 나타날 수 있다. 인지 능력과 수준에 따라 행동양식이 다르게 표현될 수 있고, 심리 · 정서 상태에 따라서도 안정적 혹은 공격적 행동양식이 나타날 수 있다.

셋째, 정치 · 경제 · 종교 · 교육 등과 같은 사회구조적 원인에 따라서도 행동특성이 다르게 나타날 수 있는데, 예를 들어 경제적 위기를 경험하고 있는 사람은 자신의 경제적 위기상황 때문에 불안 · 불안정한 행동특성을 나타낼 수 있다.

넷째, 오랫동안 축적되어 온 문화적 가치나 생활양식은 인간행동과 사고를 제한할 수 있다. 서로 다른 문화적 배경은 해당 문화에 지속적으로 노출되어 온 사람의 행동양식을 결정하며 다른 문화를 경험하고 받아들이지 않는 한 독특한 문화에 따른 행동특성은 보존된다.

2) 성격과 인간행동

인간행동은 개인의 성격특성에 따라 표출되는 경향이 있다. 따라서 인간행동에 대한 적절한 이해를 위하여 인간의 성격특성을 이해할 필요가 있다. 성격을 이해할 수 있다면 드러난 행동을 분석하고 변화 추이를 예측할 수 있으며 이상적인 행동변화를 모색할 수 있는 방안을 계획할 수 있을 것이다. 즉, 성격을 파악할 수 있다면 인간행동의 원인을 보다 분명하게 분석하여 행동개선을 목적으로 변화를 위한 구체적인 방법을 사회복지 실천을 통하여 실현할 수 있다. 인간의 성격에 대한 적절한 이해를 돕기 위해 프로이트(S. Freud), 에릭슨(E. Erikson), 아들러(A. Adler), 융(C. Jung) 등 정신역동이론가들과 켈리(G. Kelly), 피아제(J. Piaget), 콜버그(L. Kohlberg) 등 인지이론가들의 견해를 폭넓게 공부한다면 효과적인 사회복지 실천을 위한 발판을 삼을 수 있을 것이다.

3) 이상행동

인간의 행동특성 중 사회문화적 규범에서 벗어나거나, 사회부적응 행동, 개인과 타인에게 불편과 고통을 유발하는 행동을 이상행동이라 한다(최정윤, 박경, 서혜희, 2006). 이는 곧 변화와 개선의 대상이 됨으로써 사회복지의 실천대상이 된다. 이상행동 분류체계의 표준으로 사용되는『정신질환의 진단 및 통계 편람, 5판(Diagnostic and Statistical Manual of Mental Disorders, Fifth

Edition: DSM−5)』은 미국 정신의학협회(American Psychiatric Association)가 출판하는 서적으로, 정신질환의 진단에 가장 널리 사용되고 있다. 비슷한 목적으로 많이 사용되는 책으로는『질병 및 관련 건강 문제의 국제적 통계 분류(International Statistical Classification of Diseases and Related Health Problems: ICD)』가 있는데, DSM은 정신질환에 집중하는 반면 ICD는 모든 종류의 질병을 다룬다. DSM은 처음 출판된 뒤 II, III, III−R, IV, IV−TR, V판 등으로 여섯 차례 개정되었는데, 2013년 5월 18일 개정된 DSM−5가 가장 최신 개정판이다. 우리나라의 사회복지 실천 분야에서는 이상행동과 부적응 행동을 판별하고 돕는 정신보건사회복지사가 전문실천가로 활동하고 있다.

정신보건사회복지사의 의미와 자격 취득 방법

정신보건사회복지사는 정신질환자에 대한 개인력 및 사회 작업과 정신질환자에 대한 사회산업 및 방문 지도를 수행하고, 사회복귀시설을 운영하며 정신질환자의 사회복귀 촉진을 위한 생활훈련 및 작업훈련, 정신질환자와 그 가족에 대한 교육, 지도, 상담 등의 업무를 수행하는 사회복지사다.

〈정신보건사회복지사 자격 취득 방법〉

자격 급수	응시자격
정신보건 사회복지사 1급	–「교육법」에 의한 대학원에서 사회복지학 또는 사회사업학을 전공한 석사학위 이상 소지자로서 보건복지부장관이 지정한 수련기관에서 3년 이상 수련을 마친 자 – 2급 정신보건사회복지사 취득 후 정신보건시설 또는 보건소에서 5년 이상 정신보건 분야의 임상실무 경험이 있는 자
정신보건 사회복지사 2급	–「사회복지사업법」에 의한 사회복지사 1급 자격소지자로서 보건복지부장관이 지정한 전문요원 수련기관에서 1년 이상 수련을 마친 자

2. 인간 발달과 사회복지 실천

인간은 태아기로부터 노년기에 이르기까지 전 생애에 걸쳐 역동적인 변화를 경험하는데 이러한 인간의 역동적 변화를 발달로 설명이 가능하다. 즉, 인간 발달은 인간의 생애 전 과정에 걸쳐 유전적 · 환경적 영향의 결과로 인하여 인간의 신체, 인지, 심리 · 정서, 사회성이 지속적으로 진보 혹은 퇴행적 변화되는 것으로 이해할 수 있다(손병덕, 강란혜, 백은령, 서화자, 양숙미, 황혜원, 2010). 발달은 성장과 성숙으로 구분할 수 있는데 성장은 신체의 증대와 근력 증가와 같은 양적 확대를 의미하고 성숙은 유전적 혹은 내적 기제작용에 의하여 신체 · 인지 · 심리 · 정서 · 사회성이 체계적으로 진행되어 가는 것을 의미한다(Berk, 2002). 모든 인간은 생애주기 전체를 통하여 신체적으로, 인지적으로, 심리 · 정서적으로, 사회적으로 발달해야 하고 국가는 그런 발달이 가능하도록 사회보장제도와 사회서비스를 구비할 책임이 있으며, 사회복지사는 그런 국가의 책임과 역할의 원활한 수행을 효과적으로 돕는 사회복지 전문서비스 분야를 담당하고 있는 것이다. 따라서 효과적인 사회복지 실천을 목적으로 하는 사회복지사에게 인간 발달에 대한 이해는 인간을 대상으로 하는 사회복지 실천을 위하여 필수적으로 선행되어야 한다.

다양한 유전적 · 환경적 영향을 받아 성장과 성숙을 경험한 인간은 그 영향 수준도 상이하므로 행동특성도 다양하게 형성된다. 인간이 나면서부터 청년기에 이르는 기간에 경험하는 신체적 성장과 정신적 성숙을 관찰한 피아제는 인간 발달 논의를 위한 유용한 틀을 제공해 준다. 피아제(Piaget, 1983)는 출생 후 4주간에 해당하는 태아 때에는 아직 두개골을 이루는 뼈가 봉합되지 않은 상태에서도 호흡, 순환, 체온 조절, 배설 같은 기본적인 생리적 기능을 가진다고 하였다. 또 출생 이후 2세까지에 해당되는 영아기에는 신체 발달, 골격 발달, 치아 발달 등 신체적 발달과 함께 운동, 감각, 지각 및 수면 · 수유 ·

배설 기능의 발달이 이루어지는 감각운동기를 거치면서 보고, 듣고, 느끼지 못했던 대상의 존재를 느끼게 되고, 언어 및 낯가림과 격리불안 같은 사회정서 발달이 이루어짐을 관찰하였다. 2세 이후부터 6세에 해당되는 유아기에는 신체운동 기능의 발달에 따른 일상생활 자조기술의 습득, 상징 · 자기중심성 · 직관적 사고 등의 인지 발달, 타인과 의사소통을 위한 언어 발달, 자아개념과 분화된 감정표현을 포함하는 사회정서 발달이 이루어진다고 하였다. 6세 이후부터 12세까지에 해당되는 아동기에는 신체 발달, 정신적 조작 · 논리적 사고 · 탈중심화 · 가역적 사고가 가능한 인지 발달, 자아존중감 · 또래관계 · 도덕성 발달이 가능한 사회정서 발달이 이루어진다고 하였다. 13세 이후부터 청년기에는 2차 성징의 출현과 함께 키와 몸무게의 마지막 급격한 성장, 논리적이고 추상적 관념을 다루는 조작형성 발달, 독립감 · 성적 정체감 · 직업결정 등 사회 · 심리적 성장과 발달이 이루어진다고 보았다.

에릭슨(Erikson, 1982)은 인간이 개인에게 미치는 사회문화적 영향을 극복하면서 심리사회적 발달단계를 경험하게 되는데, 확고한 심리사회적 발달을 위해서는 일생 동안 여덟 가지 심리사회적 위기를 성공적으로 해결해야 한다고 보고 각 단계에서 성취해야 할 발달과업을 제시하였다. 출생~1세의 기본적 신뢰감 대 불신감의 단계에서 세상은 안전하고 '살 만한 곳'이라는 느낌을 가질 수 있어야 하고, 1~3세의 자율성 대 수치심 · 회의 단계에서는 결정할 수 있는 독립된 인간이라고 인식해야 한다. 3~6세의 주도성 대 죄책감 단계에서는 새로운 것을 시도하고 실패를 처리할 수 있는 능력을 개발해야 하고, 6세~사춘기의 근면성 대 열등감 단계에서는 기본적 기술을 배우고 다른 사람과 함께 일하는 것을 배워야 하며, 사춘기의 정체감 대 정체감 혼란 단계에선 지속적이고 통합된 자아감을 개발해야 한다. 성인 초기의 친밀 대 고립 단계에서는 사랑을 나누는 관계를 다른 사람과 공유해야 하고, 성인 중기의 생산성 대 침체성 단계에서는 자녀 양육과 보호 또는 다른 생산적 일을 통하여 젊은 세대에 기여해야 하며, 노년기의 통합 대 절망 단계에서는 자신의 인생을 만족스럽고 가치 있는 삶으로 여기고 인생을 관조할 수 있는 과제를 성취해야 한다. 이처럼 인간의 생애주기에서 성취가 필요한 각 발달영역을 이해한다면 기대되는 신체, 인지, 심리 · 정서, 사회성 발달이 이루어졌는지 판단하고 필요한 부분을 사회복지 서비스에 적극적으로 반영할 수 있을 것이다. 즉, 인간 발달의 견지에서 태아의 발달에 필요한 산모의 영양 상태가 적절한지, 신생아의 신체 · 생리적 기능이 잘 발달하고 있는지, 영아의 신체 · 운동, 감각 · 지각, 생리적 기능, 인지, 언어, 사회정서의 발달이 안정적인지, 유아의 신체, 인지, 언어, 사회정서의 발달이 잘 형성되고 있는지, 아동기의 신체, 인지, 사회정서의 발달이 유아기의 과업을 성취하고 있는지, 청소년기의 신체, 인지, 심리 · 정서, 사회성, 도덕성, 행동의 특성이 성장 단계에 부합하는지, 청년기의 직업 선택과 결혼 · 부모됨의 준비가 적절한지, 장년기의 성인생활 이슈와 역할변화에 대처 준비가 잘되어 있는지, 노년기의 신체적 변화 · 새로운 역할 · 죽음에 대한 대책이 어떤지를 살펴보아 발달의 지체나 문제 상황을 파악하여 바람직한 발달을 유도하고 발달을 저해하는 요소들을 억제하는 데 효과적인 사회복지 서비스를 제공하는 것이 필요할 것이다.

효과적인 사회복지 실천을 위한 실천방안으로 제시되고 있는 사례관리를 예로 든다면 문제에 대한 사정(assessment), 개입을 위한 서비스 계획 수립, 개입, 모니터링, 평가(재평가), 종결로 이어지는 사례관리 실천과정(손병덕, 황혜원, 전미애, 2008)에서 인간 발달에 대한 생애주기 이해는 엄밀한 사정을 위한 기본적이고도 필수적인 지식이 된다.

3. 사회환경과 사회복지 실천

인간행동과 발달은 사회환경과 상호작용함으로써 이루어진다. 따라서 인간행동과 발달에 대한 이해를 위해서는 그것에 영향을 미치는 사회환경에 대한 이해가 필요한데, 이때 생태체계이론(Ecological System's Theory)이 유용하다. 생태체계이론은 인간행동에 영향을 미치는 다양한 체계 수준, 즉 개인, 가족과 조직(또래, 학교, 이웃)을 포함하는 소집단, 지역사회와 같은 보다 넓은 생태체계에 관심을 둔다. 보다 체계화하여 생태체계는 미시체계(microsystem, 가족, 친구, 학교, 교사, 이웃 등 직간접적인 영향), 중간체계(mesosystem, 두 가지 이상의 미시체계가 상호작용하여 일어나는 과정으로서 이웃과 친구, 가족과 이웃, 가족과 학교, 학교와 가족, 학교와 친구 사이에 발생하며 관계, 맥락적 영향을 미침), 외적 체계(exosystem, 개인과 미시체계를 둘러싼 보다 큰 환경으로서 정부 · 공공기관 등으로 정책과 서비스를 통하여 영향을 미침), 거시체계(macrosystem, 정치, 문화, 경제, 종교 등 거시적 환경을 말하며 비교문화적 차이가 있음), 시간체계(chronosystem, 전 생애에 걸쳐 일어나는 변화와 사회환경으로 시대적 의미와 해석이 달라짐)로 구분할 수 있다([그림 1-1] 참조). 인간행동은 자

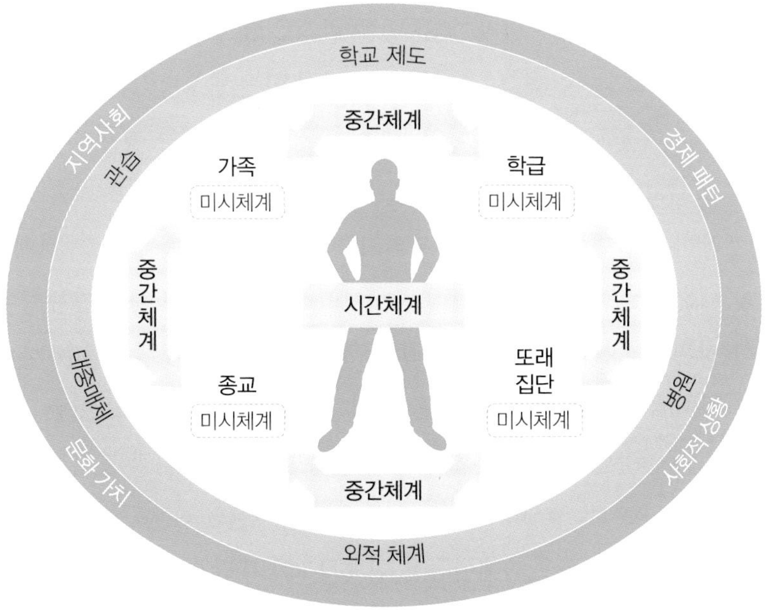

[그림 1-1] 브론펜브레너의 생태체계이론

출처: Bronfenbrenner & Morris (1998), p. 196.

신을 둘러싼 사회체계 환경과 상호작용하는 과정에서 발전 혹은 퇴행할 수 있으므로 인간과 사회환경은 하나의 통합된 전체로 볼 수 있다. 그러므로 인간행동에 개입하여 개선과 변화를 계획하려 한다면 단순히 한 가지 사회환경을 고려할 것이 아니라 미시체계, 중간체계, 외적 체계, 거시체계, 시간체계 전반을 통합적으로 판단하여 영향을 미치는 다면적 요소들을 판별해 낼 수 있어야 한다.

1) 가족과 인간행동

가족은 부부와 자녀로 구성되는 기본적인 사회집단이자 이익관계를 초월한 애정적인 혈연집단으로서 양육과 사회화를 통하여 행동 발달이 이루어지는 근원적 사회체계다. 특히 양육방식, 가족 상호작용에 의하여 구성원의 인지 · 심리 · 정서 · 사회적 발달 기반을 제공해 줄 수 있다. 예를 들면, 강압주의적 양육방식은 학대가 발생할 수 있는 환경을 조성하여 불안 · 공격 행동을 유발시킬 수 있는 반면, 민주적이고 신뢰성 있는 양육방식은 사회적 책임감이 강하고 자율성이 높으며 학교생활에 적응도를 높이는 것으로 나타난다(배장섭, 2017; Buri, 1991). 가족 구성원 간 경계선이 명확한 경우 자율성과 자아 정체감이 확립될 수 있는 가족 분위기를 만드는 데 도움이 되고, 경계선이 모호할 때는 서로의 자율성을 침해하여 개인적 독립성을 저해할 가능성이 높아진다(정은희, 2017; Minuchin, 1974). 부모의 이혼과 재혼을 경험할 경우 자녀들은 정서적으로 부정적인 경험을 하게 될 가능성이 높아지고 이런 고통은 청소년기, 청 · 장년기까지 부정적인 영향을 미쳐 심리사회적 부적응 행동을 유발할 수 있다(Wallerstein, 1991: 손병덕, 2009에서 재인용). 아동이 부모의 학대와 폭력에 노출될 경우 피해아동은 신체적 고통뿐만 아니라 심리정서적 행동장애를 경험할 수 있으며, 사회화 과정에서 심각한 어려움에 노출될 수 있다(손병덕, 2012). 이처럼 가족체계의 역기능은 인간행동의 부적응, 부정적 발

달과 밀접한 관련이 있다.

2) 집단과 인간행동

집단은 두 사람 이상의 개인이 다른 구성원들을 인지하고 목적을 달성하기 위해 상호작용하는 상태에 있는 조직의 한 형태를 의미하며 개인은 집단의 한 부분으로서 혹은 집단과 상호작용을 함으로써 친밀감과 응집력을 통하여 자아 정체감을 찾을 수 있다(오명금, 심혜숙, 2001; Johnson & Johnson, 1997). 반면에 집단으로부터 소외될 경우 고독과 우울감을 가질 수 있으며 긴장과 갈등관계로 인하여 적대적 행동 표출에 의한 반사회적 행동을 나타낼 수도 있다. 청소년의 경우 또래집단으로부터 인정을 받으려는 경향이 있고, 또래집단의 인정에 의하여 자아존중감을 얻을 수 있다. 그러나 또래집단으로부터 소외될 때, 자기중심적이고 공격적이며 폭력적인 행동양식을 보일 수 있다(Sim & Koh, 2003).

3) 지역사회와 인간행동

지역사회(community)는 지리적 장소에 기반을 두고 지역 주민들의 삶의 질을 향상시키며, 공통된 욕구문제를 해결·해소하기 위하여 상호 의존하는 조직으로서 개인과 사회 일반을 연계하는 중간체계로 존재한다(Norlin & Chess, 1997). 지역사회의 인적·물적 자원이 적절하게 공급되지 못할 경우 해당 지역사회의 인간은 환경의 지지를 받지 못하고, 필요한 욕구자원을 얻지 못한 결과 부적응 행동을 경험할 수 있다(김예리, 임경수, 김현수, 2016; Pillari & Newsome, 1998). 특히 지역사회가 서로 협력과 공존이 아닌 경쟁과 개인적 이익을 추구하는 모습을 나타낼 때 개인은 비인간화와 소외 현상에 의해 사회적 일탈행동의 가능성을 높일 수 있다. 개인의 문제행동을 개선하기 위하여 가족이 적극적인 역할을 담당하기 어렵거나 추가적인 자원을 필요로 할 경우 지역사회의 자원을 연계하기 위한 노력이 요구된다. 즉, 지역사회에 존재하는 전문인이나 필요한 자원을 연계하고 조직화하여 개인의 행동개선 역량을 극대화하고 지지 기능을 강화할 수 있다.

4. 인간행동, 발달, 사회환경과 사회복지 실천의 함의

1) 인간행동과 사회복지 실천의 함의

인간행동은 생물학적 원인, 개인의 인지·심리·정서적 원인, 사회구조적 원인 그리고 문화적 원인에 따라 다양한 행동특성을 나타낼 수 있다. 또한 인간행동은 개인의 성격특성에 따라서도 다르게 표출될 수 있다. 이렇게 다양하게 표출되는 행동특성들 중 사회문화적 규범에서 벗어나거나 개인과 타인에게 불편과 고통을 유발하는 행동을 이상행동이라 하고, 이는 변화를 위한 개입이 필요한 사회복지 실천대상이 된다. 효과적인 사회복지 실천을 위하여 인간행동의 원인이 되는 생물학적 원인, 개인의 인지·심리·정서적 원인, 사회구조적 원인, 문화적 원인과 성격특성 그리고 정상행동에서 벗어난 이상행동을 사정하여 개선을 위한 개입을 사회복지 실천현장에서 계획할 수 있다.

2) 인간 발달과 사회복지 실천의 함의

사회복지 실천은 인간 생애주기 전반에 걸쳐 제공될 필요가 있다. 예를 들어, 태아의 적절한 발달을 위하여 산모의 흡연·음주, 약물복용의 제한, 영양상태 결핍의 예방, 부정적인 정서상태에 있지 않도록 임신과 출산과정에 대

한 교육 프로그램의 제공 그리고 스트레스를 해소할 수 있는 사회복지 서비스를 통한 개입 등이 요청된다. 유아기의 환경 속에서 아동은 학대로부터 보호되어야 하므로 학대 유형과 제공된 개입 서비스, 양육 태도에 따른 유아의 심리정서적인 부정적 영향을 해소하기 위하여 긍정적인 양육방법을 교육하고 상담하는 프로그램의 실천이 필요하다. 가정 해체나 빈곤 등의 문제로 시설보호를 받고 있는 아동, 장애아동 등 사회적 소외경험 아동들을 위하여 대상아동의 발달적 특징과 개입방안을 적용하고 정보제공 · 상담 · 자원의 연계를 계획할 수 있다. 불안정한 사회화를 경험하는 청소년들의 폭력, 가출, 성매매, 우울, 학교부적응, 범죄 등의 문제를 개입하기 위한 실제적인 개입방법의 개발이 필요하다. 청년기의 직업문제로 인한 스트레스, 결혼과 부모역할 준비를 위한 서비스, 장년기의 급속한 역할변화에 따른 다양한 문제대처 서비스, 노년기의 노후생활 개입 서비스 등 생애주기에 적합한 인간 발달을 촉진하는 서비스의 실천이 현장에서 요청된다.

3) 사회환경과 사회복지 실천의 함의

가족은 사회의 기본 단위이자 일차적으로 가족 구성원들을 보호하고자 하는 대상자의 정서적 욕구를 충족시켜 줄 수 있다는 점에서 가족에게 기대되는 사회복지 실천 요구는 매우 크다. 가족에 대한 직접개입, 가족보호, 가족생활교육, 가족보존, 가족치료, 가족옹호 서비스 실천을 통하여 가족 구성원들의 보호와 보장, 원가족 유지를 도모할 수 있다.

집단은 인간에게 영향을 미치는 사회환경체계로서 인간의 문제를 예방 · 해결 · 해소하고 성장 및 발달을 촉진하기 위해 적극적인 사회복지 실천방안으로 활용할 수 있다. 대인관계 개선, 재활, 교육 및 자조 · 치료를 목적으로 하는 자조집단, 치료집단, 성장집단, 대면집단, 상호부조집단, 과업집단 등을 조직하여 사회복지 실천현장에서 활용할 수 있다.

지역사회는 인간에게 영향을 미치는 보다 넓은 형태의 환경체계로서 요구되는 기회와 자원을 위해 조직화할 수 있으며 필요한 자원을 연계시킬 수 있는 장이 될 수 있다. 따라서 지역사회가 어떻게 영향을 미치는지, 필요한 자원은 존재하는지에 관하여 지속적으로 탐색하고 자원을 확보하는 노력이 요구된다.

정신건강사회복지사란?

- 「정신건강증진 및 정신질환자 복지서비스 지원에 관한 법률」 제17조(정신건강전문요원의 자격 등) 제1항에서 명시하고 있는 정신건강전문요원의 하나

〈정신건강사회복지사 되기〉

- 정신건강사회복지사 1급

① 사회복지학 또는 사회사업학에 대한 석사학위 이상을 소지한 사람으로서 보건복지부장관이 수련기관에서 3년(2급 자격 취득을 위한 기간은 포함하지 아니한다) 이상 수련을 마친 사람

② 2급 정신건강사회복지사 자격을 취득한 후 정신건강증진시설, 보건소 또는 국가나 지방자치단체로부터 정신건강증진사업 등을 위탁받은 기관이나 단체에서 5년 이상 근무한 경력(단순 행정업무 등 보건복지부장관이 정하는 업무는 제외한다)이 있는 사람

- 정신건강사회복지사 2급

「사회복지사업법 시행령」 제11조 제2항에 따른 사회복지사 1급 자격을 소지한 사람으로서 수련기관에서 1년 이상 수련을 마친 사람

- 정신건강전문요원의 업무범위(「정신건강증진 및 정신질환자 복지서비스 지원에 법률 시행령」 제12조 제2항 관련)

1) 정신건강전문요원의 공통 업무

① 정신재활시설의 운영

② 정신질환자 등의 재활훈련, 생활훈련 및 직업훈련의 실시 및 지도

③ 정신질환자 등과 그 가족의 권익보장을 위한 활동 지원
④ 법 제44조 제1항에 따른 진단 및 보호의 신청
⑤ 정신질환자 등에 대한 개인별 지원계획의 수립 및 지원
⑥ 정신질환 예방 및 정신건강복지에 관한 조사 · 연구
⑦ 정신질환자 등의 사회적응 및 재활을 위한 활동
⑧ 정신건강증진사업 등의 사업 수행 및 교육
⑨ 그 밖에 제1호부터 제8호까지의 규정에 준하는 사항으로 보건복지부장관이 정하는 정신건강증진 활동

2) 정신건강사회복지사의 역할

① 정신질환자 등에 대한 사회서비스 지원 등에 대한 조사
② 정신질환자 등과 그 가족에 대한 사회복지서비스 지원에 대한 상담 · 안내

출처: 한국정신건강사회복지사협회: 정신건강사회복지사.
http://www.kamhsw.or.kr/sub.php?menukey=89

생각해 볼 문제

1. 인간행동의 영향요인들을 설명해 보시오.
2. 성격과 인간행동의 관계를 설명해 보시오.
3. 이상행동의 개념을 설명해 보시오.
4. 효과적인 사회복지 실천을 위하여 인간 발달 특성에 대한 이해가 필요한 이유를 제시해 보시오.
5. 효과적인 사회복지 실천을 위하여 사회환경에 대한 이해가 필요한 이유를 제시해 보시오.
6. 인간행동에 미치는 가족의 영향요인들을 설명해 보시오.
7. 인간행동에 미치는 집단의 영향요인들을 설명해 보시오.

8. 인간행동에 미치는 지역사회의 영향요인들을 설명해 보시오.

9. 인간발달이론이 사회복지실천에 미친 영향으로 옳지 않은 것은?

   ① 피아제(J. Piaget)의 이론은 아동의 과학적, 수리적 추리과정의 발달과정을 이해할 수 있도록 준거틀을 제시하였다.

   ② 프로이트(S. Freud)의 이론은 클라이언트의 심리 내적 갈등이 무의식의 동기에서 비롯된다는 것을 인식하도록 하였다.

   ③ 에릭슨(E. Erikson)의 이론은 클라이언트의 생애주기에 따른 실천개입의 지표를 제시해 주었다.

   ④ 스키너(B. Skinner)의 이론은 클라이언트의 모방학습의 중요성을 인식하도록 하였다.

   ⑤ 매슬로(A. Maslow)의 이론은 클라이언트의 욕구를 파악하고 평가하는 데 유용하다.

10. 인간 발달에 관한 설명으로 옳지 않은 것은?

   ① 각 단계의 발달은 이전 단계의 발달에 의하여 영향을 받지 않는다.

   ② 인간 발달에는 일반적인 원리가 존재하지만 모든 사람들이 동일하게 발달하는 것은 아니다.

   ③ 발달과정에는 결정적 시기가 존재한다.

   ④ 유전적 요인과 환경적 요인 모두 인간 발달에 중요하다.

   ⑤ 중추부에서 말초로, 상체에서 하체의 방향으로 발달한다.

참고문헌

김예리, 임경수, 김현수(2016). 아동의 심리사회적 부적응 상관요인에 관한 메타분석 -생태체계적 접근-. 한국아동복지학, 56, 165-193.

배장섭(2017). 부모양육행동, 정서문제 및 삶의 목표가 청소년의 학습습관에 미치는 영향. 뇌교육연구, 19, 51-71.

손병덕(2009). 이혼 · 재혼가정 아동의 공격위축행동에 영향을 미치는 요인의 경로분석: 일반가정 아동과 비교연구. 한국가족복지학, 14(4), 113-136.

손병덕(2012). 아동의 권리침해 현황: 성폭력과 학대로부터 아동보호. **한국범죄학, 6(2)**, 157-184.

손병덕, 강란혜, 백은령, 서화자, 양숙미, 황혜원(2010). **인간행동과 사회환경**. 서울: 학지사.

손병덕, 황혜원, 전미애(2008). **가족복지론**. 서울: 학지사.

오명금, 심혜숙(2001). MMTIC을 활용한 자아발견 집단상담이 소외학생의 자아정체감과 학교생활적응에 미치는 영향. **한국심리유형학회지, 8**, 25-44.

정은희(2017). 가족갈등과 가구주 우울수준의 상호관계에 대한 종단연구. **한국가족복지학, 55**, 31-58.

최정윤, 박경, 서혜희(2006). **이상심리학**. 서울: 학지사.

한국정신건강사회복지사협회: 정신건강사회복지사. http://www.kamhsw.or.kr/sub.php?menukey=89

Berger, R. L., & Federico, R. C. (1982). *Human behavior: A social work perspective*. London: Longman.

Berk, L. (2002). *Infants and children: Prenatal through middle childhood*. MA: Allyn & Bacon.

Bronfenbrenner, U., & Morris, P. A. (1998). The ecology of developmental processes. In W. Damon (Series Ed.) & R. M. Lerner (Vol. Ed.), *Handbook of child psychology: Vol. 1. Theoretical models of human development* (pp. 993-1028). New York: Wiley.

Buri, J. (1991). Parental authority questionnaire. *Journal of Personality Assessment, 57*, 76-90.

Erikson, E. H. (1982). *The life cycle completed*. New York: Norton & Company.

Johnson, D. W., & Johnson, F. R. (1997). *Joining together*. Englewood Cliffs, NJ: Prentice-Hall.

Minuchin, S. (1974). *Families and family therapy*. Cambridge, MA: Harvard University Press.

Norlin, J. M., & Chess, M. A. (1997). *Human behavior and the social environment:*

Social system theory. Boston: Allyn and Bacon.

Piaget, J. (1983). Piaget's theory. In P. Mussen (Ed.), *Handbook of child psychology* (4th ed., Vol. 1). New York: Wiley.

Pillari, V., & Newsome, M. (1998). *Human behavior in the social environment: Families, groups, organizations, and communities*. CA: Brooks Cole.

Sim, T., & Koh, S. (2003). A domain conceptualization of adolescent susceptibility to peer pressure. *Journal of Research on Adolescence, 13*(1), 57-80.

제2장

인간행동에 관한 주요 이론: 프로이트, 융, 아들러, 에릭슨의 정신역동이론

학습목표

- 정신역동이론들의 기본 가정과 주요 개념을 이해한다.
- 정신역동이론들의 공통점과 차이점을 이해한다.
- 인간의 성격 및 행동에 영향을 미치는 개인적 · 사회환경적 요인을 이해한다.
- 정신역동이론에 기초한 심리치료의 목표와 방법을 이해한다.
- 정신역동이론들의 한계점과 사회복지 실천의 함의를 이해한다.

1. 프로이트의 정신분석적 성격이론

1) 프로이트의 생애

정신분석학(psychoanalysis)의 아버지로 불리는 지그문트 프로이트(Sigmund Freud, 1856~1939)는 지금의 체코 모라비아에 위치한 작은 마을의 유대인 가정에서 태어났다. 그는 아버지 제이컵 프로이트(Jacob Freud)와 어머니 아말리아 나탄존(Amalia Nathansohn) 사이에서 태어난 8명의 아이들 중 첫 아들이었다. 넉넉하지 못한 가정 형편이었지만 유달리 호기심이 많고 명석했던 프로이트는 부모님의 사랑을 독차지했고, 여러 언어에 능통했을 뿐 아니라 문학을 사랑하는 소년이었다. 특히 세익스피어의 작품을 많이 읽었고, 훗날 그의 인간 심리에 대한 이해는 그 문학 작품들의 영향을 받았다. 1873년 그의 나이 17세가 될 때 그의 표현에 따르면, 지식에 대한 탐욕(greedy for knowledge)에 이끌려 원래 계획했던 법대가 아닌 비엔나 대학 의대에 진학한다. 프로이트는 대학에서 생리학(physiology)과 신경학(neurology) 연구에 몰입한다. 그 과정에서 모든 유기체는 에너지 체계를 가지며, 그 에너지의 형태는 변하나 총량은 일정하다는 '에너지 보존 법칙(conservation of energy)'을 정리한 유명한 생리학자이며 교수였던 에른스트 브뤼케(Ernst Brücke)를 만난다. 그의 영향으로 프로이트는 이 법칙을 인간의 성격 연구에 적용한다. 즉, 인간의 성격과 행동은 그 내면의 정신 에너지 역동의 영향을 받는다고 주장하였고, 이런 관점은 훗날 그의 정신분석학 또는 정신역동이론 발전의 기초가 된다. 1881년 학위를 받은 뒤 의사가 되기보다는 연구자로 뇌성마비, 실어증 및 미세신경구조를 연구하며 많은 책과 논문을 집필한다. 1885년 가을, 히스테리(hysteria)와 최면술(hypnosis)을 연구하던 신경학자 장 마르탱 샤르코(Jean-Martin Charcot)를 따라 파리에서 지내는 동안 신경학 연구에서 신경병리 분야로 관심을 옮기고, 1902년 신경병리학을 가르치는 대학 교수로 임명된다. 그 후 많은 저서와 논문을 통해 그의 정신분석이론을 수정 · 보완하며 정교화해 나갔다. 그의 말년에는 종교와 문화에 대한 해석과 비판에 몰두하였고, 나치의 유대인 탄압이 심해지자 런던으로 망명한 뒤 오랜 흡연으로 인한 건강 문제로 고생하다 1939년 83세의 나이로 생을 마감한다(Gay, 1998).

2) 프로이트 이론의 인간관과 기본 가정

인간의 이성과 자유의지를 강조하던 계몽주의자들과 달리 프로이트는 인간은 자유의지가 아니라 무의식적 본능에 지배받는 수동적인 존재라고 보았다. 그는 추상적인 인간의 정신세계를 설명하기 위하여 정신(psyche)을 의식, 전의식, 무의식으로 나누어 설명하고 특히 무의식을 모든 에너지의 원천이라고 보았다. 인간의 '불안'과 같은 정서, 성격, 행동 등은 이 무의식에 의해 결정되기에 정신역동이론은 '무의식 결정론'이라고 불리기도 한다. 즉, 인간의 성격과 행동은 정신 에너지 역동의 산물이며, 그 에너지의 역동은 생의 충동(life drive)과 죽음 충동(death drive)으로 유발된다고 믿었다(Boeree, 1997; Freud, 1927, p. 54). 프로이트는 인간의 정신세계는 에너지의 총 양이 변하지 않는 폐쇄체계이며, 이 폐쇄체계 속 한정된 양의 정신 에너지가 어느 쪽으로 표출되는지 혹은 억압되는지에 따라 성격이 달리 형성된다고 보았다. 영유아기 때 에너지가 입이나 항문과 같은 특정 대상에 지나치게 몰리거나 결핍되어 성장 이후에도 그 대상애가 계속 나타나는 것을 고착(fixation)이라고 하고, 이것이 신경증(neurosis)의 원인이 된다고 하였다(Freud, 1949, p. 29).

(1) 생의 충동(삶의 충동): 리비도

생명을 유지 · 보존하여 종족을 이어 가고자 하는 생의 충동의 대부분은 성

적 에너지이며, 이 무의식적이고 생물학적 성적 본능을 리비도(libido)라고 한다. 이 리비도는 타고나는 인간의 가장 근원적인 에너지이며, 한 인간의 성격과 행동을 결정하게 되는 원천이다. 프로이트는 리비도가 집중되면 성적 긴장(sexual tension)이 생기고, 이 긴장을 해소함으로써 만족과 쾌감을 느낀다고 주장했다(Freud, 1927). 따라서 인간의 본능은 긴장은 줄이고 쾌감을 추구하는 '쾌락원칙(pleasure principle)'에 따라 행동한다는 것이 프로이트 이론의 가장 기본적인 가정이다. 하지만 많은 경우의 성 충동의 표출은 의식의 현실세계(outer world)에서 부적절한 것으로 여겨져서 무의식의 세계로 억압된다. 하지만 이렇게 억압된 충동은 소멸하는 것이 아니라 여전히 존재하며 사람들의 성격과 행동에 영향을 미친다(Freud, 1927, p. 12).

(2) 죽음 충동

프로이트는 그의 후기 저서 『쾌락 원칙을 넘어서(Beyond the Pleasure Principle)』를 통해 인간의 성격과 행동은 생의 충동뿐 아니라 죽음 충동의 영향을 받는다고 했다. 죽음 충동은 아무런 긴장도 없는 열반 상태(Nirvāna)를 향한 충동이며, 이는 유기체가 자신의 가장 근원적인 상태인 무생물의 상태로 돌아가고자 하는 충동으로 설명되기도 한다. 그래서 죽음 충동은 현실세계에서 자기 파괴적이거나 혹은 타인을 파괴하려는 공격성 혹은 파괴성의 형태로 나타난다고 주장했다(Freud, 1920, 1927, p. 54). 하지만 이런 충동 역시 부적절한 것으로 판단되면 무의식으로 억압되어 성격과 행동 형성에 영향을 미치게 된다.

3) 인간의 정신세계

(1) 정신의 지형학적 구분

프로이트는 보이지 않는 인간의 정신을 보다 잘 설명하기 위해 의식

(conscious), 전의식(preconscious), 무의식(unconscious)이란 개념을 사용하였고, 이 정신의 지도를 빙산(iceberg)에 비유하여 그려 낸 것을 정신의 지형학적(또는 지정학적) 모형이라 한다. 즉, 우리가 볼 수 있는 빙산은 거대한 실체의 일부이듯 인간의 '의식'은 우리 정신세계의 극히 일부이며, 우리가 의식하지 못하는 '무의식'이라는 거대한 부분이 인간 정신의 내면 깊은 곳에 있다는 것이다. 그리고 무의식은 다시 전의식과 무의식으로 구분된다(Freud, 1927, pp. 10-11; Freud, 1943, p. 260).

① 의식

의식(conscious)은 현재 인간이 감지하고 느끼는 모든 것을 의미하며 외부세계와 직접 맞닿아 있는 영역이다(Freud, 1927, p. 10). 하지만 인간은 외부세계의 모든 것을 의식하진 못한다. 우리가 의식하고 있는 것은 지극히 일부, 즉 빙산의 일각이다. 그렇다면 우리가 의식하지 못하는 많은 부분은 사라진 것일까? 프로이트는 의식 영역 밖의 훨씬 큰 세계가 전의식과 무의식이란 이름으로 인간의 성격과 행동에 지대한 영향력을 행사하고 있다고 믿었다.

② 전의식

전의식(preconscious)은 지금 현재 의식되지는 않지만, 기억해 내려고 조금만 노력을 기울이면 비교적 쉽게 의식될 수 있는 영역이다. 예를 들어, 길을 가다가 낯익은 한 사람을 만났다. 그 사람이 반갑게 아는 척을 하며 다가오는데 잘 기억이 나지 않는다. 그때 그 사람이 자신이 초등학교 6학년 때 한 반 친구였음을 알려 오면 불현듯 그 시절의 잊고 지냈던 추억들이 되살아난다.

③ 무의식

프로이트는 의식된 현실에서 받아들여지기 어려운 본능, 충동, 욕구 혹은 고통스러운 기억과 감정을 의식 아래로 억압하는 경향이 있다고 주장하며 이

를 설명하기 위해 무의식(unconscious)이란 개념을 학문적으로 처음 사용하였다. 무의식은 정신의 대부분을 차지하며, 정신세계 가장 깊은 곳에 자리해서 개인적인 노력으로 의식화될 수 없고, 리비도 같은 정신 에너지의 원천으로 인간의 생각과 행동을 결정하는 원동력이다. 따라서 프로이트 이론의 핵심은 무의식이라고 해도 과언이 아니다.

(2) 정신의 구조적 구분

프로이트(Freud, 1927)는 그가 67세 되던 해,『자아와 원초아(The ego and the id)』를 통해서 인간의 정신을 원초아(id), 자아(ego), 초자아(super-ego)로 나누는 구조적 모델을 발표했다. 이 구조적 모델은 프로이트가 자신의 평생을 받쳐 정립해 온 생각들을 아울러 정리한, 보다 포괄적이고 완성도 높은 이론이며 앞서 소개한 정신의 지형학적 구분과 함께 연계하여 살펴봄으로써 프로이트의 이론을 보다 더 잘 이해할 수 있다(Arlow & Brenner, 1964; [그림 2-1] 참조).

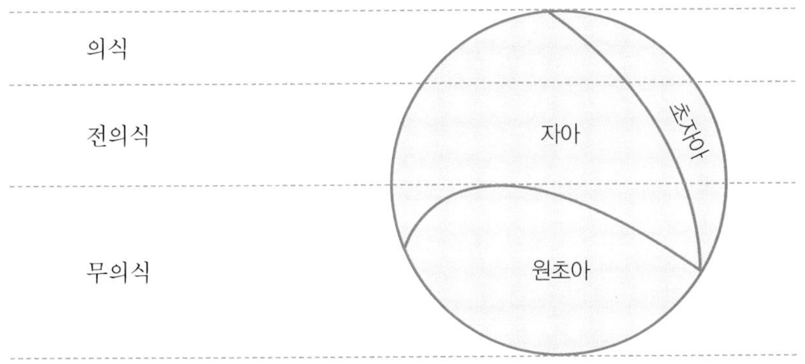

[그림 2-1] 프로이트의 정신의 구조적 모델

출처: Greene (2008), p. 66: Nye (1975)에서 재인용.

① 원초아

원초아는 완전히 무의식적, 충동적, 유아적인 것으로 쾌락원칙에 의해 작동한다. 즉, 본능이자 충동의 원천으로 불쾌감을 줄이고 쾌감과 만족을 추구한다. 프로이트는 인간은 태어날 때 온전히 원초아적 존재라고 여겼는데, 이는 원초아는 자아나 초자아가 출생 이후 분화되는 것과 달리, 태어날 때부터 타고나며, 성장과정에서도 거의 변하지 않는 원시적이고 본능적인 체계로 보았다(강상경, 유창민, 전해숙, 2021). 원초아를 앞서 설명한 지형학적 모델과 연계하여 설명하자면 무의식의 전체가 원초아는 아니지만 원초아는 온전히 무의식 영역에서 활성화된다.

② 자아

자아는 이성적인 판단을 하는 부분으로 비현실적인 쾌락주의를 추구하는 원초아와 비현실적인 도덕주의(impractical moralism)를 추구하는 초자아 사이에서 현실적이고 이성적인 균형을 유지하려는 역할을 한다. 원초아가 쾌락원칙(pleasure principle)을 바탕으로 한다면, 자아는 현실원칙(reality principle)을 따른다(Freud, 1927). 인간의 자아는 생후 4~6개월이 지나면서부터 형성되기 시작하며(강상경 외, 2021), 원초아의 충동이 현실세계에서 수용 가능한 형태로 발현되어 행동하도록 돕는 역할을 한다. 하지만 자아가 이런 과업 수행에 어려움을 겪을 때 불안(anxiety)이 생긴다. 프로이트는 불안을 자아에게 보내는 위험 신호라고 설명했다. 다시 말해, 불안은 원초아가 초자아를 무시하고 현실세계로 표출되려고 하는데 자아가 이를 어떻게 다루어야 할지 모를 때 생기는 감정이며, 이를 해결하기 위해 방어기제(defense mechanism)를 사용하게 되는 것이다. 프로이트(Freud, 1927)는 자아가 위협적인 세 주인들(원초아, 현실세계, 초자아) 사이에서 끊임없이 자기를 보호하기 위해 투쟁하고 있다고 설명하였고(p. 82), 자아가 그 사이에서 발생하는 불안을 잘 해결하지 못하면 신경증의 원인이 될 수 있다고 보았다.

③ 초자아

초자아는 정신의 도덕적 판단을 하는 심판자로서 어떤 주어진 상황에서 한 인간의 행동이 도덕적으로 옳은지 그른지를 혹은 현실세계에서 수용이 가능한지 아닌지를 판단하는 역할을 한다. 프로이트(Freud, 1927)는 초자아의 발달을 심리성적 발달단계와 연결하여 남근기가 끝날 때쯤 오이디푸스 또는 엘렉트라 콤플렉스를 해결하기 위해 동성 부모의 여러 속성을 동일화하는데, 이때 부모의 도덕성까지도 함께 내면화하면서 초자아의 발달이 시작된다고 주장했다(p. 48). 이런 프로이트의 관점은 여전히 논란의 여지가 많지만 여기서 중요한 것은 초자아는 타고나는 것이 아니라 발달과정에서 습득하게 되는 것이라는 점이다. 초자아의 발달에는 어린 시절 양육자(주로 부모님)의 양육태도와 같은 사회화 과정이 중요하다. 예를 들면, 어린아이가 혼자 장난감을 독차지하려고 할 때 그 행동을 제재하고 나누어 사용하도록 하는 상황들을 반복함으로써 초자아가 발달된다. 10~11세 즈음 기본적 도덕관이 형성되나, 이후에도 어느 정도 변화의 여지가 있는 것으로 여겨진다(강상경 외, 2021). 이런 초자아의 발달은 도덕적으로 옳지 못한 행동을 했을 때 자아를 벌하고 이로써 죄책감과 수치심 등의 감정을 느끼게 되기도 한다.

원초아, 자아, 초자아의 관계

정신의 구조적 모델의 이해를 돕기 위하여 프로이트는 원초아와 자아의 관계를 말과 기수의 관계로 비유하여 설명했다(Freud, 1927, p. 30). 말은 힘(energy)과 추진력(drive)을 제공하는 반면, 기수는 그 방향을 정한다. 이처럼 인간의 원초아는 인간의 행동을 유발하는 본능적 힘이며, 자아는 보다 현실 수용 가능한 방향으로 그 행동이 표출되도록 조절해 주는 역할을 한다. 그래서 자아는 성격의 집행자로 표현되기도 한다. 말을 옳은 방향으로 잘 이동시키고 있다는 확신을 가짐에 있어 초자아의 도움을 받는다.

4) 심리성적 성격 발달단계

프로이트(Freud, 1905)는 인간의 심리성적 성격 발달(psychosexual development) 과정을 5단계로 구분하였다. 각 단계마다 리비도가 특히 더 집중되는 영역(zone)이 있는데 그 부위를 따라 구강기, 항문기, 남근기, 잠재기, 생식기로 발달단계의 이름이 붙여졌다. 각 단계마다 리비도의 집중으로 생기는 긴장(tension)이 해소되면서 적정 수준의 쾌감(pleasure)과 만족을 느껴야 그다음 단계로 순적하는 이동 및 발달이 가능하다고 했다. 하지만 특정 단계에서 그 만족이 결핍되거나 지나치면 이는 그 단계에 고착되는 결과를 초래할 수 있고 후에 성인이 되어서도 다시 그 고착된 단계로 돌아가고자 하는 퇴행(regression)의 경향을 보인다고 했다(Freud, 1943, 1949; Gay, 1995, p. 250; 〈표 2-1〉 참조).

(1) 구강기(0~만 1세)

생후 1년 정도까지의 유아기(early infancy)는 리비도가 입에 집중되어 있는 구강기(oral stage)다(Freud, 1974, pp. 97-98; Freud, 1977, p. 96; Newman & Newman, 2007, p. 54). 즉, 생존을 위해서 모유 수유나 젖병을 빨아야 하지만 입으로 빨고 물고 삼키고 뱉는 등의 행위는 단순히 영양을 공급받기 위한 것이 아니라 쾌감을 느끼기 위한 수단이며, 이 시기는 구순동조적 단계라 불린다(Freud, 1943, p. 275). 그래서 아이들은 배가 고프지 않아도 손에 닿는 모든 것을 입으로 빨거나 깨무는 등의 행동을 보이며 잠을 자는 동안에도 입을 오물거리는 것을 종종 관찰할 수 있다. 또한 이가 나기 시작하면 물어뜯으려는 충동을 보이는데, 이 시기를 프로이트는 구순공격적(oral aggressive) 시기라고 보았고, 아이들은 이와 입술로 씹고 뜯는 행위를 통해서 내면의 공격적 충동을 표출한다. 이 구강기 시기에 아이들의 행동을 처음 받아 주는 모성인물(mother figure, 주로 어머니)을 통해 아이들은 자신과 어머니와 분리된 존재임

을 인식하기 시작하며, 개별화, 분리, 대상관계 형성이 시작된다. 구순동조적 단계에서 고착된 사람들은 후에 지나치게 낙관적이거나 타인의존적이고 수동적 성격을 가질 가능성이 높다(권중돈, 2021). 반면, 구순공격적 시기에 고착된 사람들의 경우 논쟁적이고 비판적인 성격이 형성되며, 스트레스를 받으면 폭식을 하고 손톱을 물어뜯거나, 지나친 흡연, 손가락 빨기 등의 습관에 집착하게 된다고 보았다(Freud, 1977, p. 99; Gay, 1995; Greene, 2008).

(2) 항문기(만 1~3세)

만 2~3세 정도까지 나타나는 항문기(anal stage)에는 리비도가 항문에 집중되며 변을 보유하거나 배출하는 활동을 통해서 최고의 기쁨과 만족을 느낀다(Freud, 1974, pp. 97-98; Newman & Newman, 2007, p. 54). 프로이트는 이 시기에 자신이 원하는 것과 현실의 요구 사이의 갈등을 경험하기 시작하면서, 원초아로부터 자아가 분화되며 자아가 발달된다고 보았다. 특히 양육자와의 배변 훈련 과정을 통하여 그들의 본능적 충동이 간섭을 받는 것을 경험하게 된다(Freud, 1943, p. 276). 예를 들어, 어린아이들은 배변 혹은 배뇨를 참으면서 만족감을 느낄 때가 있는데 부모가 변기에 앉혀 놓고 일이 끝날 때까지 기다리고 있는 등의 상황에서 갈등이 생긴다는 것이다. 이 과정에서 권위에 대해 의식하게 되며 이때 형성된 권위자(주로 양육자)와의 관계는 아이의 성격 형성에 영향을 미친다. 너무 이른 시기에 엄격한 배변 훈련으로 인해 항문기에 고착된 사람은 나중에 강박적으로 깔끔하고 정확하며 인색하고 권위자와의 관계에서 어려움을 느끼는 성격을 가지게 된다. 반면, 이 시기의 욕구가 과잉 충족된 경우에는 정리 정돈이 잘 안 되고 지저분하며 반항적인 경향이 생길 수 있다(Greene, 2008).

(3) 남근기(만 3~5세)

만 3~5세 즈음에 나타나는 남근기(phallic stage)에는 리비도가 생식기로 옮겨 가면서 아이들이 자신의 성기에 대한 관심이 증가하고 성에 대한 질문을 하기도 한다(Freud, 1977, pp. 11-12; p. 119). 프로이트는 이 시기에 남아는 오이디푸스 콤플렉스(Oedipus complex), 여아는 엘렉트라 콤플렉스(Electra complex)를 경험한다고 주장한다. 오이디푸스 콤플렉스에 대한 주장은 프로이트가 자신의 어머니와 아버지를 향해 품었던 감정을 스스로 분석함으로써 시작되었다. 즉, 남자아이는 성적 관심을 가지고 어머니를 소유하고 방해자인 아버지를 없애고자 하는 충동을 가진다. 하지만 동시에 이런 생각을 아버지가 알게 되면 자신이 가장 소중하게 여기는 성기를 없애 버릴 것이라는 거세 불안(castration anxiety)을 느낀다(Freud, 1943, p. 278). 이 불안 혹은 갈등을 해결하기 위해 아버지를 향한 경쟁심을 도리어 남자다운 아버지의 태도와 행동과 같은 특성들과 동일시(identification)하는데 이 과정에서 남자의 성 역할의 습득뿐 아니라 도덕성(초자아)도 내면화하게 된다(Freud, 1927, p. 48). 반면, 여아들은 자신에게 남자들이 가진 성기가 없다는 것을 깨닫고 남근에 대한 소망(penis envy)을 가지며 이것을 아버지를 소유함으로써 보상받고자 한다(Freud, 1943, p. 278). 하지만 어머니 때문에 그 충동이 좌절된다고 생각하고 어머니를 경쟁자로 여긴다. 하지만 여자아이들 역시 그 경쟁심을 오히려 어머니와 동일시하는 것으로 극복하며 그 과정에서 여자의 성 역할을 배운다. 남근기에 고착된 남성은 경솔하고 과장이 심하며 야심이 큰 반면, 여성의 경우는 유혹적이며 경박한 기질을 가질 수 있다고 보았다. 이 콤플렉스에 대한 프로이트의 주장은 지금까지도 가장 많이 논쟁이 되는 부분이며 많은 학자에게 인정받지 못하고 있다.

(4) 잠복기(만 6~11세)

잠복기(latency stage) 혹은 잠재기라고도 불리는 이 시기는 만 6~11세 정도로 청소년기의 시작 시기까지 나타나며, 리비도의 휴면기로 리비도가 특정 부위에 집중되지 않고 잠재되어 있는 시기다(Freud, 1977, p. 211). 성적 충동

과 환상이 무의식의 깊은 곳으로 들어가 비교적 심리적으로 평온한 상태를 유지한다. 또한 이 시기의 아이들은 성 에너지를 학업, 취미 생활, 친구와의 우정 등으로 승화시킬 수 있게 된다. 대부분의 에너지가 새로운 기술이나 지식의 발전 또는 특별히 동성 친구와의 관계 형성으로 표출된다.

(5) 생식기(청소년기~성인)

생식기(genital stage) 혹은 성기기는 프로이트의 심리성적 발달의 마지막 단계로 2차 성징이 나타나는 청소년기에 시작된다. 이런 생리적 변화와 함께 성적 관심과 충동이 다시 증가한다. 특별히 이 시기에는 단순한 쾌락이 아닌 이성을 향한 사랑을 추구하며 진정한 사랑을 꿈꾸게 된다. 또한 정서적 안정감을 유지하기 위하여 자신의 충동 만족을 지연시키는 법을 배우고 보다 다양한 현실 수용적인 방법으로 욕구를 승화시킬 수 있게 된다. 프로이트는 이 시기에 보다 긍정적인 성격 발달을 위해서는 감정적으로 고통스럽지만 부모를 떠나 독립적인 자신의 삶을 찾아야 하며 책임감과 근면을 길러야 한다고 했다.

5) 방어기제

자아는 현실 원칙에 입각하여 무의식의 원초아가 의식된 현실세계에 수용 가능한 형태로 발현될 수 있도록 하고, 원초아의 본능과 초자아의 도덕적 양심 사이의 균형을 도모하는 역할을 한다고 앞서 설명한 바 있다. 하지만 자아가 그 역할을 감당하지 못할 때 내적 갈등과 불안(anxiety)을 느끼게 되며 이런 스트레스로부터 스스로를 보호하기 위해 무의식적으로 이용하는 심리적 대처 양식들을 방어기제(defense mechanism)라고 한다(Freud, 1946, p. 74). 즉, 방어기제는 우리가 그 용어를 알든 모르든 우리 삶의 한 부분으로 늘 작용하고 있는 정신활동이다. 방어기제에 대한 개념은 프로이트가 먼

표 2-1 심리성적 발달 단계

단계	해당 연령	주요 성감대	특징	주요 과업	고착시 성격특성
구강기 (oral stage)	출생~ 만 1세	입	입으로 빨고 물고 삼키고 뱉는 행위를 통해 쾌감을 얻음	분리, 개별화, 대상관계 형성	구순동조적단계–극도의 의존성, 수동적, 미성숙함, 집착 구순공격적 단계–논쟁적이고 비판적
항문기 (anal stage)	만 1~3세	항문	변을 보유하거나 배출하는 활동을 통해서 쾌감을 얻음	자아발달 시작; 통제와 권위에 대한 개념 형성	항문배설적 성격–지저분, 반항적 항문강박적 성격–강박적 깔금형, 완벽주의
남근기 (phallic stage)	만 3~5세	성기	성기에 대한 관심이 증가하고 성에 대한 질문 많아짐; 오이디푸스 혹은 엘렉트라 콤플렉스 경험	도덕성 발달과 같은 초자아 분화; 성정체성 및 성역할 습득	남성–경솔, 과장, 허풍이 심함 여성–유혹적, 경박한 기질
잠복기 (latency stage)	만 6~11세	없음	리비도의 휴면기로 심리적으로 평온한 상태를 유지하며, 성 에너지를 학업이나 친구와의 우정으로 승화함	학업, 동성과의 또래관계의 형성(우정)	이성을 향한 정상적 관심 발달 부족
생식기 (genital stage)	만 12세 이후	성기/ 성숙된 성	2차 성징; 성적 에너지가 다시 증가하며 이성에 대한 관심 상승, 진정한 사랑을 추구	책임감, 근면	사회적 · 성적 원만한 관계 형성의 어려움

저 제시했지만 그의 막내딸인 안나 프로이트(Anna Freud, 1946)가 『자아와 방어기제(The Ego and the Mechanisms of Defense)』를 통해 보다 구체적으로 체계화하였다. 방어기제를 사용함으로써 자신을 보호하고 그들이 속한 사회와 조화를 이루며 살아갈 수도 있는 반면, 오히려 정신건강을 더욱 해치고 사회 부적응적인 양상으로 나타나는 등의 부정적인 결과를 초래할 수도 있다(Freud,1946; Taylor & Brown, 1988). 다양한 방어기제 중 대표적인 유형 열두 가지를 살펴보면 다음과 같다.

(1) 부정

부정(denial)은 엄연히 존재하는 현실 혹은 사실을 받아들이는 것을 거부함으로써 그를 인정함에서 오는 불쾌감이나 불안을 피하고자 하는 방어기제로 다른 모든 방어기제의 기저에 깔려 있는 정신기제이기도 하다(Freud, 1946, p. 89, p. 100). 부정은 특히 자신의 좋지 않은 습관을 받아들이지 않기 위해 많이 사용하는데, 대표적인 예가 알코올 중독자들이 자신은 중독된 것이 아니라 사회생활을 위해 적당히 마시는 것이라고 하는 것이다. 또 다른 예로 가까운 사람의 죽음을 받아들이는 것이 너무 고통스러워 그 사람은 잠시 여행을 간 것이라고 믿어 버림으로써 그 사실을 인정하지 않는 것이다. 하지만 부정된 기억과 감정은 잠깐의 안정감은 줄 수 있어도 결국은 다시금 문제가 된다.

(2) 억압

억압(repression)은 내적 갈등과 불안을 해결하기 위해 사용하는 방어기제로, 현실에서 수용되기 어려운 충동이나 환상, 수치심이나 죄책감과 같은 고통스러운 기억이나 감정을 무의식적으로 내면 깊은 곳으로 억눌러 의식되지 않도록 하는 것이다(Freud, 1946, pp. 45-46; p. 55; Freud, 1943, p. 258). 억압은 고통스러운 기억을 의식이나 감정과 분리시키는 격리(isolation)와 같은 다른 방어기제들과 함께 사용되는 경우가 대부분이다(Freud, 1946, p. 52). 충격적인 사건에 대한 기억상실이 억압의 대표적인 예다. 억압과 비슷한 기제로 억제(suppression)가 있는데 이것은 의식적으로 잊으려고 한다는 점에서 무의식적인 억압과 구분된다(Freud, 1943, p. 260). 억압은 부정과 마찬가지로 문제를 완전히 해결하는 것이 아니기 때문에 결국에는 그 기억과 감정이 다시 떠올라 고통과 상처를 경험할 수 있다.

(3) 퇴행

직면한 불안감 혹은 실패에 대한 두려움을 회피하기 위해 의존적이었던 어린 시절의 감정과 행동양식으로 돌아가는 방어기제를 퇴행(regression)이라고 하며, 가장 발달 초기에 사용되는 방어기제 중 하나다(Freud, 1943, p. 299; Freud, 1946, p. 56; p. 75). 잘 걷던 아이들이 동생이 태어나고 나서 부모님의 관심과 사랑을 빼앗긴다는 불안감을 느끼면 갑자기 스스로 걸으려 하지 않고 아기처럼 기어 다니고 젖병을 다시 무는 등의 행동을 하는 것이 그 대표적인 예다.

(4) 전치

전치(displacement)는 특정 대상에게 가진 분노나 화와 같은 감정을 그 대상에게 표출할 수 없다고 판단될 때 비교적 약하다고 생각되는 대상을 향해 그 감정을 옮겨 표현하는 것이다(Freud, 1946, pp. 48-49; p. 78). 예를 들어, 직장 상사와의 관계에서 마음 상하는 일이 생겼을 때 그대로 표현할 수 없어 집에 있는 동생에게 괜히 화를 낸다거나 혹은 가만히 있는 벽을 치며 그 감정을 표출하는 것을 그 예로 들 수 있겠다. 한국 속담 중 '때리는 시어머니보다 말리는 시누이가 더 밉다.'는 것도 전치의 한 예로 볼 수 있을 것 같다. 하지만 전치의 사용은 자칫 또 다른 문제를 유발할 수 있으며, 가지고 있는 문제의 완전한 해결방법은 될 수 없다(Freud, 1946, p. 49).

(5) 투사

투사(projection)란 자기 스스로 혹은 사회적으로 받아들여질 수 없는 자신의 충동, 생각, 감정을 다른 사람의 특성으로 돌려 버리고 남 탓을 하는 것이다(Freud, 1946, p. 128). 그 예로 사회적으로 용납되기 어려운 성 충동을 가진 여자가 오히려 남자들은 다 늑대라고 말한다거나, 열등감을 가진 사람이 다른 사람의 호의적인 웃음을 비웃음이라고 간주하고 화를 내는 것을 들 수 있겠다. 또한 싫어하는 사람이 있을 때, 도리어 그 사람에게 미움을 받고 있다고 믿어 버림으로써 죄책감에서 벗어난다(Freud, 1946, pp. 49-50).

(6) 반동형성

반동형성(reaction formation)은 이전에 살펴본 방어기제들보다는 조금 더 발전된 형태로, 용납하고 싶지 않은 감정과 생각을 단순히 부정하거나 억압하기보다는 오히려 그 반대되는 방식으로 표현하는 것이다(Freud, 1946, p. 9; pp. 47-48). '미운 놈 떡 하나 더 준다.'는 속담처럼 미운 감정을 가진 사람에게 오히려 더 친절하게 대하는 것이 반동형성의 한 예가 될 수 있겠다. 반동형성으로 나타나는 행동은 주로 사회 수용적이나 과장되거나 강박적인 경향이 있다(Freud, 1946, p. 50).

(7) 원상복구

취소라고도 불리는 이 방어기제는 스스로 받아들이기 어렵거나 죄책감을 유발시키는 자신의 사고나 감정, 행동을 어떤 상징적인 행동을 통해 무효화, 즉 원상복구(undoing)를 하려고 하는 방어기제다. 예를 들면, 아이가 미운 동생을 때리고는 그 행위를 원상복구 하고자 하는 심리적 기제가 발동하여 다시 안아 주거나 뽀뽀를 하는 것이다.

(8) 합리화

가장 빈번하게 사용되는 방어기제이기도 한 합리화(rationalization)는 용납하기 어려운 상황이나 행동에서 오는 불안함을 그럴듯하게 정당화시켜 해소하는 방식이다(Freud, 1946, p. 22). 이솝 우화에 보면 한 여우가 너무 먹고 싶지만 작은 키 때문에 따 먹지 못하는 포도 넝쿨을 보면서 자신의 한계 때문에 못 먹는 것이 아니라 포도가 시어서 안 먹는 것이라고 하는 대목이 나온다. 이 여우처럼 어떤 목표 달성을 실패했을 때 원래 원하지 않았다고 생각해 버리는 것이 합리화의 대표적인 방법이고, 이런 유형을 신포도(sour grapes)형이라고 부른다. 부모가 자식의 체벌을 정당화하는 수단으로 혹은 이별하는 연인이 자신들의 감정을 보호하기 위해 사랑하기 때문이라고 하는 것도 그 예가 될 수 있겠다. 이외에도 자신의 현재 상태가 가장 좋은 상태라고 믿는 달콤한 레몬형과 원하는 바가 뜻대로 되지 않았을 때 허구적 신념으로 자신의 실패를 합리화하는 망상형도 있다. 그 예로 취업면접에서 떨어진 결과에 대해 자신이 면접관보다 실력이 뛰어나서 부담스러워서 떨어뜨린 것으로 생각하는 것을 들 수 있겠다.

(9) 보상

보상(compensation)은 자신이 약점이라고 느끼는 면을 다른 통로로 채움으로써 자존감을 유지하고자 하는 방어기제다. 신체적으로 열등감이 있는 아이들이 공부를 잘해서 칭찬을 받음으로써 그 열등감을 간접적으로 보상받는 것이 한 예가 될 수 있으며, 부모가 자녀를 통해 자신의 못 다 이룬 꿈을 보상받으려고 하는 경우도 있다. 우리 속담의 '작은 고추가 더 맵다.'는 표현도 보상의 한 측면을 잘 보여 주는 것이다. 또한 불효자가 부모님이 돌아가신 뒤 죄책감을 보상받기 위해 주변의 어르신들에게 잘하는 것도 보상의 한 형태다(Freud, 1946, pp. 142-143).

(10) 승화

사회적으로 수용되기 어려운 충동을 용납 가능한 건전한 다른 형태로 전환하여 표출하는 것을 승화(sublimation)라고 한다(Freud, 1943, p. 303). 성적 욕망을 스포츠나 예술로 승화시켜 표출한다거나 상처받은 마음을 시나 소설의 형태로 표현해 내는 것을 그 예로 들 수 있겠다. 승화는 충동을 건설적이고 바람직한 방법으로 다루는 긍정적인 기제다.

(11) 신체화

신체화(somatization)는 심리적 갈등이나 아픔이 특정 신체의 고통이나 아픔으로 표출되는 방어기제로 학교가 너무 가기 싫은 아이가 배가 아파 오는 것이 그 대표적인 예가 될 수 있으며, 속담 중에 사촌이 땅을 사면 배가 아프다는 말도 비슷한 맥락으로 이해될 수 있겠다. 신체화 중에서도 특별히 감각기관이나 팔의 마비와 같은 수의근 계통의 증상으로 표출되는 경우를 전환(conversion)이라고 부른다.

(12) 동일시

동일시(identification)는 자신이 좋아하거나 이상적이라고 여겨지는 특정 상대의 특성, 행동, 태도, 성질을 자신의 일부로 받아들여 가는 과정을 의미한다. 예를 들어, 청소년들이 선망하는 연예인이나 유명인들의 속성을 닮아가려고 하는 것이 그 예가 될 수 있겠다. 반면, 적대적 동일시는 닮고 싶지 않은 사람이나 특성을 무의식 중 닮아 가는 것으로 이는 앞서 설명했듯 오이디푸스 콤플렉스로인해 아버지로부터의 거세불안을 느낀 남아가 오히려 아버지를 동일시함으로 아버지의 행동이나 특성을 닮아 가는 것으로 설명할 수 있겠다. 이런 동일시를 통해 자신 안에 있는 불안을 줄이거나 갈등을 감소시킨다.

6) 프로이트의 심리치료

프로이트는 현실 사회에서 수용되기 어려운 다양한 성적 · 공격적 충동들이 모두 승화와 같은 긍정적인 기제들로 발현되지 못하고 무의식으로 억압되고 왜곡되어 저장되며 이것이 신경증의 원인이 된다고 보았다(Holt, 1989). 따라서 그는 무의식으로 눌려 있던 감정을 발견하고 그 고착된 에너지를 정상적인 통로를 통해 의식의 세계로 방출함으로써 마음의 병을 치료할 수 있다고 믿었다. 즉, 프로이트 심리치료의 목적은 클라이언트의 무의식 세계에 억압된 감정을 의식 수준으로 끌어올려 보다 강화된 자아를 통하여 사회 적응적인 방향으로 재정립함으로써 그 감정으로 인한 고통으로부터 자유롭게 하는 것이다. 하지만 무의식은 인간 스스로의 의지로는 의식할 수 없기 때문에 다양한 정신분석적 기법이 필요하다. 그의 스승이었던 브로이어(Breuer)의 영향으로 프로이트도 치료 초기에는 최면술을 사용하였으나 곧 그 한계를 깨닫고 치료자와 클라이언트 둘 사이의 대화를 통한 자유연상법(free association)과 꿈의 해석(interpretation of dream)과 같은 기법을 고안하고 사용하였다(Rycroft, 1995).

프로이트가 1890년대에 개발한 자유연상법은 신경증 환자의 의식에 떠오르는 모든 과거의 경험, 감정, 생각을 일체 수정하거나 걸러 내지 않고, 즉 의식적인 제어(conscious control) 없이 계속해서 이야기하도록 하고, 그 연상들의 반복되는 패턴, 다양한 특성 혹은 순서(sequences)의 분석을 통해 환자의 무의식세계에 잠재되어 있는 갈등의 원인을 추론(infer)하여 의식세계로 끌어올려 인지함으로써 신경증의 증상을 완화해 가는 치료 기법이다(Kris, 2002, p. 830). 이 자유연상의 치료 과정에서 치료자는 환자를 조용하고 편안한 환경에서 자유연상을 할 수 있도록 배려하며, 치료자는 환자의 끊임없이 이어지는 연상의 이야기를 경청하고, 환자의 자유연상을 방해하는 저항(resistance)을 느낄 때 연상이 끊어지지 않고 이어질 수 있도록 도와야 한다(Freud, 1943, p. 477). 또한 치료자와 환자는 함께 상호작용하며 환자의 정신

세계를 이해하고, 분석 · 수정해 가는 노력을 기울인다. 따라서 자유연상법에서 치료자의 태도와 역량은 그 치료의 성공적 결과에 매우 중요한 요인이다(Kris, 2002, p. 830). 이런 측면에서, 혹 치료의 과정에서 전이, 역전이가 발생한다면 치료관계에 문제가 생겨 치료가 잘 이루어지지 않기에 상담자를 바꾸는 것이 필요할 수 있다.

꿈의 해석은 자유연상법과 구분되는 치료법이라기보다는 환자들이 자신의 꿈에 대해 자유연상기법을 통하여 이야기하도록 하고, 그 꿈의 내용의 뒷면에 감추어진 잠재적 생각(the latent dream-thoughts)을 분석가의 해석을 통하여 밝혀내는 실천적 작업(practical task)이다(Freud, 1943, pp. 473-474). 프로이트는 '무의식의 충동은 진정한 꿈의 창조자'라고 표현하며, 꿈은 병리적 산물이고, 신경증적 증상, 강박 혹은 망상의 표현이라고 했다. 잠을 자는 동안에는 무의식의 충동을 억제하는 의식의 저항이 다소 수그러든다. 따라서 꿈을 해석하는 것이 무의식의 세계에 잠재되어 있는 내적 갈등을 이해하고, 치료하는 좋은 방법이라고 보았다(p. 482). 이런 의미에서 프로이트는 꿈을 무의식에 이르는 왕도라고 표현하기도 하였다.

7) 프로이트 이론의 평가

프로이트의 정신역동이론은 인간의 행동과 정신세계를 이해하는 데 있어 새로운 지평을 열었다. 그의 이론이 20세기 서구 문명뿐 아니라 현대의 정신건강, 상담학, 나아가 사회복지 실천영역에 미친 막대한 영향력은 부인할 수 없다. 특별히 정신분석론은 클라이언트의 문제를 사정-진단-치료하는 의료적 모델을 강조하던 진단주의학파(diagnostic schools)에 크게 영향을 주었고, 초기 사회복지실천의 이론적 · 과학적 기반을 형성함에 큰 기여를 하였다는 평가를 받고 있다(양철수, 2019). 또한 한 인간의 성격이나 정서가 긍정적이고 균형 있게 형성되기 위해 5세 미만의 영유아기 시기가 얼마나 중요한지를 관찰과 같은 실증적 연구방법을 통해 강조한 점도 매우 의의가 있다. 하지만 동시에 유독 유아 성욕(infantile sexuality) 중심으로만 인간의 성격 발달을 설명한 그의 이론은 지금까지도 논란의 중심에 있으며 다음과 같은 비판을 받고 있다.

첫째, 프로이트의 이론 중 가장 큰 비난을 받고 있는 내용은 그가 인간의 모든 성격 형성과 행동을 성 충동의 관점에서 설명하고 있다는 점이다. 특히 유아기 때 이성 부모를 향한 근친상간적 성 충동을 가지고 있다는 부분과 이 충동을 극복하는 과정에서 이성의 부모를 동일시하며, 그 과정에서 부모의 도덕성을 내면화하며 유아의 초자아가 발달한다는 관점은 비판의 목소리가 높다. 또한 이런 설명이 한부모 가정을 포함한 다양한 가족 유형에서의 아동의 성격 발달에 적용이 가능한지에 대한 의문의 여지가 있다(Green, 2008). 또한 한 개인의 성격이나 성 역할 발달에 미치는 가족의 영향력은 크지만 이는 사회화와 같은 문화적 · 환경적 요인으로 보는 것이 더 바람직하다는 것이 보다 보편적인 관점이다.

둘째, 프로이트가 여성의 발달을 설명하는 관점에 대한 것이다. 웨슬리(Wesley, 1975)는 프로이트의 이론이 지극히 남성 중심적이며 남성을 인간의 표준으로 여긴다고 비판했다(p. 121). 프로이트는 여아들이 남근을 소유하고자 하는 갈망, 즉 남근 선망이 있다고 주장하며 그의 남성우월주의적 관점을 드러냈다. 또한 여성스러움은 여아들이 남성성을 추구했으나 그것이 좌절된 결과 가지게 된 성향이라고 하였다(Freud, 1977, pp. 113-114). 또한 남아는 거세 공포증 때문에 아버지와 동일시되고자 하는 동기가 더 커서, 남아의 초자아 발달 수준이 여아에 비해 높고, 이는 도덕성의 차이로 이어진다고 주장했다(Freud, 1924, p. 665; Hall, Neitz, & Battani, 2003, p. 24). 사회복지사 윤리강령은 사회복지사는 클라이언트의 종교 · 인종 · 성 · 연령 · 국적 · 결혼 상태 · 경제적 지위 · 장애 등의 이유로 차별 대우를 하지 않아야 함을 분명히 하고 있다. 즉, 사회복지사는 모든 클라이언트의 인간으로의 존엄성을 바탕으로 비차별적 · 비심판적 태도와 사고, 행동을 지녀야 한다. 이런 측면에서,

성 차별적 사상이 바탕에 깔린 프로이트의 이론이 아무런 비판의식 없이 사회복지 실천영역에서 적용되는 점을 우려하는 목소리도 있다(Gould, 1984).

셋째, 프로이트의 이론이 사회적 요인이나 환경에 대한 영향력을 완전히 배제한 것은 아니지만 개인 내적인 측면에 지나치게 집중했다는 비판이다. 인간을 자유의지를 가지고 주변의 환경과 상호작용하며 발전해 가는 미래지향적인 존재라기보다는 무의식의 본능에 온전히 지배당하는 수동적인 존재로 보았다. 특히 프로이트는 5세 이전의 경험이 나머지 인생에 지대한 영향을 미친다고 주장하였는데, 이 주장에 대한 이견도 많다(Evans, 1967, pp. 11-12).

넷째, 프로이트가 사용한 연구 방법론이 비과학적이라는 비판과 동시에 그의 이론이 임상 실험을 통해서 입증될 수 없다는 한계가 지적된다(Popper, 1963). 그의 정신분석이론의 많은 부분은 어린 시절의 부모님과 관련된 자신의 기억과 꿈을 스스로 분석(self-analysis)하는 과정을 통해 시작되어 자신의 신경증 환자들을 치료하면서 확고해졌다(Gay, 1998). 따라서 그 근거의 신뢰성에 대한 의구심의 여지가 있다. 또한 시공간적으로 제한된 대상을 통한 연구를 바탕으로 정립된 성격이론을 현대의 모든 일반인에게 보편적으로 적용하는 것이 합당한가 하는 의문도 여전히 남아 있다(Greene, 2008). 이런 비판점들을 바탕으로 타이어(Thyer, 1994)는 프로이트의 정신역동이론은 사회복지실천에 적용할 만한 함의점이 거의 없으며, 이를 학생들에게 가르치는 것은 시간낭비라고 언급하기도 했다.

2. 융의 분석심리학적 성격이론

1) 융의 생애

유명한 정신과 의사이자 심리학자였던 칼 융(Carl Jung, 1875~1961)은 1875년 스위스 작은 마을에서 가난한 목사의 아들로 태어났다. 성격이 유별나고 병적으로 우울했던 어머니와 부모님의 불화 속에서 정서적 불안을 경험하며 자랐다. 감수성이 예민했던 어린 융에게 불안정한 가정환경은 큰 상처가 되었고, 어린 시절 수차례의 발작 증세를 앓기도 하였다. 어느 날 융은 심약한 아들의 미래를 불안해하며 걱정하던 아버지의 근심을 우연히 엿듣게 되었고, 이후 현실을 자각하고 학업에 몰두하며 스스로를 엄격하게 대한다. 그러면서 그의 발작증세가 사라졌고 이런 일련의 경험은 그가 인간 심리와 정신세계에 깊은 관심을 가지게 된 계기가 되었다. 이후 정신과 의사가 되어 수많은 환자를 대하면서 프로이트의 정신분석학에 관심을 가지게 되었고, 융의 요청으로 시작된 프로이트와의 만남을 통해 그의 수제자이자 동료로서 좋은 관계를 유지한다. 하지만 프로이트의 성 충동이 모든 사고와 행동의 원동력이 된다는 범성설적 관점과 결정론적 인간관에 회의를 느끼고 1913년 프로이트와 결별하고 분석심리학이라는 독자적인 학문을 수립해 간다. 이후 인간 심리에 대한 깊은 의미의 연구에 평생을 보내다 85세로 생을 마감한다(Jung, 1963).

2) 융 이론의 인간관과 기본 가정

융은 프로이트와 같이 인간은 무의식을 가진 존재이며 그 무의식의 중요성을 인정했다. 하지만 인간이 성적 에너지인 리비도에 의해 지배되고 어린 시절의 억압된 충동과 결핍에 의해 미래가 결정되는 수동적 존재라는 프로이트의 인간관은 거부했다. 융에게 인간은 자유의지를 가진 미래지향적이며 자기 주체적인 존재다. 또한 모든 인간은 고유한 개성을 지닌 존재로서 그 개성을 발현하며 자기답게 살아가는 삶이 의미 있다고 보았다. 또한 인간의 정신 안에 대립된 듯 보이는 세계들이 전체로 통합될 때 건강하고, 그 전체가 분열된 상태를 병이라고 보았다. 융은 사람들이 자기 내면의 대립된 세계들

을 발견하고 통합시키며 자기(self)의 개성을 찾아가는 정신적 과정이 '자기실현' 혹은 '개성화'이며, 이것이 삶의 목적이라고 보았다(Jung, 1916: Stein, 2005, p. 3에서 재인용).

3) 주요 개념

(1) 개인무의식과 집단무의식

사람들은 의식되지 않으면 존재하지 않는다고 생각한다. 하지만 프로이트는 현실에서 용납이 안 되는 욕구, 충동, 환상, 고통스러운 경험, 무의미하다고 여겨지는 것들이 억압되어 무의식이란 세계에 자리 잡는다고 했고, 융도 이런 무의식의 존재를 중요하게 여겼다. 하지만 프로이트가 말한 무의식, 특히 조금만 노력하면 의식화될 수 있는 전의식은 개인무의식에 가까우며 인간의 정신세계 더 깊은 곳에는 집단무의식이 있다고 주장했다(Jung, 1969). 이 집단무의식에는 인류의 축적된 경험과 정서가 다양한 원형(archetype)의 모습으로 본능적으로 내재되어 있다. 즉, 모든 인간의 정신 깊은 곳에는 원형이라는 공통된 하부구조가 있다는 것이다.

(2) 콤플렉스와 원형

우리가 흔히 사용하는 자신의 열등감 혹은 약점을 표현하는 콤플렉스(complex)는 융 이론의 핵심 개념 중 하나다. 콤플렉스는 어떤 사건 혹은 대상을 중심으로 뭉쳐진 감정, 기억, 소망 등의 주요 양식(pattern)으로 개인무의식 안에서 존재한다(Schultz & Schultz, 2009). 예를 들어, 어릴 때 사고로 한쪽 다리를 사용하지 못하게 되었다면 아무리 그 장애를 성공적으로 극복했다고 하더라도 그 사건은 인생 전반에 거쳐서 상당한 영향을 미칠 것이다. 그 사건을 중심으로 열등감, 괴로움, 고통, 불편함 등과 같은 감정과 기억들이 형성되고 이것은 삶의 한 부분으로 그 사람의 성격과 행동에 영향을 미칠 수 있다. 만약 이런 감정들이 실제로 그 사람을 괴롭게 한다면 융은 그 사람이 다리 장애에 대한 콤플렉스가 있다고 할 것이다. 개인무의식에 콤플렉스가 있다면, 집단무의식에는 원형이 있다(Jung, 1966, p. 90).

원형(archetype)이란 사람의 몸 안에 다양한 신체 기관이 있듯 집단무의식 속에 존재하는 다양한 정신 기관이다. 원형이란 보편적이고 인류의 역사를 통해 축적된 선천적 심상 또는 선험적 이미지로, 본능과 매우 유사한 개념이다. 하지만 무의식의 원형이 의식으로 표출되는 과정에서 시대와 문화에 따라 조금씩 다른 모습으로 변할 수 있다고 했다(Jung, 1966). 예를 들어, 융은 나라와 민족마다 조금씩 차이는 있지만 태양이나 영웅과 같은 굉장히 유사한 신화나 전설이 이어 내려오는 것을 주목하며 이를 원형이 있다는 하나의 증거로 보았다.

(3) 자아와 그림자

의식의 주체인 자아(ego)는 한 개인이 가지고 있는 다양하고 대립된 기질 중에서 자아가 더 선호하는 측면을 의식 세계로 표출시키고 그 반대적인 성향은 무의식의 영역으로 억압하는 집행자의 역할을 수행한다. 예를 들어, 융의 이론을 바탕으로 만들어진 Myers-Briggs Type Indicator(MBTI) 성격 검사를 보면 외향성과 내향성이란 항목이 있는데 융이 볼 때는 이 두 기질은 모두 존재하지만 자아가 더 선호하는 측면이 더 강하게 표출되어 그 사람의 성격으로 나타난다고 보았다(손병덕, 강란혜, 백은령, 서화자, 양숙미, 황혜원, 2005). 선택받지 못하고 무의식으로 억압된 측면을 융은 그림자(shadow)라고 개념화했다.

자아는 현실 사회에서 요구하거나 수용되기 쉬운 기질을 선호하는 경향이 있기에 주로 선택받지 못한 그림자는 그 이름처럼 어둡고 부정적이고 고통스런 모습일 가능성이 높다(Jung, 1969). 하지만 무의식으로 억압된 모든 감정이나 사고는 고통스럽고 부적응적이라고 주장한 프로이트와는 달리, 융은 반대적 성향의 그림자는 창조적인 힘이 있다고 보았다(Young-Eisendrath &

Dawson, 1997, p. 319). 그림자는 무의식 영역에 존재하기 때문에 사람들이 스스로 인식을 할 수는 없다. 하지만 주로 타인에게 투사된 자신의 그림자를 종종 마주할 때가 있고 그로 인해 그 실체를 유추해 볼 수 있다(Ellens & Rollins, 2004, p. 273; Jung, 1971, p. 10). 예를 들어, 자녀를 양육함에 있어 아이들의 다른 잘못은 어느 정도 수용하여 잘 지도할 수 있는 반면, 할 일을 미루고 늦잠을 자는 등의 게으른 모습에서는 분노에 가까운 화가 난다면 이는 자기 자신의 내면에 게으름이라는 그림자가 있어서 그럴 수 있다는 것이다. 혹은 잘 알지 못하는 사람인데 이유 없이 싫다면 그 사람에게서 자신의 그림자를 발견했기 때문일 수 있다. 융은 자신의 그림자를 인정하는 것이 쉬운 일은 아니지만 그래도 그 부분을 자신의 약점으로 인정하고 자아 성찰의 기회로 삼으면, 그 그림자는 점차 힘을 잃고 보다 통합되고 성숙한 인간이 될 수 있다고 했다. 반면, 자신의 그림자를 부인하는 경우에는 그림자와의 접촉의 기회를 잃을 뿐더러 그림자의 힘이 더욱 강해져서 자아, 특히 그의 페르소나(persona)와의 간격이 점점 멀어지고 결국 분열하게 되며 이것을 신경증의 원인으로 보았다. 그렇다면 페르소나란 무엇일까?

(4) 페르소나

자아(ego)와 같이 의식의 영역에서 발생하는 페르소나는 '자아의 가면'이라고 불린다(Jung, 1971). 이는 자아가 특별히 사회적으로 주어진 역할과 기대에 부응하기 위해 취하는 태도나 모습을 의미한다. 즉, 외부와의 적응에서 생긴 기능 콤플렉스다(Jung, 1971, p. 801). 예를 들어, 코미디언이나 탤런트와 같은 연예인이 대중매체를 통해 보이는 모습들은 그들의 한 측면인 페르소나이지 곧 그 사람 자신은 아니다. 하지만 사람들이 페르소나에 너무 몰입되면 자기(self) 자신과 페르소나를 동일시하게 되고 이는 진정한 자기(self)를 찾을 기회를 놓치게 되며, 나아가 정신 발달의 균형을 잃게 된다(Jung, 1969, p. 50, 1971). 그리고 언젠가 페르소나의 역할이 끝나고 나면 정신적 혼란과 고통을 경험하게 될 수 있다. 이런 맥락에서 우리는 한때 인기가 높던 연예인들이 우울감이나 정신적 고통을 경험했다는 이야기를 종종 듣는다. 이런 측면에서 융은 자아(ego)나 페르소나에 갇힌 삶이 아니라 진짜 자기(self)를 발견하고 실현해 가는 삶을 강조했다(Stein, 2005).

(5) 아니마와 아니무스

융은 인간은 생물학적으로 양성성을 가지고 있지만 사회화 과정을 통해서 남성은 그의 여성성을 무의식의 세계로 억압하여 더욱 남자다워지고, 여성은 그의 남성성을 억압함으로써 여성스러운 측면을 부각시킨다고 주장했다(Boeree, 1997). 이렇게 남성이 억압시킨 여성성을 아니마(anima)라고 하고, 여성이 억압시킨 남성성을 아니무스(animus)라고 한다(Jung, 1966, p. 188). 무의식에 억압되어 있는 아니마와 아니무스 원형 때문에 인간들은 이성에 대해 적절히 반응하며 이해할 수 있는 근거가 된다고 보았다. 융은 자신의 억압된 아니마 혹은 아니무스를 이해하고 자신의 현재 가지고 있는 여성성 혹은 남성성과의 조화와 통합을 추구하라고 했다. 예를 들어, 남성이 그의 무의식에 존재하는 아니마의 여성적인 섬세함과 부드러움을 발현시켜 조화시키면 더욱 균형 잡힌 성숙한 인간이 될 수 있다는 것이다. 또한 융은 나이가 들어 감에 따라 40~50대의 중년에 이르면 남자들은 그동안 억압해 두었던 자신의 여성성을 드러내며 여성화되고, 여자들은 남성화된다고 했다(Jung, 1933, pp. 123-124).

(6) 자기실현(개성화)

융(Jung, 1920)은 인간이 의식세계 밖에 존재하여 스스로 인식되기 어려운 '자기(self)'를 발견하고 자기실현 혹은 개성화를 이루어 가는 것이 삶의 핵심이라고 주장했다. 자기실현(individuation)을 논하기 위해서는 자기에 대한 이해가 선행되어야 한다. 자기(self)란 자아(ego)와 구분되는 개념이다. 자아가

의식된 나라면, 자기는 의식과 무의식의 세계를 모두 포괄하는 진짜 나를 의미하며 통합성을 추구하는 원형이다(Frager & Fadiman, 2005). 융(Jung, 1966)은 그의 이론을 정립해 가는 과정에서 자아와 그림자, 의식과 무의식, 아니마와 아니무스와 같은 인간 정신세계에 존재하는 대립적인 개념들에 대해서 소개하였는데, 이런 대립되는 듯 보이는 세계의 만남과 조화를 통해 보다 안정적 · 통합적 · 전체적인 인간으로 성장해 갈 수 있다고 했다. 앞서 말했듯, 이 통합의 과정이 '자기실현'이다. 융(Jung, 1966)은 이런 일련의 정신활동이 주로 중년기 이후부터 활발하게 진행된다고 여겨 아동기보다는 성인기의 발달에 더 관심을 두었고, 보통 사람들이 완전한 개성화를 성취하는 것은 매우 어렵다고 보았다(Jung, 1953, p. 172).

개성화 vs. 개별화

앞서 설명한 융의 자기실현, 즉 개성화(individuation)는 개별화(individualization)와 구분되는 개념이다. 개별화(individualization)는 "케이스워크에서 활용되는 기본 원리의 하나로 인간은 같은 환경 속에서도 그 상황과 객관적 사실에 대해 갖고 있는 기분이나 반응은 제각기 상이할 수 있다."는 것을 의미한다. 따라서 동일한 인물이 있을 수 없듯이 사회복지사가 클라이언트의 문제를 이해하고 문제 해결을 위한 계획을 세울 때 클라이언트를 둘러싼 생활 상황, 그의 인격, 문제해결능력 등의 독자성, 개별성에 주목하여 처우하도록 개별화 원리를 강조하고 있다(이철수, 2013).

(7) MBTI 성격유형

칼 융(Carl Jung)은 인간의 성격은 개개인마다 특징적인 선호성이 있고, 이 선호에 의해 유형화될 수 있다는 심리유형론(Psychological Types)을 1921년 발표한다. 이 이론을 바탕으로 브릭스(Katherine Cook Briggs)와 그녀의 딸 마이어스(Isabel Briggs Myers)가 연구・개발하여 1943년 처음 발표한 자기보고식 성격유형 검사가 MBTI(Myers Briggs Type Indicator)다. 현재까지 3단계의 MBTI 검사가 개발되어 있으나, 그중 STEP 1이 가장 널리 알려진 검사로, ① 외향(Extroversion)-내향(Introversion), ② 감각(Sensing)-직관(Intuition), ③ 사고(Thinking)-감정(Feeling), ④ 판단(Judging)-인식(Perceiving)의 대조되는 4가지 척도 중 개인의 선호 성향을 알아볼 수 있도록 93개의 문항으로 이루어져 있다. 각 척도의 선호도를 바탕으로 대표되는 영문 4글자로 조합된 16가지(ISTJ, ISTP, ESTP, ESTJ, ISFJ, ISFP, ESFP, ESFJ, INFJ, INFP, ENFP, ENFJ, INTJ, INTP, ENTP, ENTJ)의 다른 성격유형이 제시되며, 각 성격유형은 질적으로 다를 뿐 더 좋고 나쁘다고 말할 수 없이 동일하게 가치 있다(Schaubhut, Herk, & Thompson, 2009; 〈표 2-2〉 참조). 이 MBTI 검사는 서로의 성격유형의 차이를 인지함으로써 인간 이해의 증진을 돕는 실용적인 도구로, 현재 20개국 이상의 언어로 번역되었으며 전 세계적으로 가장 널리 사용되고 있는 심리검사 도구다. 한국에서는 김정택과 심혜숙 박사에 의해 문화적 차이를 고려한 표준화 과정을 거친 한국어판 검사지를 사용하고 있고, 사회복지 분야에서도 이 검사를 적용한 집단상담 프로그램 등 관련한 실천과 연구들이 증가하고 있다.

표 2-2 MBTI 16가지 성격유형

성격유형	특징
ISTJ	신중하고 조용하며 집중력이 강하고 매사에 철저하다. 구체적, 체계적, 사실적, 논리적, 현실적인 성격을 띠고 있으며, 신뢰할 만하다.
ISTP	차분한 방관자다. 대체로 인간관계에 관심이 없고 기계가 어떻게, 왜 작동되는지 흥미가 많다.
ESTP	실질적인 문제 해결에 능하다. 기계를 다루는 일이나 운동을 좋아하고 친구 사귀기를 좋아한다. 기계의 분해 또는 조립과 같은 실제적인 일을 다루는 데 능하다.
ESTJ	구체적이고 현실적이고 사실적이며, 기업 또는 기계에 재능을 타고났다. 실용성이 없는 일에는 관심이 없으며 필요할 때 응용할 줄 안다.

ISFJ	조용하고 친근하고 책임감이 있으며 양심 바르다. 기계분야에는 관심이 적다. 필요하면 세세한 면까지도 잘 처리해 나간다. 충실하고 동정심이 많고 타인의 감정에 민감하다.
ISFP	말 없이 다정하고 친절하고 민감하며 자기 능력을 뽐내지 않고 겸손하다.
ESFJ	사람들에게 직접적이고 가시적인 영향을 줄 수 있는 일에 가장 관심이 많다.
ESFP	사교적이고 태평하고 수용적이고 친절하며 만사를 즐기는 형이기 때문에 다른 사람들로 하여금 일에 재미를 느끼게 한다. 추상적인 이론보다는 구체적인 사실을 잘 기억하는 편이다.
INTJ	사고가 독창적이며 창의력과 비판적 분석력이 뛰어나며 내적 신념이 강하다. 독립적이고 단호하며 때때로 문제에 대하여 고집이 세다. 자신과 타인의 능력을 중요시하며 목적 달성을 위하여 온 시간과 노력을 바쳐 일한다.
INTP	조용하고 과묵하다. 특히 이론적 과학적 추구를 즐기며, 논리와 분석으로 문제를 해결하기를 좋아한다. 관심의 종류가 뚜렷하므로 자기의 지적 호기심을 활용할 수 있는 분야에서 능력을 발휘할 수 있다.
ENTJ	대중 연설과 같이 추리와 지적 담화가 요구되는 일이라면 어떤 것이든 능하다. 보통 정보에 밝고 지식에 대한 관심과 욕구가 많다.
ENTP	민첩하고 독창적이고 안목이 넓으며 다방면에 재능이 많다. 새로운 일을 시도하고 추진하려는 의욕이 넘치며, 새로운 문제나 복잡한 문제를 해결하는 능력이 뛰어나며 달변이다. 그러나 일상적이고 세부적인 면은 간과하기 쉽다.
INFJ	인내심이 많고 독창적이며 필요하거나 원하는 일이라면 끝까지 이루려고 한다. 자기 일에 최선의 노력을 다한다. 타인에게 말 없이 영향력을 미치며, 양심이 바르고 다른 사람에게 따뜻한 관심을 가진다.
INFP	학습, 아이디어, 언어, 자기 독립적인 일에 관심이 많다. 남에게 친근하기는 하지만, 많은 사람을 동시에 만족시키려는 부담을 가지고 있다. 물질적 소유나 물리적 환경에는 별 관심이 없다.
ENFP	따뜻하고 정열적이고 활기에 넘치며 재능이 많고 상상력이 풍부하다. 관심이 있는 일이라면 어떤 일이든지 척척 해낸다. 어려운 일이라도 해결을 잘하며 항상 남을 도와줄 태세를 가지고 있다. 자기 능력을 과신한 나머지 미리 준비하기보다 즉흥적으로 덤비는 경우가 많다.
ENFJ	주위에 민감하며 책임감이 강하다. 다른 사람들의 생각이나 의견을 중히 여기고, 다른 사람들의 감정에 맞추어 일을 처리하려고 한다.

출처: (주)한국MBTI연구소: 곽우정, 노영희, 안인자, 장징징(2019), p. 94에서 재인용.

4) 융의 심리치료

융에게 있어 의식의 세계는 너무도 제한적이며, 한 개인의 주체적이고 고유한 것이 아니라 축적된 문명과 현실세계의 사회화의 결과물로 여겨졌다. 예를 들어, '돈을 잘 버는 것이 성공한 것'이라고 인지하는 의식은 나의 생각이 아니라 그 사람이 속한 사회의 메시지가 의식화된 것이기에 삶의 중심이 될 수 없다는 것이다. 따라서 의식된 자아나 페르소나가 곧 자기 자신이라고 믿고 사는 사람들은 중심을 상실한, 진정한 자기를 상실한 삶을 사는 것이며 그 인생은 고통스럽고 힘들고 만족이 없다고 보았다. 다시 말해, 의식과 무의식이 통합되지 못한 삶, 의식의 주체인 자아 혹은 페르소나와 무의식의 그림자의 간격이 너무 멀어진 삶은 분열이 일어나고 이것을 신경증의 원인으로 보았다. 따라서 자아는 자기가 보내는 메시지를 듣고 그에 반응하는 진짜 자신의 삶을 살아가는 것이 의미 있는 삶이라고 보았다. 따라서 융의 심리치료 목표는 클라이언트의 존엄과 자유를 보호하고 자신의 뜻을 따라 살 수 있도록 함으로써 심적 고통에서 해방시키는 것이다(Jung, 1966).

그렇다면 우리는 어떻게 무의식으로부터의 자아 소리를 들을 수 있을까? 융은 그 수단을 꿈이라고 생각했다. 즉, 꿈을 무의식이 의식으로 자각되는 현상이라고 보았고, 자아는 꿈의 상징을 통해 메시지를 끊임없이 전달하고 있다고 믿었다. 그래서 꿈의 상징을 이해하는 것을 강조했고, 그의 심리치료의 핵심 치료법 중 하나가 꿈의 해석이다. 또한 융은 꿈과 함께 무의식의 메시지를 표현하는 것이 예술이며, 예술 작품들을 진지하게 감상하는 것을 통해 진짜 자기를 발견할 수 있다고 했다(Malchiodi, 2006).

5) 융 이론의 평가

융의 이론은 프로이트가 성 충동 동기에 의해 인간의 성격을 이해하려고

했던 것을 넘어, 사회문화적 환경의 영향을 고려했다는 점에서 의의가 있다. 또한 자신의 강점뿐 아니라 우리 내면의 약점들을 인정하고 조화시킴으로써 보다 건강하고 통합적인 성격의 형성이 가능하다고 주장했는데, 이는 자아 성찰의 중요성을 잘 제시하고 있다. 실제로 그의 이론을 바탕으로 만들어진 MBTI 성격유형 검사는 지금까지도 자신에 대한 이해를 돕기 위해 널리 사용되고 있다. 특히 이 검사는 성격의 유형을 좋고 나쁨의 잣대가 아니라 '내향성/외향성' '직관적/감각적'과 같이 그 다양성에 초점을 맞추고 있다(Boeree, 1997). 또한 아동기의 성격 발달에만 관심을 쏟았던 이론들과 달리 중년의 심리적 위기의 원인과 치료법에 대한 제안을 하였다는 것도 그의 이론의 큰 기여점이라 할 수 있겠다. 융은 무의식 세계를 이해하기 위한 하나의 방법으로 예술 활동을 강조했고, 그의 '원형'이란 개념은 현대의 신화, 전설, 문학, 예술 작품 등의 분석과 이해에도 도움을 준다. 나아가 현대의 미술 및 음악 치료의 초석을 제공하였다(Malchiodi, 2006). 하지만 그의 이론도 프로이트 이론과 마찬가지로 임상적으로 입증될 수 있는 부분이 거의 없다는 점은 비판의 대상이 된다. 또한 원형은 유전적 유산으로 선천적으로 타고나며 보편적인 것이라는 융의 주장에 대한 반박이 있다. 즉, 문화 보편적인 듯 보이는 많은 현상이나 신화는 문화의 전수 과정에서 흘러내려 오는 후천적인 사회현상이라는 것이다(Sharlow, 2010).

3. 아들러의 개인심리학

1) 아들러의 생애

알프레트 아들러(Alfred Adler, 1870~1937)는 프로이트가 태어난 후 14년 뒤 오스트리아 빈의 유대인 가정에서 6남매 중 둘째로 태어났다. 하지만 유대인에 대한 차별이 심하던 시기라 자신의 민족성을 숨기며 살았고 그 외에도 자신의 외모나 건강 문제, 저조한 학업 성적 등의 다양한 열등감에 시달렸는데 그의 열등감 이론은 어쩌면 이런 자신의 삶에서 시작된 것일지도 모르겠다. 성장기에도 사고와 질병으로 몇 번의 죽을 고비를 넘기는데, 이런 과정에서 죽음의 공포를 극복하기 위해 의사란 직업을 선택했다고 회고록에 기록하고 있다. 아들러가 힘든 시기마다 아버지의 격려와 사랑이 큰 힘이 되어 주었기에 그의 삶에서 아버지는 무척 의미 있는 존재였다. 프로이트의 정신역동이론에 대한 관심으로 프로이트를 비롯한 학자들의 모임에 정기적으로 참석하며 좋은 관계를 맺었다. 하지만 개인의 무의식보다는 사회적 관심(social interest)이 인간의 성격 형성에 미치는 영향에 더 관심을 가지게 되었고, 결국 프로이트로부터 독립하고 개인심리학이란 자신만의 분야를 수립한다. 이후 아들러는 미국에 기반을 잡고 자신의 이론에 대한 연구와 강연에 전념하였고 1937년 심장마비로 생을 마감한다(Boeree, 1997).

2) 아들러 이론의 인간관과 기본 가정

아들러는 인간을 목적론적(teleological)인 존재라고 보았다. 즉, 인간의 성격과 행동은 과거에 의해서 결정되는 것이 아니라 미래의 보다 나은 모습, 열등감에서 우월감으로, 미완성에서 완성을 향해 나아가고자 하는 목표를 설정하고 그것을 향해 창조적으로 살아간다는 것이다(Adler, 1964, pp. 163-164). 또한 인간은 분리하여 이해할 수 없는 총체적(holistic) 존재이며 창조적이고 자율적인 존재로 유전적 · 환경적 요인을 부인하는 것은 아니지만 각 개인은 주체적으로 인생의 목표를 설정하고, 스스로 선택을 하며 자신만의 삶의 방식을 만들어 간다고 보았다(김동배, 권중돈, 1998). 같은 상황에서도 개인마다 그 상황과 대상을 주관적으로 이해하고 인지하며 이에 따라 반응과 행동도 달라진다. 이런 측면에서 그의 이론은 인지이론과도 연결된다. 또 하나 중요

한 관점은 아들러는 인간을 사회적인 존재임을 강조하며 인간은 개인의 성장뿐 아니라 보다 나은 사회를 지향하는 사회적 관심에 의해 동기화되며, 이 사회적 관심은 훈련되는 것이 아니라 타고나는 본성이라고 보았다(Adler, 1964, p. 134).

3) 주요 개념

(1) 열등감과 우월에 대한 추구

모든 사람은 열등감(inferiority)을 가지고 있다. 열등감은 비정상적이거나 부정적인 요인이 아니라 보편적이며 그 부족함을 보상받기 위한 노력의 동기를 제공하고 우월을 향해 나아갈 수 있게 해 주는 원동력이다(Adler & Jelliffe, 1917; Adler, 1964, p. 103). 이런 맥락에서 열등감은 인간이 보다 우월하고 높은 수준으로 발달할 수 있도록 돕는다. 즉, 아들러는 열등감 이론과 함께 모든 인간은 우월을 추구(striving for superiority)하는 본성이 있다고 주장했다. 뿐만 아니라 우월성에 대한 추구의 경향은 개인의 우월뿐 아니라 보다 나은 사회를 만들고자 하는 사회적 수준에서도 일어난다고 보았다. 하지만 아들러는 '병적 열등감'과 '병적 우월감'에 대해서는 우려를 표했다. 먼저 어린 시절 부모의 과보호와 방임의 양극단적인 양육태도에 의해 병적 열등감이 형성되기 쉽다고 보았다. 예를 들어, 부모가 아이를 보호한다는 이유로 모든 것을 대신 해 주면 후에 그 아이는 자신의 문제를 주도적으로 해결할 수 있는 능력을 상실하고 이로부터 병적 열등감이 생길 수 있다. 반면, 방임된 아이들도 자신이 무가치한 존재라는 병적 열등감을 가지게 되고, 아들러는 이런 상황이 신경증을 유발할 수 있다고 보았다. 병적 열등감과 대조되는 경향으로 병적 우월감을 형성할 수도 있는데 이 역시 부모의 과보호로 발생할 수 있다. 이런 성향을 가진 사람들은 자신은 열등감이 없다고 착각하고 이기적이고 건방지며 과장되고 냉소적인 성격을 가질 가능성이 높다(김동배, 권중돈, 1998).

(2) 생활양식

아들러(1964)는 생활양식(life style)이란 인생의 목표를 달성하기 위해 개인이 지닌 특성으로 만 5세경 열등감을 보상하려는 심리 속에서 형성되는 것이라고 정의했다. 하지만 인간은 창조적인 힘이 있기 때문에 자신의 열등감을 보상하는 방법이 매우 다양하고, 이로 인해 개인마다 독특한 자신만의 생활양식을 가진다(p. 172). 예를 들어, 쌍둥이 형제와 같이 유사한 환경과 열등감을 지니고 태어나도 그들이 만들어 가는 삶의 형태는 확연히 다를 수 있다는 것이다. 즉, 열등감은 보편적이나, 그 보상 방법은 주관적이다. 또한 인생 초기에 형성된 생활양식은 성인이 되어도 근본적 변화는 거의 일어나지 않으며 그 표현 방식인 행동의 차이만 있을 뿐이라고 보았다.

아들러는 '사회적 관심'과 개인의 '활동 수준'이란 두 가지 축을 중심으로 크게 지배형, 획득형, 회피형 그리고 사회적으로 유용한 형이라는 네 가지 생활양식을 제안했다(〈표 2-3〉 참조). 네 가지 유형을 살펴보기 전에 두 축에 대해 알아보자. 먼저 사회적 관심이란 타인을 향한 감정이입 능력을 의미하는데 사회의 안녕과 발전을 위해 다른 사람들과 협력하고자 하는 성향이다. 사회적 관심이 높을수록 이타적이며 낮을수록 이기적이다. 두 번째 축인 활동 수준은 개인의 문제를 해결하고자 하는 힘으로, 활동 수준이 높을수록 활동적이고 결단력이 있는 반면, 낮을수록 무기력하고 우유부단한 성향을 보인다(Jones-Smith, 2011). 다음으로 네 가지 생활양식을 살펴보면, 회피형은 사회에 대한 관심도 적고 개인적 활동 수준도 낮다. 성공을 추구하기보다는 실패를 피하기 위해 살며 사회에 무익한 형이다. 획득형은 다른 사람이나 사회에 의존하여 자신의 필요를 채우는 유형으로 개인의 활동 수준이 낮다. 지배형은 자신의 욕구 충족과 목표 추구에만 관심이 있어 활동적이나 독단적이고 사회의 안녕과 발전에는 관심이 거의 없다. 마지막으로 사회적으로 유용한 형은 개인과 사회 모두의 발전을 추구하며 그 사이에서의 균형과 조화를 추구한다. 협조적이고 배려심 있는 유형이다(Jones-Smith, 2011, p. 82).

표 2-3 아들러의 네 가지 생활양식

사회적 관심	활동 수준	
	높음	낮음
높음	사회적으로 유용한 형	획득형
낮음	지배형	회피형

출처: Jones-Smith (2011), p. 82.

(3) 형제간 출생순위와 성격 형성

아들러 이론의 또 하나의 주요 개념은 형제간의 출생순위가 성격 형성에 미치는 영향이다. 한 부모님에게서 태어난 아이들도 그 출생순위에 따라 부모의 기대치, 관심의 정도, 양육태도 등 그들이 경험하는 환경은 다르며 이는 그들의 성격 형성에 주요한 변인이라는 것이다(Adler, 1992). 아들러에 따르면, 첫째 아이는 부모의 애정을 독차지하다가 동생의 출생과 함께 그 사랑을 빼앗긴다. 그 관심과 사랑을 다시 되찾기 위해 투쟁하지만 실패하고 다른 곳에서 그 상실감을 보상받고 사랑과 인정을 받기 위해 노력하는 가운데 생의 기술을 습득한다. 둘째 아이는 자신보다 성장 속도가 빠른 첫째 아이에게 열등감을 느끼고 이를 극복하기 위해 비교적 빨리 걷고 말을 하는 등의 빠른 성장 속도를 보이며, 주로 경쟁적인 성격을 가지게 된다. 막내 아이는 집안 환경에 따라 성격이 달리 형성될 수 있다. 아들러는 비교적 넉넉한 가정에서 태어난 막내는 동생에게 사랑을 빼앗기는 충격 없이 온 가족의 사랑과 관심을 독차지하는 가운데 응석받이로 의존적 성향의 사람이 될 수 있으나, 형편이 어려운 가정의 막내는 가정을 더 어렵게 만드는 짐과 같은 존재로 스스로를 느껴 소심하고 열등감 많은 아이가 될 수 있다고 주장했다(Maheshwari & Sharma, 2013).

4) 아들러의 치료 방법

아들러 치료의 목적은 사회 부적응 행동 혹은 잘못된 생활양식을 가지게 하는 개인의 신념과 생각을 인지하고 변화할 수 있도록 돕는 것을 목적으로 한다(김동배, 권중돈, 1998). 치료는 4단계로 이루어지는데, 클라이언트와 관계를 형성하고 주관적 · 객관적 면담과 정보를 통해 개인의 역동을 탐색한다. 세 번째로는 클라이언트가 자신의 삶의 동기를 깨닫고 그것이 어떻게 현재 당면한 문제에 영향을 주는지 그리고 어떻게 변화시킬 수 있는지에 대한 통찰력을 가질 수 있도록 원조한다. 마지막으로 재교육과 격려를 통하여 클라이언트들이 주체적으로 긍정적인 변화를 일으킬 수 있도록 돕는다(James & Gilliland, 2003).

5) 아들러 이론의 평가

개인심리학 이론은 성격 형성에 있어 개인 내적인 요인을 넘어 사회적인 측면을 강조하였다는 점에 의의가 있다. 또한 열등감을 억압당한 부정적 기제라기보다 보편적이며 우월을 추구하여 성장할 수 있는 원동력이라고 보는 관점은 인간의 성격과 행동을 이해하는 데 새로운 통찰력을 제공한다. 또한 그의 치료 과정에서 클라이언트 중심으로 친밀하고 격려적인 관계의 형성이나 총제적인 이해를 강조한 점은 지금도 많은 치료자에게 영향을 미친다. 하지만 그의 치료 효과성에 대한 입증이 여전히 부족하며 그 치료 방법이 의지를 가지고 즉각적으로 변화를 원하는 클라이언트들에게 제한된다는 한계점도 있다.

4. 에릭슨의 심리사회적 성격이론

1) 에릭슨의 생애

독일계 미국인 심리학자 에릭 에릭슨(Erik H. Erikson, 1902~1994)은 그의 평생을 자아 심리학에 대한 관심과 연구로 보냈다. 자아에 대한 그의 특별한 관심은 어쩌면 그의 출생과 성장 배경에서 찾아볼 수 있을 것 같다. 그는 덴마크계 유대인이었던 부모님 사이에서 태어났다. 하지만 출생 당시 그의 생부는 곁에 없었고, 에릭슨이 혼외 아들이라는 설도 있다. 그 후 그의 어머니는 유대인 소아과 의사와 재혼을 했다. 전형적인 유대인과는 다른 외모를 가진 에릭슨은 유대인 교회 학교에서는 이방인 취급을 받으며 놀림을 받았고, 일반 학교에서는 그가 유대인이라고 따돌림을 당했다. 이런 환경 가운데 에릭슨은 자신이 누구인지에 대한 정체감에 대한 혼란을 겪으며 자아의 발달에 대한 관심을 가지게 되었을 것이다(손병덕 외, 2005; Friedman, 2000). 에릭슨은 빈에 있는 학교에서 미술 교사로 재직하던 중 지그문트 프로이트의 딸인 안나 프로이트를 만나게 되고 그녀의 영향으로 정신분석을 공부하게 되었다. 또한 아동 발달에 대한 관심으로 몬테소리(Montessori) 교육법도 공부한다. 1930년에 캐나다 출신인 조안(S. Joan)과 결혼하고 그녀의 영향으로 기독교로 개종한다(Frager & Fadiman, 2005). 이후 독일의 유대인 탄압이 심해지자 가족들과 함께 덴마크를 거쳐 미국 보스턴에 정착하고 아동 정신분석학자로서의 삶을 살아간다. 미국에서 여러 병원에서 일하면서 직접 아이들을 관찰하며 연구에 몰입한다. 사우스다코타주의 수(Sioux) 족 거주지에서 지내면서 몇 년간 아이들을 관찰하기도 하고, 버클리의 아동복지연구소에 있으면서는 유록(Yurok) 인디언의 어린이들을 직접 관찰하면서 연구하며 임상가로의 명성을 쌓아 가는 동시에 1950년 그의 역작인 『아동기와 사회(Childhood and

Society)』를 출판한다. 이후 정신의학 치료시설인 오스틴 리그스 센터(Austen Riggs Center)에 근무하면서 학생들을 가르치다 하버드 대학교의 교수로 부임한다. 이후 1970년 은퇴할 때까지 연구와 가르치는 일에 전념하였고 1994년 그의 생을 마감한다(Schultz & Schultz, 2009). 에릭슨은 대학 졸업장이 없음에도 불구하고 저명한 임상가로서 여러 미국 명문대학들의 교수로 재임했던 독보적인 인물로 기억된다(Friedman, 2000).

2) 에릭슨 이론의 인간관과 기본 가정

인간을 무의식의 지배를 받는 존재로 보았던 프로이트와 달리 에릭슨은 인간의 자아(ego)에 특별한 관심을 두었고 자아는 인간의 감정, 사고, 행동의 전반을 통제하고 집행하는 주체라고 보았다. 따라서 자아(ego)와 자아정체성(ego identity)은 그의 이론의 핵심이다. 에릭슨은 아동기의 성격과 행동 발달에 관심이 많았지만 프로이트와 달리 성격 발달은 전 생애를 통해 8단계의 점진적인 과정을 거쳐 일어난다고 보았다. 발달의 순서와 생물학적 성숙의 연계성을 인정했으며, 각 발달의 단계마다 경험하게 되는 위기가 있는데 이 과정은 인류 보편적이라고 주장했다(Sigelman & Shaffer, 1995). 그의 이론의 가장 중요한 전제 중 하나는 인간의 성격 발달은 충동과 같은 내부적인 요인뿐 아니라 사회문화적인 영향을 받는다는 것이다(Erikson, 1982, p. 23). 그래서 프로이트가 일차적 양육자로 부모의 영향만 언급하였다면 에릭슨은 부모를 넘어 또래 친구들, 선생님, 형제자매, 나아가 교회나 학교와 같은 공동체의 영향력을 주목했다. 이는 '환경 속의 인간(person in environment)'이라는 사회복지 실천의 기본이 되는 생태학적 관점과도 일맥상통한다.

3) 주요 개념

(1) 점성적 원리

에릭슨은 모든 인간의 성격은 전 생애를 거쳐 정해진 일련의 단계들을 거치며 점성적 원리(epigenetic principle)를 따라 발달한다고 주장했다(Erikson, 1963, 1982, p. 26). 점성적 원리란 인간의 신체 기관들이 유전적으로 이미 정해진 시간표를 따라 성장 발달하며 그 결정적 시기가 있듯이 성격의 발달 역시 미리 정해진 순서와 시기를 따라 부분적인 성격들이 점진적으로 형성되며 이 부분들이 모여 하나의 전체로 기능하게 된다는 것이다(Erikson, 1982, p. 28). 따라서 한 단계에서의 결함은 그다음 단계의 발달에 부정적 영향을 미친다고 보았다(Boeree, 1997; Erikson, 1963, p. 270). 이를 바탕으로 에릭슨의 이론은 프로이트의 5단계 심리성적 발달단계를 수정・확대하여 인간의 성격은 전 생애를 거쳐 8단계를 거쳐 발달한다는 보다 포괄적인 '심리사회적 발달이론'을 정립하였다(Erikson, 1982, pp. 23-24).

(2) 자아 강점, 자아 특질, 덕목

에릭슨은 자아는 자율적이고 주체적으로 기능할 수 있는 것으로 내면의 충동과 사회적 규범과 기대 사이에서 발생하는 갈등들을 중재하여 현실 사회에 적응적인 형태로 표현하는 역할을 한다고 보았다. 또한 자아는 주변 사람들과의 원만한 관계나 환경과의 상호작용을 가능하게 하는 능력이 있다. 이런 자아의 능력을 자아 강점(ego strength)이라고 표현했다. 자아 강점에 대해 설명하기 위해서 에릭슨은 덕목(virtue)이라는 개념을 사용한다(Erikson, 1963, p. 274). 덕목이란 고유의 강점(strength) 또는 활동적 특질(quality)이다(Ryckman, 2008, p. 179). 성격 발달의 각 단계는 특정적인 강점 혹은 덕목을 획득할 수 있는 기회를 제공한다. 사람들은 각 단계에서 각기 다른 심리사회적 위기(psychosocial crisis)를 경험하게 되는데 그 위기를 성공적으로 해결하면 관련 덕목을 획득하거나 자아 강점이 더욱 강해져 방어기제를 적절하게 사용할 수 있고, 자아 인식이 긍정적이며, 타인과도 성숙하고 원만한 관계를 유지할 수 있는 성격이 된다. 하지만 위기 해결을 실패하면 자아 기능에 결핍이 생긴다. 하지만 위기의 해결이 완전히 긍정적이거나 부정적일 수는 없다(Evans, 1967, p. 15). 예를 들어, 가장 처음 경험하는 위기 혹은 갈등은 신뢰와 불신이다. 하지만 온전히 신뢰감만 형성되거나 완벽한 불신을 가질 수는 없다는 것이다. 다만 긍정적인 방향으로의 조화와 균형을 이룰 때 그 단계의 위기를 성공적으로 해결했다고 보는 것이다(Ryckman, 2008).

자아와 자아정체성

자아(ego): 에릭슨은 자아는 자율적이고 주체적으로 기능할 수 있는 것으로 내면의 충동과 사회적 규범과 기대 사이에서 발생하는 갈등들을 중재하여 현실 사회에 적응적인 형태로 표현하는 역할을 한다고 보았다. 또한 자아는 주변 사람들과의 원만한 관계나 환경과의 상호작용을 가능하게 하는 능력이 있다.

자아정체성(ego identity): 자아정체성은 사회와의 상호작용을 통해 인식된 자신이며, 보다 포괄적으로 자신의 사고, 신념, 가치 등 각 개인의 행동에 영향을 미치는 모든 것을 일컫는다. 에릭슨은 인간의 자아정체성은 매일의 삶 속에서의 새로운 경험 혹은 환경과의 상호작용을 통해 변해 간다고 믿었다. 정체성의 형성은 태어나면서 시작되어 청소년기에 가장 절정에 이르지만 그래도 전 생애를 거쳐 일어난다는 것을 에릭슨은 강조했다(Sigelman & Shaffer, 1995). 나이가 들어 감에 보다 확실한 자아정체성을 가지게 되고 이를 바탕으로 우리는 자기 자신을 조금 더 잘 이해할 수 있게 된다고 보았다.

4) 8단계 심리사회적 발달

에릭슨의 8단계 발달이론을 살펴보면 각 단계마다 갈등 혹은 위기를 경험하게 된다. 이런 심리사회적 위기는 부정적인 것이 아니라 모든 사람이 경험하게 되는 보편적이고 자연스러운 것이며, 자기 스스로에 대해 그리고 주변 환경에 대해 새로운 관점으로 이해할 수 있는 성장의 기회를 제공한다. 각 단계의 위기를 해결하는 과정을 통해서 성격이 형성되는데 위기의 성공적인 해결은 자아 강점 혹은 덕목을 획득하게 되고, 실패하면 자기 자신에 대한 부적절감을 가지게 된다(Erikson, 1963; 1982). 하지만 에릭슨은 특정 단계를 성공적으로 지나지 못하면 그것으로 성격이 결정되는 것이 아니라 계속적 노력과 사회적 도움으로 그 부족한 부분들을 채워 갈 수 있는 기회가 있다고 했다(Greene, 2008; 〈표 2-4〉 참조).

(1) 1단계: 신뢰 대 불신(Trust vs. Mistrust), 유아기(Infancy, 0~만 1세)

프로이트의 심리성적 성격 발달단계의 구강기(0~만 1세)에 해당하는 이 시기의 인간은 온전히 의존적이다(Erikson, 1950, p. 219; Erikson, 1968, p. 96). 따라서 신뢰감의 발달은 주 양육자, 특히 어머니로부터 주어지는 돌봄의 질과 내가 필요하면 언제든 그 필요를 충족받을 수 있다는 믿음(dependability)에서 시작된다. 즉, 이 시기의 주요 관계 대상은 모성인물(maternal person)이며, 이때 신뢰가 잘 형성되면 아이들은 안정감과 안전을 느낀다(Erikson, 1982, p. 32). 하지만 양육자의 태도나 감정에 일관성이 없고 적절한 보살핌을 제공해 주지 않으면 아이들은 불신감을 가지게 되고, 자신의 세계는 불안정하고 예측 불가한 곳이라 느껴 위축 또는 철회(withdrawal)하게 된다. 하지만 완벽한 신뢰나 불신감만을 가질 수는 없다. 또한 불신감에 대한 어느 정도의 경험이 있어야 신뢰감도 발달될 수 있는 것이다. 따라서 에릭슨은 성공적인 위기의 해결은 신뢰감만 획득하는 것이 아니라 두 극단적 감정 사이에서 보다 긍정적인 방향으로의 조화와 균형을 유지하는 것이라고 보았다. 1단계에서의 성공적인 발달은 인간에게 '희망(hope)'이라는 선물을 준다. 에릭슨은 이 희망을 "새로운 경험들에 대해 개방적인 태도(openness to experience)"라고 설명했다(Erikson, 1950, p. 219).

(2) 2단계: 자율성 대 수치심과 의심(Autonomy vs. Shame and Doubt), 초기 아동기(Early Childhood, 만 1~3세)

프로이트의 항문기(만 1~3세)에 해당하는 2단계의 핵심 과업 중 하나는 자기 통제력의 발달이다(Erikson, 1963, p. 115). 프로이트와 같이 에릭슨도 이 시기에 배변 훈련이 중요하다고 보았다. 하지만 그 이유에는 차이가 있는데 프로이트가 배변을 통한 쾌락 추구에 중점을 두었다면, 에릭슨은 그 과정을 통해 자신의 몸을 조절하는 법을 배우고 이를 통해 아이들은 통제력과 독립심을 가지게 된다고 보았다. 또한 이 시기를 통해 아이들은 먹고 싶은 음식을 선택하고 장난감에 대한 선호도가 생기는 등의 스스로 조절하는 일들을 시작한다. 아직 돌봄이 많이 필요한 이 시기의 아이들의 주요 관계 범주는 부모님(parental persons)이다. 이 단계를 성공적으로 마치면 아이들은 자신감이 생기지만 실패하면 자기 자신 혹은 자신의 선택과 행동에 대한 의심이 생기고 이는 수치심으로 연결된다. 이런 맥락에서 에릭슨(Erikson, 1950)은 "의심은 수치심의 형제"라고 표현했다(p. 224). 2단계에서 긍정적인 조화를 이루면 이는 '의지(will)', 즉 내 의도를 가지고 행동할 수 있다는 믿음을 가지게 되고, 이 단계의 부정적 결과는 강박증(compulsion)으로 이어질 수 있다(Erikson, 1982, p. 33).

(3) 3단계: 주도성 대 죄의식(Initiative vs. Guilt), 학령 전기(Play Age, 만 3~5세)

3단계는 학령 전기의 시기로 프로이트의 남근기(Genital stage)에 해당하며,

에릭슨(Erikson, 1963)은 3단계를 사회적으로 가장 결정적 시기라고 보았다(p. 126). 이 연령대 아이들은 다른 친구들과의 놀이에서 주도적인 역할을 하거나 상호작용을 하면서 자신의 힘을 외부세계로 확장하기 시작한다. 이 시기에는 가까운 가족들(basic family)이 아이들이 주도적으로 선택을 하고 탐색할 수 있도록 도와줌으로써 자기 유능감을 가질 수 있도록 도와주는 것이 중요하다. 하지만 아이들에게 스스로 선택할 수 있는 기회를 주지 않거나 혹은 아이들이 주도적으로 생각해 낸 놀이나 상상에 대해 무시하는 태도를 보이면 자기가 주도적으로 하는 일들은 틀렸고 잘못된 것이라는 죄책감 혹은 자책감을 가지게 되고 늘 다른 사람의 도움을 기대하는 의존적인 경향을 가지게 된다. 이 시기를 성공적으로 보내면 자신이 원하는 것을 이룰 수 있다는 '목적(purpose)'이라는 덕목을 가지게 되나, 그렇지 못한 경우에는 감정이나 표현을 '억제(inhibition)'하는 성향이 나타난다.

(4) 4단계: 근면성 대 열등감(Industry vs. Inferiority), 학령기(School Age, 만 6~11세)

4단계 시기의 아이들의 주요 관계의 범주는 학교와 이웃으로 확대된다. 아이들은 학교생활과 다른 사회 활동을 하면서 보다 복잡하고 어려운 일들을 감당해야 한다. 학업이나 숙제를 비롯한 다양한 일들을 성취하기 위해서는 성실함과 노력이 더욱 요구되지만 동시에 그런 자신의 과업들을 잘 해냄으로써 주변인들에게 칭찬과 주목을 받고 자신에 대한 자부심과 긍지를 느낀다. 반면, 주어진 일들을 잘 해내지 못하거나 혹은 자신의 성취에 대한 적절한 칭찬과 보상을 받지 못하면 열등감을 가지게 된다. 4단계를 성공적으로 지나면 획득하게 되는 덕목은 '유능감(competence)'이나 부정적인 결과는 '무력감(inertia)'으로 나타날 수 있다.

(5) 5단계: 정체성 대 역할 혼란(Identity vs. Confusion), 청소년기(Adolescence)

아동기에서 청소년기로 넘어오면 급격한 신체적 · 생리적 변화를 경험하게 되며 자기 자신에 대한 혼란과 불안을 경험하게 된다. 그러면서 '나는 누구인가?' '사회에서 나의 위치나 역할은 무엇인가?'라는 질문을 던지면서 자기 자신에 대한 관심이 많아지고 동시에 사회 안에서 인정받고 잘 적응하기 위해 타인을 의식하게 된다(Erikson, 1963). 이 시기의 주요 관계의 대상은 또래 집단(peer groups and outgroups)이다. 그리고 진정한 자신을 찾기 위해 동아리 활동, 정치 운동, 종교 등의 경험을 통해 다양한 역할과 행동을 시도해본다. 에릭슨은 청소년들이 이런 역할 놀이와 활동을 통하여 확실한 자기의식(sense of self)을 형성하고 나아가 삶의 방향성도 가지게 된다고 보았다. 이런 다양한 자기 탐색의 노력을 통해서 자신이 가진 생각, 가치, 방향성 등에 확신이 생기면 이는 곧 자기 자신에 대한 강한 확신을 가지게 되고 독립적인 특질을 가지게 된다. 반면, 자신의 신념과 바람에 대한 확신을 가지지 못하면 자신의 역할에 대한 혼란을 느끼고 다가올 미래에 대해 불안을 경험하며 이는 다양한 정신건강 문제를 야기할 수 있다. 이 단계의 성공적 과업 수행의 결과, 자신이 속한 사회의 질서와 기대에 따라 살고자 하는 '충성심 혹은 의리(fidelity)'라는 강점을 가지게 된다(Erikson, 1963). 반면, 부정적 결과는 사회에서 자신의 역할 혹은 정체성을 거절 혹은 거부(repudiation)하게 된다(Erikson, 1982, p. 33).

(6) 6단계: 친밀감 대 소외(Intimacy vs. Isolation), 청년기(Young Adulthood)

청년기 혹은 초기 성인기에 해당하는 6단계 갈등의 중심에는 타인과의 친밀감 혹은 사랑의 관계 형성을 잘하느냐 혹은 실패하느냐에 있다. 따라서 이 단계의 주요 관계의 대상은 우정, 성, 경쟁 혹은 협동의 관계에 있는 동료들이다(partners in friendship, sex, competition, cooperation). 앞서 말했듯이 에릭슨은 발달단계는 점진성이 있어 이전의 단계에서의 갈등을 성공적으로 해결

하고 그로 인한 긍정적인 특질을 잘 형성했느냐가 그다음 단계에 영향을 미친다고 하였다. 이런 맥락에서 6단계의 친밀한 관계 형성은 이전의 확실한 자기의식 확립 여부와 밀접하게 연결되어 있다. 실제로 많은 선행 연구에서 자신에 대한 정체성 형성이 부족한 사람들이 타인과의 관계에 있어 덜 헌신적이고 소외감이나 외로움은 더 많이 경험한다고 밝혔다. 이 단계를 성공적으로 지난 사람들은 친밀한 유대 관계와 '사랑'을 가지게 되나 그렇지 못한 경우에는 배타적(exclusivity)이게 된다.

(7) 7단계: 생산성 대 침체(Generativity vs. Stagnation), 성인기(Adulthood)

에릭슨이 사용한 'generativity'라는 단어는 생식성, 생산성, 성숙성, 창조성 등 다양하게 번역되어 사용되는데, 에릭슨(Erikson, 1982)에 따르면 이는 "다음 세대에 보탬이 되고자 후진을 양성하고 인도하고자 하는 인간의 성향" (p. 59)이다. 이 세상에 자신의 흔적을 남기고자 하는 욕구와도 일맥상통한다. 이런 성향은 자녀를 출산하여 양육하거나 후진 양성, 새로운 것의 창조, 보다 나은 세상을 만들기 위한 성취들을 통하여 표출된다. 반면, 침체란 다음 세대에 기여할 만한 방법 모색을 실패한 것을 의미한다. 이런 사람들은 아마도 자신이 속한 지역사회, 나아가 전체 사회와 단절된 느낌을 가질 것이다. 이 단계에서 적절한 균형을 이룬 사람들은 '돌봄(care)'이란 덕목을 획득하는 반면, 실패한 사람들은 세상에 무관심해진다.

(8) 8단계: 통합 대 절망(Integrity vs. Despair), 노년기(Old Age)

노년기에 접어들면서 사람들은 자신이 살아온 과거를 돌아보게 된다. 그런 과정에서 잘 살아왔다는 성취감을 가지기도 하는 반면, 지난 세월에 대한 후회감과 함께 그 후회스러운 삶을 만회할 시간과 기회가 없음에 절망감을 느낀다. 자신의 삶에 대한 만족감과 성취감을 가진 사람들은 삶의 순간순간들이 하나로 모이면서 통합감을 느끼고, 생을 마감하는 때까지 삶에 적극적

표 2-4 에릭슨의 심리사회적 발달단계 요약

단계	심리성적 발달단계	심리사회적 위기	주요 관계 범주	기본 강점	주요 병리
유아기(0~만 1세)	구강기	신뢰 vs. 불신	모성인물	희망(hope)	위축/철회(withdrawal)
초기 아동기 (만 1~3세)	항문기	자율성 vs. 수치심	부모	의지(will)	강박(compulsion)
학령전기 (만 3~5세)	남근기	주도성 vs. 죄의식	가족(basic family)	목적(purpose)	억제(inhibition)
학령기 (만 6~11세)	잠복기	근면성 vs. 열등감	이웃, 학교	유능(competence)	무력(inertia)
청소년기	사춘기/생식기	정체성 vs. 역할 혼란	또래 친구, 리더	충성(fidelity)	거절(repudiation)
청년기/초기 성인기	생식기	친밀감 vs. 소외	우정, 성, 경쟁, 협동의 상대	사랑(love)	배타(exclusivity)
성인기		생산성 vs. 침체	분화된 일(divided labor), 공동 가정(shared household)	돌봄(care)	거부(rejectivity)
노년기		통합 vs. 절망	인류(mankind)	지혜(wisdom)	경멸(disdain)

출처: Erikson (1982), pp. 32-33.

이며 '지혜(wisdom)' 있는 사람으로 살아가게 된다.

5) 에릭슨 이론의 평가

에릭슨의 심리사회적 발달이론은 성격이론 중에서도 가장 잘 알려진 것 중 하나이며, 현재의 교육 현장뿐 아니라 사회복지 실천영역에서도 지대한 영향을 미치고 있다. 또한 청소년 관련 문제들을 사정·개입함에 있어 많은 정보를 제공한다. 특히 전 생애를 거친 발달의 중요성과 각 시기에 따른 위기와 발달단계를 제시했다는 점은 무척 의의가 있다. 에릭슨 이론은 한 개인의 성격과 정체성 발달에 유용한 이론적 틀을 제공했지만 한계점도 있다.

첫째, 에릭슨이 주장한 8단계의 발달과정은 특정 연령 내에서 일어난다고 주장했다. 하지만 발달의 개인차를 고려하지 못한 점과 시대적 변화를 수용하지 못한다는 점에서 이론의 재정립 필요성이 제기된다. 예를 들어, 최근 결혼 및 출산의 시기가 늦어지고, 평균 수명이 늘어남에 따라 은퇴 이후에도 생계나 자기계발을 위해 새로운 일에 도전하는 등 사람들의 생활 형태가 에릭슨의 이론이 정립될 때와는 다소 차이가 있다.

둘째, 정체성 발달의 시기에 있어서는 여전히 의문점이 남아 있다. 에릭슨은 정체성 발달이 전 생애를 거쳐 일어나지만 청소년기에 대부분의 정체성 발달이 이루어진다고 주장했다. 하지만 메일만(Meilman, 1979)의 12~24세 남성을 대상으로 한 연구에 의하면 반 이상이 24세가 되어서야 자신의 정체성을 어느 정도 찾았다고 한 것으로 나타났다. 또한 오코넬(O'Connell, 1976)은 학령기 아동을 둔 기혼 여성들은 결혼하고 아이도 낳아 기르면서 비로소 자신의 정체성이 확립된 것 같다고 응답하였다고 밝혔다. 이런 연구들을 바탕으로 정체성의 형성은 청소년기가 아니라 성인기에 더욱 활발하게 나타나는 것이라는 주장도 있다.

셋째, 에릭슨 이론의 문화적 편견에 대한 비판도 있다. 스티븐스(Stevens,

1983)는 에릭슨이 심리사회적 발달과정을 보편적이고 어떤 문화에서도 동일한 과정을 통해 일어난다고 보았으나 그의 이론의 바탕이 된 임상 연구의 대상자 대부분은 근대 서양의 남자들이었고, 이를 각 개인의 성별이나 사회적 위치, 문화를 고려하지 않은 채 보편 적용하는 것은 무리가 있다고 주장했다. 예를 들어, 한 사회에서 소수 민족의 아이들은 자아 정체성과 더불어 민족 정체성을 조화롭게 발달시켜야 하는 등의 보다 복잡한 과업이 주어진다(Spencer & Markstrom-Adams, 1990). 점차 다문화사회가 되고 있는 한국의 실정에 비추어 어떻게 에릭슨의 자아 정체감 형성에 대한 이론이 이민자나 소수 민족 아동, 청소년들의 자아 정체성과 민족 정체성의 조화로운 발달에 적용될 수 있는지에 대한 계속적인 연구의 필요성도 있다.

5. 사회복지 실천의 함의

정신역동이론의 개척자는 프로이트지만 앞서 살펴본 융의 분석심리학, 에릭슨의 심리사회적 이론, 아들러의 개인심리학도 모두 프로이트의 이론을 기반으로 한다. 정신역동이론은 인간의 내면세계에 대한 관심을 가지고 무의식이란 개념을 소개함으로써 사회복지 실천영역에서의 정신건강에 대한 인식 증대에 기여하였다. 또한 아동의 발달단계, 성격 구조, 자기 통제, 방어기제와 같은 핵심 개념들은 인간의 행동을 이해하는 초석을 제공한다.

첫째, 1917년 메리 리치먼드(Mary Richmond)는 『사회진단(Social Diagnosis)』이라는 저서를 통해서 개별사회사업(casework)에 과학적인 원조 방법을 제안한다. 특히 면접방법을 강조하면서 클라이언트의 문제 원인을 이해함으로써 해결 방법을 모색할 수 있음을 강조하는데, 이런 주장은 1920~1930년대를 거쳐 프로이트의 정신역동이론의 영향을 받아 '사정-진단-치료'라는 사회복지 영역의 의료 모델로 발전한다(Hollis, 1964). 우드(Wood, 1971)는 프로

이트의 이론이 개별사회사업을 "시행착오의 활동(trial-and-error art)에서 보다 정교하고 과학적인 원조를 제공하는 것으로 탈바꿈"시켰다고 했다(p. 45). 또한 프로이트 이론의 전제였던 인간의 모든 행동에는 원인과 이유가 있다는 관점은 사회 부적응적인 클라이언트의 문제 행동이나 생각에 대해서도 설명이 가능하며, 그 원인 파악을 통해 치료의 가능성을 제공했다(Greene, 2008). 이를 토대로 사회복지사는 클라이언트의 문제를 파악하고 해석하고 나아가 클라이언트가 그 문제를 이해할 수 있도록 돕는 전문가의 역할이 요구되었다. 하지만 프로이트의 이론을 바탕으로 지나치게 인간 내면의 세계에만 집중하고 환경에 대한 영향을 충분히 고려하지 못하게 되었다는 비판도 있다.

둘째, 정신역동이론은 클라이언트가 자신의 문제를 인지하고 무의식에 잠재한 불쾌하고 고통스러운 감정과 기억을 재구조화함으로써 현재의 문제들에 대한 통찰력을 갖게 되며 궁극적인 해결이 가능하다고 주장했다. 프로이트는 특별히 치료자와 클라이언트 사이의 대화를 통한 자유연상법이나 꿈의 해석을 통해 이런 문제 해결이 가능하다고 보았다. 이런 주장은 지금의 상담기법과 사회복지사의 역할에 큰 영향을 주었다. 사회복지사가 클라이언트의 문제를 제대로 파악하고 해석하기 위해서는 이야기를 경청해야 하며, 언어적 표현뿐 아니라 표정, 몸짓과 같은 비언어적 표현까지 주의 깊게 관찰해야 한다. 뿐만 아니라 상담자 혹은 사회복지사는 동조(sympathy)가 아닌 클라이언트 밖에서 객관성을 유지하며 클라이언트의 감정을 이해해 주는 공감(empathy)의 태도를 가져야 한다(Zastrow, 2009). 해밀턴(Hamilton, 1958)은 자아의 자주적인 역할을 강조하는 이론들은 클라이언트가 스스로 당면한 문제들을 극복해 갈 수 있도록 하는 개별사회사업의 방법과 기술에 기여했다고 했다.

셋째, 정신역동이론, 특히 융이나 에릭슨의 심리사회적 발달이론은 성격 발달이 전 생애를 거쳐 이루어진다는 관점을 제공함과 동시에 인생 초기 경험과 부모를 비롯한 주변 환경과의 상호작용이 성격 발달에 지대한 영향을 미친다는 것을 강조하였다. 특히 프로이트 이후의 정신역동이론들은 이성적이고 문제 해결의 능력을 가진 자아의 역할과 환경을 함께 강조하였다(Goldstein, 1995). 이런 이론적 관점은 사회복지 전문직의 관심을 개인과 환경의 균형 혹은 환경 속의 인간으로 재정립하는 데 기여했다(Wood, 1971). 나아가 정신역동이론의 주요 개념들인 방어기제, 억압된 감정, 대상관계이론, 자아 통제력 등은 사회복지사가 클라이언트를 사정하고 개입하는 데 다양한 통찰력을 제공한다(Greene, 2008).

 생각해 볼 문제

1. 프로이트의 이론에서 지정학적 모델(의식, 전의식, 무의식)을 간단히 설명해 보시오.
2. 프로이트가 강조한 '억압'이란 방어기제에 대해 논하고, 사회복지사로 자신의 클라이언트의 무의식에 억압된 생각이나 감정들을 어떻게 알 수 있을지 논해 보시오.
3. 프로이트는 자아가 위협적인 세 주인(원초아, 현실세계, 초자아)들 사이에서 끊임없이 자기를 보호하기 위해 투쟁하고 있다고 설명했다. 프로이트 이론에서 자아의 역할을 위의 세 주인이라고 표현된 원초아, 현실세계, 초자아와 연결 지어 설명해 보시오.
4. 프로이트와 에릭슨의 이론의 공통점과 차이점을 논해 보시오(인간관, 자아에 대한 관점, 행동을 유발하는 동기, 성격 발달의 시기 등을 중심으로).
5. 안나 프로이트가 설명한 여러 방어기제 중 두 가지를 간단히 설명하고 구체적인 예를 제시해 보시오.
6. 프로이트의 정신분석이론에 관한 설명으로 옳지 <u>않은</u> 것은?
   ① 어린 시절에 겪었던 과거 경험의 중요성을 강조한다.
   ② 전의식은 조금만 노력하면 다시 떠올릴 수 있는 기억이다.
   ③ 자아는 성격의 실행자이자 마음의 이성적인 부분이다.
   ④ 남아들은 남근기에 오이디푸스 콤플렉스로 인한 거시불안을 경험한다.
   ⑤ 원초아는 전 생애를 통해 점차적으로 형성된다.

7. 프로이트의 인간관을 가장 잘 설명한 것은?

① 인간을 합리적 존재로 본다.

② 인간을 본능에 지배받는 수동적 존재로 본다.

③ 인간은 미래에 대한 자신의 열망에 영향을 받는다고 본다.

④ 인간의 환경과의 상호작용적 측면을 강조한다.

⑤ 인간을 자유의지를 가진 미래지향적 존재로 본다.

8. 방어기제에 관한 설명으로 옳은 것은?

① 억압(repression): 고통스러운 생각이나 기억을 감정상태와 분리시키는 것이다.

② 반동형성(reaction formation): 불합리한 태도, 생각, 행동을 정당한 것으로 그럴듯한 이유를 붙이는 것이다.

③ 투사(projection): 자신의 부정적인 충동, 욕구, 감정 등을 타인에게 찾아 그 원인을 전가시키는 것이다.

④ 보상(compensation): 죄의식을 느끼게 하는 일들을 의식으로부터 무의식으로 밀어내는 것이다.

⑤ 전치(displacement): 심리적인 갈등이 신체적인 증상으로 나타나는 것이다.

9. 융의 분석심리학 이론에서 자기와 자아의 차이를 설명하고, 융이 인생의 목표라고 했던 자기실현(개성화)에 대해 논해 보시오.

10. 융(C. Jung)의 분석심리 이론에 관한 설명으로 옳지 않은 것은?

① 자아(ego): 의식과 무의식을 결합시키는 원형적인 심상이며, 의식은 자아에 의해 지배된다.

② 페르소나(persona): '자아의 가면'이라고 하며 외부와의 적응에서 생긴 기능 콤플렉스다.

③ 음영/그림자(shadow): 자신이 모르는 무의식적 측면에 있는 부정적인 또 다른 나의 모습으로 모순된 행동을 하게 만든다.

④ 집단무의식(collective unconscious): 인류 역사를 통해 조상으로부터 물려 받은 정서적 소인으로 개인마다 그 원형은 다르다.

⑤ 개성화(individuation): 자기실현이라고도 하며 모든 콤플렉스와 원형을 끌어들여 성격을 조화하고 안정성을 유지하는 것이다.

11. 융(C. Jung)이 제시한 장년기의 성격 발달 특성으로 옳은 것을 모두 고른 것은?

> ㄱ. 자아가 발달하고 외부세계에 대처하는 역량을 발휘한다.
> ㄴ. 남성은 여성적 측면인 아니무스를 나타낸다.
> ㄷ. 외부세계에 쏟았던 에너지를 자기 내면에 돌려 자아 정체감 대혼란이 나타난다.
> ㄹ. 여성은 독립적이고 공격적인 측면이 나타난다.

① ㄱ, ㄴ ② ㄱ, ㄹ ③ ㄴ, ㄷ ④ ㄴ, ㄹ ⑤ ㄷ, ㄹ

12. 아들러 개인심리학의 주요 개념인 '열등감'과 '보상'에 대해 설명해 보시오.

13. 아들러(A. Adler)의 생활양식 유형 중 '지배형'에 관한 설명으로 옳은 것은?

① 사회적 관심이 적고 활동수준이 높아 독단적이고 공격적이며 자신의 욕구를 충족시킨다.
② 사회적 관심과 활동수준이 높아 자신과 타인의 욕구를 동시에 충족시키며 인생과업을 완수한다.
③ 사회적 관심과 활동수준이 낮은 유형으로 성공보다 실패하는 것을 더 두려워한다.
④ 기생적인 방법으로 외부세계와 관계를 맺으며 다른 사람에게 의존하여 자신의 욕구를 충족시킨다.
⑤ 사회적 관심이 많고 활동수준이 낮으며 타인의 안녕에 관심이 많다.

14. 에릭슨의 심리사회적 발달단계를 거치면서 해결해 나가야 할 여덟 가지 위기에 대해 설명해 보시오.

15. 에릭슨의 각 발달단계에서 해결해야 하는 위기를 성공적으로 해결했다는 것이 무엇을 의미하는지 1단계의 '신뢰 대 불신'의 예를 들어 설명해 보시오.

16. 에릭슨(E. Erikson)의 심리사회적 위기와 주요 관계가 바르게 연결된 것은?

① 자율성 대 수치감-교사
② 근면성 대 열등감-부모
③ 통합성 대 절망감-동료
④ 친밀성 대 고립감-리더
⑤ 정체감 대 역할혼미-또래집단

17. 정신역동이론이 사회복지 실천에 끼친 함의를 논해 보시오.

참고문헌

강상경, 유창민, 전해숙(2021). **인간행동과 사회환경**. 서울: 학지사.

강형구, 윤성민(2015). MBTI 성격유형에 따른 죽음 인지에 관한 탐색 연구. **한국 호스피스완화의료학회지, 18**(2), 97-104.

곽우정, 노영희, 안인자, 장징징(2019). 대학생의 MBTI 성격유형에 따른 대학도서관 맞춤형 서비스에 관한 연구. **한국비블리아학회지, 30**(4), 91-114.

권오상(2010). **직업상담학**. 서울: 서울고시각.

김동배, 권중돈(1998). **인간행동이론과 사회복지실천**. 서울: 학지사.

손병덕, 강란혜, 백은령, 서화자, 양숙미, 황혜원(2005). **인간행동과 사회환경**. 서울: 학지사.

양철수(2019). 프로이트의 정신분석이론에 나타난 사회복지 연관성 연구. **산업진흥연구, 4**(1), 29-43.

이철수(2013). **사회복지학사전**. 서울: 혜민북스.

한국사회복지사협회: 사회복지사 윤리강령. http://cdn.ifsw.org/assets/ifsw_12450-4.pdf

Alder, A. (1964). *Problems of neurosis*. New York: Harper and Row.

Adler, A. (1992). *Understanding human Nature*. MA: Oneworld Publications. (Originally published, 1928).

Adler, A., & Jelliffe, S. E. (1917). *Study of organ inferiority and its psychical compensation: A contribution to clinical medicine*. New York: Nervous and Mental Disease Publishing Company.

Ansbacher, H. L., & Ansbacher, R. R. (1964). *The Individual Psychology of Alfred Adler*. New York: Harper Torch Books.

Arlow, J. A., & Brenner, C. (1964). *Psychoanalytic concepts and the structural theory*. Oxford, England: International Universities Press.

Boeree, C. G. (1997). *Personality theories*. Retrieved from http://webspace.ship.edu/cgboer/perscontents.html

CSWE (2008). *Educational policy and accreditation standards*. Retrieved from http://www.cswe.org/File.aspx?id=41861

Ellens, J. H., & Rollins, W. G. (2004). *Psychology and the bible: A new way to read the scriptures*. Praeger.

Erikson, E. H. (1950). *Childhood and society*. New York: Norton.

Erikson, E. H. (1963). *Childhood and society* (2nd ed.). New York: Norton.

Erikson, E. H. (1982). *The life cycle completed*. New York: Norton & Company.

Evans, R. I. (1967). *Dialogue with Erik Erikson*, New York: Harper & Row.

Frager, R., & Fadiman, J. (2005). *Personality and personal growth* (6th ed.). New York: Prentice Hall.

Freud, A. (1946). *The ego and the mechanisms of defense*. New York: International Universities Press. (Originally published, 1936).

Freud, A. (1974). *Introduction to psychoanalysis: Lectures for child analysts and teachers, 1922-1935*. New York: International Universities Press.

Freud, S. (1920). *Beyond the pleasure principle* (Standard Edition, 18). London: Hogarth Press.

Freud, S. (1924/1989). The dissolution of the Oedipus complex. In P. Gay (Ed.), *The Freud reader* (pp. 661-666). New York: W. W. Norton (Original work published in 1924).

Freud, S. (1927). *The ego and the id* (J. Riviere Trans.). London: The Hogarth Press.

Freud, S. (1943). *A general introduction to psycho-analysis* (J. Riviere Ed. & Trans.). New York: Garden City Publishing Company, Inc.

Freud, S. (1949). *Three essays on the theory of sexuality* (J. Strachey Trans.). New York: Basic Book. (Originally published, 1905).

Freud, S. (1977). Three essays on the theory of sexuality. In A. Richards (Ed.), *On sexuality: Three essays on the theory of sexuality and other works* (pp. 31-170). London and Harmondsworth: Penguin Books.

Friedman, L. J. (2000). *Identity's architect: A biography of Erik H. Erikson*. New

York: Simon & Schuster.

Gay, P. (1995). *The Freud reader*. New York: W. W. Norton & Company.

Gay, P. (1998). *Freud: A life for our time* (2nd ed.). New York: W. W. Norton.

Goldstein, E. G. (1995). *Ego psychology and social work practice* (2nd ed.). New York: The Free Press.

Gould, K. H. (1984). Original works of Freud on women: Social work references. *Social Casework, 65*, 94-101.

Greene, R. R. (2008). *Human behavior theory and social work practice* (3rd ed.). NJ: Transaction Publishers.

Guilford, J. P. (1959). *Personality*. New York: McGraw-Hill.

Hall, J. R., Neitz, M. J., & Battani, M. (2003). *Sociology on Culture*. New York: Routledge.

Hamilton, G. (1958). A theory of personality: Freud's contribution to social work. In H. J. Parad (Ed.), *Ego psychology and casework theory* (pp. 11-37). New York: Family Service of America.

Hollis, F. (1964). Social casework: The psychosocial approach. In J. B. Turner (Ed.), *Encyclopedia of Social Work, 2* (17th ed.). Washington, DC: National Association of Social Workers.

Holt, R. R. (1989). *Freud reappraised: A fresh look at psychoanalytic theory*. New York: Guilford Press.

James, R. K., & Gilliland, B. E. (2003). *Theories and strategies in counseling and psychotherapy* (5th ed.). Boston: Allyn & Bacon.

Jones-Smith, E. (2011). *Theories of counseling and psychotherapy: An integrative approach*. NY: Sage Publication.

Jung, C. G. (1920). The psychology of unconscious processes. In C. Long (Ed.), *Collected papers on analytical psychology*. London: Bailliere, Tindall, & Cox. (Originally published, 1916).

Jung, C. G. (1933). *Modern man in search of a soul*. London: Kegan Paul Trench Trubner.

Jung, C. G. (1953). *Collected works of C. G. Jung, Vol. 17: The development of personality*. NJ: Princeton University Press.

Jung, C. G. (1963). *Memories, dreams, reflections* (A. Jaffe. Trans. & Ed.). New York: Vintage Book. (First published in German in 1962).

Jung, C. G. (1966). *Collected works of C. G. Jung, Vol. 7: Two essays on analytical psychology*. New York: Pantheon Books. (Originally published 1916).

Jung, C. G. (1969). *Collected works, Vol. 9, Part 1: Archetypes and the collective unconscious*. NJ: Princeton University Press. (Originally published, 1959).

Jung, C. G. (1971). *Collected works of C. G. Jung, Vol. 6: Psychological Types*. NJ: Princeton University Press.

Kris, A. (2002). Free association. In M. Hersen & W. Sledge (Eds.), *Encyclopedia of psychotherapy* (Vol. 2, pp. 829-831).

Maheshwari, V., & Sharma, V. (2013). A study of achievement motivation among birth orders. *Academic sports scholar, 2*(10), 1-5.

Malchiodi, C. A. (2006). *The art therapy sourcebook*. New York: McGraw-Hill Professional.

Meilman, P. W. (1979). Cross-sectional age changes in ego identity status during adolescence. *Developmental Psychology, 15*(2), 230-231.

Newman, B., & Newman, P. (2007). *Theories of human development*. Mahwah, NJ: Lawrence Erlbaum Associate.

Nye, R. D. (1975). *Three views of man: Perspectives from Freud, Skinner, and Rogers*. Monterey, CA: Brooks/Cole.

O' Connell, A. N. (1976). The relationship between life study and identity synthesis and re-synthesis in traditional, neo-traditional and nontraditional women. *Journal of Personality, 44*, 675-688.

Popper, K. (1963). *Conjectures and reputations: The growth of scientific knowledge*. London: Routledge.

Richmond, M. (1917). *Social diagnosis*. New York: Russel Sage Foundation.

Ryckman, R. M. (2008). *Theories of personality* (9th ed.). Belmont, CA: Cengage

Learning/Wadsworth.

Rycroft, C. (1995). *A critical dictionary of psychoanalysis*. London: Penguin Books.

Schaubhut, N. A, Herk, N. A., & Thompson, R. C. (2009). *MBTI form M manual supplement, CPP*, Inc., Mountain View, CA.

Schultz, D., & Schultz, S. (2009). *Theories of Personality* (9th ed.). Belmont, CA: Wadsworth, Cengage Learning.

Sharlow, M. F. (2010). *Jung and his skeptical critics*. https://www.eskimo.com/~msharlow/scratchpad/items/jung_and_his_skeptical_critics.pdf

Sigelman, C. K., & Shaffer, D. R. (1995). *Life-span human development* (2nd ed.). Belmont, CA: Brooks/ Cole.

Spencer, M. B., & Markstrom-Adams, C. (1990). Identity processes among racial and ethnic minority children in America. *Child Development, 61*(2), 290-310.

Stein, M. (2005). Individuation: Inner work. *Journal of Jungian Theory and Practice, 7*(2), 1-13.

Stevens, R. (1983). *Erik Erikson: An introduction*. New York: St. Martin's Press.

Thyer, B. (1994). Are theories for practice necessary? No! *Journal of Social Work Education, 30*(2).

Taylor, S. E., & Brown, J. D. (1988). Illusion and well-being: A social psychological perspective on mental health. *Psychological Bulletin, 103*, 193-210.

Wesley, C. (1975). The women's movement and psychotherapy. *Social Work, 20*(2), 120-124.

Wood, K. W. (1971). The contribution to psychoanalysis and ego psychology. In H. S. Strean (Ed.), *Social casework theory in action* (pp. 45-117). Metuchen, NJ: Scarecrow.

Young-Eisendrath, P., & Dawson, T. (1997). *The cambridge companion to Jung*. Cambridge, UK: Cambridge University Press.

Zastrow, C. (2009). *The practice of social work* (6th ed.). Belmont, CA: Wadsworth.

제3장

인간행동에 관한 주요 이론: 피아제, 콜버그의 인지이론

학습목표

- 인지이론들의 기본 가정과 주요 개념을 이해한다.
- 인지이론을 통하여 인간의 사고 및 지적 발달 과정을 이해한다.
- 인지 발달이 인간의 성격 및 행동에 미치는 영향을 이해한다.
- 도덕성의 발달단계를 학습하고 각 단계의 특징을 이해한다.
- 인지이론의 한계점과 사회복지 실천의 함의를 이해한다.

1. 피아제의 인지이론

1) 피아제의 생애

장 피아제(Jean Piaget, 1896~1980)는 스위스의 발달심리학자로 아동들을 대상으로 연구한 인지발달이론을 정립하였고, 그의 이론은 지금까지도 다양한 아동 관련 연구와 실천현장에 지대한 영향을 미치고 있다. 피아제는 교수였던 아버지 아르투어 피아제(Arthur Piaget)와 프랑스 출신 어머니 레베카 잭슨(Rebecca Jackson) 사이의 장남으로 태어났다. 어릴 때부터 생물학과 자연 세계에 대한 관심이 많았고 15세의 나이로 동물학과 관련된 논문들을 발표하여 이목을 끌었다. 스위스에서 대학 교육을 마치고 프랑스로 이주해서 지능 연구의 대가인 알프레드 비네(Alfred Binet)가 운영하던 학교의 교사로 재직하며 그의 지능 검사지 개발에 일조한다. 비네와 함께 일하는 과정에서 피아제는 비슷한 연령의 아이들은 일관되게 틀린 답을 한다는 사실에 관심을 가지게 되고 이후로 아이들의 인지 과정에 대한 연구를 시작한다. 그는 아이들의 인지 과정이 어른들과 본질적으로 차이가 있으며 단계적으로 공통된 인지양식을 가진다는 것을 발견하였다. 1921년 스위스로 돌아간 피아제는 에드워드 클라파레드(Edward Claparede)와 함께 일하면서 그의 이론을 더욱 정교화시킨다. 1923년에는 자신의 제자였던 발렌틴 샹트네(Valentine Chatenay)와 결혼해 3명의 자녀를 낳는데 이 아이들을 자신의 4단계 인지 발달 모델을 적용하여 관찰 · 연구했다(Singer & Revenson, 1978). 1929년까지 뇌샤텔(Neuchatel) 대학교에서 심리학, 사회학, 철학을 가르쳤고, 이후 국제교육국(International Bureau of Education)의 국장으로 1968년까지 지내며 연구 활동을 이어 갔다. 또한 1955년 제네바에 국제 발생론적 인지학 연구소(International Center for Genetic Epistemology)를 설립하고 책임자로 재임하던 중 84세의 나이로 생을 마감했다.

2) 인간관과 기본 가정

인지이론에서는 인간을 능동적이고 탐색적인 존재로 여기며 주변 환경과 상호작용하고 그 환경에 적응하는 과정에서 스스로 인지를 발달시켜 간다고 보았다. 인지의 발달은 개인적인 경험을 통해 자발적으로 인지의 구조를 창조 · 수정 · 확장하는 과정을 통해 발전한다(Piaget, 1983). 즉, 인간의 내적 성숙 혹은 유전적 요인으로 발달과정을 설명한 정신역동이론이나 외부적인 훈련과 교육에 중점을 둔 행동이론과 구별되는 설명이다(Dale, Smith, Norlin, & Chess, 2008, p. 119). 인지의 발달은 미리 정해진 순서에 따라 전개되며 한 단계를 건너뛰어 그다음 단계로 진행되거나 그 순서가 바뀌지는 않는다. 또한 이전의 단계는 그 상위 단계에 통합되어 보다 복잡한 사고와 추리가 가능하게 되며 이 일련의 과정은 인종이나 문화에 상관없이 보편적이라고 보았다(Dale et al., 2008, p. 120). 하지만 한 가지 중요한 전제는 각 단계마다 나타나는 사고의 특성이 본질적으로 다르며 그 단계 자체로 완전하다는 것이다. 즉, 피아제는 아이들의 사고방식은 어른들과 다르지만 그 차이가 어린아이들의 지적 수준이 낮다거나 느리다는 것을 의미하는 것은 아니라고 했다(Dale et al., 2008).

3) 주요 개념

(1) 도식

도식(scheme)은 세상을 인식하고 이해하는 가장 바탕이 되는 정신적 틀(mental framework)로, 선천적으로 타고나지만 주변의 물리적 · 사회적 환경과의 상호작용을 통하여 계속해서 도식을 재구성하고 확장해 간다(Piaget,

1973, p. 66). 피아제(Piaget, 1973)는 이 도식의 확장 과정을 인지 발달이라고 보았다. 예를 들어, 아이들은 3세 정도가 되면 '움직이면 살아 있는 것'이라는 도식을 가지게 된다. 이 도식을 바탕으로 세상을 이해하기 때문에 이 아이들에게 아침에 떴다 밤에 지는 해는 살아 있는 것으로 생각된다. 피아제는 연령별로 아이들이 완전히 다른 도식으로 주변을 이해하기 때문에 어린아이와 조금 큰 아이들은 같은 대상이나 상황을 두고도 종종 전혀 다른 해석과 반응을 보인다고 했다(Shaffer, Wood, & Willoughby, 2005).

(2) 적응: 동화, 조절, 평형

피아제(Piaget, 1952)는 도식의 확장, 즉 인지 발달은 동화(assimilation), 조절(accommodation), 불평형(disequilibrium) 그리고 평형(equilibrium)이라는 네 가지 기제를 통하여 점진적으로 이루어진다고 보았다(p. 6). 또한 이런 일련의 인지 발달 과정을 통해 인간이 환경에 적응(adaption)해 간다는 것이 피아제 이론의 핵심이다. 동화란 기존에 가지고 있는 도식에 새로운 경험과 사물을 흡수 · 통합하는 것이고, 조절이란 기존의 도식으로 이해될 수 없는 완전히 새로운 경험과 사물을 대하면 자신의 도식 자체를 변경하는 것이다. 아이들이 새로운 경험을 했을 때 기존의 도식으로 이해할 수 있으면, 즉 동화만 일어나면 인지 평형 상태가 유지된다. 하지만 새로운 경험과 지식이 기존의 도식으로는 이해되거나 해결이 안 될 때 평형 상태가 깨지는데 이 상태가 인지 불평형 상태다. 이런 불평형이 생기면 평형 상태로 회복하기 위해 조절이 일어나고, 이를 통해 인지의 발달 및 지식의 확장이 가능해진다(Piaget, 1952, pp. 6-7; Piaget, 1973, p. 82). 이런 측면에서 피아제 이론을 기반으로 한 학자들은 불평형 상태는 학습에 대한 동기 유발의 원천이며 이 상태 없이는 학습이 불가능하다고 주장했다.

4) 인지 발달 과정

어린아이들이 특정 질문에 대해 동일한 유형의 오답을 제시하는 것에서 아동의 인지 과정에 관심을 가지게 된 피아제는 그의 평생의 연구를 통하여 출생에서 청소년기에 이르기까지의 인지 발달 과정을 크게 4단계로 구분하여 설명하였다(Piaget, 1973).

(1) 감각운동기(출생~만 2세)

첫 단계인 감각운동기(sensorimotor stage)는 프로이트 이론의 구강기에 해당하는 시기이며, 보통 출생부터 언어를 사용하기 시작하는 만 2세까지로 빨기, 잡기와 같은 반사(reflex)와 운동 능력이 빠르게 발달한다(Piaget, 1973, p. 54). 이 시기의 아이들은 오직 자신의 움직임과 오감으로 세상을 경험하고 탐색한다. 자신과 세상을 분리하여 사고할 수 있는 능력이 없어 온전히 자기중심적(egocentric)이다. 조금 성장하면 우연히 발견한 흥미로운 동작의 반복을 통하여 만족을 누릴 수 있게 되고 자기 손가락을 빠는 등 내부로 쏠려 있던 관심이 엄마가 흔드는 딸랑이에 관심을 보이는 등 점차 외부의 자극에 반응하기 시작한다. 감각운동기의 후반부에는 대상 영속성(object permanence)을 획득하게 되어 눈앞에서 대상이 사라져도 어딘가에 존재한다는 것을 인지하게 된다. 피아제는 이 시기를 여섯 개의 세부 단계로 보다 자세히 설명했다(〈표 3-1〉 참조).

(2) 전조작기(만 2~7세)

전조작기(preoperational stage)는 프로이트 이론의 항문기에 해당하는 학령기 전까지의 시기로 상징적 사고, 물활론(animism), 자아중심성(egocentrism), 비가역성(irreversibility)이 대표적인 인지의 특징이다(Piaget, 1973, p. 56). 이 시기의 아이들은 여전히 논리적으로 사고하는 능력은 없지만 언어의 급속한

표 3-1 감각운동 발달의 6단계

발달단계	연령(개월)	특징
1단계 반사기	0~1	타고난 반사로 이루어진 최초의 도식 형성(예: 빨기 도식에 모든 대상의 동화를 적용)
2단계 1차 순환반응	1~4.5	우연히 발견한 흥미로운 일을 계속 반복함으로써 처음으로 습관이 생기는 시기 흥미를 유발하는 행위는 유아 자신에게만 국한(1차적) 도식의 협응이 시작됨(예: 빨기-잡기, 보기-잡기)
3단계 2차 순환반응	4.5~8/9	외부의 대상이나 사건에 흥미를 느끼고 반복(2차적) 반사가 아닌 학습을 통해 획득한 반응 모방의 시작(예: 모빌의 움직임에 흥미를 느껴 계속 건드려 봄)
4단계 2차 순환반응 조정	8/9~11/12	수단과 목적의 구분이 시작되고, 목적을 달성하기 위해 2~3가지의 도식을 결합하여 사용 가능(예: 손에 닿지 않는 물건이 있을 때 어른의 손을 잡고 그 물건 쪽으로 당김) 수단과 목적의 협응이 새롭게 나타나지만 사용되는 수단들은 기존에 습득한 동화 도식으로부터 나옴 대상영속성 획득(예: 상자 뒤에 가려진 장난감을 가지기 위해 상자를 치우고 장난감 가짐)
5단계 3차 순환반응	11/12~18	새로운 것을 능동적으로 찾으려 함 목표를 달성하기 위해 기존의 도식과 구분되는 새로운 수단을 고안해 내는 단계 의도적인 행동 활발한 시행착오의 시기 (예: 손에 닿지 않는 카펫 위의 물체를 가지기 위해서 처음에는 물건을 직접 잡아 보려고 시도하지만, 거리가 멀다는 것을 인식 후 카펫의 끝을 잡고, 그 후 카펫의 움직임과 물건 사이의 관계를 인지하고, 카펫을 천천히 당겨서 물건을 손에 쥠)
6단계 3차 표상적 사고	18~24	내면적으로 사고한 뒤 행동하게 됨 상징적 표상이 시작되는 단계

출처: Piaget (1973), pp. 54-55; Piaget & Inbelder (1969), pp. 6-12.

습득과 함께 상징을 통해 만든 세상을 표현할 수 있게 된다. 예를 들어, 베개를 아기처럼 업고 다니고 인형에게 우유를 먹이는 등의 가상놀이가 가능하다. 하지만 이 시기의 상징들은 아이 자신의 인식 수준 내에서 만들어진다. 또한 모든 사물에는 생명이 있다고 생각하다가 움직이는 것은 생명이 있다고 생각하는 등의 물활론적 인지를 가진다. 생물만이 생명이 있다는 개념은 구체적 조작기가 되어야 이해 가능하다. 전조작기의 아이들은 주변의 대상과 사람들에 대한 관심이 급증하지만 여전히 자기중심적이어서 자신이 보는 관점으로 모든 사람들이 본다고 생각하며 주변의 모든 것을 자신과 관련시켜 이해한다(Gzesh & Surber, 1985). 예를 들어, 내 친구, 내 엄마, 내 장난감이라는 인식은 있지만 자신을 제외한 제삼자들 사이의 관계에 대해서는 잘 이해하지 못한다. 동시에 호기심이 급증하는 시기로 질문이 많아지고 새로운 것을 관찰하는 것에 몰두한다. 비가역성이란 역조작의 사고가 불가능하다는 것이다. 그 예로 피아제의 실험에서 자신에게 동생이 있다고 대답한 아이가 동생에게 언니나 형이 있는지에 대한 질문에는 대답을 못하는 것으로 드러났다(Piaget, 1952: Cockcroft, 2002, p. 184에서 재인용).

(3) 구체적 조작기(만 7/8~11/12세)

구체적 조작기(concrete operational stage)는 프로이트 이론의 남근기에 해당하며, 아이들의 정신적 조작이 가능해지며 논리적 사고를 시작하는 등 인지적 능력이 빠르게 발전하는 단계다(Piaget & Inbelder, 1969, p. 100; Piaget, 1973, p. 58). 피아제는 정신적 조작을 내면화된 행동이라고 정의했다. 즉, 마음속으로 어떤 행동을 상상할 수 있다는 것이다. 또한 이 시기에는 수를 하나부터 열까지 셀 수 있고, 간단한 수 조작이 가능하다. 구체적 조작기의 가장 큰 특징 중 하나는 가역성(reversibility)의 획득이다(Piaget & Inbelder, 1969, p. 96). 즉, 더 할 수 있다면 뺄 수도 있다는 의미인 것을 포함한 일련의 규칙을 이해하게 된다. 또한 집에서 학교를 왔다면 거꾸로 학교에서 집으로 가

는 것도 가능해진다. 하지만 이 시기를 '구체적'이라고 칭한 이유는 이 모든 정신적 조작 활동은 그 대상이 실제로 눈에 보일 때만 가능하기 때문이다(Piaget & Inbelder, 1969, p. 100). 예를 들면, 덧셈의 연산을 블록을 이용하여 할 수 있지만 실물 없이 머릿속으로는 어렵다. 그래서 그 어느 시기보다 실물 교육이 중요하며 아이들이 보고, 만지고, 들으면서 학습하고 인지의 발달을 이루어 간다. 또한 '보존개념(notions of conservation)'이 생겨서 같은 양의 물은 모양이 다른 컵에 부어도 그 양과 무게에 변화가 없다는 것을 안다. 즉, 대상의 형태나 위치가 변하여도 그 질량은 보존된다는 것을 이해한다(Piaget & Inhelder, 1969, p. 98). 서열에 대한 이해(서열화, seriations)와 공통점과 차이점을 바탕으로 분류할 수 있는 유목화(분류화, classifications), 1 대 1 혹은 1 대 여럿의 대응(correspondences)의 개념이 생기는 것도 이 단계의 특징이다(Piaget & Inbelder, 1969, p. 100). 또한 자기중심적 사고를 탈피하는 '탈중심화(decentering)'도 이 시기에 일어나며, 활발한 대인관계를 형성하기 시작한다(Piaget & Inhelder, 1969, p. 94).

(4) 형식적 조작기(만 11/12~14세)

형식적 조작기(formal operational stage)는 프로이트 발달단계의 잠재기에 해당하며 피아제 이론의 마지막 단계로 만 11, 12세부터 14세까지 이르는 청소년기에 해당한다(Piaget & Inhelder, 1969, p. 59). 전 단계인 구체적 조작기 시기에는 현재(here and now)로 인지의 능력이 국한되었다면 형식적 조작기의 아이들은 미래 상상, 추상적인 개념의 이해, 가설 설정, 연역적 추론 등의 보다 복잡한 인지 활동이 가능해진다(Piaget, 1973, pp. 60-61; Piaget & Inbelder, 1969, p. 132). 또한 이 시기에는 조합(combination) 기술을 획득한다(Piaget, 1973, p. 59; Piaget & Inhelder, 1969, p. 132). 생각도 좀 더 합리적이고 논리적이며 유연해진다. 또한 문제에 직면했을 때 그 문제를 보다 다양한 관점에서 이해할 수 있게 되고 이를 해결하기 위한 방법도 다각도로 모색해 볼 수 있게 된다. 나아가 이 시기의 아이들은 내면의 가치 체계와 도덕적 판단력을 발달시킨다. 즉, 이 시기가 되면 그의 전 생애를 살아갈 수 있는 충분한 인지 능력을 갖추게 된다(Piaget, 1973, p. 59).

5) 피아제 이론의 평가

피아제는 20세기 발달심리학 분야에 가장 지대한 공헌을 한 사람이다. 피아제의 이론은 어떻게 아이들이 세상을 인지하고 학습해 가는지에 대한 단계적인 이론을 제시함으로써 아동들의 행동을 이해하는 데 크게 이바지하였다. 아이들의 인지 수준이 어른보다 낮은 것이 아니라 완전히 다르다는 관점과 인생 초기에 주변 환경과의 상호작용의 중요성에 대한 인식을 확고히 하도록 도왔다. 하지만 피아제 이론에도 몇 가지 비판점이 있다.

첫째, 피아제는 아동의 인지 발달의 단계와 기능은 선천적으로 타고나는 것으로 시기와 이미 정해진 순서에 따라 하나씩 펼쳐지는 것이라고 보았다. 즉, 인지의 발달은 자발적인 과정이라고 전제하기 때문에 이는 후천적인 교육이나 훈련의 중요성을 약화시킨다는 비판이다. 둘째, 피아제는 인지의 발달이 청소년기에 마무리된다고 보았지만 실제로는 성인이 되어서도 계속되며 평생에 거쳐 발달해 간다는 반론도 이어지고 있다. 셋째, 연구 방법론에 대한 비판이다. 인지이론은 관찰, 면담, 실험 등의 과학적 방법을 적용하려고 노력하였다. 하지만 피아제의 자녀 셋을 포함하여 연구의 표본(sample)이 소수였고 대부분의 대상 아동들은 비교적 사회경제적 지위가 높은 사람들의 자녀들이었기에 피아제의 이론을 문화, 인종, 사회계층의 고려 없이 보편적으로 적용하는 것은 무리가 있다는 비판도 있다(Cherry, 2013). 마지막으로 가장 비판받고 있는 것 중 하나는 피아제가 제시한 각 단계의 특징들이 부정확하거나 틀렸다는 점이다. 예를 들어, 바이텐(Weiten, 1992)은 다수의 선행 연구에서 영유아기의 대상연속성은 피아제가 제안한 것보다 더 일찍 형성되거나, 전조작기의 아이들이 피아제의 주장보다 덜 자기중심적이라는 발견을 바탕으로 피아제의 이론은 아이들의 발달단계를 다소 과소평가하는 경향이 있고, 또한 같은 연령대의 아이들이라도 인지발달의 정도가 상당히 차이가 날 수 있다는 점도 이 이론에서 간과되었음을 주장하였다. 이런 몇 가지 한계점에도 불구하고 피아제의 이론을 바탕으로 계속적인 연구들이 진행되며 지금까지도 가장 널리 적용되고 있다는 점에서는 이이가 없을 것이다.

2. 콜버그의 도덕성 발달이론

인간이 사회의 한 구성원으로 조화롭게 살아가기 위해서는 그 사회에서 보편적으로 옳거나 잘못되었다고 믿어지는 행동 규범을 내면화하여 준수해야 한다. 콜버그(Kohlberg, 1964)는 내면화된 사회·문화적 규범 가치를 도덕성이라고 보았고 다양한 수준의 도덕성 발달을 체계적으로 정립 및 이론화하였다. 이 장에서는 콜버그의 도덕성 발달단계 이론을 중심으로 어떻게 인지의 발달과 함께 인간의 도덕성이 성숙해 가는지 알아보고자 한다.

1) 콜버그의 생애

로런스 콜버그(Lawrence Kohlberg, 1927~1987)는 도덕성 발달단계이론으로 잘 알려진 미국의 심리학자다. 그는 뉴욕에서 유대인 아버지와 개신교도 어머니의 막내아들로 태어났다. 그의 부모님은 콜버그가 4세 때 별거를 시작해서 끝내 이혼한다. 불안정한 가정환경에도 불구하고 콜버그는 명문 사립 고등학교를 졸업한다. 졸업 이후 이스라엘 건국 운동에 참여하여 유럽의 유대인 난민들을 이스라엘로 밀입국시키는 배에서 잠시 일한다(Kohlberg, 1991). 이 시기에 도덕성에 관심을 가지기 시작하고 다시 미국에 돌아와서 시카고 대학교에 입학하여 학부 과정을 1년 만에 마치고 동 대학에서 심리학 박사학위까지 받는다. 공부를 하는 가운데 피아제의 연구들을 접하게 된 그는 당시 심리학에서 잘 다루지 않았던 도덕성에 관심을 두고 피아제 이론을 기초로 수정 · 확대하여 문화 보편적이고 전 생애를 포괄한 자신만의 도덕 이론을 정립했다. 그는 시카고 대학교의 심리학과 교수를 거쳐 하버드 대학교의 교수로 재직하다 1987년 60세의 나이로 생을 마감했다(Rest, Power, & Brabeck, 1988).

2) 도덕성 발달단계

콜버그(Kohlberg, 1958, 1981)는 피아제의 인지발달이론을 도덕성 발달에 적용하여 3수준 6단계로 구분된 도덕성 발달단계를 제안하였으며, 그 발달단계의 특성은 다음과 같다. 첫째, 도덕 발달의 단계들은 구조화된 전체(structured wholes)로, 사고의 조직적 체계들이다. 둘째, 도덕 발달단계들은 불변의 연속성(invariant sequence)을 가진다. 즉, 일반적으로 발달은 항상 다음 단계로 순차적 진행을 하며, 한 단계를 뛰어넘거나 역행하지 않는다. 또한 이런 발달의 특징은 인종, 성별 등과 상관없이 문화 보편적이다. 셋째, 도덕 발달단계들은 위계적으로 통합(hierarchical integrarions)되어 있다. 따라서 상위 단계의 사고는 하위 단계의 사고를 포함하거나 포괄하며, 보다 높은 단계의 도덕 발달을 성취하고자 하는 경향성이 있다(Kohlberg & Hersh, 1977, p. 54).

(1) 1수준: 전인습적 도덕성(preconventional morality level)

1수준의 도덕성을 가진 사람들은 옳고 그름의 도덕적 판단을 자신의 행동이 초래할 직접적인 결과를 기준으로 내린다. 만 9세 이전의 아동들에게 보편적으로 나타나는 수준이지만 성인들 중에도 이 수준에 머무는 경우가 있다. 1수준에서는 아직 사회적 규범들을 내면화하지는 못하며 자신과 타인의

관점 차이를 인지하기 어렵기 때문에 자기중심적인 경향이 있다. 1수준은 다시 다음의 두 단계로 구분된다.

• 1단계: 처벌과 복종(punishment and obedience orientation)

1단계에서는 행위의 의도와 상관없이 그 결과가 옳고 그름의 기준이 된다(Kohlberg, 1981, p. 17). 그래서 처벌을 많이 받을수록 나쁜 행동이라고 여기며, 처벌을 피하고 칭찬이나 보상을 얻기 위해 권위자가 제시한 규칙을 따른다(Kohlgerg, 1981; Shaffer, 2004). 또한 부모나 선생님과 같은 권위자의 판단을 기준으로 도덕 판단을 하며 어른들이 만든 규칙과 질서를 절대적으로 여기며 복종한다.

• 2단계: 도구적 상대주의/자기이익(instrumental relativist orientation)

2단계의 도덕 판단의 기준은 특정 행위가 나에게 이익이 되는가다. 즉, 어떤 행동이건 자신에게 유익하고, 자신의 필요를 충족하고, 즐거우면 옳은 행동이라고 생각한다. 이 단계에서 타인의 필요에 대해 신경을 쓰는 듯 보이지만 이 또한 자기 자신에게 유익이 된다고 판단되는 영역으로 국한되어 나타난다. 그래서 이 단계에서 나타나는 타인을 향한 배려는 충성심(loyalty)이나 진정한 존중이 아니라 '네가 내 등을 긁어 주면 나도 네 등을 긁어 줄게.'라는 자신의 유익이 중심에 있는 평등한 거래 혹은 교환적 행동이다(Kohlberg, 1981, p. 17). 즉, 타인을 향한 행동은 결국은 자신의 유익을 챙기기 위한 도구인 것이다. 그래서 이 단계를 '도구적 목적과 교환의 단계'라고도 부른다.

(2) 2수준: 인습적 도덕성(conventional morality level)

이 수준의 도덕적 행동은 더 이상 처벌을 피하거나 자신의 이익을 얻기 위한 것에서만 기인하지 않는다. 자기 자신을 넘어서 가족, 집단, 국가의 유익과 만족을 생각하게 되며 사회의 질서 유지를 고려한다. 즉, 옳고 그름의 판단을 사회 보편적 관례와 규범에 따른다. 일반적인 청소년과 성인들의 수준이다(Kohlberg, 1981, p. 18).

• 3단계: 대인 관계의 조화(interpersonal concordance/good boy–nice girl orientation)

착한 소년/소녀(good boy/girl) 지향 단계라고도 알려진 3단계에서는 사회의 요구와 기대를 따르고 부응함으로써 칭찬받는 착한 아이가 되기를 추구한다. 도덕적 행동의 판단 기준은 타인과의 관계에 대한 평가다. 자신의 행동을 통해 다른 사람들에게 인정받고, 그들과 보다 조화롭고 나은 관계가 된다면 그것이 옳은 것이라고 생각한다. 동시에 타인을 향한 존중과 배려를 가지게 되고 '남들이 나에게 대해 주었으면 하는 대로 나도 남들을 대해야 한다.'는 황금 법칙(golden rule)을 적용할 수 있다. 한마디로 다른 사람들에게 보다 인정/승인받는 사회적 역할(social role)을 감당하고자 한다.

• 4단계: 사회 질서 유지(society maintaining orientation)

4단계가 되면 사회의 기능과 질서를 유지하기 위하여 법, 사회 규범, 질서를 유지하는 것을 매우 중요하게 생각한다. 이는 3단계에서 보이는 사회적 인정/승인을 받기 위한 역할 수행의 의미에서의 도덕적 행동을 넘어서는 것이다. 이 단계에서는 법이나 규범을 지키지 않는 것은 도덕적 비난을 받기 마땅하다고 여기고 지양하려 한다. 대부분의 시민이 4단계의 도덕성을 가지고 있어야 그 사회가 제대로 유지될 수 있다. 하지만 4단계까지도 여전히 도덕성의 많은 영역이 외부적인 영향력에 의해 유지된다.

(3) 3수준: 후인습적 도덕성(postconventional, autonomous, principled morality level)

후인습적 수준에 이른 사람들의 도덕적 판단(moral decisions)의 기준은 공

정하고 이로운 사회를 구성하고자 하는 모든 사회 구성원이 합의하는 권리, 가치 혹은 원칙들이다(Kohlberg, 1981, p. 411). 나아가 사회 규범은 절대적으로 옳은 것이 아니며 사회 질서와 인간의 권리를 보호하는 데 부적절하면 얼마든지 수정 가능하다고 생각한다(Kohlberg, 1981, p. 18).

- 5단계: 사회계약(social contract orientation)

5단계에 도달한 사람들은 이 세상은 다양한 생각과 가치들이 공존하고 있음을 인정한다. 사회 규범과 법을 절대적인 것이 아니라 다양한 사회 구성원들 사이의 합의된 계약으로 여긴다. 그래서 법이 '절대 다수의 최대 행복의 원칙'의 실현에 부적절하면 바꿔야 한다고 생각한다. 다수결의 원칙과 타협과 같은 민주적 절차를 통해 이런 사회계약을 맺고 유지하는 것을 추구한다. 대부분의 시민이 5단계의 도덕성을 지니면 건강한 민주주의 사회의 구현이 가능하다.

- 6단계: 보편 윤리적 원리(universal ethical principle orientation)

6단계는 모든 사람이 다 도달하지는 못하는 상위 단계다. 이 단계에 이른 사람들에게 옳다는 것은 사리에 맞고(logical comprehensiveness), 보편적(university)이며, 일관된(consistency) 윤리적 원칙에 준거한 양심의 선택에 따르는 것이다. 이들이 가진 원칙들은 성경의 십계명과 같이 구체적으로 명시된 것은 아니지만, 권리의 평등, 정의, 인간의 존엄성(dignity)과 같은 보편적 윤리 원칙에 준한다. 이 단계에서의 행동은 자신이 옳다고 믿는 신념에서 나오는 것이지, 처벌을 피하거나, 자신의 유익을 충족시키거나, 사회의 인정을 기대하기 때문이 아니다.

3) 콜버그 이론의 평가

콜버그는 피아제의 인지이론을 계승 · 발전시켜 전 생애를 통한 인간의 도덕성 발달을 정립했고, 지금까지도 도덕성의 발달을 설명함에 있어 가장 영향력을 미치고 있는 이론이다. 하지만 그의 이론에 대한 비판점도 있다.

첫째, 콜버그 이론은 개인주의를 바탕으로 하고 있는 서구 사회의 문화적 편향성을 보인다는 점이다. 콜버그의 이론은 주로 미국과 같은 서구 사회에서의 연구를 바탕으로 적립된 것이었고, 터키나 이스라엘과 같은 나라에서 후속 연구를 통해 도덕 발달의 문화적 보편성을 주장한다(Kohlberg, 1984, p. 583). 그의 이론의 가장 상위 단계로 가면 인간은 자신이 옳다고 여기는 개인의 신념을 따른다고 했다. 하지만 공동체 중심의 사회에서는 개인의 신념과 공동체의 관습이나 질서가 충돌하면 자기 자신보다는 전체를 생각해서 자신의 주장만을 내세우지 않는 배려의 모습을 보일 수 있다. 하지만 이런 행동은 콜버그의 이론에서 오히려 낮은 도덕성으로 제시된다는 사실은 전통적인 도덕성에 대한 이해와 상반된다.

둘째, 도덕성은 정의적 · 인지적 · 행동적인 세 가지 기본 구성요소가 함께 어우러져 있다(Shaffer, 1988: 김경중 외, 1988에서 재인용). 즉, 옳은지 그른지를 분별할 수 있는 인지 능력과 양심이나 이타심과 같은 정서적 측면이 의지적 행동으로 나타날 때 도덕성은 참 의미를 가지는 것이다. 하지만 콜버그는 도덕적 판단에 대한 발달이 도덕적 행동으로 이어지는 하나의 필수 요소이지만 이 둘의 관계에 대한 보다 많은 연구의 필요성을 제안하였다(Kohlberg & Hersh, 1977, p. 58). 즉, 그의 이론은 도덕성의 정의적 · 인지적인 측면은 잘 설명하고 있지만 그 도덕성이 실제 행동으로 어떻게 연결되는지에 대한 설명은 부족하다는 한계점이 있다.

마지막으로, 남성 편향적인 이론이라는 점이다(Gilligan, 1982; Walker, 1984; Wright, 2005). 콜버그는 비교적 고등교육과 사회적 진출의 기회가 적었던 여성들은 남성에 비해 4, 5단계의 높은 도덕성을 가지기 어려우며, 전반적으로 남성의 도덕성이 여성에 비해서 더 높다고 주장한 바 있다(Kohlberg, 1984, p. 340). 이에 대해 그의 동료였던 길리건(Gilligan, 1982)은 남녀의 도덕성은 수준의 차이가 있다기보다는 성향의 차이가 있다고 반박했다. 즉, 남성은 정의적인 도덕 판단을 주로 하는 반면, 여성들은 타인의 입장을 고려하는 배려적인 측면의 도덕성을 가지고 있다는 것이다. 또한 콜버그가 도덕성 발달 이론을 정립할 때 미국 일리노이주에 있는 학교의 만 10, 13, 16세의 84명의 남학생만을 연구의 대상으로 하였기에 남성 편향적이며, 그의 이론은 정의(justice), 공정성(fairness), 공의적인 측면에 치우쳐 있기 때문에 남성의 도덕성이 더 높은 것처럼 여겨진다고 보았다(Gilligan, Langdale, Lyons, & Murphy, 1982, p. 36; Woods, 1996, pp. 376-377). 이 점에 대해서도 이후의 많은 학자가 도덕적 성향의 차이 역시 남녀의 성에 의한 것이 아니라 교육이나 사회적 수준에 의한 것임을 밝혔다(Walker, 1984).

3. 사회복지 실천의 함의

인지이론은 사회복지 실천가들이 환경 속에서 인간이 어떻게 발달하고 사회적으로 기능하는지에 대한 폭넓은 이해를 제공한다. 나아가 클라이언트들의 성격과 행동의 이해 및 보다 긍정적 방향으로의 변화를 위해 어떻게 노력해야 하는지에 대한 통찰력을 제공한다(Vourlekis, 2008). 인지이론이 사회복지 실천에 미친 영향에 대해 보다 구체적으로 살펴보면 다음과 같다.

첫째, 인지이론은 행동치료, 심리치료 및 다양한 사회복지 원조 과정의 초석을 제공한다. 인지이론가들은 개인이 주변의 환경을 어떻게 인지하느냐가 행동에 영향을 주며 동시에 자신의 행동에 대한 주변 환경의 반응이 그들의 인지에 영향을 미친다고 보았다. 이런 관점에서 개인과 인지된 환경 사이의 조화가 깨어질 때 사회적 기능(social functioning)에 문제가 생긴다(Greene, 2008, p. 135). 따라서 사회복지 실천가의 주요한 역할 중 하나는 클라이언트가 가지고 있는 인지의 역기능적이고 왜곡된 부분을 파악하고 인지 변화(cognitive revolution)를 유발하도록 원조하는 것이다(Mahoney, 1988, p. 359). 특히 앨버트 엘리스(Albert Ellis)의 '합리적 정서행동치료'나 에런 벡(Aaron Beck)의 인지치료 기법들은 사회복지 실천현장에서 다양하게 적용되고 있다.

둘째, 인지의 왜곡은 주변과의 상호작용 과정에서 형성된 것일 가능성이 높기 때문에 '환경 속의 인간'이라는 관점을 바탕으로 클라이언트 자신뿐 아니라 그의 가족, 학교, 지역사회 등의 주변 체계에 대한 포괄적인 이해가 필수적임을 강조한다.

셋째, 인지이론은 인간을 사고가 가능한 합리적이고 이성적인 존재로 본다. 이런 인간관은 클라이언트가 사회복지사의 도움을 받아 주체적으로 자신의 왜곡된 인지와 같은 문제를 해결할 수 있다는 관점을 제시한다. 즉, 사회복지사가 일방적으로 문제를 해결해 주는 것이 아니라 클라이언트의 역량강화(empowerment)를 통해서 함께 해결해 가는 것이다. 이런 원조의 과정에서 중요한 것은 클라이언트가 그 순간 가지고 있는 생각 혹은 인지를 충분히 이해하고 그곳에서 출발하는 것이다. 이는 사회복지 실천 원칙 중 하나인 '클라이언트가 있는 곳에서 출발(start where the client is)'과 부합한다(Goldstein, 1983). 이처럼 인지이론은 지금까지도 사회복지 실천에 있어 클라이언트의 사정 및 개입방법에 다양한 영향을 미치고 있다(최옥채 외, 2003).

엘리스(Ellis)의 합리적 정서행동치료 (Rational Emotive Behavior Therapy: REBT)

엘리스는 감정은 사고의 결과물이라고 보았다. 따라서 어떻게 생각하느냐 하는 사고방식의 변화를 통해서 같은 사건과 상황에서도 한 개인이 느끼는 감정과 정서가 달라질 수 있다고 했다(Ellis, 1957, p. 38). 무질서하고 비합리적(irrational) 사고 체계를 가진 사람들이 어려운 문제나 환경에 당면하면, 자기패배적(selfdefeating)인 인지, 감정 그리고 태도(behaviors)를 가지기 쉽다. 하지만 모든 사람은 치료자의 적절한 도움과 다양한 REBT 치료 기법들을 통하여 스스로를 훈련함으로써 어느 정도 자기패배적 감정과 정서적 문제들을 해결할 수 있고, 이로써 보다 만족스러운 삶을 영위할 수 있게 된다고 했다(Ellis, 2002, p. 483). 즉, 치료와 훈련을 통하여서 정서적 문제가 있는 사람들이 스스로 자신의 비합리적 사고, 감정, 행동을 수정하기를 결심하고, 연습과 훈련을 통하여 보다 합리적 · 논리적 · 현실적 사고와 행동을 하도록 하는 것이 '합리적 정서행동치료'의 목표다. 이 치료법이 개발된 이후, 다양한 클라이언트를 대상으로 이루어진 많은 연구들에서 그 효과성이 증명되면서 지금도 심리치료의 실천 현장에서 활발히 사용되고 있다.

벡(Beck)의 인지행동치료 (Cognitive Behavior Therapy)

인지행동치료는 임상 연구들을 통해 다양한 유형의 정신 질병과 심리적 문제들의 치료에 효과적임이 입증된 대표적 심리치료의 한 종류다. 이 치료를 사람들의 감정(feeling)과 행동(behavior)은 주어진 상황을 어떻게 '인지'하고 '해석'하느냐에 달려 있다는 벡의 인지이론 모델을 바탕으로 개발되었다. 벡의 인지이론에 따르면, 사람들이 어떤 상황에 맞닥뜨렸을 때 즉각적으로 드는 찰나의 생각이 있는데 벡은 이 생각을 '자동적 사고(automatic thoughts)'라고 했다. 사람들이 감정적 · 정서적으로 스트레스 상황에 놓이게 되면, 왜곡되고 경직된 사고, 부정적 자동적 사고로 이어지며, 그로 인해 부정적 감정과 역기능적 행동이 나타나게 된다. 따라서 벡의 인지행동치료는 내담자들이 자신이 어떤 부정적인 자동적 사고를 하고 있는지 스스로 인지하고 이를 수정하게 함으로써 보다 기능적인 행동과 긍정적인 정서를 가지게 하는 것을 목표로 한다. 나아가 내담자가 자신의 부정적 자동적 사고를 스스로 수정할 수 있는 기술을 습득하게 되면, 그다음 단계로 치료자는 내담자가 내면 깊은 곳에 가지고 있는 신념(belief)을 발견하고 수정하도록 돕게 된다. 핵심 신념(core beliefs)이란 보다 심층 단계의 인지로, 역기능적 신념을 가진 사람들은 경직되고, 과장되고, 잘못된 방식으로 자기 자신이나, 타인 그리고 자신을 둘러싼 세계를 이해하게 된다. 이 부정적 신념이 결국 부정적 자동적 사고로 이어지기 때문에 궁극적으로는 내담자가 가진 왜곡된 인지 혹은 사고의 오류들을 깨닫고 변화시켜 문제를 해결하도록 돕는 것이 인지치료의 목적이다 (Beck, 2002, pp. 155-163).

생각해 볼 문제

1. 인지에 대한 나름의 정의를 내려 보시오.
2. 피아제 이론의 '도식'이란 개념에 대해 설명해 보시오.
3. 피아제는 적응 기제로 '동화'와 '조절'의 과정을 강조했다. 동화와 조절의 개념을 간단히 설명하고 각각의 구체적인 예를 제시해 보시오.
4. 피아제의 인지 발달단계에서 '전조작기'에 해당하는 인지의 특징에 대해 논해 보시오.
5. 피아제의 인지 발달단계 중 '구체적 조작기'와 '형식적 조작기'의 차이를 비교해 보시오.
6. 피아제(J. Piaget)의 인지발달이론에 관한 설명으로 옳지 않은 것은?
   ① 발달단계의 순서는 문화와 개인에 따라 다르게 나타난다.
   ② 인지구조는 각 단계마다 사고의 방식이 질적으로 다르다.
   ③ 인지 발달은 동화기제와 조절기제를 활용하여 환경에 적응하는 것이다.
   ④ 상위 단계는 바로 하위 단계를 기초로 형성되고 하위 단계를 통합한다.
   ⑤ 각 단계는 내부적으로 일관된 체계를 갖추고 있는 하나의 완전체다.

7. 피아제(J. Piaget)의 감각운동기의 발달특성에 관한 설명으로 옳은 것은?
   ① 대상을 특징에 따라 분류(classification)한다.
   ② 대상을 연속(seriation)적인 순서에 따라 배열한다.
   ③ 대상의 질량 혹은 무게가 형태 및 위치에 따라 변하여도 보존(conservation)될 수 있다고 생각한다.
   ④ 대상영속성(object permanence)을 획득한다.
   ⑤ 조합기술(combination skill)을 획득한다.

8. 유아기(만 3~6세)의 인지 발달 특성에 해당하지 않는 것은?
   ① 표상에 의한 상징적 사고
   ② 자기중심적 사고
   ③ 비가역적 사고
   ④ 물활론적 사고
   ⑤ 연역적 사고

9. 피아제(J. Piaget)의 인지발달이론에서 '구체적 조작기'에 관한 설명으로 옳은 것을 모두 고른 것은?

ㄱ. 인지적 능력이 급속도로 발전하는 단계다. ㄴ. 비논리적 사고에서 논리적 사고로 전환된다. ㄷ. 분류화, 서열화, 탈중심화, 언어기술을 획득한다. ㄹ. 대상의 형태와 위치가 변화하면 그 양적 속성도 바뀐다.

   ① ㄱ, ㄴ ② ㄱ, ㄷ ③ ㄴ, ㄷ ④ ㄴ, ㄹ ⑤ ㄷ, ㄹ

10. 콜버그의 도덕 발달단계 중 '전인습적 도덕성' 수준의 두 단계에 대해 설명해 보시오.
11. 콜버그의 도덕 발달단계 중 '인습적 도덕성' 수준의 두 단계에 대해 설명해 보시오.
12. 콜버그의 도덕 발달단계 중 '후인습적 도덕성' 수준의 두 단계에 대해 설명해 보시오.
13. 콜버그는 자신의 이론을 바탕으로 남성의 도덕성이 여성보다 높다고 주장했다. 이에 대한 개인적인 견해를 논해 보시오.
14. 인지이론이 사회복지 실천에 미친 영향에 대해 논해 보시오.

참고문헌

김경중, 류왕효, 류인숙, 박은준, 신화식, 유구종, 정갑순, 조경미, 조희숙, 주리분, 최인숙, 최재숙(1998). **아동발달심리**. 서울: 학지사.

최옥채, 박미은, 서미경, 전석균(2003). **인간행동과 사회환경**. 서울: 양서원.

Beck, J. S. (2002). Beck therapy approach. In M. Hersen & W. Sledge (Eds.), *Encyclopedia of psychotherapy* (Vol. 2, pp. 155-163).

Cherry, K. (2013). *Support and criticism of Piaget's stage theory*. Retrieved from http://psychology.about.com/od/piagetstheory/p/piagetcriticism.htm.

Cockcroft, K. (2002). Theories of cognitive development: Piaget, Vygotsky and information-processing theory. In D. Hook, K. Cockcroft, & J. Watts (Eds.), *Developmental psychology*. Cape Town: UCT Press.

Dale, O., Smith, R., Norlin, J. M., & Chess, W. A. (2008). *Human behavior and the social environment: Social systems theory* (6th ed.). Boston MA: Allyn and Bacon.

Ellis, A. (2002). Rational emotive behavior therapy. In M. Hersen & W. Sledge (Eds.), *Encyclopedia of psychotherapy* (Vol. 2, pp. 483-487).

Ellis, A. (1957). Rational Psychotherapy and Individual Psychology. *Journal of Individual Psychology, 13*, 38-44.

Flavell, J. H. (1985). *Cognitive development* (2nd ed.). Englewood Cliffs, NJ: Prentice-Hall.

Gilligan, C. (1982). *In a different voice*. Cambridge, MA: Harvard University Press.

Gilligan, C., Langdale, S., Lyons, N., & Murphy, J. (1982). *Final Report. The contribution of women's thought to developmental theory: The elimination of sex-bias in moral development research and education*. National Institute of Education.

Goldstein, H. (1983). Starting where the client is. *Social Casework, 64*(5), 267-275.

Greene, R. R. (2008). *Human behavior theory and social work practice* (3rd ed.).

NJ: Transaction Publishers.

Gzesh, S. M., & Surber, C. F. (1985). Visual perspective-taking skills in children: Evidence for rules and facilitating stimuli. *Child Development, 56*, 1204-1213.

Kohlberg, L. (1958). *The development of modes of thinking and choices in years 10 to 16* (Unpublished Doctoral Dissertation). Chicago, USA: University of Chicago.

Kohlberg, L. (1964). Development of moral character and moral ideology. In M. L. Hoffman & L. W. Hoffman (Eds.), *Review of child development research: Vol. 1*. New York: Russell Sage Foundation.

Kohlberg, L. (1981). *Philosophy of moral development: Vol 1. Essays on moral development*. San Francisco, CA: Harper & Row.

Kohlberg, L. (1984). *Psychology of moral development: Vol 2. Essays on moral development*. San Francisco, CA: Harper & Row.

Kohlberg, L. (1991). My personal search for universal morality. In L. Kuhmerker (Ed.), *The Kohlberg legacy for the helping professions*. Birmingham, AL: R.E.P. Books.

Kohlberg, L., & Hersh, R. (1977). Moral development: A review of theory. *Theory into Practice, 16*(2), 53-59.

Mahoney, M. J. (1988). Constructive meta theory: Basic features and historical foundations. *International Journal of Personal Construct Psychology, 1*, 1-35.

Piaget, J. (1952). *The origins of intelligence in children*. New York: International University Press.

Piaget, J. (1973). *The child and reality: Problems of genetic psychology*. New York: Grossman Publishers.

Piaget, J. (1983). Piaget's theory. In P. Mussen (Ed.), *Handbook of child psychology* (4th ed., Vol. 1). New York: Wiley.

Piaget, J., & Inbelder, B. (1969). *The psychology of the child* (H. Weaver, Trans.). New York: Basic Books, Inc.

Rest, J., Power, C., & Brabeck, M. (1988). Lawrence Kohlberg (1927~1987). *American Psychologist, 43*(5), 399-400.

Shaffer, D. R. (1988). *Social and personality development*. Belmont, California: Wadsworth, Inc.

Shaffer, D. R. (2004). *Social and personality development* (5th ed.). Belmont, California: Wadsworth Publishing.

Shaffer, D. R., Wood, E., & Willoughby, T. (2005). *Developmental psychology: Childhood and adolescence* (Second Canadian Edition). Toronto: Nelson.

Singer, D. C., & Revenson, T. A. (1978). *A Piaget primer: How a child thinks*. New York: Plume.

Vourlekis, B. S. (2008). Cognitive theory for social work practice. In R. Greene (Ed.), *Human behavior theory and social work practice* (3rd ed.). NJ: Transaction Publishers.

Walker, L. J. (1984). Sex differences in the development of moral reasoning: A critical review. *Child Development, 55*, 677-691.

Weiten, W. (1992). *Psychology: Themes and variations* (2nd ed.). California: Brooks/Cole.

Woods, C. (1996). Gender differences in moral development and acquisition: A review of Kohlberg's and Gilligan's models of justice and care. *Social Behavior and Personality, 24*(4), 375-384.

Wright, J. C. (2005). Gilligan's theory of feminine morality. In N. J. Salkind (Ed.), *Encyclopedia of human development*. NY: Sage Publications.

제 4 장

인간행동에 관한 주요 이론: 파블로프, 스키너, 밴듀라의 행동주의이론

학습목표

- 행동주의이론들의 기본 가정과 특징, 주요 개념을 이해한다.
- 행동주의이론들 사이의 공통점과 차이점을 이해한다.
- 행동주의이론에 기초한 사회복지 실천방법을 이해한다.

1. 주요 학자

1) 파블로프

이반 파블로프(Ivan Pavlov)는 1849년 러시아 정교회 사제의 아들로 태어나 1936년 86세의 나이로 사망한 러시아의 생리학자이자 심리학자다. 소년 시절의 파블로프는 평범하고 성적도 평균 정도였지만, 성인이 된 후에는 호리호리하고 건장한 체구, 넘치는 에너지와 천재의 열정을 가지고 있었으며 과학에 대한 그의 열정이 삶 내내 지속되었다고 한다(Chance, 2011, p. 77). 생리학자로서 파블로프는 소화생리학을 연구한 공로로 1904년 노벨 생리학 · 의학상을 수상하였으며, 후반기에는 조건반사의 연구로 전환하고 『조건반사』(1927), 『조건반사와 심리치료』(1941)라는 저서를 출간하였다(정옥분, 2015).

2) 스키너

1904년 변호사 아버지와 쾌활한 어머니 사이의 화목하고 안정된 가정에서 태어난 벌허스 F. 스키너(Burrhus F. Skinner)는 교육과 심리학에 많은 영향을 끼친 미국의 대표적인 행동주의 심리학자다. 원래는 작가가 되고 싶어 했지만, 파블로프와 왓슨(J. B. Watson)의 연구를 읽은 후 1928년 하버드 대학교에 입학해서 심리학을 공부하였고(Chance, 2011, p. 156) 1958년부터 은퇴할 때까지 하버드 대학교 심리학과 교수로 재직하기도 하였다. 학습원리를 정립하는 과정에서 '스키너의 상자'로 불리는 조작적 조건화 상자, '공기침대' '교수기계' 등의 실험장치를 고안하고 이를 이용하여 다양한 행동주의 동물실험과 통제된 연구를 시도하였다.

3) 밴듀라

앨버트 밴듀라(Albert Bandura)는 1925년 캐나다의 조그만 시골 마을에서 폴란드인 아버지와 우크라이나인 어머니 사이에서 태어났다. 브리티시컬럼비아 대학교를 거쳐 미국 아이오와 대학교에서 심리학 석사와 박사 학위를 받았으며(이인정, 최해경, 2000, p. 235), 1953년 스탠퍼드 대학교의 심리학 교수가 되었고, 현대 교육심리학 분야의 대가, 사회학습이론의 주창자다. 1977년『사회학습이론(Social Learning Theory)』이라는 저서를 통해 1980년대 심리학의 지표를 바꾸었으며, 말년에는 자기효능감에 관심을 가지게 되어 1997년『자기효능감: 통제훈련(Self-efficacy: The Exercise of Control)』을 출간하였다.

2. 주요 개념, 이론의 내용

1910년대 이전의 심리학은 '마음(정신)의 과학'이라 정의되곤 하였지만 행동주의의 등장으로 심리학계에 큰 변화가 일어나기 시작했다. 이는 당시 심리학자들이 의식의 상태를 연구하기 위해 사용하고 있던 내성법(introspection)[1]에 대한 불만과, 인간행동에 대한 정신분석학의 모호함·복잡성에 대한 반감에서 비롯되었다. 대표적인 학자이었던 존 왓슨(John Watson)은 1913년『행동주의자가 보는 심리학』을 발표하고, '행동주의'를 공식적으로 선언하면서(정옥분, 2015, p. 175) 심리학이 인간을 이해하기 위해서는 관찰할 수 없는 내적인 마음 상태보다는, 관찰 가능한 외적 조건의 연구에

1) 내성법이란 1800년대 말기와 1900년대 초기에 분트(W. Wundt)가 사용한 방법으로, 의식적 경험의 기본 요소를 찾아내기 위하여 자신의 의식 경험의 심적 과정을 관찰하여 분석하는 방법이다. 주관적이라는 한계 때문에 행동주의의 비판을 받았으며 점차 사용되지 않게 되었다(곽호완, 박창호, 이태연, 김문수, 진영선, 2008).

초점을 두어야 한다고 주장하였다(Martin & Pear, 2012, p. 584). 왓슨은 "심리학은 의식, 정신상태, 마음, 상상…… 등과 같은 용어를 버려야 하며, 그 대신에 행동의 예언과 통제를 심리학의 목표로 삼아야 한다(Watson, 1913)."고 주장하였다(정옥분, 2015, p. 176에서 재인용).

행동주의이론에서 '행동'이란 개인이 말하거나 행하는 어떤 것을 의미한다. 전문용어로는 유기체의 근육 활동, 내분비선 활동 혹은 전기적 활동을 일컫는다. 흔히 행동이라고 하면 걷기, 큰 소리로 말하기, 야구공 던지기, 누군가에게 소리 지르기 등과 같이 모두 행동을 수행하는 사람 이외의 다른 사람에 의해서 관찰되고 기록될 수 있는 외현적 행동들만 생각하기 쉽지만, 행동이라는 용어는 '개인의 내면에서' 발생하는 활동, 생각하고 느끼는 것과 같은 다른 사람에 의해 쉽게 관찰될 수 없는 내현적 활동도 포함할 수 있다(Martin & Pear, 2012, p. 30).

행동주의는 대부분의 인간행동을 학습된 것으로 설명한다. 그리고 학습에 의해 부적응 행동도 수정될 수 있다고 보기 때문에 '학습이론'이라고 불린다. 학습이론의 기본 원리는 자극과 반응 간의 관계를 연구하는 것이다. 물론 몇 가지 반사행동과 같이 자동적인 행동(반응)도 있다. 예를 들어, 눈 안에 이물질이 들어가면 자동적으로 눈을 깜빡거리게 되고, 배고픈 개가 음식 냄새를 맡으면 침을 흘리게 되는 것이 그렇다. 하지만 대부분의 반응은 반사적인 것이 아니고 학습된 것으로 본다. 그리고 우리 인생은 학습과정의 연속이라고 한다. 즉, 새로운 자극이 새로운 행동패턴(반응)을 유발하고, 낡고 비생산적인 반응은 소멸된다는 것이다(정옥분, 2015, p. 167). 학습을 통하여 인간이 지식과 언어를 습득하고, 태도와 가치관을 형성하며 다양한 감정을 경험한다는 것이다. 행동주의이론에서 성격이란, 각 개인이 지니고 있는 행동 유형들의 집합이며, 한 개인의 행동과 그에 따르는 강화 사이의 관계 유형이라고 본다. 강화된 행동은 습관이 되고 이 습관이 성격의 일부가 된다고 보는데, 강화된 행동은 일반화와 자극에 대한 변별 능력이 적절하게 발달한 결과로 건전한 성격을 형성한다(사회복지교육연구센터, 2014, p. 129).

스키너는 개인의 행동(혹은 '성격')은 그 자신이 속해 있는 객관적 세계에서 겪은 과거 혹은 현재의 경험에 의해 결정된다고 보았다. 따라서 사람들이 일생동안 경험하는 여러 가지 사건이 매우 중요하며 환경의 조작이 인간행동을 개선하는 열쇠라고 생각하였다. 그러므로 행동주의이론에서는 선행 사건과 행동 그리고 그 행동의 결과를 중요하게 여긴다. 왓슨 역시 성격을 결정하는 요인이 내적 요소가 아니라 외부의 환경자극이라고 보았다. 그의 저서『행동주의』(Watson, 1924, p. 104)에서 "나에게 12명의 건강한 아기를 주어 모든 조건이 충족된 나의 세계에서 기를 수 있게 해 준다면, 나는 그들 중 아무라도 택하여 그의 재능이나 취미, 성향, 능력, 적성 그리고 인종에 관계없이 의사나 법률가, 예술가, 사업가뿐만 아니라 심지어 거지와 도둑에 이르기까지 내가 원하는 어떤 유형의 전문가라도 만들 수 있다고 장담한다."고 하였다.

이처럼 학습이론은 발달에서 생물학적 요인보다는 환경적 요인을 더 강조한다. 학습이론가들은 개인의 인생에서 얻게 되는 학습경험이 인간 발달에서 변화의 근원이라고 믿는다. 따라서 환경을 재구성함으로써 새로운 학습경험을 하게 되면 발달에 변화를 가져올 수 있다고 주장한다(정옥분, 2015, p. 167).

프로이트와 스키너는 인간의 행동이 우연히 일어나지 않고 법칙적이라는 점을 인정한다는 면에서 공통점이 있다고 할 수 있다. 즉, 두 이론 모두 인간의 모든 행동에 원인이 있다고 주장한다. 그러나 행동주의 이론가들은 정신분석학에서 행동과 그에 선행하는 원인적 사건 사이에 어떤 정신적인 개념을 개입시키는 점에 대해서는 비난한다. 이러한 정신적인 개념들의 개입으로 실제로 행동을 유발하는 환경적 조건이 무시된다고 보기 때문이다. 대신 스키너는 행동의 관찰 가능한 원인만을 탐구해야 한다고 주장하였다.

일반적인 오해와 달리 스키너 스스로 다른 이론가들이 주장한 내면적인 과정의 가능성을 부인한 적은 없지만, 관찰 가능한 행동의 측정을 통하여서만 인간행동이 경험적으로 검증될 수 있다고 주장하였다(Thomlison &

Thomlison, 1996, p. 40). 또 학습에 영향을 주는 여러 가지 관찰 가능한 요인들을 아주 상세하게 기술함으로써, 인간의 행동이 객관적으로 구체화되고 조작될 수 있는 환경에 의해 다양하게 통제된다고 주장하였다.

행동주의이론은 모든 인간, 특히 아동의 행동과 성격이 어떻게 학습되는가, 그 행동을 어떻게 관리할 수 있을 것인가에 대한 강력한 설명력을 제공해주고 있다. 그리고 행동주의이론의 원리를 활용한 행동수정 기법은 지금까지 인간의 많은 다양한 문제와 학습상황에 효과적으로 적용되어 왔다. 행동수정(behavior modification)은 사람들의 일상적 기능을 높이기 위하여 개인의 내현적 · 외현적 행동을 평가하고 증진시키는 데 학습 원리와 기법을 체계적으로 적용하려는 시도다. 이를 위해 문제를 측정 가능한 행동 용어로 정의하고, 그 문제에 대해 도움을 받고 있는 정도에 대한 가장 좋은 지표로 행동 측정치의 변화를 사용할 것을 강조한다. 그리고 개인의 환경을 변화시키는 치료 절차와 기법을 통해 개인이 충분히 제 역할을 해낼 수 있도록 돕는 것이다(Martin & Pear, 2012, pp. 35-36). 하지만 인간의 행동에 대한 환경의 결정력을 지나치게 강조한 점이나 자유의지나 개인의 자율성 등의 개념을 배제한 점 등은 비판을 받고 있다.

행동주의이론을 이해하기 위해서는 행동주의의 대표적인 학자로 꼽히는 파블로프와 더불어 스키너 이론의 기본 개념을 먼저 이해할 필요가 있다.

1) 행동의 고전적 조건형성과 조작적 조건형성

행동주의이론에서 중요한 인간행동 개념은 크게 반응적(고전적) 행동(respondent behavior)과 조작적 행동(operant behavior)의 두 가지다. 반응적 행동은 반응적 조건형성 과정을 통하여, 조작적 행동은 조작적 조건형성 과정을 통하여 학습되고 형성된다.

(1) 반응적 조건형성(reactive conditioning)

반응적 행동에서 '반응적'이란 용어는 구체적인 자극[2)]에 의해 유발되는 구체적인 행동을 의미한다. 즉, 반사적인 반응(reflective-type response)으로 예를 들면, 눈에 강한 바람을 불어 넣을 때 눈을 깜빡거리는 것과 같이 자극이 행동보다 먼저 나타난다. 이와 관련된 개념이 파블로프(Pavlov)의 고전적 조건형성 과정(classical conditioning process)인데 스키너가 이를 '고전적'이라고 부르지 않고 '반응적 조건형성'이라고 불러서(Nye, 2002, pp. 60-61) 현재까지 고전적 조건형성 혹은 반응적 조건형성 개념이 함께 사용되고 있다.

생리학자로서 개의 소화에 대한 실험을 수행하던 파블로프는 침 흘리기와 위, 췌장, 창자를 포함한 소화샘을 측정하였으며 음식과 결합된 자극이 침 흘리기를 유발할 수 있다는 점을 관찰하였다. 처음 파블로프는 개에게 음식(무조건 자극, Unconditioned Stimulus: US)을 갖다 주면 타액분비 반사(무조건 반응, Unconditioned Response: UR)가 일어난다는 것을 관찰하였다. 여기에서 자극과 반응의 결합은 학습된 것이 아니고 선천적인 것으로 가정된다. 즉, 반응은 자극에 노출되면 자연스럽게 발생한다. 이처럼 반응적 행동은 앞선 자극에 의해 유발되며 결과의 영향을 받지 않는다. 저녁식사를 위해 요리하는 냄새를 맡았을 때 침이 나오는 것, 무서운 영화를 보았을 때 두려운 느낌이 드는 것 등을 예로 들 수 있다(Martin & Pear, 2012, p. 272).

반응적 조건형성은 이처럼 무조건 반사(unconditioned reflexes)에 기반하고 있는데, 무조건 반사는 어떤 자극이 이전 학습과 관계없이 어떤 반응을 자동적으로 유발하는 자극-반응 관계다. 예를 들어, 기온이 높으면 땀이 나거나 얼굴이 달아오르는 것, 콧속이 가려우면 재채기가 나는 것과 같은 행동으로,

2) 개인의 환경을 구성하는 물리적 변인들을 자극이라 부른다. 자극(stimuli)은 현재 개인이 즉각적으로 주변에서 마주치는 사람, 사물, 사건 등을 말하는 것으로, 개인의 감각수용기에 도달하여 행동에 영향을 미칠 수 있는 모든 것이다. 자신의 행동 또한 개인의 그다음 행동에 영향을 주는 환경이 일부가 될 수 있다(Martin & Pear, 2012, p. 35).

이전의 조건형성 없이도 자극이 반응을 유발하기 때문에 무조건적이다. 즉, 이미 설정된 혹은 타고난 것이다. 영아들의 볼을 어루만졌을 때 고개가 돌아가거나, 입술에 물체가 닿으면 빠는 것도 마찬가지다. 이전 학습이나 조건형성 없이 반응을 유발하는 자극을 무조건 자극이라고 부르며, 이런 자극에 의해 유발되는 반응을 무조건 반응이라고 부른다(Martin & Pear, 2012, p. 273).

다시 파블로프의 실험내용으로 돌아가자. 배고픈 개에게 음식을 주면 개는 타액을 분비한다. 여기서 음식은 무조건 자극(unconditioned stimulus)이다. 무조건 자극은 사전학습이나 경험 없이 학습되지 않은 반응을 자연적으로 일으키는 어떤 사건을 말한다. 그리고 개의 타액 분비는 무조건 자극에 대한 반응으로 무조건 반응(unconditioned response)이라고 부른다. 이것은 타고난 반사다. 그런데 실험 도중 파블로프는 우연히 개가 입안에 음식이 들어오기 전에도 침을 분비한다는 사실을 발견하였다. 개는 음식이 가까이 오는 것을 보거나 가까이 오는 발소리를 들었을 때에도 침을 분비하였다. 그래서 음식과 종을 짝지어 제시하면서 종을 울린다. 음식과 종소리를 몇 번 짝지어 제시한 후에는 종만 울려도 개는 타액을 분비하게 된다. 이때 종소리는 조건 자극(conditioned stimulus)이라 부르고 개의 타액 분비는 조건 반응(conditioned response)이라고 부른다. 이것은 전에는 반응을 일으키지 못했던 자극, 즉 새로운 중성 자극에 대해 반사가 조건형성된 것임을 보여 주는 것이다(정옥분, 2015; Pavlov, 1927).

다시 말해, 개에게 벨소리와 같이 중립적인 자극(Neutral Stimulus: NS)을 음식과 함께 계속 제시하면, 마침내 그 개는 음식이 주어지지 않은 상태에서 벨소리만 들어도 타액을 분비하게 되는(조건화된 반응, Conditioned Response: CR) 반응적 조건형성이 일어나게 된다. 이때의 벨소리는 조건화된 자극(Conditioned Stimulus: CS)이라고 한다. 이들 간의 결합(벨소리 자극과 타액 분비 반응)은 선천적인 것이 아니라 학습된 것이며, 이처럼 새로운 자극에 대한 반응이 학습될 때 반응적 조건화가 일어났다고 한다. 그리고 발소리, 종소리

등과 같이 무조건 반응을 유발하지 못하는 자극은 중립적인 것으로 여겨지는데, 반응적 조건형성의 원리는 중립자극이 무조건적인 반응을 일으키는 무조건적인 자극과 시간적으로 근접하여 제시된다면 이전에는 중립적이었던 자극이 장차 조건 반응을 일으키게 될 것이라는 원리를 말한다.

이후, 왓슨과 레이너는 '앨버트에게 공포 반응 조건형성하기'라는 실험을 통하여 동물을 대상으로 실시한 파블로프의 조건형성 원리가 동물의 학습 외에 인간의 학습과정에도 적용된다는 점을 보여 주었다(Watson & Rayner, 1920). 이 실험에서 왓슨은 앨버트라는 9개월 된 아이에게 흰쥐를 보여 주면서 동시에 등 뒤에서 큰 소리를 반복적으로 들려주어 흰쥐를 무서워하도록 조건화시켰다. 그 결과 몇 번의 반복된 실험을 통해 처음에 흰쥐를 두려워하지 않던 앨버트가 흰쥐에 대한 공포 반응을 보였다. 이 실험을 통해 왓슨은

무조건 반사:	고기 (무조건 자극, Unconditioned Stimulus)	➡	타액 분비 (무조건 반응, Unconditioned Response)
	종소리 (중립 자극, Neutral Stimulus)	➡	반응 없음
조건화:	고기 (무조건 자극, Unconditioned Stimulus) + 종소리 (중립 자극, Neutral Stimulus)	결합 제시 ➡ 반복	타액 분비
조건화 후:	종소리 (조건 자극, Conditioned Stimulus)	➡	타액 분비 (조건 반응, Conditioned Response)

[그림 4-1] 파블로프의 반응적 조건화

학습경험을 통해 자극에 대한 정서적 반응이 생길 수 있음을 밝혔다. 즉, '비합리적인' 공포나 감정이 반응적 조건형성 과정을 통해 형성될 수도 있다는 점을 제시한 것이다. 뿐만 아니라, 앨버트가 흰쥐뿐 아니라 토끼, 개, 모피 코트 등과 같은 유사한 다른 자극에 대해서도 공포 반응을 보이는 자극 일반화 현상(stimulus generalization)을 발견하였다.

또한 왓슨은 단순한 자극-반응(S-R) 연합을 넘어서는 요인들도 반드시 고려해야 한다고 믿었는데, 대표적으로 빈도법칙과 최근법칙이 있다. 빈도법칙이라 함은 어떤 자극에 반응을 자주 할수록 점차 그 자극에 대해 같은 반응을 강하게 보일 것임을 말하는 것이다(정옥분, 2015, p. 178). 앞서 설명한 대로 표현하자면, 조건반사가 최대 강도에 도달할 때까지 무조건적 자극(US)에 조건화된 자극(CS)을 짝짓는 횟수가 많으면 많을수록 조건화된 자극(CS)이 조건화된 반응(CR)을 유발하는 능력은 더 커진다. 예를 들어, 어떤 아이가 개가 큰 소리로 짖는 것을 보고 여러 번 놀랐다면, 아이가 개를 보고 단 한 번만 무서움을 느꼈을 때보다 개를 볼 때 더 강한 두려움을 느끼게 될 것이다. 그리고 최근 법칙이라 함은 특정한 자극과 특정한 반응 간의 연합이 시간적으로 근접해 있을수록 그 연합이 다시 일어날 가능성이 커지는 것을 말한다(정옥분, 2015, p. 179). 즉, 조건화된 자극(CS)이 무조건적인 자극(US)에 0.5초 선행된다면, 조건화된 자극(CS)이 훨씬 더 먼저 제시되거나 무조건적인 자극(US)의 뒤에 제시되는 것보다 더 강한 조건형성이 일어난다는 것을 의미한다. 예를 들어, 아이가 개를 보자마자 곧 개가 큰 소리로 짖는 경우가 개 소리를 먼저 들은 후 개를 보게 될 때보다 아이에게는 개를 보는 것이 두려움이라는 조건반응을 나타내게 하는 조건 자극이 될 것이다.

또한 반응적 조건형성은 조건화된 자극(CS)이나 무조건적 자극(US), 혹은 둘 다가 약할 때보다 강할 때 더 빠르고 강하게 이루어진다. 아이는 번개나 천둥이 상대적으로 약할 때보다 유난히 밝게 번쩍이는 번개와 아주 큰 천둥소리가 날 때, 더 강한 두려움을 갖게 되는 것이다(Martin & Pear, 2012, pp.

무조건 반사:	큰 소리 (무조건 자극, Unconditioned Stimulus)	➞	공포 반응 (무조건 반응, Unconditioned Response)
	흰쥐 (중립 자극, Neutral Stimulus)	➞	공포 없음
조건화:	큰 소리 (무조건 자극, Unconditioned Stimulus) + 흰쥐 (중립 자극, Neutral Stimulus)	결합 제시 ➞ 반복	공포 반응
조건화 후:	흰쥐 (조건 자극, Conditioned Stimulus)	➞	타액 분비 (조건 반응, Conditioned Response)
자극일반화	쥐와 유사한 자극 (토끼, 개, 털코트)	➞	공포 반응

[그림 4-2] 왓슨의 공포 반응 조건화실험

275-276). 일단 조건반사가 확립되면 조건 자극 다음에 무조건 자극이 오는 경우가 때때로 있기만 하면 조건 반응은 유지될 수 있다. 하지만 음식을 주지 않고 벨소리만 계속 들려주는 것과 같이 조건화된 자극(CS)이 계속 무조건적 자극(US) 없이 제시되면 조건 반응이 약해지게 된다. 즉, 개의 타액 분비 반응이 점차 줄어들다가 나중에는 사라지게 되는데 이런 현상은 소거(extinction)라고 한다(Chance, 2011, p. 99).

(2) 조작적 조건형성(operant conditioning)

스키너도 조건화된 자극이 반응을 유발하는 고전적 조건형성을 인정하였

다. 그러나 인간의 중요하면서도 복잡한 대부분의 행동은 단순히 특정 자극에 조건화된 반사적 반응이 아니며, 선행 자극보다 결과의 영향을 받는다고 보았다. 스키너는 자극에 의해 유발된 행동과 그 결과에 의해 통제된 행동을 명확히 구분한 첫 심리학자였다(Martin & Pear, 2012, p. 586).

스키너는 인간에게 중요한 행동은 수행된 후(emitting) 어떤 결과를 가져오는 반응(행동)이라고 보았다. 이때 조작적[3] 조건화의 개념이 등장한다. 반응적 행동은 앞서 일어나는 사건들의 직접적인 통제를 받지만(예를 들어, 눈 깜박거림), 조작적 행동은 쉽게 확인될 수 있는 유발자극 없이 유기체가 먼저 보이게 되는 행동이며 그 결과에 의해 통제되는 행동이다(Nye, 2002, pp. 62-63).

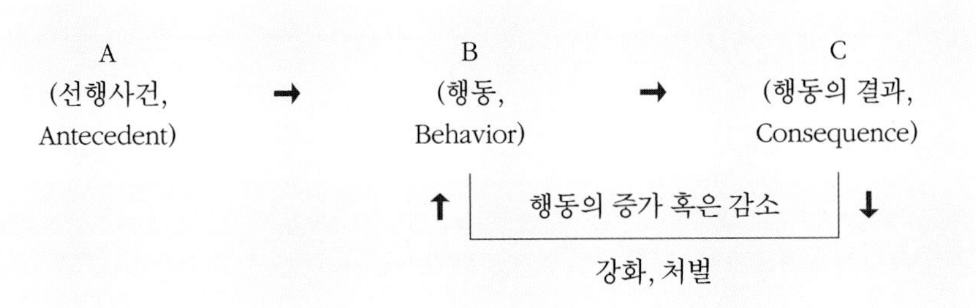

[그림 4-3] 스키너의 조작적 조건화

조작적 조건화는 행동의 ABC 모형으로, 여기서 A는 선행사건(Antecedents)으로 행동 이전에 일어나는 사건이고 B는 행동(Behaviors), 즉 관찰 가능하고 측정 가능한 반응 혹은 행동이며 C는 결과(Consequences)로 특정 행동의 직접적인 결과다. 다시 말해, 조작적 조건화는 '행동의 결과(Consequences)에 따라 행동(Behaviors)이 변한다.'는 학습의 한 유형이다(Skinner, 1974; Kazdin, 1994). 이 원리에 따르면 새로운 행동을 만들 수도, 약한 행동을 강화할 수 있

3) '조작적(operant)'이라는 말은 라틴어가 그 어원으로 바라는 결과를 얻기 위해 행해지는 노력을 의미한다(정옥분, 2015, p. 184).

으며, 바람직하지 않은 행동을 약화하거나 제거할 수 있다. 여기서 강조하는 것은 행동의 결과인데, 강화와 벌은 결과를 가장 잘 설명하는 용어다(Zastrow & Kirst-Ashman, 2002, pp. 168-169). 아동의 어떤 행동이 강화를 받게 되면 그 행동이 다시 나타날 확률이 높아지고, 어떤 행동이 벌을 받게 되면 그 행동이 다시 일어날 확률이 낮아진다. 그래서 조작적 조건형성에서는 강화와 벌의 역할이 중요하다(정옥분, 2015, p. 183). 요약하면, 조작적 조건형성이란 행동을 강화함으로써 증가시키는 과정 혹은 처벌함으로써 약화시키는 과정이며, 조작적 행동은 그 결과에 의해 수정될 수 있는 행동이다.

조작적 학습에는 다음 그림과 같은 네 가지 종류가 있다. 그중 두 가지는 행동을 증가시키고 다른 두 가지는 행동을 약화시킨다(Chance, 2011, pp. 157-158).

표 4-1 강화와 처벌

구분	행동의 증가	행동의 감소
자극(행동의 결과)의 제시	(긍)정적 강화	(긍)정적 처벌
자극(행동의 결과)의 철회	부(정)적 강화	부(정)적 처벌

(3) 강화

강화와 소멸, 자발적 회복 그리고 자극 일반화와 자극 변별화 등은 파블로프가 조건반사의 강도에 영향을 주는 요인들로 확인한 이래(Pavlov, 1927) 아직까지도 학습이론 전반에서 매우 중요하게 활용되고 있는 개념들이다.

강화(reinforcement)는 행동을 증가시키는 경험, 유사한 상황에서 행동이 다시 나타날 가능성을 증가시키는 것을 의미한다. 그리고 반응률의 증가 외에 그 행동이 지속되는 경향성을 증가시키는 것도 포함하는 개념이다(Thomlison & Thomlison, 1996, p. 40).

행동의 결과로 일어날 수 있는 강화에는 두 가지, 긍정적/정적 강화(positive

reinforcement)와 부정적/부적 강화(negative reinforcement)가 있다. 여기서 주된 차이는 좋다 혹은 나쁘다라는 의미가 아니라 행동 다음에 자극이 제시되는가 아니면 제거되는가와 관련된다. 그리고 강화물(positive reinforcer)의 효과는 그것에 선행하는 행동을 증강시키는 것이다.

정적 강화물은 어떤 행동 뒤에 즉각적으로 제시되어 그 행동의 발생 빈도를 증가시키는 자극이다. 어떠한 사건이 어떤 사람에게 특정 상황에서 정적 강화물로 작용하게 되면, 그 사건은 그 사람이 다른 상황에서 그 행동을 강화(반복, 행동의 증가)하는 데 사용될 수 있다. 즉, 정적 강화라고 불리는 원리는 '특정한 상황에서 어떤 사람이 무언가를 하고 즉각적으로 정적 강화물을 받으면, 그 사람은 그 다음 유사한 상황에 접하게 될 때 같은 행동을 하게 될 가능성이 높아진다.'는 것을 의미한다(Martin & Pear, 2012, p. 73).

정적 강화에 사용되는 강화물들은 일반적으로 대부분의 사람들이 보상적이라고 생각하는 것들이다. 하지만 특정 자극(예를 들어, 사탕)이 모든 사람에게 강화물로 작용하지 않을 가능성이 있기 때문에, 특정 행동을 강화하고자 할 때에는 그 사람에게 맞는 효과적이고 적절한 강화물을 신중하게 찾아 사용할 필요가 있다. 개인의 행동 수행을 실제로 증가시켜야 강화물이 될 수 있기 때문이다. 그리고 특정 강화물이 이전에 효과적이었다고 해서, 계속 효과가 있을 것이라고 단순히 가정해서는 안 된다.

또한 정적 강화물은 반응 뒤에 제시되거나 추가되었을 때 그 반응을 증가시키는 사건이라는 점을 명심해야 한다. 어떤 반응 뒤에 따라오는 사건을 '제거'하여도 그 반응을 증가시킬 수 있지만, 그것은 정적 강화가 아니다. 부적 강화다. 예를 들어, 부모가 10대 자녀에게 접시를 닦으라고 잔소리를 하는 경우가 있다. 아이가 말을 들으면 잔소리를 그만두게 된다. 접시 닦는 행동이 나오고 잔소리가 멈추게 되어 접시 닦는 반응이 강화가 되었다면, 반응을 강화한 것은 반응에 뒤따르는 잔소리의 제거(그것의 제시가 아니라)이다. 그래서 이것은 부적 강화의 예가 된다(Martin & Pear, 2012, p. 76). 여기에서 알 수 있는 바와 같이, 부적 강화에서는 반응이 어떤 자극의 제거나 자극 강도의 감소에 의해 증강된다. 그래서 부적 강화물(negative reinforcer)이라 불리는 이 자극은 대체로 유기체가 그로부터 회피 또는 도피하려고 하는 어떤 것이다(Chance, 2011, pp. 158-159).

(4) 소거와 처벌

'소거(extinction)'는 어떤 반응에 대한 강화를 중지함으로써 그 행동의 발생빈도를 줄이거나 아예 없어지도록 하려는 것이다. 다시 말해, ① 만약 어떤 상황에서 개인이 전에 강화받았던 반응을 표출하였는데 그 반응에 강화물이 뒤따르지 않는다면, ② 그 사람은 다음에 유사한 상황에서 그와 같은 행동을 더 적게 할 것이다. 만약 어떤 반응이 정적 강화를 통해 그 빈도가 증가했다면, 반응을 강화하는 것을 완전히 중지함으로써 반응의 빈도를 줄일 수 있다(Martin & Pear, 2012, p. 114). 소거를 위해 강화만 중지하고, 그 외의 어떤 것도 없어지지는 않는다. 소거를 위해서 반응 뒤 어떠한 결과도 뒤따르지 않는다. 소거는 일상생활에서 특정 행동을 무시하는 형태로 나타나는데, 여기서 특정 행동이란 이전에는 관심을 받아 이미 강화된 것을 말한다(Zastrow & Kirst-Ashman, 2002, p. 171).

소거 후 상당한 시간이 지난 다음 조건 자극을 다시 제시하면 조건 반응이 일시적으로 다시 나타난다. 더 이상 조건 자극과 무조건 자극의 짝지음이 없어도 조건 반응은 자발적으로 회복된다. 이와 같이 이전에 소멸되었던 반응이 재현되는 것을 파블로프는 자발적 회복이라고 불렀다. 그러나 짝지음이 지속적으로 유지되지 않는다면 자발적 회복도 사라지게 된다(정옥분, 2015, p. 172).

특정 행동을 줄이려는 다른 방법으로 처벌(punishment)이 있다. 처벌은 어떤 행동 뒤에 즉각적으로 벌칙(불쾌한 혹은 혐오스러운 자극)이 제시되어 다음 유사한 상황에서 똑같은 행동을 다시 할 가능성을 감소시키는 것이다. 처벌이 부적 강화와 다른 점은 처벌이 행동빈도를 감소시키기 위해 활용되는 반

면 부적 강화는 행동빈도를 증가시키는 수단이라는 점이다. 중요한 것은 자극의 특징이 아니라 행동에 미치는 효과다(Skinner, 1974).

처벌을 하는 방법에도 두 가지가 있는데, 첫 번째는 특정한 행동 뒤 즉각 부정적이거나 혐오스러운 결과를 표현하는 것이고, 두 번째 방식은 긍정적 강화물을 철회하는 것이다(Zastrow & Kirst-Ashman, 2002, p. 170). 예를 들어, 잘못된 행동을 했다고 아동을 혼내거나 때리는 것이 첫 번째 종류의 처벌이며, 식사 시간에 자녀를 방에서 나오지 못하게 하는 것이 두 번째 종류의 처벌이라고 할 수 있다. 부정적 벌과 소거의 차이는 소거에서는 결과가 없는 반면(그 행동에 따르는 것이 없다), 부정적 벌에는 결과가 있다(어떤 것이 제거된다). 예를 들면, 좋지 못한 행동을 한 아동에게서 장난감을 빼앗는 것이 나쁜 행동을 줄어들게 한다면 부정적 벌의 예가 될 수 있다(정옥분, 2015, p. 186).

(5) 강화계획/스케줄

강화계획(schedule of reinforcement)은 어떤 행동이 발생할 때 어떻게 강화할 것인가에 대한 구체적인 규칙을 정하는 것이다(Ferster & Skinner, 1957). 강화 스케줄은 크게 연속 강화와 간헐 강화로 구분할 수 있는데, 연속 강화는 특정 반응이 발생할 때마다 강화하는 것이고 간헐 강화는 어떤 행동이 발생할 때마다 매번 강화하지는 않고 가끔(즉, 간헐적으로) 강화하는 강화계획을 말한다. 일반적으로 연속 강화보다 간헐 강화할 때, 행동이 더 꾸준히 지속되고 소거되는 데 더 오랜 시간이 걸린다고 알려져 있다.

간헐 강화는 다시 일정한 시간이 지난 다음 발생한 행동을 강화하는 간격 강화(시간이 기준이 됨)와 일정한 수의 반응을 한 다음 한 번씩 강화해 주는 비율 강화(행동의 횟수가 기준이 됨)로 구분될 수 있다. 그리고 시간 혹은 행동의 횟수를 동일하게 하는지 혹은 예기치 못하게 변화를 주는지에 따라 고정 강화와 변동 강화로 구분하여 총 네 가지 유형이 될 수 있다. 다시 말해, 고정간격 강화와 변동간격 강화, 고정비율 강화와 변동비율 강화로 구분할 수 있는 것이다. 특정한 시간을 정해 놓고 그 기간이 지난 후 강화를 주는 것을 고정간격 강화(예를 들어, 식사하고 두 시간이 지난 후에 간식을 주는 것)라 하고, 강화 사이의 간격이 예기치 않게 변화하면서 불규칙해지거나 평균시간이 지난 뒤 행동에 강화를 주는 것은 변동간격 강화라 한다. 마찬가지로, 어떤 특정 반응이 일정한 수만큼 발생한 후에 강화를 주는 것은 고정비율 강화(예를 들어, 방 청소를 세 번 한 후 용돈을 주는 것)라 하고, 강화를 받는 데 필요한 반응의 수가 어떤 정해진 평균치 안에서 무작위로 변화하는 경우는 변동비율 강화라 하는데, 슬롯머신과 같은 자동도박게임기는 변동비율 강화에 따라 프로그램된 대표적인 경우라고 할 수 있다.

표 4-2 강화계획의 구분

계속적 강화	간헐적 강화		
매 행동마다 강화	간격	비율	
	단위시간마다 강화 (예: 20초)	일정 횟수마다 강화 (예: 매 5번마다)	고정
	단위시간 내에 평균 한 번 강화 (예: 15초, 45초, 60초에 각각 강화, 평균 20초마다 강화 1회)	일정 횟수에 평균적으로 강화 (예: 3번, 7번, 5번째에 강화, 평균 5회마다 강화 1회)	변동

(6) 변별과 자극일반화

조작적 행동도 특정 자극의 영향을 받을 수 있다. 예를 들어, 비둘기를 스키너 상자에 넣고 불이 켜졌을 때만 원판을 쪼는 행동을 강화하고 불이 켜지지 않았을 때에는 원판을 쪼아도 강화를 하지 않는다. 이런 과정이 반복되면 결국 비둘기는 불이 켜져 있을 때만 원판을 쪼는 행동을 하는데, 이때 불빛이 변별자극이 되어 비둘기의 원판을 쪼는 행동을 통제하게 된다. 다시 말해, 어떤 행동이 특정한 경우에만 강화를 받을 수 있기 때문에 특정 조건 하에서만 반응이 일어난다면 변별(discrimination)이 형성된 것이다(Nye, 2002, p. 73).

어떤 행동은 단지 적절한 시간과 적절한 상황에서 발생하는 경우에만 유익하다. 예를 들어, 친구들과 밖에서 놀면서 욕을 할 때 친구들이 관심을 보이고 웃는다면 그러한 웃음과 관심은 아이가 욕하는 것을 강화할 것이다. 그러나 부모님과 식탁에 앉아 있을 때 욕을 한다면, 강화를 받기보다 오히려 벌을 받을 가능성이 높다. 몇 번 이런 경험을 하고 나면, 강화를 받거나 벌을 받는 동안 주변에 있는 사람들과 사물은 그 행동에 대한 단서(자극)가 된다. 즉, 어떤 자극이 특정 행동의 선행자극이나 결과가 될 수 있는 것이다. 변별자극은 그 자극이 있는 경우 반응이 강화되는 자극을 말한다. 위의 예에서 친구들이라는 자극이 욕하는 행위의 변별자극이 되는 것이다(Martin & Pear, 2012, pp. 169-170).

반면, 자극일반화(stimulus generalization)는 어떤 자극이나 상황에서 반응을 강화하는 절차 후에, 그 효과로 다른 자극이나 상황에서도 그 반응이 나타날 가능성이 많아지는 것을 말한다. 예를 들어, 아버지에게 인사하기를 배운 후 다른 어른들에게도 인사를 잘하게 되는 경우 강화된 인사 행위가 관련된 다양한 상황으로 일반화되었다고 할 수 있다.

2) 밴듀라의 사회학습이론

밴듀라의 사회학습(social learning) 개념은 인간은 사회적 동물이므로 많은 학습과정이 반응적 조건형성 또는 조작적 조건형성을 통해서가 아니라 다른 이들의 행위를 관찰하고(observing) 모방한(imitating) 결과로 발생한다는 인식에서 생겨났다. 즉, 행동이 습득되고 유지되는 사회맥락을 강조한다. 특히 아이들에게 모방은 새로운 행동을 신속하게 습득할 수 있도록 해 주는 기제를 제공해 준다. 사실상 아이가 말하거나 해야 하는 모든 것을 부모가 의도적으로 가르치는 것은 거의 불가능하다. 대신 자녀가 모방할 수 있도록 행동의 모델(the models)이 된다. 감정을 표현하고, 태도를 드러내며, 과업을 수행하고, 도덕적 가치를 행동으로 옮긴다. 이러한 많은 행동을 관찰하고 모방하는 과정을 통해, 아이들은 가족과 지역사회의 생활방식에 맞게 사회화된다(Newman & Newman, 1991, p. 111).

밴듀라의 사회학습이론에서는 행동과 환경뿐만 아니라 인지도 인간 발달에 있어서 중요한 요인이 된다. 그리고 사회적 환경과 아동의 인지능력이 학습과 발달에 미치는 중요성을 강조한다. 이러한 견해는 행동의 원동력이 본질상 환경이라는 초기 행동주의의 기본 가정에서 벗어나, 발달과정을 개인과 행동, 환경 간의 상호성으로 보는 양방향성을 가정한다. 그래서 이를 상호결정론(reciprocal determinism)이라고 부른다(Bandura, 1977).

(1) 사회학습이론

사회학습이론(social learning theory)은 관찰학습(observational learning), 즉 다른 사람의 행동에 대한 관찰을 통해서 하는 학습에 초점을 맞추는데, 이를 모방(imitation) 또는 모델링(modeling)이라고도 한다. 학습이 경험에 의해 야기되는 행동의 변화라고 할 때, 관찰학습(observational learning) 또는 대리학습(vicarious learning)은 모델을 관찰하는 경험을 통한 행동의 변화라고 할 수 있다(Chance, 2011, p. 333).

그런데 모델링 행동도 그 결과(즉, 벌을 받는지 혹은 보상을 받는지)에 따라 관찰자에게 미치는 영향이 다르다. 밴듀라는 1961년, 1965년 두 번에 걸친 유명한 보보인형 실험을 통해 모델링의 효과성 실험을 하였다. 첫 번째 실험에서는 아동들을 실험실로 데려와 어른이 성인 크기의 보보인형을 계속 때리는 것을 직접 보게 하여 아동들이 어른의 공격적인 행동을 어느 정도로 모방하는지 확인하는 실험을 하였고, 두 번째 실험에서는 성인 모델이 보보인형에게 공격적인 행동을 하는 영상을 보여 주되 이후 그 모델이 상을 받는 상황, 벌을 받는 상황, 어떠한 결과도 나타나지 않는 상황이 담겨 있는 영상을

추가로 보여 주었다. 그 결과 첫 번째 실험을 통해서는 아동들이 성인 모델의 공격적 행동을 모방하되 동성 모델에 대한 학습효과가 더 높다는 것을 확인하였으며, 두 번째 실험을 통해서는 상을 받는 상황이 담겨 있는 영상을 본 아동들이 나머지 두 집단보다 더 많은 공격 행동을 모방하여, 관찰뿐 아니라 그에 따른 결과에 의해서도 학습이 일어남을 확인하였다. 즉, 본인이 겪지 않은 일이라도 모델이 보상을 받거나 처벌을 받는 것을 지켜봄으로써 '대리 강화(vicarious reinforcement)'가 일어난다는 것이다. 사회학습이론에서는 일반적으로 모델이 관찰자와 유사할 때, 모델이 관찰자보다 지위나 신분, 전문성이 높을 때 그리고 여러 모델을 관찰할 때 모델을 더 모방한다고 말한다. 모델이 부모일 수도, 형제자매일 수도, 연예인일 수도 혹은 스포츠 스타일 수도 있다(Bandura, 1965).

그리고 어떤 인생의 단계에서든 새로운 동일시(identification)가 일어나는 한, 모방과정을 통한 새로운 학습은 항상 가능하다(Zastrow & Kirst-Ashman, 2002, p. 167).

(2) 관찰학습의 과정

밴듀라는 모델을 관찰하는 동안 혹은 그 직후 일어나는 네 가지 과정들에 의해 관찰학습이 이루어진다고 하였다. 이 과정들은 주의, 파지(기억), 운동재현, 동기유발 과정을 일컫는다(Bandura, 1977; Chance, 2011, pp. 358-359).

주의 과정(attention process)은 관찰자가 모델의 행동과 그 결과의 유관한 면을 관찰하는 것과 관련되어 있다. 관찰자가 모델에게 주의를 기울이지 않거나 모델의 행동 중 상관없는 면에 주의를 기울이면 학습이 거의 일어나지 않는다. 일단 유기체가 모델의 행동 중 유관한 면에 주의를 기울이고 나면, 파지과정(retention process)이 작용하기 시작한다고 한다. 파지 과정이란 모델의 행동을 회상하거나 이용하는 데 도움이 되도록 관찰자가 이를 기억하는 것을 말한다. 보통 모방은 특정한 행위를 관찰한 후 어느 정도 시간이 지

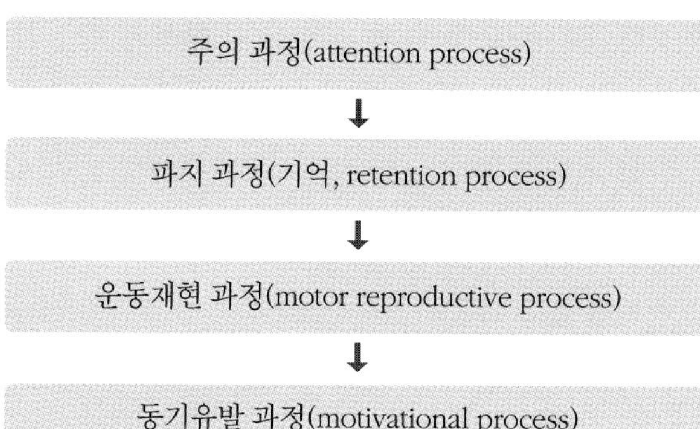

[그림 4-4] 관찰학습의 과정

난 후에 이루어지는 경우가 많기 때문에, 상징적인 형태로 관찰한 것을 기억할 필요가 있다. 그러므로 중요한 파지 과정 중 하나는 모델의 행동을 어떤 방식으로든 표상하는 것인데, 이것은 흔히 말/언어로 이루어진다. 다른 중요한 파지 활동은 모델의 행동이나 그 행동의 언어적 표상을 암묵적인 방식으로 반복하는 것이다(Bandura, 1977).

밴듀라가 말한 관찰된 행동의 수행에 영향을 미치는 세 번째 과정은 관찰자가 관찰한 행동을 수행하기 위해 요구되는 운동재현 과정(motor reproductive process)이다. 서커스 재주꾼이 공을 가지고 재주 부리는 것을 본다 하더라도 많은 연습이 있어야 그런 행동을 성공적으로 모방할 가능성이 있는 것과 같다. 여기서는 행동의 신체적 수행능력이 요구된다. 마지막 동기유발 과정(motivational process)도 중요한데 이 과정이 특히 관찰된 행동이 모방될 것인지를 결정한다. 밴듀라에 의하면 관찰자는 모방된 행동이 강화를 가져올 것이라는 기대를 갖고 있어야 한다. 그렇지 않다면 그 행동을 수행하지 않을 것이다(Bandura, 1977).

동기유발은 직접강화 또는 대리강화의 형태를 취한다. 직접강화의 동기유발은 전통적 자극-반응 모형이나 관찰학습에서 제시하는 강화와 같은 형태이다. 그러나 대리강화(vicarious reinforcement)는 사회학습이론에서만 나

타난다. 대리강화는 잠재적인 학습자가 다른 사람이 강화받는 행동을 관찰하고 자신도 강화를 기대하면서 그러한 행동을 하는 현상을 말한다(정옥분, 2015, p. 196).

(3) 자기효능감

자기효능감(self-efficacy)은 밴듀라의 후기 관심 주제로서, 인지 과정(cognitive processes)이 행동에 영향을 미친다는 것과 관련된 개념이다. 여기서 인지 과정이란 우리가 스스로에게 말하거나 상상하는 것, 다시 말해 '믿고, 생각하고, 기대하는' 것을 말한다. 자아효능감은 개인이 특정 상황에서 자신이 적절히 수행할 수 있다고 믿는 개인적 신념을 일컫는다. 밴듀라에 의하면, "적절한 기술과 적당한 동기(보상/자극)가 주어지면, 효능감에 대한 기대는 사람들이 어떤 활동을 선택할지, 얼마나 많은 노력을 할지, 스트레스 상황에 대처하는 데 얼마나 오랫동안 참고 노력할지를 결정하는 주된 요소다."(Martin & Pear, 2012, p. 593).

밴듀라에 의하면 인지된 자기효능감(perceived self-efficacy)은 자신이 앞으로 닥쳐오는 상황을 다루기 위해 필요한 일을 얼마나 잘 수행할 것인지에 대한 판단과 관련되어 있다. 자기효능감은 자신이 특정한 행동을 성공적으로 수행할 수 있으며 긍정적인 결과를 도출할 수 있다는 믿음을 의미한다. 개인이 인지한 자기효능감에 따라 그 사람의 활동과 환경에 대한 선택 결과가 달라진다. 사람들은 어떠한 활동이 자신의 능력을 뛰어넘는다고 믿게 되면 그 활동을 피하게 되지만, 자신이 할 수 있다고 생각하는 활동들은 수행해 낸다. 또 자기효능감에 따라 얼마나 많은 노력을 기울이고 얼마나 오래 장애물이나 어려움을 이겨 낼지에 관해서도 결정하게 된다. 강한 효능감을 가진 사람들은 도전에 직면했을 때 더 많은 노력을 기울이게 된다. 자기효능감은 개인의 사고와 정서에도 영향을 미친다. 자기효능감이 낮은 사람은 자주 자신의 결함을 깊이 생각하고 당면 과제에는 충분히 주의를 기울이지 못함으로써 실패

가능성이 높아진다(Bandura, 1982).

간단히 정리했을 때, 자기효능감은 개인의 삶에 영향을 미치는 사건들을 통제할 수 있는 자신의 능력에 대한 믿음이다. 이는 사람이 가지고 있는 실제의 기술이기보다는 특정의 기술이나 능력을 가진 사람이 자신의 업무를 성공적으로 수행할 수 있다는 믿음이다. 따라서 자기효능감은 개인이 소유하고 있는 기술들을 통하여 무엇을 어느 정도 할 수 있는가에 대해 스스로 평가한 결과이다. 이에 비해, 자아존중감이란 한 개인이 자기 자신에 대한 호감적 평가를 반영하는 하나의 특성이다(McKay & Fanning, 2000). 예컨대, 자기가치 또는 자기를 좋아하는 감정 등이다. 반면에 자기효능감은 평가를 내재하지 않은 업무능력에 관한 판단이다. 자아존중감이 자기가치에 대한 판단과 관련된다면, 자기효능감은 개인의 능력에 대한 판단과 관련된다. 몇몇 연구에서 자아존중감과 자기효능감 사이에 높은 상관관계가 있음을 밝혀내었다(성은현, 2005; Judge & Bono, 2001).

3. 사회복지 실천의 함의

행동주의이론은 인간 '행동'의 중요성에 주목하여 인간행동 및 발달 연구에서 정신역동이론과는 다른 새로운 지평을 열었다고 할 수 있다. 행동주의이론은 원조 전문직으로 하여금 원조의 초점을 정신 내적 갈등에서 외현적 행동으로 이동시키는 데 영향을 미쳤다. 또한 인간의 신체적 · 심리적 발달에 환경이 얼마나 중요한지에 관한 사회복지 분야의 지식기반이 되었다. 사회복지 실천의 목표 중 하나가 바람직한 행동을 증가시키고 바람직하지 않은 행동을 완화 혹은 소멸시켜 사람들이 적절하게 행동하도록 원조하는 것이라 할 때 행동주의이론이 사회복지 실천 면에서 이론적으로 기여한 바는 상당하다(이인정, 최해경, 2000). 본질적으로 사회복지사가 이해하는 클라이언트의

욕구 및 특성(문제행동, 장점, 단점 등) 역시 그/그녀의 행동에 대한 관찰과 측정, 그리고 이에 기반한 추론 등을 통해 재구성된 것이라고 할 수 있기 때문이다. 또한 인간의 행동을 자극–반응 구조에서 이해하게 함으로써 클라이언트와 클라이언트를 둘러싼 환경 사이의 상호작용/패턴을 이해할 수 있는 강력한 이해의 틀도 제공해 주고 있다.

클라이언트의 행동에 대한 진지하고도 지속적인 관찰능력은 사회복지사의 강력한 실천 도구라고 할 수 있다. 그러므로 사회복지 실천에 있어서 클라이언트와의 심층면담 혹은 지지적인 관계 형성의 중요성에 대한 강조만큼, 클라이언트의 행동에 대한 사회복지사의 관찰노력이 보다 더 강조될 필요가 있다고 생각된다. 심층면담에 대한 클라이언트의 거부나 비협조 혹은 무능력이 흔한 실천 현장일수록 관찰의 중요성은 더 높다. 사회복지사는 관찰을 통해 클라이언트의 거짓된 말과 모순된 태도를 발견해 낼 수도 있다.

사회복지사는 클라이언트의 말과 행동에서 드러나는 특성뿐 아니라, 환경의 자극에 대한 클라이언트의 독특한 반응과 이에 따르는 환경의 연쇄적인 반응들을 관찰하고 확인함으로써 클라이언트의 행동/변화에 효과적인 강화인(reinforcers)을 확인할 수 있다. 그리고 이를 행동수정 노력에 적절하게 활용하면서 변화의 과정을 이끌어 낼 수 있어야 한다. 다시 말해, 클라이언트 변화의 단서를 잡아내고 변화를 위한 강화 스케줄을 만들어 낼 수 있어야 한다.

행동수정이나 행동치료에서도 고전적 조건화와 조작적 조건화의 원리에 근거한 개입 기법을 사용하고 있다.

고전적(반응적) 조건형성 개념을 역으로 활용하는 대표적인 치료적 기법이 불안이나 분노 대처 훈련과정에서 활용되는 이완훈련과 체계적 둔감화 기법이다(Wolpe, 1958). 엄밀히 말하면, 이완과 체계적 둔감화 기법은 각각 다른 기법이라고 할 수 있지만, 많은 경우 결합되어 활용되고 있다. 이는 학습된 두려움이나 불안과 양립할 수 없는 반응이 두려움이나 불안을 만들어 내는 조건화된 자극에 대해 발생하도록 할 수 있다면 그 자극은 더 이상 두려움

반응을 유발하지 않을 것이라고 가정한다. 그래서 체계적 둔감화라고 불리는 절차에서 학습된 두려움이나 불안을 억제하기 위하여 이완반응을 이용하였다(Martin & Pear, 2012, p. 585). 이 절차는 불안이나 분노를 야기하는 상황을 떠올리고 신체적 이완을 하면서 불안이나 분노를 점차 완화시킬 수 있도록 유도하는 기법이다. 이때 신체적으로 충분히 이완하면서 감정적인 흥분 상태를 누그러뜨릴 수 있도록 훈련하는 것이 매우 중요하며 이 과정을 약한 단계에서 점점 심화시켜 나가되 상상 속의 심각한 상황에 대해 더 이상 불안이나 분노를 경험하지 않을 때까지 반복하게 된다(Wolpe, 1958).

홍수법(flooding) 역시 고전적 조건형성 방식을 활용한 치료방법으로서, 스탬플, 레비스의 연구(Stampfl & Levis, 1967)와 조제프 울프(Joseph Wolpe)의 연구(Wolpe & Flood, 1970)에 힘입어 발달하였다. 홍수법은 내담자를 긴 시간 동안 강한 공포자극에 노출함으로써 비정상적인 감정(예를 들어, 공포)을 제거(소거)하려는 방법이다. 클라이언트가 공포 자극에 노출되고 그것으로부터 도피할 수 없는데 동시에 아무런 혐오적 사건도 일어나지 않는다면, 그 자극에 대한 비정상적인 공포 반응은 소거될 것이라고 가정한다. 홍수법은 실제 노출 혹은 상상 노출을 통해서도 수행된다(Martin & Pear, 2012, p. 564).

타임아웃(time-out)은 조작적 조건화의 개념을 활용하여 자주 사용되는 기법 중 하나로 특히 아이들의 부적절한 행동을 줄이기 위해 아이가 잘못된 행동을 한 후 가질 수 있는 정적 강화의 기회를 차단한다. 즉, 긍정적 자극이나 보상을 받을 수 있는 기회를 박탈하는 것이다(Zastrow & Kirst-Ashman, 2002, p. 184). 예를 들어, 친구의 장난감을 자주 빼앗고 물어뜯는 아동의 이기적인 행동을 줄이기 위해 그러한 행동이 일어날 때마다 아이를 일정한 장소에 두어 격리시킨다. 이때 아이는 재미있는 장난감을 소유하거나 다른 아이들과 놀 수 있는 긍정적 강화를 제거당하는 경험을 갖게 되는 것이다. 그러므로 효과적인 타임아웃을 위해서는 격리되는 장소가 한쪽 구석에 있는 의자와 같이 아이에게 자극이나 재미를 줄 수 없는 곳이어야 한다.

표 4-3 행동수정기법과 원리

고전적 조건형성의 적용기법	조작적 조건형성의 적용기법
홍수법(flooding, 충만기법) 체계적 둔감법 혐오치료 등	타임아웃 토큰 경제

토큰경제(token economy)는 클라이언트 표적 문제의 변화를 위해 긍정적 강화물을 체계적으로 사용하는 행동수정 기법(Wolf, 1936)으로, 조작적 조건화의 원리에 기반한 행동주의 기법이다. 여기서 토큰이란 다른 물질적 강화물이나 서비스 혹은 권리(back-up 강화물)와 교환 가능한 상징물 혹은 어떤 물건(동전, 조각 혹은 스티커 등)을 의미하는데, 토큰 그 자체가 가치를 가지기보다 토큰과 교환되는 'Back-up 강화물'이 클라이언트에게 중요한 의미가 있어야 한다.

자기주장훈련 역시 행동수정 또는 행동치료에서 흔히 사용되는 치료 기법의 하나로서 어떤 상황 특히 대인 관계에서의 불안이나 수동적 태도를 감소시키기 위해 주장적이며 접근적인 행동을 강화시켜 나가는 치료 기법이다. 자기주장훈련의 목적은 개인의 권리에 대한 인식, 주장적인 것과 아닌 것 사이의 차이 인식, 수동-공격성과 공격성 사이의 차이 인식, 언어적 주장 기술과 비언어적 주장 기술의 학습을 포함한다(Wolpe, 1958). 이 훈련은 특히 자신의 감정이나 의견을 다른 사람 앞에서 편안한 마음으로 표현하고 다른 사람에게 적극적으로 접근하여 의사소통을 하는 행동 특징을 강화시키는 것이 특징이다(교육학 용어사전, 1995).

여기에서 직접 다루지는 않았으나, 1960~1970년대에는 인지행동수정 혹은 인지행동치료라는 행동주의이론과 인지이론의 통합 움직임이 나타났다. 인지행동수정 혹은 인지행동치료는 인지치료자들이 역기능적 행동과 관련이 있다고 여겨지는 내담자의 비생산적이고 무기력하게 만드는 생각 패턴을 바꿈으로써 역기능적 행동을 치료하고자 하는 접근방식을 말한다(Martin & Pear, 2012, p. 39). 인지행동치료모델은 단일한 이론이라기보다 다양한 학자들의 다양한 치료모델을 총칭하는 표현인데 그중에서도 애런 벡(A. Beck)의 우울증에 관한 인지치료기법이나 앨버트 엘리스(A. Ellis)의 ABC 치료법 등이 가장 유명하고 대표적이다. 엘리스와 벡 같은 치료자들은 잘못된 인지과정(즉, 잘못된 사고)이 정서적 · 행동적 문제들을 야기한다고 보고, 클라이언트가 잘못된 사고를 인식하고 변화시키도록 돕는 데 초점을 둔 치료 방법을 개발하였다(Beck, 1967).

그런데 이렇게 일반적으로 인지행동치료라 불리고 있는 인지행동수정기법은 사회학습이론과 구분될 필요가 있다. 사회학습이론은 파블로프의 반응적 조건형성과 조작적 조건형성, 인지과정에 의한 행동규제를 강조하면서 행동을 설명할 수 있는 방법을 제시한다. 반면에 인지행동치료는 역기능적 사고를 통해 부적응 행동을 설명하는 데 주로 초점을 맞추고, 역기능적 사고를 수정하기 위한 주요 치료 방법으로 인지 재구성이라는 방법을 사용한다(Beck, 1967; Ellis, 1962).

생각해 볼 문제

1. 행동주의이론이 인간에 대해 갖는 관점을 설명해 보시오.
2. 행동주의이론의 고전적 조건형성과 조작적 조건형성의 개념을 비교해 보시오.
3. 스키너 이론에서 '조작적'이란 표현의 의미를 말해 보시오.
4. 스키너 이론에서 정적 강화와 부적 강화의 공통점과 차이점을 설명해 보시오.
5. 자신에게 변화가 필요한 행동 한 가지를 선정한 후 적절한 강화물과 강화계획을 가지고 행동수정 계획을 세워 보시오.
6. 학습이론의 유용성과 한계를 생각해 보시오.

7. 밴듀라가 제시한 관찰학습의 순서를 설명해 보시오.

8. 자신이 부모 혹은 주변 사람들을 따라 하게 된 행동은 무엇인지 생각해 보시오.

9. 주위의 아동 혹은 청소년들이 보여 주는 모습 중 유명 연예인을 모방한 모습에 어떤 것들이 있는지 생각해 보시오.

10. 청소년들의 공격적인 행동과 이에 대한 미디어의 영향력에 대해 토론해 보시오.

11. 행동주의 기법에 해당하지 않는 것은?

① 이완훈련기법 ② 토큰경제기법

③ 정보처리기법 ④ 자기주장훈련

⑤ 타임아웃기법

참고문헌

곽호완, 박창호, 이태연, 김문수, 진영선(2008). 실험심리학 용어사전. 서울: 시그마프레스.

교육학 용어사전(1995). 네이버지식백과. http://terms.naver.com/list.nhn?cid=42126&categoryId=42126

권중돈, 김동배(2013). 인간행동과 사회환경. 서울: 학지사.

사회복지교육연구센터(2014). 사회복지사 1급 기본서(인간행동과 사회환경). 서울: 나눔의 집.

성은현(2005). 자아존중감, 일반적 자기효능감과 창의적 인성의 관계. 아동학회지, 26(1), pp. 217-228.

이인정, 최해경(2000). 인간행동과 사회환경. 경기: 나남.

정옥분(2015). 전생애 인간발달의 이론. 서울: 학지사.

조은숙(2000). 현대인의 정신건강. 경기: 법문사.

Bandura, A. (1965). "Influence of models' reinforcement contingencies on the acquisition of imitative responses." *Journal of personality and social psychology, 1*(6), 589-595. doi:10.1037/h0022070.

Bandura, A. (1977). *Social learning theory*. Englewood Cliffs, NJ: Prentice-Hall.

Bandura, A. (1982). Self-efficacy mechanism in human agency. *American Psychologist, 37*, 122-147.

Bandura, A. (2001). *Social Cognitive theory: an agentic perspective*.

Bandura, A., Ross, D., & Ross, S. A. (1961). Transmission of aggression through imitation of aggressive models. *Journal of Abnormal and Social Psychology, 63*, 575-82.

Bandura, A., Ross, D., & Ross, S. A. (1963). Imitation of film-mediated aggressive models. *The Journal of Abnormal and Social Psychology, 66*(1), 3.

Beck, A. T. (1967). *Depression: Causes and treatment*. Philadelphia: University of Pennsylvania Press.

Chance, P. (2011). 학습과 행동(*Learning and behavior: active learning edition*)(김문수, 박소현 공역). Cengage Learning Korea Ltd.

Ellis, A. (1962). *Reason and emotion in psychotherapy*. New York: Lyle Stuart.

Ferster, C., & Skinner, B. F. (1957). *Schedules of reinforcement*. New York: Appleton-Century-Crofts.

Judge, T. A., & Bono, J. E. (2001). Relationship of Core Self-Evaluations Traits-Self-Esteem, Generalized Self-Efficacy, Locus of Control, and Emotional Stability-With Job Satisfaction and Job Performance: A Meta-Analysis. *Journal of Applied Psychology, 86*, 80-92.

Kazdin, A. E. (1994). Methodology, design, and evaluation in psychotherapy research. In A. E. Bergin & S. L. Garfield (Eds.), *Handbook of psychotherapy and behavior change* (4th ed., pp. 19-71). New York: Wiley.

Martin, G., & Pear, J. (2012). 행동수정(*Behavior modification: What it is and how to do it*)(임선아, 김종남 공역). 서울: 학지사.

McKay, M., & Fanning, P. (2000). *Self-Esteem: A Proven Program of Cognitive Techniques for Assessing, Improving, and Maintaining Your Self-Esteem*. Oakland, CA: New Harbinger Publications, Inc.

Newman, B. M., & Newman, P. R. (1991). *Development Through Life: A*

Psychosocial Approach (5th eds.). Brooks/Cole Publishing Company.

Nye, R. D. (2002). 프로이트 · 스키너 · 로저스(*Three Psychologies: Perspectives from Freud, Skinner, and Rogers*) (이영만, 유병관 역). 서울: 중앙적성출판사.

Pavlov, I. P. (1927). *Conditioned reflexes*. London: Oxford University Press.

Skinner, B. F. (1974). *About Behaviorism*. New York: Knopf.

Thomlison, B., & Thomlison, R. (1996). Behavior Theory and Social Work Treatment. In F. J. Turner (Eds.), *Social Work Treatment* (4th ed., pp. 39-68). NY: The Free Press.

Watson, J. B. (1924). *Behaviorism*. New York: Norton.

Watson, J. B., & R. Rayner, R. (1920). Conditioned emotional reactions. *Journal of Experimental Psychology, 3*(1), 1-14.

Wolf, J. B. (1936). Effectiveness of token-rewards for chimpanzees. *Comparative Psychology Monographs, 12*, 1-72.

Wolpe, J. (1958). *Psychotherapy by reciprocal inhibition*. Stanford, CA: Stanford University Press.

Wolpe, J., & Flood, J. (1970). The effect of relaxation on the galvanic skin response to repeated phobic stimuli in ascending order. *Journal of Behavior Therapy and Experimental Psychiatry, 1*, 195-200.

Zastrow, C., & Kirst-Ashman, K. K. (2002). 인간행동과 사회환경(*Understanding human behavior and the social environment*) (김규수, 김인숙, 박미은, 박정위, 설진화, 우국희, 홍선미 공역). 서울: 나눔의 집.

제5장

인간행동에 관한 주요 이론:
매슬로, 로저스의 인본주의이론

학습목표

- 인본주의이론들의 기본 가정과 특징, 주요 개념을 이해한다.
- 인본주의이론들의 공통점과 차이점을 이해한다.
- 인본주의이론을 사회복지 실천에 어떻게 적용할 수 있는지 이해한다.

1. 주요 학자

1) 매슬로

에이브러햄 매슬로(Abraham H. Maslow)는 1908년 뉴욕 브루클린에서 유대인 부모의 장남으로 태어났다. 유대인이 거의 없는 곳에서 자란 매슬로는 주로 도서관에서 책을 보면서 외로움과 씨름하였다(이인정, 최해경, 2000). 위스콘신 대학교에서 심리학을 공부하였는데 손다이크(Thorndike)와 할로(Harlow)로부터 실험훈련을 받았으며, 왓슨(Watson)의 행동주의에 영향을 받았고(정옥분, 2015, p. 206), 원숭이에 대한 행동주의 논문을 쓰기도 하였다. 하지만 자신의 딸을 키우면서 행동주의의 한계를 깨달았고, 특히 제2차 세계대전을 통해 인본주의 심리학으로 결정적인 전환을 하게 되었다고 알려져 있다. 1937년 브루클린 대학교수가 되었고 1951년 브랜다이스 대학교 심리학과 과장이 되어 1969년까지 재직했다(이인정, 최해경, 2000).

2) 로저스

칼 로저스(Carl R. Rogers)는 1902년 미국 시카고의 위성 도시인 오크 파크에서 태어났다. 로저스 스스로 자신의 가족은 가족 간의 유대가 강하고 엄격하며 어떤 타협도 용납되지 않는 종교적 · 윤리적인 분위기였다고 묘사한 바 있다(Thorne, 2007, pp. 27-28). 1919년에 시카고 대학교에 입학하였으나 병으로 인해 한동안 대학을 쉬다가 1924년 역사학을 전공해 대학을 졸업하였고, 그해 결혼하여 1남 1녀를 두었다. 이후 컬럼비아 대학교에 진학하여 임상심리학과 교육심리학을 공부한 후 1931년에 철학박사 학위를 받았다. 1928년 비행아동과 결손아동을 대상으로 한 연구를 시작하였고 1939~1940년까지로체스터 가이던스 센터의 소장으로 있었으며, 1945~1957년까지 시카고 대학의 상담센터에서 근무하였다. 1964년 서구 행동과학 연구소의 전임연구원이 되었고, 1968년부터는 로욜라의 인간연구소에서 전임연구원으로 종사하였다(Nye, 2002, pp. 117-118).

2. 주요 개념, 이론의 내용

인본주의 심리학이란 처음부터 특별한 학파로 존재한 것이 아니라 종래의 정신분석학이나 행동주의 심리학에 대한 제3세력으로 등장한 심리학이라고 할 수 있다. 인본주의 심리학자로는 자신들의 입장을 제3세력으로 주장한 매슬로, '완전하게 기능하는 인간'을 심리치료의 최종 목표로 하는 로저스, '지금-여기'를 강조하는 펄스(F. S. Perls) 등이 포함된다(박아청, 2006, p. 135).

인본주의이론의 기틀을 마련하였다고 평가받는 대표적인 학자인 매슬로는 정신역동이나 행동주의이론과 달리 인간 본성에 대한 낙관적인 태도를 보인다. 모든 인간은 건강하고 창조적인 성장을 위한 가능성을 가지고 있다는 것이다. 매슬로는 인간을 통합된 전체이자 기본적으로 선량하고 창조적인 존재로 지각하면서, 환경조건이 적당하다면 인간은 자신의 잠재능력을 실현해 나가는 존재라고 보았다(Carver & Scheier, 2005).

매슬로는 비록 인간이 이기적이고 음흉하고 공격적일 수 있지만 이것이 인간 본성의 본질은 아니며, 표면 바로 밑에 있는 핵심을 보면 인간 본성이 심리적 · 생물학적으로 선하고 고상하다는 사실을 발견할 수 있다고 보았다. 사람들이 선하고 품위 있는 모습 이외의 행동을 보이는 것은 그들이 스트레스와 고통 속에 있거나 혹은 안전, 사랑, 자아존중감과 같은 인간의 기본적인 욕구를 충족시키지 못해서 나온 반작용일 뿐이라는 것이다(Maslow, 2005, pp. 8-9).

매슬로에게 모든 인간은 선천적으로 자기실현을 이루고자 하는 노력 혹은 경향이 있다. 즉, 자신에 대해 좀 더 알고 싶어 하고 자신의 능력을 최대로 개발하고자 하는 것이 인간의 본성이다. 인간은 자기실현을 긍정적인 과정으로 갈망하며, 자신의 능력을 다른 사람에게 알리고 스스로를 개발하고 인격이 성숙하는 데서 기쁨을 느끼며 사회에 이익을 돌리는 존재다. 비록 소수의 사람만이 자기실현에 완전히 도달할 수 있지만, 그래도 대부분의 사람들은 자신의 욕구를 충족시키고자 하는 갈망을 항상 간직하고 있다(사회복지교육연구센터, 2014, p. 159).

매슬로와 마찬가지로 로저스도 인간에게 단 하나의 기본적 동기가 있다고 믿었는데, 이를 '실현경향성(the actualizing tendency)'이라고 이름 붙였다. 로저스가 이해한 바에 따르면, 다른 창조 질서와 마찬가지로 인간은 자신을 유지하고 잠재력을 건설적인 방향으로 성취하려는 기본적이면서도 선천적인 성향을 지니고 있다. 꽃과 같이, 인간도 성장과 완성을 향하여 그리고 최상의 '인간 존재성(human-beingness)' 성취를 향하여 나아간다고 보았다(Thorne, 2007, p. 79).

로저스도 인간의 본성은 긍정적이고, 선천적으로 부정적이거나 악한 것은 아무것도 없다고 가정한다. 사회적으로 이미 구성된 형판(mold)에 인간을 억지로 맞추지 않고 현재의 모습을 있는 그대로 수용한다면 인간은 인간 자신과 사회를 향상시키는 방향으로 살아갈 수 있다. 인간은 기본적으로 개인적인 성취와 타인과의 밀접하고 친밀한 관계를 필요로 하며 이를 희망한다(Nye, 2002, p, 119).

로저스의 이론에서는 인간이 본래 다양한 주관적 경험을 통해 자신을 형성하고, 특정한 성격 유형을 형성해 가는 것으로 본다. 그렇기 때문에 미리 정해진 고정된 성격 발달 패턴은 없으며, 그보다는 삶의 경험에 따라 각 개인의 성격이 달라질 수 있다고 본다. 이처럼 인본주의이론에서는 성격 발달에서 광범위한 선택과 가능성을 인정하고 각 사람이 갖는 성격의 독특성을 강조한다(Zastrow & Kirst-Ashman, 2002, p. 113). 각 사람은 자신의 경험을 독특하게 구성하는 틀을 갖고 있기 때문에, 각 사람은 다른 사람과 구별되는 독특한 성격을 갖게 된다. 이에 대해 로저스는 "인간은 단순히 기계적인 특성의 존재가 아니요, 무의식적인 욕망의 포로도 아니다. 인간은 자신을 창조하는 과정 중에 있으며, 생의 의미를 창조하며, 주관적 자유를 실천해 가는 존재"라고 하였다(사회복지교육연구센터, 2014, p. 169).

1) 매슬로의 성취동기이론(achievement motivation theory)과 욕구위계이론(hierarchy of needs theory)

매슬로는 인간이 자신의 인간적 능력을 최고로 발전시키기 위해서는 어떤 조건이 필요한가를 밝히려는 노력을 많이 하였다. 매슬로는 인간의 능력을 향상 · 발전시키는 조건은 개인의 기본적인 욕구와 관련되어 있다고 하면서(조은숙, 2000, p. 14) 인간 동기에 관한 매우 독창적이고 설득력 있는 주장을 펼쳤다.

먼저 매슬로가 주장한 동기에 관한 두 가지 핵심적인 전제는 다음과 같다(Maslow, 1987). ① 우리는 동기가 없는 상태로 있는 것이 거의 불가능하다. 어떤 동기는 너무 미약하여 그 존재를 감지할 수 없을 때조차도 있지만, 실제로 깨어 있는 순간마다 우리는 특정 동기를 가지고 있으면서 그 동기를 충족시키고자 한다. ② 그리고 이와 같은 여러 동기는 임의적으로 발생하는 것이 아니다. 인간 동기는 위계적으로 구조화되어 있는데, 위계적 구조 내에서 긴박성(urgency), 강도(intensity), 우선성(priority)의 수준—즉, 우세함의 수준에 따라 배열된다. 즉, 두 개의 동기를 동시에 충족시켜야 할 때, 생물학적으로 더 긴박하고 강력한, 즉 좀 더 우세한 동기가 우선권을 가지며, 덜 우세한 동기는 무대 뒤로 물러나게 된다. 예를 들면, 배고픔과 같은 강한 생리적 욕구를 가지고 있는 사람은 다른 어떤 욕구에 의해서도 동기화되지 않는다. 그러

나 일단 이 욕구가 충족되면 그는 다음 단계의 욕구인 안전에 대한 욕구를 추구하게 된다. 그리고 안전에 대한 욕구가 충족되면 다시 세 번째 수준의 욕구로 옮겨 가게 된다. 네 번째와 다섯 번째 욕구도 마찬가지다(정옥분, 2015, p. 207). 반대로, 배고픔과 같이 매우 기본적인 욕구를 느낄 때조차 어떤 특정 동기가 발생했다는 것은 이 동기보다 더 우세한 다른 모든 동기가 적어도 당분간은 이미 어느 정도 충족되었다는 것을 전제한다.

이처럼 매슬로는 인간의 욕구를 생리적인 것에서부터 자아실현에 이르기까지 위계화시켜 인간행동의 원동력을 이해하는 데 도움이 되는 종합적인 동기이론을 제안하였는데(조은숙, 2000, p. 46), 구체적으로 인간의 욕구위계구조와 내용을 살펴보면 다음과 같다(Maslow, 1970).

- 생리적 욕구(physiological needs): 생리적 욕구는 인간의 모든 욕구 중에서 가장 강력한 것으로, 이는 극단적으로 삶의 모든 것을 잃어버린 사람이라면 가장 중요한 동기가 생리적인 욕구가 될 것이라는 점에서 분명해진다. 이러한 생리적 욕구는 유기체의 생물학적 유지와 직접적으로 관련되어 있다. 먹을 것, 안전, 사랑, 자존감 등 모든 욕구가 만족되지 않은 상태에서 유기체는 생리적인 욕구에 의해 지배되고, 모든 욕구는 뒤로 밀려나게 된다. 모든 사람은 더 높은 단계의 욕구를 충족시키려 하기 전에 생리적 욕구가 어느 정도 만족되어 있어야 한다. 음식, 물, 공기, 수면, 성, 추위나 더위로부터의 보호, 감각적 자극에 대한 욕구 등이 포함된다.
- 안전 욕구(safety needs): 생리적인 욕구가 상대적으로 잘 만족되면, 새로운 종류의 욕구인 안전 욕구가 생겨난다. 안전, 안정감, 의존성, 보호, 두려움으로부터의 자유, 불안과 혼란의 해소, 구조, 질서, 법, 한계의 필요성, 강한 보호자 등에 대한 욕구다. 그러면 유기체는 완전히 이에 의해 지배되고, 모든 행동을 이에 맞추어(안전함을 추구하는 메커니즘에 의해)

조정하게 된다. 안전과 보호 외에는 모든 것이 덜 중요하게 된다. 모든 개인은 확실하고, 잘 정돈되고, 조직화되고, 예측할 수 있는 환경 내에서 생활하고 싶어 한다. 아이들도 일상생활이나 리듬이 방해받지 않고 예측 가능하고 규칙적이고 질서 있는 세계에서 사는 것을 좋아한다. 아동기에는 안전 욕구가 성인에 대한 의존으로 나타나지만, 성인기 안전 욕구는 직업생활을 통하여 의식주를 해결할 수 있는 수준의 재정적 수입을 갖고, 이와 아울러 퇴직이나 실업, 질병 등에 대비하여 저축이나 보험에 가입하며, 종교를 통하여 안전감을 획득하는 행동 등으로 표현된다.

- 소속과 애정에 대한 욕구(belongingness and love needs): 생리적인 욕구와 안전 욕구가 어느 정도 만족되면 사랑, 애정 그리고 소속감의 욕구가 등장한다. 친구나 사랑하는 사람, 배우자, 아이의 부재를 민감하게 느끼게 된다. 일반적인 사람들과의 애정 어린 관계를 필요로 하게 되고, 이러한 목표(가족이나 소속집단)를 강렬하게 이루고 싶어 한다. 그리고 외로움, 거절당하는 느낌, 친구가 없는 것 같고 뿌리를 잃어버린 것 같은 느낌을 강하게 갖는다. 이러한 소속과 애정에 대한 욕구는 사랑을 받는 것뿐만 아니라 사랑을 주는 것까지 포함한다. 모든 개인은 사랑을 받고 수용되는 것을 통하여 자신이 가치 있는 존재라는 감정을 갖게 되며, 사랑을 받지 못할 때 공허감, 무가치하다는 느낌, 적대감 등을 갖게 된다. 이와 반대로 청소년 갱(gang)과 같이 지나치게 소속과 애정에 대한 욕구가 강하여 집단 외부의 사람에 대해 적대적인 태도나 행동을 보이는 경우도 있다.
- 자존감의 욕구(self-esteem needs): 모든 사람이 스스로에 대한 안전하고 높은 평가에 대한 욕구를 가지고 있다. 자아 존중과 다른 사람으로부터의 존경을 포함한다. 이 욕구는 강함, 성취, 적절성, 능력(mastery)과 유능감, 세계에 대한 확신, 독립성과 자유에 대한 갈망이기도 하고, 명성과 위세(다른 사람들로부터의 존경), 지위, 명예와 영광, 지배(dominance), 인

정, 관심, 중요성, 위엄에 대한 욕구도 포함한다. 만족스러운 자존감은 자기 확신, 가치감, 능력, 적절성의 감정과 세계에 필요한 존재라고 느끼게 한다. 그러나 이러한 욕구가 비틀어지면 열등감, 약함, 무기력감을 경험하게 된다. 즉, 자존감의 욕구가 충족되지 못할 경우 개인은 타인에 대하여 열등의식을 느끼고 자기비하를 하고, 삶에 대처하는 데 있어서 무력감을 경험하게 된다. 가장 안정감 있고 건강한 자아존중감은 외적인 명성과 화려함이 아닌 다른 사람으로부터 가치 있는 존중을 받는 것이다.

• 자아실현의 욕구(self-actualization need): 모든 욕구가 만족될지라도, 자신이 가장 적합한 어떤 것을 하고 있지 않으면 (항상은 아니더라도) 새로운 불만족과 들썩거림이 생겨나는 경우들이 있다. 자기 자신과 평화롭기 위해서, 음악가가 음악을 하고, 화가가 그림을 그리고, 시인이 시를 쓰는 것처럼 자신의 본성에 충실해야 한다. 자아실현의 욕구는 자신이 원하는 종류의 사람이 되고, 자기가 성취할 수 있는 모든 것을 성취하려는 욕

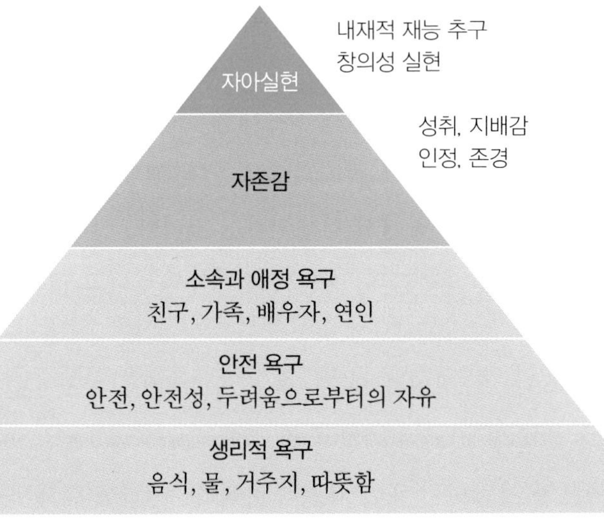

[그림 5-1] 매슬로의 욕구위계구조

구다. 이러한 자아실현은 자아증진을 위한 개인적 갈망이며, 잠재적 능력을 실현하려는 욕망이다. 이것은 구체적인 방식은 사람마다 다르지만 스스로 독특한 무엇이 되고자 하는 욕구이며, 될 수 있는 모든 것이 되려는 욕구다.

매슬로는 자아실현의 욕구를 충족한 사람들도 나름의 약점을 지니고 있기 때문에 결코 완벽한 인간이라고 할 수는 없지만, 동시에 자아실현의 욕구를 성취하는 사람은 극소수에 불과하다고 주장한다. 즉, 인간은 누구나 다 자아실현의 욕구를 가지고 있지만, 대부분 이 욕구를 실현시키지 못한다는 것이다(정옥분, 2015, p. 212).

앞에서 언급한 바와 같이 인간의 욕구는 그 중요성과 강도에 따라 위계적이다. 하지만 개인에 따라 차이가 있다. 그리고 특정 시기에 강하게 나타나는 욕구가 있긴 하지만 모든 욕구가 동시에 존재한다고 보았다.

2) 결핍동기 대 상위(성장)동기[deficiency motivation vs. meta(growth) motivation]

매슬로의 '기본 욕구(basic needs)'에 대한 의문은 "왜 인간에게 신경증이 발생하는가?"라는 질문에서 시작되었다고 한다. 간단히 말해 신경증의 핵심은 결핍 때문에 발생하는 하나의 질병이라는 것이다. 신경증은 특정 상태에 이르지 못함으로써 발생하는데, 매슬로는 이를 욕구라고 불렀다(Maslow, 2005, p. 108).

매슬로에 따르면, 이러한 욕구들은 유기체에게 본질적으로 결핍되어 있는 빈 구멍과도 같다. 따라서 건강을 위해서 이러한 욕구들은 반드시 채워져야만 한다. 또한 결핍의 주체인 자신이 아니라 제3자에 의해서 채워져야만 한다(Maslow, 2005, pp. 110-111).

이러한 기본적 욕구들의 수준은 매우 다양해서 배고픔, 갈증과 같이 완전히 본능적인 것에서부터 사랑과 자아존중감 등 인간에게만 더욱 뚜렷하게 나타나는 욕구에 이르기까지 광범위하다. 그러나 이런 모든 욕구는 매우 중요한 하나의 공통된 특성을 가지고 있다. 그들은 모두 무엇인가를 추구하며, 결핍(deficiency)에 의해서 활성화된다는 것이다(Maslow, 2005, p. 14).

그리고 모든 결핍은 공통적으로 우리로 하여금 현실을 제대로 인식하지 못하게 한다. 다시 말해, 음식, 안전, 애정, 자아존중감에 대한 우리의 욕구가 커질수록, 우리는 우리 자신과 타인을 포함해 현실을 구성하는 각 존재들을 이러한 욕구 충족에 도움이 되는지 아니면 방해가 되는지에 근거해서 지각하고 다루게 된다(Maslow, 2005, p. 15).

하지만 매슬로는 대부분의 심리학자가 이러한 인간의 결핍동기만을 다루고 있는 데 대해 불만을 표시하기도 하였다. 이는 거의 모든 심리학이 좌절되었거나 박탈된 욕구를 충족시키는 행동에만 집중해 온 것에 대한 불만이었다(박아청, 2006, p. 141).

매슬로는 인간의 행동에 동기를 부여하는 것은 단순히 쾌락을 추구하고, 고통을 회피하거나 내적 긴장을 감소하려는 노력 이상의 것이라고 주장한다(Maslow, 1970). 지금까지의 모든 동기는 부족한 것이면 무엇이든지 획득하거나 성취하려고 투쟁하는 결핍동기였다. 그러나 새로운 수준의 동기에서 나오는 것은 투쟁이 아니라 모든 '경이로운 가능성'을 열어 놓는(unfolding) 것이며, 이러한 가능성은 인간 본성의 핵심 어딘가에 깊이 존재한다. 모든 인간이 이러한 잠재력을 가지고 있음에도 불구하고, 우리 대부분은 가장 우세한 한두 개의 결핍동기에 얽매여 우리 삶의 대부분을 보낸다. 더 수준 높고 더 인간적인 가능성들은 잠겨 있고, 숨겨져 있으며, 가려져 있어 그들 자신을 드러낼 수가 없기 때문이다(Maslow, 2005, p. 16).

그런데 모든 기본적인 결핍동기를 안정적으로 그리고 충분히 충족시킨 사람이 있다면, 그 사람은 이 세상을 모든 측면에서 더욱 선명하게 볼 수 있다.

이러한 사람은 결핍을 충족시키기 위해 더는 현실에 요구하지 않을 것이며, 결핍으로 생긴 두려움과 의심으로부터 영향을 받지 않을 것이다. 더욱 수용적인 방식으로 자신과 타인 그리고 세상과 상호작용할 것이고, 세상을 더욱 사랑하고 이해할 수 있게 될 것이며, 세상을 더욱 즐겁게 살 수 있을 것이다. 이것이 매슬로가 묘사한 자기실현의 핵심적 부분이며, 인간 생애를 통해 완전히 다른 종류의 동기가 출현하는 지점이다. 매슬로는 이러한 새로운 수준의 동기를 '상위동기(meta-motivation)' 혹은 '성장동기(growth motivation)'라고 불렀다(Maslow, 2005, p. 16).

비록 매슬로가 성장의 의미를 직접적으로 정의하지는 않았으나, 성장이 평형 상태나 항상성, 긴장 감소 등의 의미와 동일하지 않다는 점은 분명히 하였으며, 또 '자아실현하는 사람'의 특징과 같이 성장욕구에 의해 동기화된 사람과 기본 욕구에 의해 동기화된 사람 사이의 차이점을 기술함으로써 성장의 의미를 나타내려고 노력하였다.

또한 매슬로는 자아실현을 '존재(Being)'가 아닌 '발달(Becoming)'로 인식하였다. 그래서 성장을 궁극적인 자아실현으로 이끄는 다양한 절차와 과정으로 정의하였으며, 성장을 기본 욕구가 사라질 때까지 기본 욕구를 점진적으로 충족시키는 과정일 뿐만 아니라, 기본 욕구를 초월한 형태의 성장동기, 가령 재능, 능력, 창조성, 타고난 잠재력 같다고 보았다. 즉, 기본 욕구과 자기실현이 미성숙과 성숙의 관계처럼 서로 상반된 것이 아니고, 자아실현으로 발전할 때 이러한 자아실현을 위한 필수적인 선행조건이 기본 욕구인 것으로 이해하였다(Maslow, 2005, p. 117-118).

3) 매슬로의 자아실현하는 사람의 특징

욕구위계이론에서 알 수 있는 바와 같이, 매슬로는 자아실현을 이루기 위해서는 몇 가지 전제조건이 충족되어야 한다고 주장한다. 우선 세속적인 걱

정, 특히 생존과 관련된 근심으로부터 자유로워야 한다. 그리고 자신이 하는 일(직업)에서 편안해야 하고, 가족원이나 직장동료로부터 인정을 받는다는 것을 느껴야 한다. 게다가 자신을 진정으로 존중하는 마음이 있어야 한다(정옥분, 2015, p. 213).

매슬로는 가장 높은 수준의 욕구인 자아실현의 욕구에 많은 관심을 보였다. 그리고 자아실현을 연구하기 위하여 그가 찾을 수 있었던 가장 건강하고 창의적인 사람들의 생애와 경험을 검토하였다. 연구 결과에 의하면 자아실현을 이룬 사람들은 다음과 같은 특징을 가지고 있다(Maslow, 1970).

- 현실을 보다 효율적으로 지각하여 현실과 더 편안하게 관계 맺음: 사람의 거짓된 면, 의심스러운 면, 속임수를 알아볼 수 있는 비범한 능력이 있어서 일반적으로 사람을 정확하고 효율적으로 판단할 수 있다. 자아실현을 이룬 사람들은 사람과 사물을 객관적으로 지각한다. 즉, 자신의 소망, 불안, 두려움 등에 기대지 않기 때문에 현실을 왜곡하지 않는다.
- 수용(자신, 타인, 본성에 대한): 압도적인 죄책감이나 수치심, 과도한 불안감을 가지고 있지 않다. 자신과 자신의 본성을 있는 그대로 받아들이고, 불평하거나 원망하지 않으며 무엇보다 그것이 그렇게 중요하다고 생각하지 않는다. 그들이 자기만족적이라는 것을 의미하지는 않는다. 오히려 그들은 취약점, 죄, 인간의 악한 본성을 있는 그대로 인정한다. 대신 게으름이나 화를 절제하지 못하는 것과 같은 변화시킬 수 있는 단점, 편견이나 질투심과 같은 심리학적으로 건강하지 못한 면, 성격 구조와 무관한 습관, 문화 혹은 소속 집단의 단점 등에 대해서는 죄책감을 느낀다.
- 자연스러움, 단순성: 자아실현을 한 사람들은 행동에서뿐 아니라 내면의 생활, 생각, 충동 등에서는 더욱 자연스러움이 있다. 그들의 행동은 단순하고 인위적이거나 결과에 대한 압박이 없다는 특징이 있다. 가식이 없이 솔직하고, 외현적인 행동뿐 아니라 내적 사고나 충동이 자연스럽다.

본질적으로 관습에 매이지 않으며, 자신의 주요 관심사에 열중하고 있을 때는 그다지 중요하지 않은 제한에 맞서 싸우기도 한다.

- 문제중심적: 자아실현한 사람들은 자기 외부의 문제들에 초점을 맞춘다. 그들은 자아중심적(ego centered)이라기보다 문제중심적(problem centered)이다. 자신의 에너지를 과제나 문제에 집중하고, 자신의 목표를 매우 중요하게 생각한다. 직접 선택하거나 자신이 좋아하는 과업보다는 자신의 책임이나 의무라고 생각하는 과업에 집중한다. 즉, '하고 싶은 일(a task that they want to do)'보다는 '해야 하는 일(a task that they must do)'을 하기 때문에 개인적이거나 이기적이지 않은 일들을 한다.
- 초연함: 자아실현을 이룬 사람들은 혼자 있기를 좋아하고, 홀로인 것에 개의치 않기 때문에, 보통 사람들에 비해 더 많이 고독(solitude)과 개인적인 생활(privacy)을 긍정적으로 누린다. 이는 때로 그들이 다른 사람들과의 갈등이나 혼란을 초래할 만한 싸움에 끼어들지 않기 때문에 가능하며, 또 다른 사람들의 생각에 의존하기보다는 상황에 대한 스스로의 판단과 해석을 믿기 때문이다.
- 자율성, 문화 및 환경으로부터의 독립성, 의지, 적극성: 자아실현을 이룬 사람들은 자신이 속해 있는 물리적·사회적 환경으로부터 독립하여 자율성을 갖는다. 그들은 결핍 동기보다는 성장 동기에 의해 추동되기 때문에, 현실이나 다른 사람 혹은 문화, 또는 목적을 위한 수단에 만족하지 않고, 자신의 발전 및 잠재력의 지속적인 성장을 추구한다. 자아실현을 이룬 사람들은 환경으로부터 독립적이기 때문에 이들은 박탈, 좌절에 직면했을 때도 상대적인 안정감을 유지할 수 있다.
- 신선한 인식을 유지함: 자아실현을 이룬 사람들은 삶의 기본적인 것들에 대해 반복적으로 신선하고 순진할 정도로 경외감, 즐거움, 경외감, 흥분을 유지할 수 있는 능력을 가지고 있다. 이 주관적인 경험의 풍부함이 구체적이고도 신선한 현실 그 자체와의 친밀한 경험의 한 단면이다.

- 신비로운 경험, 절정 경험: 자아실현을 한 사람들은 반드시 종교적인 것이 아니더라도 황홀한 기쁨을 경험한다. 이는 때때로 강렬하고 혼란스러운 감정, 끝이 보이지 않는 지평선을 보는 것과 동일한 감정, 그 어떤 경우보다 강하면서도 동시에 무기력해진 것 같은 감정, 큰 절정감과 경외감, 시공간을 잃어버린 것과 같은 감정과 같고, 그 결과 일상생활이 변화되고 강해지는 경험이다.
- 인류애: 자아실현을 이룬 사람들은 사람들에 대해 일반적으로 깊은 동일시, 공감, 애정을 가지고 있다. 그러므로 가족처럼 인류를 돕고자 하는 진실한 열망을 보인다. 형제가 어리석고 약할지라도 애정을 갖게 되고 쉽게 용서하게 되는 것과 같다.
- 깊고 풍부한 대인관계: 자아실현을 이룬 사람들의 대인관계는 일반적인 사람들보다 더 깊고 풍부하다. 그들은 다른 사람들보다 더 큰 사랑, 더 완벽한 일체감, 더 깊은 하나됨이 가능하다. 자아실현을 이룬 사람들과 이러한 교류를 함께 하는 사람들도 평균적인 경우보다 자아실현에 좀 더 가깝고 더 건강한 사람인 경우가 많아서, 자아실현을 이룬 사람들은 소수의 사람들과 특별히 깊은 유대를 경험한다.
- 민주적인 성격구조: 자아실현을 이룬 사람들은 사회계층, 교육수준, 종교, 정치적 신념, 인종, 피부색에 상관없이 모든 사람과 같이하며 우호적이다. 심지어는 보통 사람들이 명백히 인식하는 이러한 차이를 알지 못하는 것처럼 보이기도 한다. 누구에게든지 배울 수 있으며, 그 관계에서 나이나 특권, 지위 등을 드러내려고 하지 않는다.
- 수단과 목적, 선과 악의 구분: 자아실현을 이룬 사람들은 수단과 목적을 혼동하지 않는다. 그들은 일상적인 윤리적 상황에서 일반 사람들이 경험하는 혼란이나 불안함, 비일관성을 거의 보이지 않는다. 자아실현을 한 사람들은 매우 윤리적이고 명확한 도덕적 기준을 가지고 있으며, 옳은 것을 하고 잘못된 일은 하지 않는다.

- 철학적이고 적대적이지 않은 유머감각: 자아실현을 한 사람들의 유머감각은 평범하지 않다. 보통 사람들이 재미있다고 생각하는 것을 재미있다고 여기지 않는다. 다른 사람에게 상처를 주거나 놀림감으로 삼는 종류의 유머를 좋아하지 않는다. 계획적이기보다 반응적이고, 폭소를 자아내기보다는 미소를 이끌어 내는, 사려 깊고 고개를 끄덕이게 하는 철학적인 유머다.
- 창의성: 자아실현을 이룬 사람들은 특별한 특성을 가진 창의력이나 도전정신을 가지고 있다. 이는 모차르트 유형의 특별한 재능에 의한 창조성과 다르다. 그보다는 보다 순수하고 망가지지 않은 아이들의 보편적인 창조성에 보다 더 가깝다. 이것은 보통 사람들의 기본적인 특성, 모든 사람들이 태어날 때 가지고 나오는 잠재력과 같다.
- 문화화(혹은 문화적응, enculturation)에 대한 저항, 특정한 문화의 초월: 자아실현을 한 사람들은 다양한 방식으로 문화에 어울리지만, 어떤 심오하고 의미 있는 방식으로 문화화되는 것, 문화의 틀에 매이는 것에 저항한다. 옷, 언어, 음식, 어떤 일을 하는 방식을 선택하는 관습의 제한 내에서도 잘 살지만, 진정 관습적이지는 않다.

그럼에도 불구하고 매슬로는 자아실현의 욕구를 충족한 사람이라고 해서 완벽한 인간은 아니라고 하였다. 자아실현을 이룬 사람들이 위에서 언급한 성격 특성을 대부분 가지고 있지만 나름의 약점도 가지고 있어서, 때로는 고집이 세거나 분별없는 행동을 하며 때로는 무정한 면을 보여 주기도 한다고 말하였다.

4) 로저스 이론의 현상학적 특징과 자아개념

현상학은 각 개인에게 '현상이 나타나는 방식'과 그리고 각 개인이 그 현상

을 어떻게 '경험하고 느끼는지'에 대해 관심을 둔다. 로저스 역시 기본적으로 개인의 객관적 현실이 무엇이든 그것이 문제가 아니라 개인이 현실을 지각하는 방식이 문제라고 믿었다. 간단히 말해서, 개인의 행동을 이해하려면 그 개인이 자기 자신과 자신이 존재하는 세계에 대하여 어떤 주관적 인식을 지니고 있는지 알아야 한다는 것이다. 이 접근의 기본 가정은, 개인의 주관적 경험이 비록 다른 사람에게는 기괴하고 오인될 소지가 있더라도 가장 깊이 존중받을 가치가 있다는 것이다. 이처럼 주관적 경험의 중요성을 강조하는 로저스는 우리 각자가 자신과 자신이 사는 세계에 대한 주관적 인식에 따라 행동한다는 믿음에 기초한 현상학적 전통의 주류에 있다(Thorne, 2007, pp. 76-77).

또 로저스에게 유기체란 모든 경험의 소재지다. 경험은 어떤 특정의 순간에 유기체 내에서 진행되고 있는 모든 것을 포함한다. 경험은 개인의 외적 세계뿐만 아니라 내적인 것까지도 포함한다. 이 모든 경험이 현상적 장(phenomenal field)을 구성하고 있다. 현상적 장이란 인간이 경험하는 모든 것을 일컫는다. 개인이 행동하는 방식은 현상적 장(주관적 현실)에 달려 있지, 자극적인 상황(외적 현실)에 달려 있는 것이 아니다(Hall & Lindzey, 1978: 정옥분, 2015, p. 220에서 재인용).

이 현상적 장은 의식의 장(field of consciousness)과 동일한 것이 아니다. "의식은 우리 경험의 일부를 상징화한 것이다."(Rogers, 1959, p. 198). 따라서 어떤 특정한 순간의 경험은 의식적인(상징화된) 경험과 무의식적인(상징화되지 않은) 경험으로 구성되어 있다. 그런데 개인은 상징화된 자신의 경험을 현존하는 세계에 비추어 점검하는 경향이 있어서, 어떤 지각들은 검증되지 않은 채 남아 있거나 부적절하게 검증되고 있다. 그러므로 어떤 사람이 경험하거나 사고하는 바가 실제로는 그에게 현실이 아니며 단지 현실에 대한 잠정적인 가설, 즉 진실일 수도 있고 아닐 수도 있는 가설에 지나지 않을 뿐이다(정옥분, 2015, p. 220).

이에 대해 로저스는 "내가 알 수 있는 유일한 현실은 내가 현재 지각하고 경험하는 대로의 세계다. 내가 알 수 있는 유일한 현실은 당신이 현재 지각하고 경험하는 대로의 세계다. 그리고 확실한 것 하나는 그렇게 지각된 현실들이 서로 다르다는 것이다. '현실 세계'는 사람 수만큼이나 많다."(Rogers, 2007, p. 121)고 하였다.

그리고 로저스는 살아가는 데 있어서 '진정한 현실'을 파악할 수 있는 유일하고도 확실한 길은 없지만, 인간이 계속 성장하고 성취하기 위해서는 모든 정보의 수집가능성에 대한 개방성과 민감성이 필요하다고 말한다. 즉, 외적 환경에 대해서는 물론 내적 경험(감각, 감정, 사고 등)에 대해서도 개방적이고도 민감해야 한다. 내적 경험을 보다 완전하게 이해하기 위해서는 각 사람이 자신을 주관적으로 평가해야 하며 또한 타인의 경험에 대해 공감적 이해를 얻도록 노력해야 한다(Nye, 2002, p. 120). 로저스는 "전인이란 내적 경험에서 얻어진 자료와 외적 세계의 경험으로부터 얻어진 자료에 대해 완전히 개방적인 사람이다."(Rogers, 1977, p. 250)라고 쓰고 있다.

로저스의 독특한 이론체계 중 또 다른 중요한 구성개념이 자아(self)다. 처음 로저스는 '자아'라는 개념이 쓸모없고 의미 없는 용어라는 확신을 가지고 있었다고 한다. 그러나 점차 자아라는 개념이 클라이언트의 경험에서 매우 중요한 요소임을 인식하게 되었다. 이런 자아개념의 변화와 수정을 통해 그는 자아라는 것이 고정된 실체가 아니라, 유동적이고 변화하지만 어느 정도 조작적인 용어로 정의될 수 있는 어떤 주어진 순간의 특정한 실체라고 결론을 내리게 되었다(Thorne, 2007, pp. 83-85).

로저스에게 자아란 '나(I)'/'나를(me)'이라는 특성에 대한 지각과 타인들 그리고 인생의 다양한 측면과 '나'/'나를'과의 관계에 대한 지각, 이 두 가지 지각으로 구성된, 일반적으로 내가 존재로서의 나 자신을 개념화하는 자기다. 즉, 'I(주체로서의 나)'나 'me(객체로서의 나)'의 특징을 지각하여 구성하고, 또 'I'나 'me'의 다른 사람과 여러 생활 측면과의 관계를 지각한 것이며, 이러한 지각 내용에 가치를 부여한 것으로, 조직적이고 일관성 있는 개념적 형태(gestalt)다(Rogers, 1959: Zastrow & Kirst-Ashman, 2002, p. 113에서 재인용).

로저스 이론에서 자신이 지각하는 자아와 다른 사람이 보는 자아(자신), 이 양자가 일치하는 경우 그 사람은 성숙하고, 적응적이며, 충분히 기능을 발휘하게 된다. 그러한 사람은 위협이나 불안 없이 유기체의 모든 경험을 받아들인다. 다시 말해, 현실적으로 사고할 수 있는 사람이다. 반면에, 양자가 일치하지 않으면 개인은 위협과 불안감을 느끼게 된다. 결과적으로 방어적으로 행동하게 되고 그의 사고는 위축되고 경직된다(정옥분, 2015, p. 222).

로저스는 또한 실제 자아(real-self)와 이상적 자아(ideal-self) 간의 관계를 강조한다. 실제적 자아는 실제로 있는 그대로의 자아(the "I am")이고, 이상적 자아는 자신이 그렇게 되었으면 하고 바라는 자아("I should be")이다. 로저스(Rogers, 1954)는 '실제 자아(real self)'는 실현경향성에 의해 주도되며, 유기체의 가치, 욕구를 따르고, 긍정적인 관심과 자기 평가(self-regard)를 받는다고 하였다. 그리고 이상적 자아(ideal-self)는 목표나 꿈을 이루려는 우리의 노력을 의미한다. 즉, 역동적인 야심과 목표다. 우리 사회가 실현경향성으로부터 멀어져 있고 그리고 유기체의 가치와 괴리된 가치 조건(conditions of worth) 속에서 살아가며 조건적인 긍정적 관심과 자기 평가를 받기 때문에, 그만큼 우리는 이상적 자아를 대신 발달시키게 된다(İsmail & Tekke, 2015).

실제적 자아와 이상적 자아 간에 차이가 크면 클수록 적응문제를 보이기 쉽고 심지어는 신경증으로까지 발전한다. 실제적 자아와 이상적 자아가 일치하지 않으면 위협적인 상황에 처하게 된다. 위협적인 상황에서 우리는 불안감을 느끼게 되는데, 불안감이란 좋지 못한 일이 곧 닥칠 것 같은 불길한 예감이다. 이때 우리는 방어기제를 사용함으로써 위협적인 상황에서 벗어나고자 한다. 로저스는 '부정'과 '왜곡'이라는 두 가지 방어기제를 제시하고 있다. '부정'은 위협적인 상황을 부정하는 것이고, '왜곡'은 위협적인 상황을 재해석함으로써 덜 위협적인 것으로 지각하는 것이다(정옥분, 2015, p. 222).

로저스의 자아(self)는 개인적 경험의 산물이자, 개인의 전체 유기체적 경험의 특수한 한 부분이다. 어느 한순간에 자아를 구성하거나 그와 관련된 경험 모두를 완전하게 인식할 수는 없지만, 자아의 인식 자체가 불가능하지는 않다. 로저스는 인간이 자신의 전체 경험을 건설적으로 인식할 수 있는 잠재력을 가지고 있으나, 이를 위해서는 경험들에 대한 개방성과 민감성이 필요하다고 믿었다. 그리고 이 개방성과 민감성은 자신에게 의미 있는 타인들(부모, 배우자 혹은 친구)에 의해 조장될 수도, 아닐 수도 있다. 의미 있는 타인이 자기의 풍부하고 다양한 내적 경험을 수용해 준다면, 그 사람의 자아개념은 매우 풍부해질 수 있다(Nye, 2002, pp. 129-130).

5) 로저스의 성격 발달

매슬로와 마찬가지로 로저스 역시 유아기로부터 성인기까지의 발달단계를 제시하지 않는다. 그리고 특히 어린 시절에 다른 사람들에게서 받는 평가를 중요하게 여기는 점을 고려하면, 환경, 특히 사회적 환경의 영향력을 강조한다고 할 수 있다.

그러나 아동의 행동에 대한 부모나 다른 사람들의 평가는 때로는 긍정적이고 때로는 부정적이기 때문에, 아동은 인정받는(가치 있는) 행동이나 감정을, 인정받지 못하는(가치 없는) 행동이나 감정과 구별하는 것을 배우게 된다. 가치 없는 경험들은 유기체에게는 유효할지라도 자아개념에서 배제되는 경향이 있다. 이것은 유기체의 경험과 일치하지 않는 자아개념을 낳는 결과를 초래한다. 이때 아동은 실제 자신이 되려고 하는 사람보다 다른 사람들이 그에게 요구하는 사람이 되고자 한다(정옥분, 2015, p. 223).

이러한 방식에 의해 아동기 내내 자아개념은 왜곡될 것이고, 결과적으로 왜곡된 자아개념과 일치하지 않는 유기체의 경험은 위협으로 느껴져 불안을 유발하게 된다. 이러한 자아와 유기체 간의 불일치는 방어와 왜곡을 초래할

뿐 아니라 대인관계에 영향을 미치기도 한다(정옥분, 2015, p. 224).

그렇다면, 이러한 자아와 유기체 간의 불일치(incongruity)를 어떻게 다룰 것인가? 로저스는 이에 대해 다음 세 가지 방법을 제안하고 있다. 첫째, 자아구조에 대한 어떤 위협도 존재하지 않는 조건하에서 자아구조와 모순되는 경험들을 지각하고 검토하며, 자아구조에 그러한 경험들을 포함시켜 수정하게 한다. 둘째, 부정적 경험들을 수용하고 동화함으로써 다른 사람들을 좀 더 이해하고 수용하게 한다. 셋째, 건강하고 통합된 적응을 하기 위해 자신의 경험들을 어떻게 변화시켜야 하는지 계속 평가하게 한다(Hall & Lindzey, 1978: 정옥분, 2015, p. 220에서 재인용). 로저스와 그의 동료들이 발전시킨 비지시적인 또는 내담자 중심(client-centered) 접근법이 바로 이러한 방법을 통해 치료를 해 나가는 과정이다.

6) 로저스의 '충분히 기능하는 사람'

행동주의적 모델이 학습 및 환경과의 상호작용을 중요시하는 것과는 달리 인본주의적 모델은 개인을 중요시한다. 개인을 자아실현과 성장가능성이 있는 존재로 보기 때문에 개인의 자유의지와 존엄성 그리고 주관적 경험을 중요시한다. 로저스에 따르면 인간은 자아실현의 경향성을 선천적으로 지니며 자아성장을 위해 나아가는 능동적 힘이 있다(조은숙, 2000, p. 323).

로저스는 인간 유기체가 자신을 유지하고 향상시키려는 선천적 경향성을 갖고 있다고 간주하였는데 이것이 바로 실현(actualization)이라는 용어의 의미다. '성장과 성취(growth and fulfillment)'란 말은 실현의 주요 특성을 나타내는 용어이며, 일반적으로는 '실현'과 동일한 의미로 간주되지만 실현은 유기체 유지(maintenance)의 의미도 포함한다. 그에 따르면, 인간은 출생 시부터 실현을 향해 생산적으로 성장하고자 하며 기본적으로 능동적이고 진보적이다. 만일 적절한 조건들이 갖추어지면 자신의 잠재력을 최대한 발휘하고자 한다. 이러한 실현의 구체적인 내용은 사람마다 다르지만, 실현 과정은 완고하지 않고 융통성 있으며, 방어적이기보다는 개방적이고, 타율적이기보다는 자율적이다(Nye, 2002, p. 127). 로저스의 자아실현이라는 것은 어떠한 상태가 아닌 과정이다. 이 과정은 때로는 어렵고 고통스러우며, 그 과정에는 인간의 능력에 대한 끊임없는 시련과 긴장이 수반된다(정옥분, 2015, p. 225).

1959년 로저스는 현실적으로 인식하는 능력, 자신의 행동에 대한 책임을 평가하는 능력, 자신의 행동에 대하여 책임지는 능력, 자신의 감각에서 나온 증거에 따라 경험을 평가하는 능력, 경험에 대한 평가를 새로운 증거가 생기면 바꾸는 능력, 타인을 자신과 다른 독특한 개체로 받아들이는 능력, 자신과 타인을 존중하는 능력을 성숙한 행동의 개념으로 정의하였는데, 나아가서 이런 성숙의 개념을 '충분히 기능하는 사람(The fully functioning person)'의 관점에 포함시켰다(Thorne, 2007, pp. 93-94).

로저스가 제시하는 '충분히 기능하는 사람'의 첫 번째 특성은 경험에 대한 개방성이 증가되는 것(Increasing Openness to Experience)이다. 이는 자아구조와 불일치하는 것으로 인식되거나 예상되는 경험에 대한 유기체의 반응을 일컫는 말인 폐쇄성(defensiveness)과 상반되는 말이다. 유기체는 자아구조(the self-structure)를 유지하기 위하여, 그러한 경험을 인식 속에서 왜곡하여 상징화함으로써 불일치를 줄이고자 한다. 그럼으로써 개인은 현재의 자아상에 모순되는 경험의 의미를 인식하지 않음으로써 자아개념의 변경이라는 위협에 대항하여 스스로를 보호한다. 그러나 자기 경험에 개방적인 사람에게 모든 자극은 유기체 내의 자극이든지, 환경으로부터의 자극이든지, 방어기제에 의해 왜곡됨 없이 신경체계를 통해 자유롭게 전달된다. 그 자극이 환경 내의 어떤 형태, 색 혹은 소리의 구성(configuration)에 영향을 미쳐서 감각 체계나 과거의 기억 혹은 두려움이나 즐거움 혹은 혐오감에 대한 본능적인 감각을 일으키더라도, 개인은 '그 안에서 살아가며(living in it)', 그것을 온전히 인식할 수 있게 된다(Rogers, 1962, p. 23).

'충분히 기능하는 사람'의 두 번째 특성은 그들이 보다 수용적으로 어떤 과정, 유동성(fluidity), 변화(changing)의 방향성을 가지고 살아간다는 것(Toward Becoming a Process)이다. 그들은 보다 실존적인 방식으로, 매 순간을 마음껏 누리면서 살아간다. 이는 경험에 대한 개방성의 결과로 매 순간을 새롭게 느끼는 것과 관련되어 있다. 매 순간 존재하는 내면과 외부 자극의 전반적인 형태(configuration)는 예전에 존재하지 않았던 것이다. 그러므로 이들은 다음 순간 내가 무엇이 되어 있을지, 무엇을 할지, 어떻게 성장할지 누구도 미리 예측할 수 없다는 것을 깨닫는다. 그리고 경험을 사전에 형성되어 있던 자아구조에 맞도록 왜곡하지 않고 경험을 통하여 자아와 성격이 형성되었다고 말한다. 이것은 그들이 유기체적 경험의 지속적인 과정의 통제자(controller)가 아닌 참여자나 관찰자가 되는 것을 의미한다(Rogers, 1962, pp. 25-26).

'충분히 기능하는 사람'의 세 번째 특성은 모든 실존적인 상황에서 가장 만족스러운 행위에 도달하는 수단으로써 유기체에 대한 신뢰가 늘어 가는 것이다(An Increasing Trust in His Organism). 그들은 경험에 개방되어 있기만 하면 '옳다고 느끼는(feels right)' 것을 행하는 것이야말로 진정 만족스러운 행동을 하게 해 주는 유능하고도 신뢰할 만한 안내자라는 점을 발견하게 되기 때문에 새로운 상황에서 그들의 유기체적 반응을 점점 더 많이 신뢰할 수 있게 된다. 이는 그들이 경험에 개방적일 때 그 상황에서 활용가능한 모든 정보(사회적 욕구, 자신의 복잡하고 갈등적인 욕구들, 유사한 상황에 대한 기억, 상황의 독특성에 대한 인식)에 접근할 수 있게 되고, 이것에 근거해서 행동하게 된다(Rogers, 1962, pp. 26-27).

또한 로저스는 충분히 기능하는 사람에 대한 특성이 개인의 변화되어 가는 흐름들(trends)이라고 이야기하고 있다. 그러므로 충분히 기능하는 사람이란 고정적인 상태가 아니라 하나의 '과정(becoming a more fully functioning person)'으로 생각하는 것이 옳다. 또한 충분히 기능하는 사람의 세 가지 경향

(trends)에는 통합성, 창의성, 인간 본성에 대한 신뢰개념이 내포되어 있기도 하다.

충분히 기능하는 사람은 자신의 생애에서 의미 있는 타인으로부터 무조건적인 긍정적 관심을 경험한 사람이다. 즉, 이들에게는 어떠한 가치의 조건(conditions of worth)도 존재하지 않고 따라서 무조건적인 자아존중감을 경험한다. 완전하게 기능하는 데 있어 가장 중요한 점은 의미 있는 타인으로부터 받는 긍정적인 관심이며, 이는 특히 가장 손상받기 쉬운 생애의 초기에 더욱 중요하다(Nye, 2002, pp. 139-140).

가치 조건(conditions of worth)이란, 어떤 경험이 유기체를 고양시키는지와 무관하게 타인에게 부여받은 가치 때문에 자기 자신에게 긍정적이든 부정적이든 간에 가치를 두는 것이다. 인간은 자신의 행동이 어떤 조건에 따라 판단되면서 그 조건에서 자신의 가치를 느꼈을 때 가치조건을 알게 된다(사회복지교육연구센터, 2014, p. 170). 인간은 누구나 다 사랑받고 존중받아야 하며, 무조건적인 긍정적인 존중이 중요하다. 무조건적인 긍정적 관심과 존중을 받으면서 개인은 자기 및 자신이 체험한 것에 일치감을 느끼고, 완전히 기능하게 되며, 자아구조가 더욱 심화되어 간다. 무조건적인 긍정적 관심은 훈육의 결여, 사회적 제약의 철회가 아니라 한 개인을 있는 그대로 수용하고 존중하는 것을 의미한다(사회복지교육연구센터, 2014, p. 173).

인본주의 심리학의 두 거장인 매슬로와 로저스는 인간의 성장 욕구, 성장 잠재력에 대한 인정, 인간에 대한 긍정적인 신뢰라는 측면에서 전반적으로 매우 유사한 이론을 주장하였다. 그럼에도 불구하고 매슬로의 자아실현한 사람과 로저스의 충분히 기능하는 사람에 대한 설명에는 차이가 있다. 먼저 매슬로는 자아실현을 연구하기 위하여 그가 찾을 수 있었던 가장 건강하고 창의적인(이미 사회적으로 성공한) 사람들의 생애와 경험을 검토하여 그들의(자아실현에 성공한 사람으로서의) 공통적 특성을 발견하여 제시하였다. 반면, 로저스는 상담과정에서 개인의 자기실현 경향성을 억제하는, 자아실현하

지 못하게 하는 '가치조건', 특히 어린 시절에 다른 사람들에게서 받는 조건적 평가에 관심을 기울였다. 아동의 행동에 대한 부모 등 중요한 사람들의 (조건적) 평가가 아동으로 하여금 실제 자신이 되려고 하는 사람보다 다른 사람들이 그에게 요구하는 사람이 되고자 하게 만들고, 이러한 방식에 의해 개인의 자아실현 경향성이 억제된다고 보았다. 따라서 로저스는 충분히 기능하는 사람이 되기 위한 개인의 환경적 조건(내담자의 경우는, 특히 상담자의 자질)을 강조하였다. 또한 매슬로에 비해 로저스는 인간의 지적인 인식보다 유기체의 감지능력을 통한 자율성을 강조하고 있다. 즉, 충분히 기능하는 사람은 어떠한 상황에서 어떤 행동을 선택할 것인지를 판단함에 있어서 더 이상 제도적인 규칙이나 타인의 기대, 판단 등에 의존하지 않고 경험에 개방적이기 때문에 자기 유기체의 판단이 그 상황에서 가장 적합한 결정이며 신뢰할 수 있다는 것을 안다고 하였다(Rogers, 1961).

3. 사회복지 실천의 함의

인본주의이론의 기틀을 마련하였다고 평가받는 매슬로의 이론은 정신역동이나 행동주의이론과 달리 인간 본성에 대한 낙관적인 태도를 보이고 있다. 그리고 성장을 지향하는 인간의 노력과 인간 자체가 존엄하고 가치가 있다는 가정은 사회복지의 가치와 일치한다고 할 수 있다. 또한 개인의 존엄성과 가치, 자기결정권, 사회적 책임과 상호성에 대한 강조 역시 사회복지 실천과 맥을 같이한다.

매슬로의 이론은 사회복지 실천가들에게 다음 몇 가지 중요한 자세와 태도를 요구한다. 무엇보다 사회복지사들은 사람의 정상적이고 건강한 면에 관심을 기울여야 한다. 최근 임파워먼트, 강점관점 실천 등이 사회복지 실천현장에서 강조되고 있지만, 여전한 정신분석이론의 강력한 전통하에서 사회복지사들은 자신도 모르게 클라이언트를 병리적으로 규정하고 대하는 경향이 있다. 실제 사회복지사들이 현장에서 만나는 많은 클라이언트들이 정신장애를 비롯한 다양한 정신적 · 사회적 어려움을 경험하고 있고 이러한 클라이언트를 지속적으로 접하다 보면 사회복지사들도 클라이언트에 대해 부정적인 인식을 갖게 될 가능성이 높아진다. 하지만 매슬로가 그랬듯이 사회복지사들이 클라이언트의 능력과 건강성에 대한 믿음을 가지고 있지 않다면 사회복지사가 클라이언트의 변화가능성을 믿고 함께 변화를 향해 꾸준히 노력하기란 쉽지 않다. 그리고 클라이언트의 변화에 대한 믿음은 클라이언트의 건강함, 능력에 대한 믿음을 기반으로 한다.

또 사회복지사는 클라이언트 욕구의 개별성을 수용할 수 있어야 한다. 매슬로가 말한 바와 같이 인간이라면 누구나 공통적으로 경험하는 욕구들이 있고, 이 욕구들이 위계적인 구조를 가지고 있기도 하다. 그러나 욕구의 위계성에도 불구하고 특정한 상황에서 개인이 갖는 구체적 욕구는 그 자신만의 독특함을 가지고 있다. 그러므로 사회복지사는 인간의 보편적 욕구를 염두에 두고 있되 현재 클라이언트가 가지고 있는 욕구의 개별성에도 함께 귀를 기울여 주고 수용할 수 있어야 한다.

사회복지사는 클라이언트의 입장에서 클라이언트가 지각하는 내용과 관점을 이해할 수 있어야 한다. 사회서비스를 제공하는 과정에서 사회복지사는 자신과 클라이언트 혹은 클라이언트의 중요한 타자들(significant others)의 문제와 상황에 대한 인식과 관점들이 일치하지 않는 경우를 꽤 많이 경험하게 된다. 그러한 경우 사회복지사가 자신 혹은 누군가의 판단과 관점만 옳다고 판단하고 다른 사람의 관점과 인식을 고치거나 가르치려고 하는 태도를 보이기도 한다. 하지만 클라이언트의 관점과 지각내용은 단순히 옳고 그름의 관점에서 판단할 수 있는 것이 아니다. 그보다는 클라이언트의 오래 지속되어 온 욕구 결핍 경험이 어떻게 자신과 주위 환경에 대한 지각과 관점으로 발전하였는지 이해하고 이를 먼저 공감할 수 있어야 할 것이다.

매슬로의 욕구단계이론은 사회복지사가 클라이언트의 욕구평가를 하는 데 유용하게 활용되고 있다(이인정, 최해경, 2000). 사회복지사는 클라이언트의 욕구가 무엇인지 알고, 그 욕구에 적합한 서비스를 제공할 수 있어야 한다. 또한 가지 욕구가 충족되면 욕구의 수준도 더 높은 단계로 이동하고, 높은 단계로 올라간 욕구는 낮은 단계의 욕구가 채워지지 않을 때 후퇴될 수 있다는 것을 고려함으로써 사회복지 실천에 적용할 수 있다(엄신자, 2007, p. 413).

로저스의 이론 역시 사회복지학 이외에도 다양한 학문적 배경을 가진 상담 전문직의 발전을 가져왔다. 특히 내담자 중심 치료는 교육, 건강, 산업, 군대 등 다양한 분야에서 상담기술을 훈련하는 사람들의 개입모델이 되었다(Thorne, 2007).

상담자로서 로저스의 이론은 주로 클라이언트 중심의 치료적 관계에서 발전되었다. 로저스는 '클라이언트'라는 용어를 처음 사용하였는데, '클라이언트(client)'라는 말은 인간이 능동적이고 자발적이며 책임을 지고 참여한다는 점을 강조하기 위해 사용되었다. 로저스에 의하면, 효과적인 치료적 관계에는 필수적인 세 가지 태도 조건이 있다(Rogers, 1959: Nye, 2002, p. 142에서 재인용). ① 치료자는 관계에 있어 방어적이지 않고 진실해야 하며, 통일되어야 하며, 통합되어야 한다. 치료자는 치료자 자신의 유기체적 경험의 기초 위에서 클라이언트와 만날 수 있어야 한다. ② 치료자는 클라이언트의 조건이나 감정, 행동에 관계없이 클라이언트가 가치 있는 사람이라는 것을 인정하면서 동시에 클라이언트를 위한 무조건적인 관심(즉, 수용)을 보여 주어야 한다. ③ 클라이언트에 대한 공감적 이해가 있어야 한다. 치료자는 현상학적으로 접근해야 하고 클라이언트의 주관적 세계 내에 들어가 클라이언트의 내적 경험을 이해해야 한다. 로저스에 의하면 치료자는 클라이언트의 치료 과정에 민감하게 관여해야 하며 그의 경험을 이해한다는 것을 클라이언트에게 효과적으로 전달할 수 있어야 한다. 물론 이러한 치료자의 특징들은 이상적인 것이다. 비록 치료자들이 항상 완전하게 일치하고 수용적이고 공감할 수는 없다 하더라도 비교적 완전하고 충분하게 기능하는 사람이 될 수 있다면 클라이언트를 도울 수 있다. 로저스의 말대로 "참으로 다행스럽게도 불완전한 인간도 다른 불완전한 인간에게 치료적인 도움을 줄 수" 있는 것이다. 클라이언트 중심치료에서 변화에 대한 책임은 클라이언트에게 있다. 즉, 자신의 내적 경험을 회복하고 유기체적 가치부여 과정에 다시 민감해져야 하는 것은 바로 클라이언트 자신이다. 그렇지만 로저스에 의하면 치료자가 앞의 세 가지 주요 태도조건을 갖추었을 때 클라이언트가 이를 실천할 수 있다고 한다.

각해 볼 문제

1. 인본주의이론의 인간관과 행동주의이론의 인간관을 비교해서 설명해 보시오.
2. 자신은 매슬로가 주장한 '인간의 선하고 수준 높은 본성'에 대해 어느 정도 동의하는지 주위 친구들과 토론해 보시오.
3. 매슬로(A. Maslow)의 욕구단계이론이 사회복지 서비스의 우선순위 설정에 어떻게 적용가능한지 생각해 보시오.
4. 매슬로(A. Maslow)의 욕구 단계에 관한 설명으로 옳지 않은 것은?
   ① 생리적 욕구 – 음식, 수면, 성의 욕구
   ② 안전의 욕구 – 보호, 의존, 질서, 구조의 욕구
   ③ 소속감과 사랑의 욕구 – 친분, 우정, 존경의 욕구
   ④ 자존감의 욕구 – 능력, 신뢰감, 성취, 독립의 욕구
   ⑤ 자아실현의 욕구 – 자발성, 포부실현, 창조성의 욕구
5. 주위에서 매슬로의 자아실현을 한 사람의 특성을 가진 사람이 있는지 살펴보고 그 사람의 삶의 과정과 특징을 살펴보시오.
6. 최근 경기도 등 여러 지역에서 성공적인 탈노숙 사업의 일환으로 '노숙인에 대한 인문학 교육'이 매우 활발하게 이루어지고 있다고 한다. 이 현상을 매슬로의 욕구이론에 비추어 설명 혹은 비판해 보시오.

7. 로저스(C. Rogers) 이론의 현상학적 특징에 대해 설명해 보시오.

8. 로저스(C. Rogers)의 이론이 사회복지 실천에 미친 영향으로 옳은 것을 모두 고른 것은?

ㄱ. 클라이언트의 자기결정권의 중요성을 인식하는 데 유용하다.
ㄴ. 클라이언트에 대한 비심판적인 태도의 중요성을 인식하는 데 유용하다.
ㄷ. 상담사의 지시적인 상담의 중요성을 인식하는 데 유용하다.

① ㄱ, ② ㄴ, ③ ㄱ, ㄴ, ④ ㄴ, ㄷ, ⑤ ㄱ, ㄴ, ㄷ

9. 자신이 인식하는 자기의 모습과 가족 혹은 친한 친구가 인식하는 자기의 모습이 어떻게 같고 혹은 다른지 비교해 보시오.

참고문헌

박아청(2006). 성격발달심리의 이해. 서울: 교육과학사.

사회복지교육연구센터(2014). 사회복지사 1급 기본서(인간행동과 사회환경). 서울: 나눔의 집.

엄신자(2007). 인간행동과 사회환경. 서울: 인간과 복지.

이인정, 최해경(2000). 인간행동과 사회환경. 경기: 나남.

정옥분(2015). 전생애 인간발달의 이론. 서울: 학지사.

조은숙(2000). 현대인의 정신건강. 경기: 법문사.

Carver, C., & Scheier, M. (2005). 성격심리학: 성격에 대한 관점들(*Perspectives on Personality*)(김교헌, 심미영, 원두리 공역). 서울: 학지사.

İsmail, N., & Tekke, M. (2015). Rediscovering Rogers's Self Theory and Personality. *Journal of Educational, Health and Community Psychology*, [online] *4*(3), pp. 28-36.

Maslow, A. H. (1970). *Motivation and Personality* (2nd ed.). New York: Harper & Bros.

Maslow, A. H. (1987). *Motivation and Personality* (3rd ed.). New York: Harper & Bros.

Maslow, A. H. (2005). **존재의 심리학**(*Towards a psychology of being*)(정태연, 노현정 공역). 서울: 문예출판사.

Nye, R. D. (2002). **프로이트 · 스키너 · 로저스**(*Three Psychologies: Perspectives from Freud, Skinner, and Rogers*)(이영만, 유병관 공역). 서울: 중앙적성출판사.

Pervin, L., Cervone, D., & John, O. (2005). *Personality: Theory and Research*. NJ: John Wiley & Sons.

Rogers, C. (1959). "A theory of therapy, personality relationships as developed in the client-centered framework." In S. Koch (Ed.), *Psychology: A study of a science. Vol. 3: Formulations of the person and the social context*. New York: McGraw-Hill.

Rogers, C. R. (1961). *On becoming a person*. Boston: Houghton Mifflin.

Rogers, C. R. (1962). "Toward Becoming a Fully Functioning Person", *Perceiving, Behaving, Becoming*. Edited by H. Jerome Freiberg.

Rogers, C. R. (1977). *Carl Rogers on personal power*. N.Y.: Delacorte Press.

Rogers, C. R. (2007). **사람-중심 상담**(*A Way of Being*)(오제은 역). 서울: 학지사.

Thorne, B. (2007). **칼 로저스**(상담과 심리치료 주요인물 시리즈 10)(*Carl Rogers*)(이영희, 박외숙, 고향자 공역). 서울: 학지사.

Zastrow, C., & Kirst-Ashman, K. K. (2002). **인간행동과 사회환경**(*Understanding human behavior and the social environment*)(김규수, 김인숙, 박미은, 박정위, 설진화, 우국희, 홍선미 공역). 서울: 나눔의 집.

제 6 장

사회체계이론과 생태학이론

학습목표

- 환경 속의 인간을 이해한다.
- 사회체계이론과 주요 관련 개념을 이해한다.
- 생태학이론과 주요 관련 개념을 이해한다.
- 사회복지 실천과의 연관성을 살펴본다.

1. 개요

사회복지사들은 인간의 삶이 개선되고 행복해지도록 돕는 다양한 활동을 수행한다. 이를 위해서는 인간에 대한 깊은 이해가 필요하다. 사람들이 어떻게 성장해 왔는지에 대해서도 잘 알아야 하지만 성장이 진공 상태에서 이루어진 것이 아니기 때문에 성장의 공간이 되어 준 환경과 인간 간의 상호작용에 대해서도 잘 이해하고 있어야 한다. 다시 말해, 사회복지사는 인간에 대한 이해뿐만 아니라 인간을 둘러싸고 있는 환경에 대해 총체적으로 이해하고 있어야 한다. 그래야만 실천현장에서 만나게 되는 다양한 클라이언트들을 좀 더 폭넓게 이해하고 어떻게 도울 것인가에 대한 방향이나 방법을 찾을 수 있게 될 것이다. 이러한 이유 때문에 사회복지를 인간과 환경 간의 상호작용에 초점을 둔 학문 내지는 실천이라고 불러 왔고 전통적으로 환경 속의 인간(person in environment)이라는 관점을 강조해 왔다.

환경 속의 인간이라는 개념은 개인과 환경 간의 상호작용 증진의 책임을 개인과 환경 모두에게 두는 것을 의미하는데, 인간이 경험하는 문제의 원인을 개인과 환경 중 어느 한쪽에 두는 것이 아니라 개인요소와 환경요소가 상호작용을 한 결과로 보는 것이다(엄명용, 김성천, 오혜경, 윤혜미, 2005). 따라서 문제의 해결방법도 양자의 상호작용 지점에서 찾고자 한다.

환경 속의 인간이라는 관점을 잘 설명해 줄 수 있는 대표적인 이론은 생태체계이론으로 알려져 있다. 이 이론은 사회현상을 체계 간의 상호복합체로 이해하는 체계이론의 바탕 위에 체계 간의 상호보완성과 항상성의 유지를 위해서 상호작용이 생긴다는 입장을 취하는 생태학적 관점[1)]이 도입되어 형성

1) 사회복지 실천과정에서 인간의 행동·심리상의 문제와 사회환경의 문제를 파악하고 어떻게 변화시킬 수 있을 것인가에 대한 지침을 제공하는 것을 실천틀(practice framework) 내지는 실천

[그림 6-1] 환경 속의 인간

되었다(강상경, 2014, p. 225). 체계이론이나 생태학적 관점 모두 환경 속의 체계들에 초점을 두면서 이러한 체계들이 인간과 어떻게 상호작용하며 영향을 미치는지에 관심을 둔다.

앞의 장들에서 살펴본 인간행동에 관한 이론들이 인간행동을 이해하는 데 있어서 원인과 결과라는 결정론적 관점을 가지고 있다면 체계이론과 생태학

의 준거틀이라고 한다. 사회복지 문헌에서 접하게 되는 많은 이론과 모델, 관점을 준거틀이라고 하고 사회복지사들은 실천과정에서 이러한 이론, 모델, 관점을 실제로 활용한다. 실천의 준거틀은 실천관점, 실천이론, 실천모델로 세분화할 수 있는데 실천관점은 클라이언트의 행동과 환경체계를 이해하고 분석하는 렌즈에 비유된다. 이것은 문제 해결을 위한 전략을 선택할 수 있는 시각을 제공해 주며, 이론과 모델에 비해 포괄적이고 추상적인 형태의 틀이다. 실천이론은 어떤 행동이나 상황에 대한 설명과 그 행동과 상황이 어떻게 변화될 수 있는지에 관한 체계화된 지식을 의미한다. 한편, 실천모델은 어떤 개입을 이끌어 내는 데 유용한 개념과 원리들의 총합이라고 할 수 있다. 실천 이론과 모델은 명확하게 구별이 되지 않는 경우도 있어서 두 용어를 혼용하기도 한다. 사회복지 실천을 위한 대표적인 실천의 준거틀이라고 할 수 있는 체계이론, 생태학이론, 생태체계이론은 이론의 포괄적이고 추상적인 특성상 인간과 환경을 조망하는 시각, 즉 관점이라고 불리기도 하고 이론이라고 지칭되기도 한다. 사회복지 문헌이나 학자에 따라서 관점과 이론을 혼용하는 이유가 여기에 있다. 이 장에서는 한국사회복지교육협의회에서 발간한 『사회복지교과목지침서』(2020)에서 사용하고 있는 용어에 맞추어 사회체계 '이론'과 생태학 '이론'이라는 용어를 기본으로 사용하고 직접 인용을 한 경우나 문맥상의 필요에 따라서 '관점'을 병용하였다.

이론은 단선적인 시각을 지양하고 인간을 중심으로 한 다양한 체계와 체계 사이의 관계성과 상호작용에 관심이 있다. 두 이론은 자주 동일한 의미로 혼용되기도 하고 두 이론을 통합해 생태체계이론이라고 부르기도 한다(이인정, 최해경, 2008, p. 368).

체계이론 · 일반체계이론 · 사회체계이론 간의 관계

체계이론은 체계의 일반적 특성을 강조하는 이론으로, 일반체계이론이라고도 부른다. 일반체계이론의 시각은 체계의 일반적 개념을 사회체계 그리고 생물이나 기계론에 있어 여러 가지 자생적인 체계에 대해 모두 적용할 수 있다고 본다. 그러나 그 원형은 기계적 체계와 생물적 체계에서 나온 것이다. 체계 부분들의 상호 연관을 지배하는 일련의 원칙들을 잘 설명하고 있고 체계 간의 관계를 고려한다는 점은 인정을 받고 있으나 통합을 강조하기 때문에 보수적인 이론이며 동어 반복에 의한 명제의 추상성이 문제점으로 지적되고 있다. 또 인간을 비롯하여 그를 둘러싸고 있는 모든 사회환경에 체계이론의 관점을 적용하였다는 점에서 사회체계적 관점 내지는 사회체계이론이라고도 불린다. 일반체계이론이 체계 간의 상호작용적 측면에 초점을 맞추어서 체계의 구성요소들 간의 순환론적 인과관계에 대해 이해하는 데 기여하였다면 체계가 왜 상호작용하게 되는지를 설명하는 것의 한계점을 극복하는 데 기여한 것이 생태학적 관점이다. 일반체계이론이 체계의 범위를 주로 인간과 사회환경체계에 초점을 둔 반면, 생태학적 관점은 인간과 사회환경을 둘러싸고 있는 자연환경도 체계를 구성하는 부분으로 인식한다.

출처: 강상경(2014); 고영복(2000).

생태체계이론에서는 인간과 환경을 분리될 수 없는 총체적인 존재로 인식하고 상호 의존적인 관계를 유지한다고 이해한다. 또한 인간에게 영향을 미치는 가족, 집단, 조직, 지역사회, 사회제도, 문화와 같은 사회체계와 함께 이들을 둘러싸고 있는 물리적 환경 내지는 자연환경, 이들 간의 상호작용에도 초점을 둔다. 따라서 생태체계적 관점에서 사회복지사는 인간에 대한 이해뿐만 아니라 인간생활의 터전인 동시에 자원으로 활용하는 물리적 환경과 사회환경 그리고 이들 환경과 인간 간의 상호작용, 즉 생태체계에 대한 이해를 갖추어야 한다.

사회복지 실천에서 유용한 실천의 준거틀로 활용되고 있는 대표적인 관점 내지는 이론이라 할 수 있는 생태체계이론을 이해하기 위해서는 기초 이론이라고 할 수 있는 사회체계이론과 생태학이론에 대한 이해가 선행되어야 한다. 이에 이 장에서는 인간과 환경에 일반체계이론의 관점을 적용한 사회체계이론과 생태학이론에 대해 각각 기본 가정과 주요 개념에 대해 검토한 후 사회복지 실천과의 연관성에 대해 살펴보도록 하겠다.

2. 사회체계이론

체계란 서로 연결된 부분들의 복합체를 의미한다. 체계는 경계를 가지고 있지만 상호 연관되어 있어서 다른 체계와 정보를 교환하고 빈번한 교류를 하는 특성을 가지고 있다. 인간을 비롯하여 그를 둘러싸고 있는 모든 환경에 체계이론의 관점을 적용한 것을 사회체계이론이라고 하는데 사회복지 영역에서는 클라이언트와 가족체계, 또래집단체계, 조직체계, 지역사회체계와 같은 체계들과의 관계에 관심을 둔다.

이인정과 최해경(2008, p. 371)은 마틴과 오코너(Martin & O'Connor, 1989)의 견해를 빌려 체계의 다섯 가지 속성을 다음과 같이 제시하였다.

첫째, 조직화(organization)는 체계의 부분 혹은 요소가 서로 관계가 있고 연결되어 있음을 뜻한다.

둘째, 상호인과성(mutual causality)은 상호 의존을 의미한다. 체계의 한 부

분에서 일어난 사건은 직간접적으로 모든 부분에 영향을 미친다.

셋째, 항구성(constancy)은 체계가 지속성이 있음을 뜻한다.

넷째, 공간성(spatiality)은 체계가 물리적 공간을 점유하며 관찰할 수 있음을 뜻한다.

다섯째, 경계(boundary)는 공간성과 관련되는데 경계란 체계의 테두리로 다른 체계들과 환경을 구분한다. 체계로 들어오고 나가는 정보와 자료는 경계를 통해 여과된다.

1) 기본 가정

사회체계이론에서는 클라이언트가 가족, 또래집단, 조직, 지역사회와 같은 다른 체계들 간의 상호작용에 관심을 갖는다. 이 이론은 전술한 바와 같이 체계이론에 기초하고 있는데 체계이론에서는 인간을 하나의 통합된 체계로 간주하는 전체적인 인간관을 갖고 있다. 또한 체계를 지속적으로 상호작용하는 상호 의존적인 부분들의 총체로 규정하고 있다. 체계 내의 한 부분의 변화는 다른 부분 간의 상호작용에 영향을 미쳐서 체계 전체의 속성을 변화시킨다고 보고 있다. 그린(Greene, 2011)은 사회체계의 특성을 다음과 같이 정리하여 설명하고 있다.

사회체계이론의 기본 가정

- 사회체계는 한 단위 또는 전체를 구성하는 상호 관련된 구성원들로 이루어진다.
- 사회체계의 조직상의 '범위(limits)'는 확립되었거나 혹은 임의로 정해진 경계와 구성원 자격으로 정해진다.

- 경계는 사회체계 자체에 정체성을 부여하고 상호 관련될 수도 있는 다른 사회체계와 구별한다.
- 체계의 환경은 체계의 경계 외부로 규정된다.
- 사회체계의 삶은 참여자들의 활동의 합 그 이상이다.
- 사회체계의 구성원들 간에는 높은 정도의 상호 의존성과 내부 조직이 있다.
- 모든 체계는 다른(더 큰) 체계의 하위체계다.
- 사회체계끼리는 상호 의존하고 상호작용을 한다.
- 사회체계는 적응적이거나 목표 지향적이다.
- 사회체계의 한 구성원에게 나타난 변화는 사회체계 전체의 특성에 영향을 미친다.
- 사회체계의 경계를 넘어서는 거래 혹은 움직임은 사회체계의 기능적 역량과 내적 구성에 영향을 미친다.
- 사회체계 내부 혹은 체계의 구조를 불균형하게 이끌어 가는 사회체계 외부의 변화는 체계가 다시 균형을 회복하려는 시도로 귀결될 것이다.

출처: Greene (2011), p. 166.

2) 주요 개념

사회체계이론을 이해하기 위해서는 일반체계이론의 주요한 개념들을 이해할 필요가 있다. 일반체계이론의 다양한 개념들은 체계의 특성에 따라 재분류해 볼 수 있다. 체계의 구조적 특성을 설명하는 개념들은 경계, 개방체계와 폐쇄체계, 상위체계와 하위체계, 공유영역 등이다. 체계의 안정 및 변화 특성을 설명하는 개념에는 균형, 항상성, 안정상태, 호혜성 등이 있고, 체계의 과정적 속성을 설명하는 개념으로는 투입-전환-산출, 동등결과성과 다중종결성 등이 있다. 이러한 개념들과 함께 역할, 관계, 분화, 시너지, 엔트로피, 네거티브 엔트로피와 같은 용어들을 중심으로 살펴보겠다(권중돈, 2014, pp. 334-359; 엄

신자, 2007, pp. 419-436; 이인정, 최해경, 2008; Hutchison, 2016, p. 40; Zastrow & Kirst-Ashman, 2009a, pp. 20-30; Zastrow & Kirst-Ashman, 2012, pp. 24-32).

(1) 체계

체계(system)는 상호 의존적이면서 상호작용하는 부분(체계)들의 전체다. 다시 말해, 체계는 수많은 부분으로 구성되어 있다. 이 부분적 체계는 또다시 수많은 하위부분으로 구성된다. 체계는 그 자체가 부분인 동시에 전체이기도 한 속성을 가지고 있다. 즉, 하나의 체계는 상위체계의 부분인 하위체계인 동시에 그 자체가 하위체계에 대해서는 상위체계가 되는 속성을 가지고 있는데 이를 홀론(holon)이라고 한다. 또한 체계는 다른 체계와 상호작용하면서 기능하고 성장하고 발달하는 특성을 가지고 있다.

체계의 개념을 사회체계에 적용해 보면, 인간체계는 신체적 체계와 심리 · 정서적 체계로 구성되어 있으며 이들은 상호작용을 한다. 따라서 신체적인 건강상태는 심리 · 정서적 건강에 영향을 미치며 심리 · 정서적 건강은 신체적 건강에도 영향을 준다. 가족 구성원인 개인체계는 가족체계의 부분이며 핵가족인 가족체계는 확대가족체계의 부분이라고 볼 수 있다. 가족체계의 한 부분인 가장체계가 실직을 한 경우, 이것은 가장 혼자만의 문제로 끝나지 않고 부부체계와 자녀체계에도 영향을 미친다. 또한 가족 구성원인 개인체계들은 자신이 속한 또 다른 외부체계의 부분이 되기도 한다. 자녀는 학교체계의 부분이며, 아버지는 직장체계의 부분이기도 하다. 자녀체계는 교사체계와 상호작용하면서 학습뿐만 아니라 인성이 성장해 가고 부모체계는 직장체계와 상호작용하면서 가정에 필요한 소득도 얻고 소속감과 정서적 유대감을 갖게 된다.

(2) 경계, 개방체계와 폐쇄체계

체계는 정보, 에너지, 자원 등을 교환하는 경계(boundaries)를 가지고 있으며 이것은 외부환경으로부터 체계를 구분해 주는 일종의 테두리라고 할 수 있다. 인간의 신체적 경계인 피부는 외부로부터 나쁜 세균이 침범하지 못하도록 보호해 주는 역할을 한다. 그러나 사회체계의 경계는 물리적인 구조가 아닌 사회적인 구조이기 때문에 눈에 보이지 않거나 덜 명확하다. 경계는 체계의 정체성을 제공해 주며 외부체계와의 내외적 교환을 통제함으로써 외부의 부정적인 영향을 받지 않도록 보호하는 역할을 한다. 체계는 경계를 넘어 에너지나 정보의 교환을 수용할 수도 있고 수용하지 않을 수도 있다.

개방체계(open system)란 다른 체계들과 지속적인 상호작용을 하는 체계를 말한다(Hutchison, 2016, p. 40). 즉, 체계 내에서 정보와 자원을 자유롭게 교환하며 체계 안과 밖으로 에너지의 통과를 자유롭게 허용한다. 개방체계는 경계가 반투과적이기 때문에 체계 유지에 필요한 에너지, 정보, 자원을 다른 체계들과 교환한다. 이를 가족에 대입해 보면 개방형 가족체계는 가족 외부로부터 다양한 정보를 받아들여서 가족의 기능을 발전시킬 뿐만 아니라 자신들의 지역사회와도 활발하게 교류할 것이다. 반면, 폐쇄체계(closed system)는 그들의 환경 내에서 다른 체계들로부터 소외된 체계다(Hutchison, 2016). 따라서 다른 체계들과 상호작용을 할 수 없기 때문에 외부로부터 유입되거나 외부체계로 나가는 에너지, 정보, 자원이 부족하게 된다. 체계가 성장하고 발달하려면 외부체계와의 상호작용을 통해 에너지, 정보, 자원이 유입되어야 하는데 이것이 어렵기 때문에 모든 요소가 비슷해지고 조직과 기능이 상실되는 엔트로피(entropy) 속성이 나타나게 된다. 이론적으로 폐쇄체계에서는 유입되거나 나가는 에너지, 정보, 자원이 없는 상태가 되기 때문에 실제로 완전히 개방적이거나 완전히 폐쇄적인 체계가 존재하기는 힘들다.

이러한 개념을 사회체계에 적용해 보면, 가족체계 내의 부모체계와 자녀체계 사이의 경계가 개방적인 경우 상호 간에 대한 관심과 정보의 교환이 잘 이루어져서 부모-자녀 간에 돈독한 관계를 유지할 수 있을 것이다. 경계가 폐쇄적인 경우 서로에 대한 지지나 정보교환이 어려워지게 되므로 부모-자녀

간의 관계가 점차 소원해질 수밖에 없다. 한편, 사회복지기관이 폐쇄체계를 가지고 있을 경우 지역사회의 욕구변화를 감지하기가 어렵고 인적 · 물적 자원의 유입이 적어지기 때문에 기관 운영이 점점 더 힘들어지게 되는 원인이 될 것이다.

(3) 상위체계와 하위체계, 위계

앞에서 살펴본 바와 같이 체계는 부분인 동시에 전체인 속성을 갖고 있다. 즉, 하나의 체계(상위체계)는 부분들로 구성되는데(하위체계) 그 부분들에 대해서는 전체(상위체계)가 된다. 그러나 동시에 보다 큰 체계(상위체계)에 대해서는 일부분에 해당되므로 하위체계라고 할 수 있다. 즉, 하나의 체계는 전체인 동시에 부분이다(이인정, 최해경, 2008, p. 375). 이와 같이 한 체계의 큰 체계 내지는 외부체계를 상위체계(supersystem), 부분을 하위체계(subsystem)라고 한다. 하위체계란 큰 체계의 이차적이거나 종속적인 체계를 의미한다(Zastrow & Kirst-Ashman, 2012, p. 24). 가족의 경우를 예로 들어 보면, 가족체계의 구성원은 하위체계라고 할 수 있는데 배우자 체계, 부모체계, 자녀체계는 가족체계의 하위체계가 된다. 한편으로 사회복지기관의 경우를 예로 들어 보면, 지역사회복지체계는 사회복지기관의 상위체계가 되고 사회복지기관이 하위체계가 된다. 체계들은 여러 부분으로 연결되어 있는데 상위체계에 의존하면서 하위체계에 방향을 제시해 주는 체계 간의 서열을 위계(hierarchy)라고 한다.

(4) 공유영역

공유영역(interface)은 두 개 이상의 체계들(개인들, 가족들, 집단들, 조직들, 지역사회들)이 접촉하거나 의사소통하는 지점을 의미한다(Zastrow & Kirst-Ashman, 2012, p. 26). 이것은 체계 간의 교류가 일어나는 곳으로 서로 다른 두 체계가 공통의 이익이나 관심을 추구하기 위해 필요하다. 공유영역은 개인들뿐만 아니라 모든 체계 간의 상호작용에서도 나타날 수 있다. 클라이언트와 사회복지사 내지는 사회복지기관 간에도 공유영역이 존재하는데, 클라이언트와 사회복지기관이 서비스 이용을 개시하기 전에 서로의 권리와 의무를 명시한 서비스 계약이 예가 될 수 있다.

(5) 균형, 항상성과 안정상태, 호혜성

균형(equilibrium)은 외부체계로부터의 투입이 없어 체계의 구조 변화가 거의 없이 고정된 평형상태를 의미한다. 따라서 폐쇄체계에서 주로 나타나는데 외부 기관들과의 정보나 자원교환이 이루어지지 않는다. 예를 들어, 관료적인 사회복지기관이 외부 조직과 교류하지 않으면서 현상유지 상태로 기관을 운영하는 경우 등이 있다.

항상성(homeostasis)이란 체계가 환경과 지속적으로 상호작용을 하면서 지속적이고 안정적인 상태를 유지하려고 하는 체계의 경향을 의미한다. 체계의 균형을 깨는 위협을 받았을 때 체계는 스스로를 조절하여 안정성을 회복하려고 하는데, 이러한 경향성을 항상성이라고 한다. 균형은 체계 간의 교류가 없이 고정된 상태를 의미하는 반면, 항상성은 체계 간의 교류가 있지만 체계의 구조는 달라지지 않는다는 점에서 차이가 있다. 가족체계의 균형을 깨는 상황이 발생하더라도 항상성을 가지고 있는 가족은 지속적으로 기능하여 체계를 유지한다. 체계들은 자연적으로 성장과 발전을 추구하면서도 안정성을 유지하고자 하기 때문에 갑작스러운 변화를 거부하고 안정된 상태를 유지하려는 경향을 나타낸다. 체계가 이러한 특성을 가지고 있기 때문에 사회복지사가 가족체계에 관여하려고 할 때 가족의 하위체계들이 변화를 꺼리고 저항할 수 있다는 점을 인식할 필요가 있다.

안정상태(steady state)란 전체 체계가 균형을 이루고 있고 부분들 간의 관계를 유지하고 쇠퇴하지 않기 위해 환경과의 융통성 있는 에너지 교환관계를 유지하면서 사용하고 있는 상태를 의미한다. 안정상태는 환경과의 교환뿐

아니라 변화하는 여건에 적응하기 위해 구조를 변경시킬 수 있는 개방체계에 의존한다. 건강한 개방체계는 현상 유지만 지향하거나 욕구 완화에만 집착하지 않고 긴장이나 갈등을 성장의 전제 조건인 건전한 자극으로 간주한다. 예를 들어, 안정 상태의 은퇴 중년은 은퇴라는 변화를 이겨 내기가 쉽다. 직업적 역할에 집착하는 대신 새로운 취미를 갖고 새 친구를 사귀기 때문이다.

호혜성(reciprocity)이란 한 체계에서 일부분이 변화하면 그 변화가 다른 부분들과 상호작용하여 나머지 부분들도 변화하게 된다는 개념이다. 호혜성의 원리는 관련된 부분 요소들 간의 쌍방 교류과정에서 원인과 결과를 해석하려는 순환적 인과성을 의미한다. 사회복지기관에서 새로운 관장의 부임으로 조직이 변화되는 것, 조직의 변화가 직원들의 역할에 변화를 가져오는 것, 클라이언트의 인지가 변화함에 따라 정서나 행동상의 변화가 일어나는 것 등이 예가 될 수 있다(강상경, 2014, p. 232).

(6) 투입, 전환, 산출, 환류

체계가 다른 체계로부터 정보나 에너지를 받아들여 필요한 자원을 만들어 내는 과정을 투입–전환–산출이라고 한다(권중돈, 2014, p. 358).

투입(input)이란 체계 유지에 필요한 에너지, 정보, 의사소통 등이 체계에 유입되는 것을 의미한다. 체계의 생존과 성장은 투입이 있어야만이 가능하다. 즉, 가족이 생활하기 위해서는 소득이 있어야 하는데 소득이 가족체계로 유입되는 것, 엄마가 자녀가 다니고 있는 외부체계인 학교의 담임교사로부터 자녀의 수학성적이 좋지 않다는 말을 듣는 것, 사회복지관이 정부 보조금을 지원받는 것 등이 투입의 예가 될 수 있다.

전환(conversion operation)이란 내부로 투입된 에너지 등을 처리하고 기능 유지를 위해 체계가 사용할 수 있는 형태로 변형하는 활동을 의미한다. 가족체계 내로 투입된 가장의 월급은 주식비나 주거비, 학원비 등으로 사용되어 가족의 건강을 지켜 주고 자녀들의 수학 학습능력이 신장될 수 있도록 하는

데 이를 전환이라고 할 수 있다.

산출(output)은 투입된 에너지, 정보, 의사소통 등이 체계 내의 전환과정을 거쳐 처리된 결과로서 외부 환경체계로 내보내지는 것을 의미한다. 아버지의 월급으로 건강을 유지하고 학습능력을 키운 가족 구성원들은 외부체계인 직장에 가서 맡은 바 업무를 수행하고 중간고사를 잘 치를 수 있게 된다.

환류(feedback)는 투입의 특수한 형태로 체계가 자신이 수행한 것에 대한 정보를 다시 받는 것이다. 즉, 체계의 에너지 전환과정을 거쳐 외부체계로 산출된 것에 대한 긍정적 · 부정적 반응 내지는 정보가 다시 체계 내부로 투입되는 것(환류)이다. 수학성적이 좋지 않았던 자녀가 90점을 받은 것은 엄마의 지도로 자녀가 수학공부를 성실하게 했다는 정보를 가족체계로 보내 주는 것이다. 사회복지공동모금회의 지원기관으로 선정되었다는 것은 지원받을 정도의 프로포절을 기관이 작성했다는 환류를 받은 것이다(Zastrow & Kirst-Ashman, 2012, pp. 24-26).

(7) 동등결과성과 다중종결성

동등결과성(동등종결성, equifinality)은 다양한 방법으로 같은 결과를 얻을 수 있다는 것을 의미한다. 따라서 한 가지 방식으로만 사고하지 않는 것이 중요하다. 어떤 상황에서, 다양한 대안이 있을 수 있다. 일부는 다른 것보다 좋을 수 있지만 그럼에도 불구하고 다른 대안도 있다. 예를 들어, 사회복지사는 다양한 출처에서 가족에게 필요한 자원을 얻을 수 있다. 재정보조, 주거 수당, 푸드 스탬프, 보조금 또는 개인후원 등이 있을 수 있으며 그중 가능한 대안을 선택하도록 한다(Zastrow & Kirst-Ashman, 2012, p. 26).

한편, 다중종결성(multifinality)은 처음의 조건과 수단이 비슷하다고 할지라도 다른 결과가 나타난다는 것이다. 즉, 동일한 치료 접근방법을 사용해도 그 치료결과의 질은 체계에 따라 달라질 수 있다는 것이다(권중돈, 2014). 다시 말하면, 같은 프로그램실에서 동일한 프로그램을 하더라도 부모나 교사와의 상호작용에 따라 프로그램의 효과는 다르게 나타날 수 있다는 것이다. 이 두 개념은 변화과정의 복잡성과 예측 불가능성을 말해 준다.

(8) 역할

역할(role)은 체계 속의 개인에게 기대되는 문화적으로 결정된 사회적 행동이다. 체계 속의 개인은 체계에서 특정한 역할을 맡게 된다. 체계가 유지되고 기능을 다하기 위해서는 하위체계들이 제 역할을 감당해야 한다. 예를 들어, 한 여자 사회복지사의 경우, 사회복지기관체계에서는 팀장의 역할을 맡고 있지만 자신의 직계 가족체계 내에서는 엄마의 역할을, 확대가족체계 내에서는 며느리의 역할을, 교회체계 내에서는 교사의 역할을 맡을 수 있다(Zastrow & Kirst-Ashman, 2012, p. 24).

(9) 관계

관계(relationship)란 둘 또는 그 이상의 사람이나 체계 간의 상호 정서적 교류, 역동적 상호작용, 감정 · 인지 · 행동의 관련성을 의미한다(Barker, 2003, p. 407). 사회복지사는 클라이언트와 전문적인 관계를 가질 수 있고 클라이언트는 사회복지기관과, 기관은 다른 기관과 관계를 가질 수 있다(Zastrow & Kirst-Ashman, 2012, p. 26).

(10) 분화

분화(differentiation)란 단순한 형태에서 보다 복잡한 형태로 변화하려는 체계의 경향을 의미한다. 관계, 상황, 상호작용 등은 시간이 갈수록 점점 복잡해지는 경향이 있다. 부부가 결혼하여 시간이 지날수록 자녀도 생기고 자녀가 성장하여 독립된 가족을 이루면 가족 간의 관계와 상호작용이 더 다양해지고 복잡하게 된다(Zastrow & Kirst-Ashman, 2012, p. 26).

(11) 시너지, 엔트로피, 네거티브 엔트로피

시너지(synergy)란 체계 내·외부와의 상호작용이 증가하면서 체계를 유지하고 발전할 수 있는 유용한 에너지의 양이 증가하는 현상을 말하며 체계가 다양한 힘을 연합할 때 일어날 수 있고 개방체계에서 가능하다.

이와는 반대로 체계 외부로 나가야 할 에너지들이 빠져나가지 못하고 체계 내부에 쌓이는 상태를 엔트로피(entropy)라고 한다. 엔트로피란 체계가 해체, 소모, 죽음의 방향으로 진행해 나가는 경향을 의미한다. 영원한 체계란 존재하지 않는다. 따라서 인간체계도 늙으면 죽게 되고 가족체계도 하위체계인 구성원들이 바뀌고 새로운 가족을 이루어 떠나게 된다.

네거티브 엔트로피(negative entropy) 혹은 넥엔트로피란 엔트로피의 반대말로 성장과 발달의 방향으로 진행해 가는 과정을 의미한다. 인간체계는 성장하면서 신체적·지적·정서적으로 발달해 간다(Zastrow & Kirst-Ashman, 2012, pp. 26-32).

3. 생태학이론

1) 기본 가정

사회복지 실천은 클라이언트와 다양한 환경체계들 간의 상호작용에 초점을 둔다. 이를 잘 설명할 수 있는 또 다른 이론이 생태학이론이다. 이 이론은 인간과 환경은 분리될 수 없으며 지속적인 상호작용과 상호 교류를 통하여 서로에게 영향을 미치고 서로를 형성하고 상호 적응하는 호혜적 관계(reciprocal relationship)를 유지하고 있다고 본다. 생태학이론에서는 인간에 대한 결정론적 시각을 배격하고 환경적 요구에 적응하고 때로는 환경을 자신의 요구에 맞게 수정 또는 변화시킴으로써 발달해 가는 존재로 인식한다(권

중돈, 2014, p. 334).

생태학이론은 개인과 직간접적으로 연결된 환경이 인간에게 미치는 영향을 중시한다. 인간 발달은 환경이 개인의 행동에 영향을 주고 개인의 행동 또한 환경에 영향을 주는 개인-환경 간의 상호 교류가 지속되는 것에 주목한다. 또한 개인과 환경 간의 상호 교류가 개인과 환경에 변화를 일으킨다고 가정한다. 이를 사회복지적인 관점에 대입해 보면 개인이 자신이 생활하고 있는 가족이나 집단, 조직, 지역사회에 적응할 뿐만 아니라 이러한 사회환경들이 자신이 살아갈 조건이 될 수 있도록 영향을 미치고 변화시킨다고 이해한다. 생태학이론의 기본 가정은 다음과 같다(Greene, 2011, p. 208).

생태학이론의 기본 가정

- 환경과 상호작용하고 다른 사람들과 관계를 맺는 인간의 능력은 타고난 것이다.
- 유전적이고 생물학적인 요인들은 환경과 거래의 결과로서 다양한 방식으로 표현된다.
- 개인-환경은 인간과 환경이 상호 영향을 미치는 단위로서의 체계다(호혜적 관계).
- 적합성(goodness of fit)은 적응적인 개인과 그의 양육환경 간의 거래를 통해서 성취되는 호혜적인 개인-환경 간의 과정이다.
- 사람은 목적 지향적이다. 인간은 능력을 추구한다. 사람이 환경에 대해 갖는 주관적인 의미가 발달의 열쇠다.
- 사람은 그들의 자연스런 환경과 장(상황) 속에서 이해되어야 한다.
- 성격은 인간과 환경 간의 오랜 관계의 역사적 산물이다.
- 긍정적 변화는 삶의 경험으로부터 야기될 수 있다.
- 생활상의 문제는 전체적인 생활공간 내에서 이해되어야 한다.

• 클라이언트를 돕기 위해 사회복지사는 클라이언트의 생활공간 어디에든 개입할 준비가 되어 있어야 한다.

출처: Greene (2011), p. 208.

생태적 모델은 체계이론에서 파생된 것으로 체계이론을 새롭게 해석한 것으로 볼 수 있다. 사회복지 실천의 관점에서 볼 때 생태적 접근은 사회복지 관점 내에서 보다 구체적인 세계관을 제공한다. 생태적 관점은 개인과 그들의 환경 내의 개인과 개별 가족체계를 보다 강조하는 경향이 있다(Zastrow & Kirst-Ashman, 2012, p. 30).

2) 주요 개념

생태학이론은 생태학을 비롯하여 진화생물학, 비교행동학, 인류학, 자아심리학, 스트레스이론, 사회체계이론의 영향을 받았으며(이인정, 최해경, 2008; Greene, 2011, pp. 202-204), 특히 체계이론에서 파생된 이론 내지는 체계이론을 새롭게 해석한 것으로 간주하기 때문에 체계이론의 용어들을 사용하고 있다(Zastrow & Kirst-Ashman, 2009a, p. 24). 생태학이론에서 쓰이는 주요 개념들은 다음과 같다(이인정, 최해경, 2008, pp. 385-387; Zastrow & Kirst-Ashman, 2009a, pp. 28-30). 이 관점은 인간행동을 개념화하기 위해 사용한다. 인간이 왜 특정방식으로 행동하는가를 보다 명확하게 이해할 수 있도록 상황을 분석하는 틀을 제공할 수 있다. 앞서 언급한 것처럼 생태학이론은 체계이론의 일부이기 때문에 체계이론의 용어 일부를 사용한다(Zastrow & Kirst-Ashman, 2012, p. 30).

(1) 사회환경

사회환경(social environment)은 인간을 둘러싼 조건, 상황, 인간 상호작용 등을 포함한다. 개인은 생존과 성장을 위해 환경과 효과적으로 상호작용을 해야 한다. 사회환경은 사회와 문화를 제공하는 물리적인 환경, 즉 주거의 형태, 직업의 종류, 법이나 사회 규범을 포함할 뿐만 아니라 개인이 접촉하는 가족, 친구, 집단, 직장, 정부와 같은 체계들을 포함한다. 또한 보건이나 주거, 복지, 교육체계와 같은 사회제도도 사회환경의 또 다른 측면이다.

(2) 상호교류

인간은 그들의 환경 내에 있는 다른 사람들과 소통하고 서로 작용한다. 이러한 상호작용(interactions)이나 상호작용의 유형을 상호교류(transactions)라고 한다. 상호교류는 인간과 환경이 서로에게 영향을 미치는 상호관계를 의미한다. 활동적이며 역동적으로 무엇인가를 소통하고 교환하는 것으로, 긍정적일 수도 있고 부정적일 수도 있다. 자신이 사랑하는 사람도 자신을 사랑하는 것을 알게 되는 것, 2주간 일한 보수를 받게 되는 것 등이 상호교류에 해당된다. 반면, 부정적 상호교류는 오랫동안 일하던 직장에서 해고되는 것과 애완견이 밤새 짖었다고 예민한 이웃이 경찰에 신고하는 것이 예가 될 수 있다.

(3) 에너지

에너지(energy)란 사람과 환경에 적극적으로 개입하는 자연발생적인 힘을 의미한다. 에너지는 투입이나 산출의 형태를 취한다. 투입이란 인간의 삶 속으로 들어온 에너지다. 예를 들어, 건강이 좋지 않은 노인이 일상생활을 계속 수행하기 위해서는 지속적인 신체적 지원과 정서적 지지가 필요하다. 교사가 학생들에게 기말보고서의 점수를 알려 주는 것도 투입의 예가 될 수 있다.

반대로 산출이란 인간의 삶에서 빠져나가는 것이다. 예를 들어, 부모는 자신의 아이를 돌보는 데 상당한 양의 에너지를 소비한다. 또 자원봉사자가 자신이 지지하는 정치인의 선거유세에 참여하여 많은 시간과 노력을 사용하는 것이 예가 될 수 있다.

(4) 공유영역

공유영역(interface)의 개념은 체계이론에서와 유사하다. 체계이론에서의 공유영역은 두 체계가 서로 접촉하거나 의사소통하는 지점을 의미한다면 생태학이론에서의 공유영역은 개인과 환경 간의 상호작용이 이루어지는 정확한 지점을 말한다(Zastrow & Kirst-Ashman, 2012, p. 32). 변화를 위한 적절한 상호작용을 촉진하기 위해서는 사정 단계에서 공유영역을 명확하게 해야 한다. 가령 배우자와 문제를 겪고 있는 부부가 있다고 하자. 처음에는 자신들의 문제가 자녀양육에 있다고 했지만 진행과정에서 실제 문제는 상대방에게 감정을 전달하는 능력 부족에 있다는 것을 알게 되었다. 의사소통 능력의 부족이라는 실제 문제가 서로에게 영향을 미치는 공유영역이 되는 것이다. 공유영역을 잘못 규정하면 실제 문제를 다루기 전에 많은 시간과 에너지를 낭비할 수 있다. 생태학이론에서는 공유영역의 개념을 거시체계(macro system, 사회, 조직이나 다른 더 큰 체계)에 적용하기 어렵기 때문에 개인(micro system)과 가족(mezzo system)과 같은 작은 집단의 공유영역을 강조한다는 점에서 체계이론과 차이가 있다(Zastrow & Kirst-Ashman, 2009a, p. 29).

(5) 적합성, 적응, 유능성, 대처

적합성(goodness of fit)은 개인의 욕구와 환경의 속성 간의 조화를 이루는 정도를 의미한다. 적합성은 인간과 환경 사이의 상호교류를 통해 성취되기 때문에 고정되어 있지 않고 상호교류의 변화에 따라 그 정도가 변화된다. 부적응적인 교류가 반복되면 적합성의 정도가 낮아진다. 클라이언트의 욕구와 이를 충족시키는 데 필요한 자원이 부족한 경우 적합성은 낮아질 수밖에 없게 되는데 이때 사회복지사는 적합성을 높이는 것에 개입의 초점을 둔다.

적응(adaptation)은 인간이 주변 환경에 맞추어 조절(adjustment)하는 능력을 의미한다. 인간이 효과적으로 기능하기 위해서는 새로운 조건이나 환경에 따라 변화되고 적응해야 한다. 사회복지사들은 새로운 배우자, 새로운 직업, 새 이웃에 적응하는 과정에 있는 사람들을 돕는다. 적응은 일반적으로 노력이라는 형태의 에너지를 필요로 하는데, 사회복지사는 사람들이 가장 생산적으로 되도록 에너지 사용을 돕는다. 적응과정에서 인간도 환경의 영향을 받지만 환경도 인간의 영향을 받는다. 인간은 성공적으로 적응하기 위해서 자신의 환경을 바꾸기도 한다. 예를 들어, 추운 겨울을 나기 힘들다고 생각한 사람은 살아남기 위해 난방이 되는 건물을 지어 자신의 환경을 바꾼다. 따라서 적응은 인간과 환경 모두를 포함하는 쌍방의 과정이다.

유능성(competence)은 개인이 환경과 효과적으로 상호작용할 수 있는 능력으로, 환경과의 성공적인 상호작용 경험을 통해 확대된다.

스트레스는 발달적 변화나 생활문제와 관련된 욕구가 자신이 활용할 수 있는 인적 자원 혹은 환경자원을 초과하는 상황에서 발생한다. 즉, 개인과 환경 간의 상호교류에서 불균형이 야기되는 생리 · 심리 · 사회적 현상을 의미한다(Germain & Gitterman, 1986: 이인정, 최해경, 2008에서 재인용). 생리적 수준에서의 신체적 스트레스 유발인자에는 내분비 및 신체적 변화 등이 포함되며 심리적 수준에서는 개인의 사건에 대한 지각, 의미, 평가가 포함되고 사회적 수준에서는 상황적 요구나 긴장이 포함된다(권중돈, 2014, p. 342). 그러나 생활에서 문제에 직면했다고 해서 모두가 스트레스를 경험하는 것은 아니다. 유능성이 있는 사람은 스트레스로 받아들이지 않고 성장을 위한 기회나 도전으로 받아들이고 극복할 수 있지만 개인과 환경 사이의 불균형이 야기될 때는 스트레스를 경험하게 된다.

대처(coping)란 문제를 극복하기 위해 노력하는 적응의 한 형태다. 적응이 긍정적이거나 부정적인 새로운 조건에 대한 반응을 의미한다면(Zastrow & Kirst-Ashman, 2012, p. 32), 대처는 사람들이 생활에서 직면하는 문제를 다루는 방식을 의미한다. 사람들은 그들이 접촉하는 가족, 집단, 조직, 제도, 지역사회와 같은 체계로부터 계속 영향을 받는다. 이러한 접촉의 결과로서, 그들이 대처해야 하는 문제가 발생할 수 있다. 사람은 부모의 갑작스런 죽음, 가장의 실직, 지역사회를 위협하는 갱단, 갑자기 삭감된 공적 급여에 대처해야 한다. 사회복지사는 클라이언트가 대처기술을 개발할 수 있도록 도와야 하는데, 특히 문제에 대처하기 위한 대안들을 클라이언트가 평가하고 적합한 것을 선택할 수 있도록 도와야 한다.

(6) 상호의존

상호의존(interdependence)은 개개인이 다른 모든 사람(체계)과 의존하는 것을 의미한다. 사람들은 투입, 에너지, 서비스를 위해서 서로에게 의존한다(Zastrow & Kirst-Ashman, 2012, p. 32). 사람은 다른 사람들이 없이는 존재할 수 없다. 사업가는 농산품을 생산하는 농부가 필요하고 농산품을 구매해 줄 소비자가 필요하다. 농부는 씨와 농기구, 필수품을 구입할 돈을 제공할 사업가가 필요하고 또한 사업가에게 농부는 고객이 된다.

4. 사회복지 실천의 함의

지금까지 인간과 환경을 총체적인 존재로 인식하는 생태체계이론의 이론적 기초가 된 사회체계이론과 생태학이론의 주요 개념들을 살펴보았다. 이를 기초로 여기서는 생태체계이론이 사회복지 실천과 어떠한 연관성을 가지고 있는가를 살펴보고자 한다.

앞에서 살펴본 것 같이 사회체계이론은 인간과 그를 둘러싸고 있는 모든 환경을 체계로 간주하며 체계들끼리는 상호작용을 한다고 본다. 따라서 사회체계이론은 사회복지사가 개인과 다양한 사회체계들 간의 관계와 연결을

구체화할 수 있는 시각을 갖도록 도와준다. 사회복지학에 체계이론이 소개된 1960년대 이후 사회복지사들은 인간의 행동을 사정하는 데 사회체계이론을 활용해 왔으며 클라이언트와 관련된 가족, 집단, 조직, 지역사회와 일하는 데 있어서 체계 관점을 갖도록 훈련을 받아 왔기 때문에 클라이언트가 가지고 있는 문제를 총체적으로 보려고 한다. 즉, 클라이언트의 행동과 기능 수행에 영향을 미치는 생물학적 · 사회적 체계들의 역동적인 상호작용에 초점을 맞추기 때문에 접근방법에 있어서도 개입의 단위는 개인만이 아니라 개인이 관계를 맺고 있는 다양한 체계들을 모두 포함하는 것으로 이해한다. 또한 체계이론이 결정론적인 시각이나 간단한 인과관계적인 설명을 지양하기 때문에 사회복지사들은 클라이언트들이 직면하는 문제에 영향을 미치는 한 가지 요인만을 고려하지 않고 다양한 요인을 동시에 고려한다. 예를 들어, 학대를 받는 아동을 돕는 데 있어서 학대가 다양한 요인(부모의 충동조절 능력, 자녀와 부모관계, 부부관계, 스트레스 정도, 아동의 특성, 경제적 문제 등등)에 의해 일어날 수 있다는 시각을 갖도록 도와준다. 사회체계이론은 특히 실천과정의 초기 단계인 사정에 유용하게 활용되고 있다.

한편, 생태학이론은 인간과 환경을 하나의 단일체계로 간주한다. 또한 인간과 인간의 신체, 사회환경 간의 공유영역에서의 적합성 또는 상호교류에 영향을 미치는 힘에 대한 포괄적인 지식을 제공해 준다. 따라서 개입방법에 있어서도 개인체계를 돕기 위한 직접적인 실천뿐만 아니라 인간과 환경 간의 공유영역이나 상호교류에 개입하는 간접 실천방법을 필요로 한다. 또한 실천모델을 사용함에 있어서도 한 모델에 국한하지 않고 다양한 모델을 절충적으로 사용하도록 하는 준거틀을 제공한다. 또한 역기능적 교류를 개념화하고 강조함으로써 사회복지사가 개입해야 할 지점과 내용에 대한 정보를 제공해 준다. 또한 생태학이론은 개인, 가족과 소집단이 생의 한 주기에서 다른 주기로 옮겨 가면서 과도기적인 문제들과 욕구를 갖게 된다고 보고, 이 문제와 욕구를 규명하는 것에 관심을 둔다. 또한 상호작용 과정 속에서 문제나 욕구에 부적응하는 데도 초점을 둔다. 이 문제와 욕구를 규명하면 개입 방안을 선정하고 그들의 문제를 해결하고 도울 수 있게 된다(Zastrow & Kirst-Ashman, 2009a, pp. 48-50).

사회체계이론과 생태학이론 모두 체계 간의 상호작용을 강조한다는 점에서는 공통점이 있다. 반면, 사회체계이론에서는 체계들이 왜 상호작용하는지에 대해 설명하는 데 한계가 있었다면, 생태학이론에서는 체계 간의 균형과 항상성이 유지되지 못할 때 균형과 항상성을 회복하기 위하여 하위체계가 상위체계에 적응하거나 상위체계가 하위체계에 영향을 주기 때문에 상호작용이 일어난다고 가정한다. 즉, 생태학이론은 체계 간의 불균형이 생겼을 때 항상성을 회복하기 위해서 상위체계와 하위체계 간에 상호보완적 작동구조가 유발되고 유기체는 환경과 분리될 수 없으므로 통합적 체계로 이해해야 한다고 본다. 사회현상을 체계 간의 상호작용의 복합체로 이해하는 사회체계이론의 바탕 위에 체계 간의 상호보완성과 항상성의 유지를 위해서는 상호작용이 생긴다는 설명을 하는 생태학이론이 도입되게 되고, 그 결과 생태체계이론이 형성되었다고 볼 수 있다. 그러므로 생태체계이론은 개인, 사회체계, 자연체계를 분리해서 이해할 수 없고 상호보완하며 항상성이 유지되어야 하는 통합적 체계로 이해한다(강상경, 2014, pp. 224-225).

이처럼 사회체계이론과 생태학이론의 원리를 사용한 생태체계이론은 구체적인 개입 방법이나 기술을 제시해 주기보다는 문제현상을 전체적으로 조망할 수 있도록 해 준다는 점에서 사회복지 실천을 위한 관점이며 이론적 준거틀이라고 할 수 있다. 생태체계이론에 따르면 역기능적인 체계들은 유능성과 적응능력이 저하되어 항상성이나 안정상태를 유지하기 어려운 것으로 본다. 이런 상황에서는 체계의 발전과 체계 내의 구성원들의 안녕상태가 위협받을 수 있기 때문에 사회복지사의 개입이 필요한 시기라고 볼 수 있다. 이때 사회복지 실천의 목표는 하위체계의 대처능력을 향상시키거나 상위체계의 자원을 확장시켜 두 체계 간의 공유영역의 적합성을 높여 줌으로써 체계

간의 항상성을 증진시키고 안정상태를 유지하는 것이다.

생태체계이론은 사회복지 실천현장에서 유용하게 활용되고 있는데, 이를 간략하게 살펴보면 다음과 같다(강상경, 2014, pp. 232-235; 장인협, 1989, pp. 93-95).

첫째, 대상집단에 관계없이 개인, 집단, 지역사회 등의 사회체계에 적용할 수 있다. 또한 문제를 전체 체계의 총체성으로 이해하여 개입할 때도 어느 한 부분만이 아닌 전체 관련 체계에 개입하여 체계적인 변화를 일으킨다.

둘째, 클라이언트와 관련된 정보 및 자료를 정리할 수 있는 구조를 제공해 주기 때문에 사정의 도구로 유용성을 갖는다. 문제를 사정할 때 문제와 관련된 거의 모든 체계와 접촉하여 정보를 얻어 내므로 개인의 정보에만 의존했던 과거의 방법보다 풍부하고 객관적인 정보의 획득이 용이하기 때문에 보다 정확하고 깊이 있는 사정이 가능하다. 또한 특정 체계의 속성과 체계 간의 상호교류를 평가함에 있어서 각 체계들 간의 상호성과 갈등의 정도와 상태를 규명할 수 있는 개념 기준을 제공하고 있다.

셋째, 생태체계이론에서는 체계 적응유연성이 떨어져서 항상성이나 안정상태를 유지하는 것이 위협을 받게 되었을 때를 개입이 필요한 시기로 간주한다. 개입은 내적 자원의 강화나 외적 자원의 조달을 통해 체계의 항상성과 안정상태를 회복하는 데 초점을 둔다. 이를 위해서는 하위체계 차원에서는 체계의 문제 해결 능력 및 대처 능력을 향상시킬 수 있는 서비스를 제공하고 이후에는 환경적 자원을 동원할 수 있다.

생각해 볼 문제

1. 사회체계이론의 주요 개념과 특징에 대해 설명해 보시오.
2. 사회체계이론과 생태학이론의 공통점과 차이점을 설명해 보시오.
3. 생태학이론의 인간관과 기본 가정, 강점과 한계를 설명해 보시오.
4. 투입, 전환, 산출, 환류의 개념을 예를 들어 설명해 보시오.
5. 개방체계의 개념을 가족에 대입하여 설명해 보시오.
6. 경계와 공유영역의 개념을 예를 들어 설명해 보시오.
7. 항상성의 개념에 대해 예를 들어 설명해 보시오.
8. 적합성에 대해 예를 들어 설명해 보시오.
9. 생태체계이론은 직접적 사회복지 실천과 간접적 사회복지 실천의 통합을 가능하게 했다는 평가를 받고 있는데 그 근거가 무엇인지 설명해 보시오.
10. 생태체계이론은 사회복지 실천과정에서도 특히 사정 단계에 유용하다는 평가를 받고 있다. 그 이유에 대해 설명해 보시오.
11. 사회복지사가 환경 속의 인간의 관점을 이론적으로 잘 뒷받침해 주고 있는 생태체계이론에 대한 이해를 가지고 있어야 하는 이유에 대해 설명해 보시오.
12. 생태학적 이론에 관한 설명으로 옳지 않은 것은?
    ① 인간과 환경의 지속적인 상호작용을 강조한다.
    ② 인간의 병리적인 관점을 강조한다.
    ③ 적합성이란 인간의 욕구와 환경자원이 부합되는 정도를 말한다.
    ④ 인간은 자신의 요구에 맞게 환경을 만들어 내기도 한다.
    ⑤ 인간의 생활상의 문제는 전체 생활공간 내에서 이해한다.
13. 사회체계이론의 주요 개념에 관한 설명으로 옳은 것은?
    ① 시너지(synergy)는 폐쇄체계의 특징과 관련이 있다.
    ② 안정상태(steady state)는 환경과의 상호작용에서 부분들 간의 관계를 유지하기 위하여 에너지를 계속적으로 사용하는 상태를 의미한다.
    ③ 항상성(homeostasis)은 시스템에서 위기가 왔을 때 불균형을 유지하려는 경향을 말한다.

④ 균형(equilibrium)은 주로 개방체계에서 나타나며 외부로부터 새로운 에너지를 투입하여 변화시키려 노력하는 속성이다.

⑤ 피드백(feedback)은 체계 구성 간의 상호작용이 증가함에 따라 유용한 에너지가 감소하는 상태를 의미한다.

참고문헌

강상경(2014). **인간행동과 사회환경**. 경기: 나남.

고영복(2000). **사회학 사전**. 서울: 사회문화연구소 출판부.

권중돈(2014). **인간행동과 사회환경**. 서울: 학지사.

엄명용, 김성천, 오혜경, 윤혜미(2005). **사회복지실천의 이해**. 서울: 학지사.

엄신자(2007). **인간행동과 사회환경**. 서울: 인간과 복지.

이인정, 최해경(2008). **인간행동과 사회환경**. 경기: 나남.

장인협(1989). **사회사업실천방법론**. 서울: 서울대학교 출판부.

한국사회복지교육협의회(2020). **사회복지교과목지침서**.

Barker, R. L. (2003). *The social work dictionary*. National Association of Social Workers.

Greene, R. R. (2011). *Human behavior theory and social work practice*. NJ: New Brunswick.

Hutchison, E. D. (2016). *Dimensions of Human Behavior: Person and Environment*, Fifth Edition. SAGE.

Martin, P. Y., & O'Conner, G. G. (1989). *The Social Environment: Open Systems Applications*. New York: Longman.

Zastrow, C., & Kirst-Ashman, K. (2009a). *Understanding human behavior and the social environment* (8th ed.). Belmont, CA: Cengage Learning.

Zastrow, C., & Kirst-Ashman, K. (2009b). *Introduction to social work and social welfare: Empowering people* (10th ed.). Belmont, CA: Cengage Learning.

Zastrow, C., & Kirst-Ashman, K. (2012). *Understanding human behavior and the social environment* (8th ed.). Belmont, CA: Cengage Learning.

제 7 장

사회환경의 수준: 미시 · 중간 · 거시체계

학습목표

- 사회환경에 대해 이해한다.
- 사회체계로서 가족, 집단, 조직, 지역사회, 문화의 특성을 이해한다.
- 가족, 집단, 조직, 지역사회, 문화가 인간행동에 미치는 영향을 이해한다.
- 가족, 집단, 조직, 지역사회, 문화와 사회복지 실천과의 연관성에 대해 이해한다.

1. 사회환경의 개념 및 구성

1) 사회환경의 개념

사회복지사가 실천현장에서 만나게 되는 클라이언트들은 다양한 사회환경과의 상호작용을 통해서 성장해 간다. 따라서 사회복지사가 클라이언트에 대해 좀 더 이해하기 위해서는 그들을 둘러싸고 있는 다양한 사회환경에 대해 이해할 필요가 있다. 이러한 사회환경의 맥락은 매우 복잡하지만 일반적으로 가족, 집단, 조직, 제도, 지역사회 등으로 구분한다. 인간을 둘러싸고 있는 사회환경은 발달단계에 따라 범주가 점차 확장되는 특징을 가지고 있다. 가령 영아에게 있어 환경은 부모를 포함한 가족환경이 거의 전부이지만, 유아나 아동의 경우는 가족뿐만 아니라 또래나 유치원 혹은 학교로 사회환경의 범위가 확장된다. 이후 청소년기와 성인기로 갈수록 조직이나 지역사회 환경으로까지 범주가 확대된다.

발달생태학자인 브론펜브레너(Bronfenbrenner, 1979)는 이와 같이 인간을 둘러싸고 있는 사회환경을 인간에게 가까운 것부터 먼 것까지 네 개의 층으로 구분하고, 직계가족과의 관계에서부터 보다 넓은 사회환경에 이르기까지 다양한 환경이 인간의 발달에 어떠한 방식으로 영향을 미치는지를 연구하였다. 이때 활용한 네 개의 개념이 미시체계(mirco system), 중간체계(mesosystem), 외적 체계(exosystem), 거시체계(macrosystem)다. 그는 이 네 개의 층 중 인간에게 가장 가까운 층으로, 인간 발달에 가장 직접적인 영향을 미치는 미시체계라고 하고 개인의 가장 근접한 환경으로서 가족, 학교, 이웃 등의 환경과 그 환경 내에서 갖게 되는 지위, 역할, 활동, 대인관계 등을 포함하였다. 중간체계는 상호작용하는 두 가지 이상의 미시체계 간의 관계를, 외적 체계는 개인이 직접 참여하거나 관여하지는 않지만 개인에게 영향을 미치는 환경체계로 부모 직장, 정부, 사회복지 기관, 대중매체 등을 포함하였다. 거시체계는 미시체계, 중간체계, 외적 체계에 포함된 모든 요소에다 정치, 경제, 종교, 교육, 윤리와 가치, 신념, 관습, 문화 등의 광범위한 사회적 맥락을 포함하였다. 네 개의 층에는 속하지 않지만 시간체계라는 개념도 사용했는데, 이것은 개인의 전 생애에 걸쳐 일어나는 변화와 역사적 환경을 포함하는 체계로 개인의 발달에 결정적 영향을 미친다고 하였다. 그가 사용한 이 개념들은 사회복지 실천에서 대상 범주를 구분하는 기준으로 활용되고 있다.

2) 체계적 관점에서 사회환경의 수준

체계적 관점에서 사회환경의 수준은 학자들에 따라 다양하게 분류하고 이는 사회복지 실천대상을 구분하는 기준이 된다. 이들을 구분하는 예를 표로 제시하면 〈표 7-1〉과 같다.

사회체계의 수준을 2차원으로 구분할 때에는 미시체계와 거시체계로 구분한다. 3차원으로 구분할 때에는 미시체계, 중간체계, 거시체계로, 4차원으로 구분할 때에는 미시체계, 중간체계, 외적 체계, 거시체계로 구분한다. 사회체계를 2, 3, 4차원으로 구분하는 것은 사회복지 실천에서 다루는 대상체계의 성격과 관련 문제에 접근하는 방법을 달리하기 때문에 어떤 사회체계를 각각의 수준에 포함시키는가에 따라 차이가 있다(김상균, 최일섭, 최성재, 조흥식, 김혜란, 2001, pp. 215-216). 이 장에서는 김상균 등(2001)의 분류를 일부 수정하여 사회환경의 수준을 미시체계(가족, 집단), 중간체계(조직, 지역사회), 거시체계(문화)로 구분하여 제시하였다.

표 7-1 사회환경 수준의 구분

<table>
<tr><th colspan="2">2차원 구분[1)]</th><th colspan="2">3차원 구분[2)]</th><th colspan="2">4차원 구분[3)]</th></tr>
<tr><th>구분</th><th>예</th><th>구분</th><th>예</th><th>구분</th><th>예</th></tr>
<tr><td>미시체계</td><td>개인, 가족, 소집단</td><td>미시체계</td><td>개인</td><td>미시체계</td><td>개인, 가족, 소집단, 직장</td></tr>
<tr><td rowspan="3">거시체계</td><td rowspan="3">조직, 지역사회, 국가사회</td><td rowspan="2">중간체계</td><td rowspan="2">가족, 소집단</td><td>중간체계</td><td>(미시체계 간 관계) 가정-학교, 가정-직장, 학교-이웃</td></tr>
<tr><td>외적 체계</td><td>학교, 지역사회, 지방정부</td></tr>
<tr><td>거시체계</td><td>조직, 지역사회, 국가사회, 사회제도, 문화</td><td>거시체계</td><td>국가사회, 사회제도, 문화</td></tr>
</table>

1) Netting et al. (1993).
2) Zastro & Kirst-Ashman (1996); Zastro (2000).
3) Ambrosino et al. (2001).

출처: 김상균 등(2013)에서 재인용.

2. 미시체계: 가족과 집단

1) 가족

(1) 가족의 개념과 기능

① 가족의 개념

가족은 혼인, 혈연, 입양을 통해 구성된 집단으로, 의식주의 해결과 정서적 · 정신적 유대와 공동체적 생활방식을 갖는 집단으로 여겨져 왔다(여성한국사회연구소, 2002, p. 3). 이 정의는 가족을 관계의 질이나 기능 면이 아닌 구조나 법적 지위에 의해 규정짓는 것으로 전형적으로 부부와 자녀로 구성된 핵가족의 형태를 전제로 하고 있다. 그러나 급속한 도시화와 산업화의 과정을 거치면서 전통적인 가족에 쉽게 적응되기 어려운 방식으로 살아가고 있는 사람들이 늘어나면서(성정현, 여지영, 우국희, 최승희, 2004, pp. 23-24) 가족을 규정하는 것이 점차 어려워지고 있다. 우리 사회에서 가족의 변화 추세는 세 가지 측면으로 정리해 볼 수 있다(안호용, 김홍주, 2000, p. 113).

첫째, 가구의 규모는 축소되고 구성은 단순화되면서 가족 구성원의 인원수가 감소하여 1인 가족(가구), 한부모 가족, 복합가족 등으로 다양하게 변화하는 추세다.

둘째, 출산율 감소, 이혼율 증가, 독신과 만혼 현상, 여성의 탈가족화 등 개인의 자발적 선택에 의한 유연한 가족 구성과 행동의 가능성이 크게 높아지고 있다.

셋째, 이혼과 재혼 등 다양한 혼인 형태의 증가는 한 사람의 일생 동안 그의 가족이 고정되지 않는다는 사실을 보여 준다.

미국의 인구조사 당국은 가족을 "출생, 결혼, 입양을 토대로 함께 동거하는 2인 이상의 사람들(그중 한 사람은 가구주)"로 규정하고 가구(households)는 "서로 관련이 있든 없든 한 주거 단위에서 거주하는 모든 사람"으로 규정하고 있다(U.S. Census Bureau, 2017).

② 가족의 기능

과거에 비해 개인의 욕구충족과 사회화 면에서 가족의 역할이 약화되고 있지만 가족은 여전히 큰 영향력을 미치는 사회의 기본 단위다. 어느 사회에서나 가족은 성적 기능, 출산 기능, 양육 · 교육 기능, 사회화 기능, 경제적 기능, 정서적 기능, 돌봄 및 보호의 기능을 수행해 왔다. 그러다가 현대사회로 오면

서 사회보장제도, 의료제도, 교육제도 등이 발달하여 가족이 행하던 기능 중 많은 부분이 이양되었다. 특히 가족 내에서 돌봄 및 보호의 역할을 감당해 오던 여성의 사회 · 경제활동이 증가하면서 가족의 보호 기능은 점차 약화되고 사회적 돌봄과 보호의 필요성이 강조되고 있다. 반면, 사회해체의 위기가 급증하면서 가족의 관계적 상호작용 기능은 오히려 그 중요성이 더해지고 있다(이인정, 최해경, 2008, p. 395). 그러나 여러 가지 이유로 가족관계의 어려움을 겪거나 이혼하는 가족이 늘어나면서 가족 내에서 관계적 상호작용 욕구를 충족하지 못하는 경우가 늘어나고 있는 것은 안타까운 현실이다. 일반적으로 인정되고 있는 가족의 기본 기능은 성 · 애정의 기능, 자녀출산 및 양육의 기능, 생산과 소비의 기능, 자녀교육 및 사회화의 기능, 보호의 기능, 휴식의 기능, 오락의 기능, 종교의 기능이다(정옥분, 정순화, 홍계옥, 2014).

(2) 사회체계로서 가족의 특성

가족을 체계로 보는 관점은 가족 구성원들, 가족, 주변 환경들 간의 상호작용을 통찰할 수 있게 해 준다. 또한 가족 내에 어떤 문제가 발생했을 때 그것이 특정한 구성원의 문제라기보다는 가족 전체의 문제이며 문제가 드러난 구성원은 가족의 문제가 표출된 사람일 뿐이라는 것을 이해하게 해 준다. 사회체계로서 가족의 특성은 다음과 같다(Barker, 1986; Zastrow & Kirst-Ashman, 1997, pp. 151-154).

첫째, 가족은 하나의 체계다. 가족은 체계를 구성하는 요소들인 개인으로 구성된다. 각 개인은 다른 구성원과 관계를 갖는다.

둘째, 항상성은 체계가 안정된 상태, 지속적인 평형 내지는 균형상태를 유지하려는 경향이다. 항상적인 가족은 효과적으로 기능한다. 가족체계는 그 자체로 유지되고 생존한다. 그러나 현상 유지를 의미하기 때문에 가족이 가장 효과적으로 기능하고 있다는 의미는 아니다.

셋째, 경계는 외적 체계와 분리시켜 주기도 하고 체계 내에서 하위체계를 구분하기도 한다. 가족은 외부 세계와 분명하지만 투과적인 경계가 있어야 하며 세대 간에도 경계를 필요로 한다. 구성원 사이의 경계가 명확하고 적절하게 개방적이면 개개인은 자율성과 자아 정체감을 확립하고 자신의 행동에 책임을 질 수 있다. 경계가 지나치게 폐쇄적이거나 개방적인 것도 바람직하지 않다. 또한 개방적인 경계를 가진 가족은 내적 에너지가 부족할 때 이를 유입시키기 위해 구성원이 환경체계들과 접촉한다.

넷째, 하위체계는 체계를 유지하기 위해 특정 기능이나 과정을 수행하도록 할당된 부분으로 가족 내에서 지속적인 하위체계는 부부, 부모-자녀, 형제자매 하위체계 등이다.

다섯째, 가족 하위체계의 한 부분의 변화는 가족체계 전체의 변화를 초래할 수 있다.

여섯째, 가족체계는 항상 안정상태를 유지하려는 경향이 있다.

일곱째, 가족체계의 기능 중에는 체계 간의 의사소통이나 피드백 기능이 중요하다. 가족체계 내의 반복적인 상호작용 유형은 구성원들의 성격과 행동을 결정하는 요인이 된다.

여덟째, 가족 내 개인의 행동은 직선적 인과관계보다는 순환적 인과관계로 보는 것이 이해하기 쉽다.

아홉째, 다른 체계와 마찬가지로 가족체계는 목적을 가지고 있다.

열째, 가족체계는 여러 하위체계의 상위체계이면서 지역사회와 같은 상위체계의 일부분이다.

(3) 사회복지 실천의 함의

전통적으로 가족은 사회복지 실천의 주요 대상이자 방법론으로 활용되어 왔기 때문에 가족에 대한 포괄적인 이해를 갖는 것은 사회복지사에게 매우 중요하다. 가족 대상의 실천을 하는 데 있어서는 가족을 어떠한 관점에서 바라보는가가 중요하다. 역사적으로 사회복지 정책과 실천 분야에서 가족에 대한 관점은 지속적으로 변화되어 왔다. 가장 오래된 시각 중 하나는 가족 구성원인 클라이언트가 가지고 있는 문제의 원인을 가족에게서 찾으려는 입장으로, 사회복지사들은 클라이언트의 환경인 가족에서 문제점을 제거하는 것에 초점을 두고 활동하였다. 이어 가족을 문제의 원인으로 보기보다는 가족 구성원을 가장 잘 도울 수 있는 자원체계로 인식하게 되면서 사회복지사들은 가족들이 비슷한 어려움을 가진 지지집단 참여를 통해 정보를 교환함으로써 가족 구성원의 문제에 보다 잘 대처해 나갈 수 있는 능력을 개발하는 데 초점을 두게 되었다. 다음으로 클라이언트와 일상생활을 함께 영위하며 문제로 인한 영향을 받는 또 다른 희생자로 인식하게 되면서 클라이언트를 위한 서비스나 제도와는 별도로 가족을 위한 다양한 서비스와 제도들이 개발되었는데, 주간보호서비스, 단기보호서비스, 요양보험제도 등이 그 예가 될 수 있다. 마지막으로 최근에는 강점관점의 영향으로 가족을 그들이 가지고 있는 문제에 있어서 전문가, 파트너, 협력자로 인식하여 욕구와 문제 해결 과정에서의 참여를 중시하게 되었다(백은령, 김선아, 양숙미, 엄미선, 윤철수, 2008).

가족을 돕기 위한 실천방법은 크게 미시적 접근방법과 거시적 접근방법으로 구분할 수 있다. 미시적 접근방법은 가족문제의 원인을 가족구조, 가족기능, 가족관계, 가족생활주기라는 가족 내부 요인에서 찾고 이러한 원인에 의해 발생하는 부부문제, 자녀문제, 가정폭력 등 가족이 겪는 다양한 문제를 다루며 가족의 변화와 가족 구성원의 성장을 도모하고자 하는 접근방법이다. 가족치료, 가족교육, 가족보존 및 지원서비스, 가족옹호활동 등이 대표적이다. 한편, 거시적 접근방법은 가족문제의 원인을 경제적 배분구조의 불평등성, 보건의료서비스의 취약성, 고용시장의 불평등과 불안정성 등과 같은 가족 외부의 사회경제적 요인에서 찾고 가족이 처한 사회적 조건과 환경을 개선하여 가족의 기능을 지원 · 보충 · 변화시키고자 하는 접근방법으로, 국가 차원의 가족복지정책이 그 예가 될 수 있다(권중돈, 2014, pp. 55-56).

2) 집단

(1) 집단의 개념과 특성, 개념적 틀

① 집단의 개념

대부분의 사람은 다양한 유형의 집단(친선집단, 과업집단, 자조집단, 스포츠팀 등)에 관련되어 있다(Hutchison, 2016, p. 384). 인간은 이러한 집단의 한 부분으로서 상호작용 과정에서 성취감과 좌절감을 경험하면서 자아정체감을 형성하고 성장해 나간다. 집단 경험은 인간의 전 생애에 걸쳐 성격 형성과 발달의 밑거름이 되고 인간의 행동변화에도 영향을 미친다. 영아기까지는 주로 가족의 영향력하에 놓여 있었다면 유아기와 아동기 아이들은 점차 동년배인 또래집단의 영향을 받게 된다. 또한 특정 집단의 가치나 의식은 인간의 행동 변화에 영향을 미친다(Zastrow & Kirst-Ashman, 2001, pp. 183-184). 이와 같은 목적 이외에도 집단은 대인관계의 장이 되어 다양한 인간의 욕구를 충족시킬 수 있다. 소속과 인정에 대한 욕구, 피드백 과정을 통해 정당성을 인정받고 싶은 욕구, 다른 사람들과 일반적인 경험을 나누려는 욕구, 업무 수행에서 다른 사람들과 함께할 기회를 가지려는 욕구 등이 집단을 통해 충족될 수 있다(남세진, 1992, p. 53).

다양한 인간의 집합체라고 간주되는 집단에 대한 정의는 매우 다양하다. 집단이란 대면접촉(face-to-face interaction)을 하는 두 사람 이상의 개인들이 자신이 그 집단의 구성원임을 인식하고 상호 목적을 달성하기 위해 의존관계에 있는 상태를 의미한다(Johnson & Johnson, 1997, p. 12). 한편, 놀린과 체스(Norlin & Chess, 1997, p. 227)는 집단을 개인들이 서로 인식하고 상호작용하며 집단에 대한 의식을 가지고 구성원의 행동에 영향을 주고받는 두 명 이상으로 구성된 사회조직의 한 형태라고 정의하였다. 또 일련의 가치 또는 규범을 가지고 빈번한 상호작용을 하면서 공동의 이익과 목표를 공유하는 개인들

로 구성된 사회적 집합체(Middlemist & Hitt, 1981, pp. 184-185)라는 정의도 있다. 한편, 브라운(Brown, 1991, p. 3)은 어떤 목적을 달성하기 위해 상호작용하는 사람들의 소규모 집합 또는 대면적 집합이 집단이라고 정의하였다. 이러한 집단의 정의들을 살펴보면 사회복지에서의 집단의 개념은 소집단을 의미하고 있음을 알 수 있는데 허치슨(Hutchison, 2016, p. 382)은 소집단(small groups)이란 관심, 목표, 경험 및 욕구가 공유되어 서로 상호작용하는 두 명 이상의 사람들이라고 설명하고 있다.

이러한 논의들을 종합해 볼 때 집단은 동일한 집단에 속해 있다는 인식하에 공동의 목적이 있고 이러한 목적 달성을 위해 상호작용을 하는 대면 접촉이 가능한 정도의 규모를 가진 두 명 이상의 사회적 집합체로 정의할 수 있다.

② 집단의 특성

집단을 이해하기 위해서는 집단의 특성을 살펴보는 것이 도움이 된다. 집단의 특성은, 첫째, 일정 이상의 구성원이 있다. 집단의 최소 단위는 2인 이상이고 전체의 크기는 작다. 둘째, 공통된 목적이 존재한다. 집단에는 구성원들이 함께 공유하고 실제로 달성할 수 있는 목적이 있어야 한다. 셋째, 정체성을 갖는다. 모든 구성원은 전체로서의 집단에 대한 정체성을 갖는다. 넷째, 집단은 개인의 행동에 영향을 미친다. 집단은 사회통제의 기능뿐만 아니라 사회화의 기능도 수행한다. 다섯째, 집단 내 상호작용은 일차적으로 정서적 맥락에서 이루어진다. 여섯째, 집단참여에는 한계가 있다. 한 개인이 집단에 참여하는 정도와 수는 제한적이다(최옥채, 박미은, 서미경, 전석균, 2020, pp. 166-167).

집단은 발달단계를 거쳐서 발달한다. 집단이 발달해 감에 따라 집단 구성원의 행동뿐만 아니라 집단의 구조 및 기능이 눈에 띄게 변화한다. 따라서 집단이 어떠한 단계에 이르러 있는가를 파악하는 것은 집단을 대상으로 한 실천이나 집단을 매개로 하여 어떠한 목표를 달성하고자 할 때 매우 중요하다.

집단의 발달과정은 시작에서 종결 단계까지 직선적인 과정이 아니고 긍정적인 진전과 함께 때때로 후퇴를 하기도 하는 과정이다. 필라리와 뉴섬(Pillari & Newsome, 1998, p. 90)은 집단의 발달을 네 단계로 나누어 설명하고 있다. 초기 단계는 구성원들이 주저함과 양가감정을 갖고 참여를 하는 오리엔테이션 단계다. 두 번째 단계는 힘, 통제와 의사소통 패턴, 동맹과 동맹, 소집단이 구성되는 단계다. 세 번째 단계는 친밀감, 응집력이 형성된다. 집단의 마지막 단계는 분리와 종결의 단계로 집단 구성원들은 자신들의 집단 경험을 회고하면서 시간을 보내게 되는데 종결은 종종 달성되지 못하는 경우도 있다. 집단 발달과 관련된 여러 연구들을 종합한 결과에 따르면 집단은 대략적으로 포함(Inclusion)−적응(Orientation), 불확실성(Uncertainty)−탐색(Exploration), 상호성(Mutuality)−목표성취(Goal Achivement), 이별(Separation)−종결(Termination)로 구분할 수 있다(Northen & Kurland, 2001, pp. 46-48).

집단은 다양한 유형을 가지고 있는데 무엇을 기준으로 구분하느냐에 따라 다양하게 분류된다. 집단의 유형이 무엇이냐에 따라 인간에게 상이한 영향을 미치기 때문에 집단의 유형을 이해하는 것은 중요하다. 집단을 분류하는 가장 흔한 방법은 1차 집단(primary group)과 2차 집단(secondary group)으로 분류하는 것으로, 1차 집단은 혈연과 지연을 바탕으로 자연발생적으로 이루어지는 집단인 데 반해 2차 집단은 목적달성을 위해 인위적으로 계약에 의해 만들어진 집단을 말한다. 이때 1차적이란 의미는 1차 집단이 개인들에게 가장 초기적인 경험을 제공한다는 것이다. 2차 집단에서 구성원 간의 관계는 개인적 차원에서 이루어지는 것이 아니라 이성적이고 계약적인 특성을 갖고 있다. 집단의 구성동기에 따라 형성(공식적)집단(formed group)과 자연집단(natural group)으로 분류할 수 있다. 필라리와 뉴섬(Pillari & Newsome, 1998, pp. 89-90)은 인간은 사회적으로 고립되는 것보다 상호 유대를 맺는 편이 보상이 더 크다고 느낄 때 집단을 구성한다고 하였다. 이러한 맥락에서 형성집단은 특별한 목적을 달성하기 위해 개인들이나 사회기관, 학교, 회사 등과 같

은 조직이 구성하고 구성원들은 특별한 목적달성을 위해 소집된다. 이러한 집단의 유형들로는 위원회, 팀, 학급, 클럽, 치료집단 등이 있다. 자연집단은 상호 호감이 있는 사람들끼리 혹은 공통적인 배경, 공통의 관심사 등을 기초로 자연스럽게 형성된다. 자연집단에는 또래집단, 갱집단, 파벌 같은 것이 포함된다. 또한 구성원의 가입과 탈퇴의 자율성에 따라 개방집단과 폐쇄집단으로도 구분할 수 있다.

③ 집단 이해를 위한 개념적 틀

집단에 대한 이해를 위해서는 관련된 주요한 개념들을 이해할 필요가 있다(권중돈, 2014; 손병덕 외, 2017, pp. 305-309; Northen & Kurland, 2001, pp. 35-43).

- 집단의 사정: 집단을 이해하기 위해서는 집단 구성원과 주변 환경, 집단의 구조와 과정, 집단의 구조와 과정이 구성원의 행동에 주는 영향 등에 대한 이해가 필요하다.
- 대인관계: 집단의 목적과 구성원들 간의 공존가능성은 집단의 본질과 발달가능성을 결정하게 된다. 개개인이 모여 집단을 이루기 위해서 혹은 집단이 유지되기 위해서는 긍정적이면서 집단을 단합시킬 수 있는 힘이 부정적이면서 집단을 분열시키는 힘보다 강해야 한다.
- 집단목적: 집단활동의 바람직한 결과이자 존재의 이유가 집단의 목적이다. 이러한 집단목적(group goal)은 집단에 관여한 모든 사람의 상호작용의 산물이자 기대가 융합된 결과로, 집단의 존립 이유, 기대, 희망 등을 포함한다(김동배, 권중돈, 2003, p. 396). 집단 구성원은 명백하고 의식적인 개인적 목적뿐만 아니라 의식하지 못하는 개인적 목적을 가질 수 있다.
- 집단 문화와 규범(norms): 집단 구성원들 간의 상호 관계를 통해 집단 구성원들이 공유하게 되는 생각, 믿음, 가치, 신념, 관습, 규범, 전통 등과 같은 구조를 집단 문화(group culture)라고 한다. 집단 규범(group norm)

이란 집단의 구성원들 간에 공유된 행위의 기준으로 집단의 목적을 달성하고 구성원 간의 동일성을 유지하는 데 중요한 역할을 한다.

- 집단 지도력: 지도력(leadership)이란 집단 내에서 특정 지위를 점유한 사람이 집단의 목적달성을 위한 활동에 행사하는 영향력이나 힘을 의미한다. 지도력은 모든 집단활동에 동기를 부여 · 촉진하고 다양한 집단활동이 일정 목표를 향하도록 일체감을 조성하는 중요한 역할을 한다(Zastrow & Kirst-Ashman, 2001, pp. 353-354).
- 지위와 역할: 집단에서의 지위(status)란 집단 내에서의 개인의 위치와 특성을 중심으로 부여된 사회적 서열이라고 규정할 수 있다. 역할(role)이란 집단에서 개인들이 해야 할 것으로 기대되는 일정한 행위 유형으로, 집단으로부터 개인에게 부여된다. 상호 기대하는 역할에 차이가 있음으로써 오해가 생길 수도 있으므로 역할상의 조화는 구성원들 간의 상호관계에 중요한 영향을 미치고 더 나아가 집단의 효율성에도 영향을 미치게 된다.
- 의사소통: 의사소통(communication)은 상대방에게 의미를 전달하기 위해 상징을 사용하는 과정으로, 집단 구성원들 간 상호작용의 핵심이다. 의사소통은 정보, 느낌, 태도 등이 전달 · 수신 · 해석 · 반응되는 복잡한 사회적 과정이라 할 수 있으며 개방적인 의사소통 체계는 구성원들이 자신들의 문제와 집단의 문제에 대처하고 해결할 수 있는 기회를 제공해 준다.
- 상호작용: 집단 내에서 힘의 역동적인 교환행동으로 집단 참여자들 간의 접촉을 통해 사고, 감정, 행동 그리고 태도를 변화시키는 결과를 낳는다. 상호작용(interaction)에 영향을 미치는 요인으로는 집단 구성원들의 언어적 · 비언어적 행동의 실마리(behavioral cues), 강화물, 구성원들 간의 정서적 결속력, 힘과 지위, 집단의 크기와 물리적 운영체계, 하위집단 체계 등이다.

• 집단 응집력: 집단 응집력(group cohesion)이란 집단 구성원이 집단과 그들 상호 간에 대한 헌신과 몰입의 정도다(박연호, 2000, p. 236). 응집력이 강한 집단에서는 상호 간의 태도가 긍정적이며 소속집단에 대한 만족도가 높은 반면, 낮은 경우 협동이 부진하며 목적을 달성하는 데 매우 어려움을 겪게 된다. 응집력이 반드시 긍정적인 역할만을 하는 것은 아니다. 응집력은 변화에 대한 저항과 집단 사고(group thinking)와 같은 부정적인 역할을 하기도 한다.

(2) 사회체계로서 집단의 특성

집단은 집단 구성원들이 특정 문제를 해결할 목적으로 상호작용을 하는 하나의 체계다. 문제 해결 과정에서 집단 구성원들은 정보, 제안, 의견들을 주고받는다. 또한 구성원들은 긴장감을 해소하고 집단을 유지하기 위해 사회정서적 문제를 다루는 사회체계를 이룬다(Northen & Kurland, 2001, pp. 34-35).

체계적인 관점에서 집단은 하위체계이자 부분인 인간들로 구성된 사회적 실체로 이해된다. 체계란 어떤 형태의 규칙적 상호작용이나 상호의존에 의해 통합된 조직이므로 한 체계의 요소들은 상호 간에 상호작용을 하고 영향을 미친다. 이러한 관점에서 집단체계는 하위체계이자 부분들인 집단 구성원들 간의 상호작용에 의해 그 집단의 전체를 형성한다. 또 집단체계는 비교적 안정된 구조를 갖고 있기 때문에 부분들 간의 지속적인 관계를 맺음으로써 상호작용을 한다. 뿐만 아니라 개방체계로서의 특성을 갖고 있기 때문에 자체의 경계를 초월하여 외부환경과도 지속적인 에너지 교환을 한다. 이를 통해 생존이 가능하고 내적 기능에 있어서는 변화와 발달이 이루어질 수 있다(손병덕 외, 2017, p. 303). 사회체계적 관점에서 집단의 특성은 다음과 같다(Chess & Norlin, 1988, pp. 135-136: 이인정, 최해경, 2008, p. 408에서 재인용).

첫째, 집단의 크기는 작다.

둘째, 집단은 최소한의 역할분화 수준이다.

셋째, 모든 집단 구성원은 공통된 집단 정체성을 가지며 집단을 하나의 실체로 지각한다.

넷째, 집단은 구성원들에게 중요한 사회화 및 사회통제 기능을 수행한다.

다섯째, 집단 구성원들 간의 관계와 상호작용은 구성원의 내적 혹은 자연적 상태를 토대로 이루어진다.

(3) 사회복지 실천의 함의

전통적으로 사회복지 실천에서 집단은 주요 대상이자 방법론으로 활용되어 왔다. 사회복지사들은 비슷한 문제를 가지고 있는 개인들로 집단을 구성하고, 집단의 역동을 활용하여 문제를 해결해 나간다는 점에서 집단은 실천의 대상이기도 하면서 방법론이 되기도 하였다. 사회복지 실천의 일차적인 관심은 개별 클라이언트에게 있고 클라이언트들과의 개별적인 실천이 기본 활동이 되지만 다양한 목적과 집단의 고유한 기능 때문에 빈번하게 집단을 활용한다. 이러한 집단의 기능은 다음과 같다. 첫째, 대인관계 속의 개인을 원조한다. 둘째, 재활기능은 구성원들의 감정, 행동, 사회적 기능을 종전 수준으로 회복시킨다. 셋째, 교육기능은 성장과 발달을 촉진한다. 마지막으로 자조집단과 치료집단은 상당한 정도의 차이가 있는데, 자조집단은 구성원들의 자율성과 내적 자원을 강조하는 반면, 치료집단은 구성원들이 자신들에 관한 신념, 태도, 감정들을 수정하도록 도와준다. 사회복지 실천에서 활용하는 집단을 클라이언트 집단이라고 하는데 여기에는 자조집단, 치료집단, 성장집단, 과업집단 등이 포함되는데 이들의 의미는 다음과 같다(권중돈, 2014, pp. 536-537; Hutchison, 2016, p. 387; Pillari & Newsome, 1998, pp. 123-124).

- 자조집단(self-help group): 유사한 어려움이나 관심사를 가진 구성원들이 함께 모여 서로의 경험을 나누며 바람직한 변화를 가져오도록 노력하는 집단[예: 단주친목모임(Alcoholics Anonymous: AA)]

- 치료집단(therapy group): 집단 구성원 개인의 교육, 성장, 행동 변화와 치료 그리고 사회화에 대한 욕구충족에 1차적인 목적을 두고 있는 집단
- 성장집단(growth group): 성원의 능력과 자의식을 넓히고 개인적 변화를 이끌어 낼 수 있는 기회를 제공하면서 자아 향상에 초점을 두는 집단(예: 참만남 집단, 잠재력 개발 집단)
- 과업집단(task group): 대개 조직의 과업에 해당되며, 정해진 기간 내에 어떤 임무의 수행이나 임무가 맡겨지는 집단
- 심리교육집단(psychoeducational group): 경험 또는 문제에 관한 정보제공에 초점을 두는 집단
- 상호원조집단(mutual aid): 집단 환경 내에서 원조환경을 조성하기 위해 상호원조과정을 사용하는 집단

3. 중간체계: 조직과 지역사회

1) 조직

(1) 조직의 개념과 특성

① 조직의 개념

조직은 인간행동에 중요한 영향을 미친다. 조직은 여러 면에서 인간들을 돕기도 하지만 스트레스와 긴장을 유발시키기도 한다(Hutchison, 2016, p. 414). 이처럼 인간은 조직과 밀접하게 관련되어 삶을 영위해 나간다. 병원에서 출생하고 조직 속에서 사회화되고 교육을 받는다(주간보호, 프리스쿨/헤드스타트, 중·고등학교, 고등교육기관, 직업/기술학교, 스포츠 팀, 걸/보이 클럽, 걸/보이 스카우트, 건강/운동 클럽, 사교조직 등). 뿐만 아니라 결혼식과 장례식처럼 생

의 중요한 사건들도 공식적인 종교조직 속에서 치른다. 또한 대부분의 생활을 휴먼서비스 기관, 회사, 건강과 정신보건 조직과 같은 곳에서 일하면서 보내고 식료품가게, 옷가게, 약국, 백화점, 푸드뱅크, 은행, 레스토랑과 같은 조직을 통해 기본적인 생존 욕구를 충족한다. 또한 노인센터, 요양원, 원조거주기관 등과 같은 조직 속에서 늙어 갈 것이고 병원이나 호스피스와 같은 조직에서 임종을 맞이하게 될지도 모른다(Schriver, 2004, p. 428). 이처럼 다양한 역할 수행을 통해 인간의 삶에 지대한 영향을 미치는 조직에 대해 정의하기란 쉽지 않다. 파슨스(Parsons, 1960, p. 17)는 조직은 특정한 목표달성을 1차적으로 지향하는 사회체계로서, 목표달성을 위한 지위와 그에 따른 역할을 가지고 있는 체계라고 정의하였다. 한편, 에치오니(Etzioni, 1969)는 파슨스의 조직에 관한 개념을 활용하여 조직이란 특정한 목표를 추구하는 사회적 단위 또는 집단이라고 하였다(Schriver, 2004, p. 428에서 재인용). 최창현(1995, p. 67)은 조직을 인간에게 중요한 영향을 미치는 거시체계 중 하나로 설명하면서, 일정한 목표를 합리적으로 달성하기 위해 형성된 분업과 통합의 활동체계를 갖춘 사회적 단위의 협동체계가 조직이라고 설명하였다.

흔히 조직은 집단과 비슷한 의미로 사용된다. 집단과 조직은 인간들의 집합체이면서 목표와 고유한 문화, 결속력, 의사소통 등의 특성을 가지고 있다는 점에서는 유사하지만, 집단이 대면적 접촉이 가능한 소수의 집합체로 상호작용이 빈번하고 좀 더 역동적이라면, 조직은 목표가 분명하고 목표달성을 위한 공식적인 위계와 관계가 중시되는 상대적으로 더 큰 집단이라는 점에서 차이점이 있다.

조직에 대한 견해들을 종합해 볼 때 조직이란 특정한 목표달성을 위하여 구성된 인간들의 집합체이자 사회적 단위로, 경계 밖의 환경과 상호작용을 하며 공식화된 분화와 통합의 구조 및 과정 그리고 규범을 가지고 있는 단위 내지는 집단이라고 정의할 수 있겠다.

② 조직의 특성

조직에 대한 정의들을 살펴볼 때 조직의 특성으로 목적, 분업, 위계구조 등이 공통적으로 언급되고 있다. 최옥채 등(2020, pp. 174-175)은 조직의 특성에 대해 조직의 목적, 조직의 특성에 맞는 규범, 조직의 운영과 유지를 위한 외부로부터의 투입, 위계구조, 상호의존적 관계, 조직의 독특한 문화로 제시하고 있다. 한편, 앤더슨과 카터(Anderson & Carter, 1999, p. 113)는 여러 학자들의 견해를 토대로 조직체계와 관련된 주요 요소는 목적 지향, 분업, 권력과 통제, 지도력이라고 하였다. 이를 구체적으로 살펴보면, 첫째, 조직은 다른 어떤 체계들보다도 훨씬 더 목적 지향적이다. 둘째, 분업은 다른 어떤 사회체계들에서보다 조직체계에서 더욱 뚜렷이 나타난다. 셋째, 조직의 다른 체계들과 다른 특성 중 하나는 권력의 명시성에 있다. 조직 내 권력은 대부분 가시적이고 제도화되어 있다. 통제는 권력보다 체계에 주는 영향이 더욱 광범위하고 수명이 길다는 점 이외에는 권력과 유사한 개념이다. 넷째, 지도력은 조직의 목적을 달성하고 수단을 효과적으로 만들기 위해 사용되는 권력과 통제를 포함한 개념으로 공식적 지도력과 비공식적 지도력이 있다.

또한 크라이트너와 키니키(Kreitner & Kinichi, 1998, pp. 561-563) 같은 조직학자들은 위계구조, 분업, 통제범위(span of control), 라인(line)과 스태프(staff)라는 조직구조의 요소들을 가지고 조직의 특성을 설명하고 있는데, 구체적으로 살펴보면 다음과 같다. 첫째, 조직 내에서는 명백한 위계구조가 존재하며 이는 공식적인 의사소통 네트워크를 나타낸다. 둘째, 조직에서는 광범위한 분업이 존재하는데, 조직의 가장 최고위층에게는 일반적인 관리책임이 있고 아래쪽으로 내려갈수록 분업화된다. 셋째, 통제범위란 한 관리자에게 직접 보고하는 사람의 수를 말한다. 일반적으로 통제의 범위가 좁을수록 관리감독이 더 엄밀해지고 더 많은 관리비용이 든다. 넷째, 조직 구성원들은 위계구조 내에서 의사결정을 내리는 지위에 위치한다. 라인은 그 조직의 본래적 기능을 직접 수행함으로써 목표달성에 직접적으로 공헌하는 지위를 말하며, 스태프란 라인이 그 기능을 원활하게 수행할 수 있도록 지원 · 조성 · 촉진해 줌으로써 목표달성에 간접적으로 공헌하는 지위를 말한다.

조직의 유형은 다양한 기준을 가지고 분류할 수 있다. 먼저 기능에 따라 경제적 생산조직(economic production organization), 정치조직(political organization), 통합조직(integrative organization), 체제유지조직(pattern maintenance organization)으로 분류한다(Parsons, 1960, pp. 48-58). 다음으로 구성원을 통제하기 위해 상급자가 동원하는 권한과 구성원의 태도 사이에 형성되는 복종관계의 기초가 되는 권력과 관여(involvement)의 정도에 따라 강제적 조직(coercive organization), 공리적 조직(utilitarian organization), 규범적 조직(normative organization)으로 구분된다(Etzioni, 1969, pp. 12-44). 또한 조직구조의 공식적 · 비공식적 측면에 따라 공식조직(formal organization)과 비공식조직(informal organization)으로 구분할 수 있다.

(2) 사회체계로서 조직의 특성

일반적으로 체계란 어느 정도의 독립성과 경계를 유지하면서 다른 체계나 하위체계들과 상호작용하는 전체(whole), 집합(set), 실체(entity)라고 할 수 있다. 조직은 사회체계이기 때문에 체계이론의 개념을 모두 적용할 수 있다. 조직은 환경 속에서 다른 체계와 지속적으로 상호작용한다. 또한 조직은 하위체계(개인 내지는 소집단)로 구성되어 있고 지역사회와 같은 상위체계를 기준으로 하는 하위체계의 속성을 가지고 있으며 조직을 외부환경과 구분 지어 주는 경계가 지나치게 개방적이거나 폐쇄적인 것은 조직의 유지와 변화에 도움이 되지 않는다. 조직이 유지 · 발전되기 위해서는 외부로부터 에너지, 자원, 정보 등이 조직으로 유입되고 이것이 전환 과정을 거쳐 외적 체계로 산출되어야 하는데 경계가 지나치게 경직된 경우, 투입과 산출이 용이하지 않기 때문이다.

조직은 사회적 실체로서 장단점을 가진 인간으로 구성되어 있다. 조직은

목표 지향적으로 특정한 목적을 갖고 존재한다. 세밀하게 구조화되고 통합적인 활동체계(deliberately structured and coordinated activity system)를 갖는다. 조직은 개인, 집단, 다른 조직, 지역사회와 같은 사회환경 내의 체계들과 지속적으로 상호작용한다(Daft, 1998, p. 11).

한편, 굴드너(Gouldner)는 체계로서의 조직의 특성을 다음과 같이 세 가지로 정리하였다. 첫째, 조직체는 하나의 체계로서 유기적인 속성을 가진다. 둘째, 구조적 변화는 합리적인 작용에 의해서라기보다 조직의 평형상태를 깨뜨리는 위협에 대한 누적적 · 비계획적 · 적응적 반응의 결과다. 셋째, 조직체의 욕구 중 가장 중요한 것은 목표의 달성이다(Gouldner, 1961, pp. 394-395: 이인정, 최해경, 2008, p. 420에서 재인용).

(3) 사회복지 실천의 함의

인간의 삶은 어떤 형태로든 조직의 영향을 받는다. 전 생애에 걸쳐 다양한 조직의 원조 속에서 삶을 영위한다고 해도 과언이 아닐 정도로 개인과 가족, 개인들의 집단은 각양각색의 조직에 속해서 일상적인 욕구 충족과 생의 주요 사건들을 처리해 나간다. 한편, 인간의 삶에 영향을 미치는 조직은 본연의 목적을 달성하기 위해 조직 구성원들의 목적 지향적 활동을 요구하며 이것이 가능하도록 조직을 운영한다. 그러므로 조직과 그 구성원이 공존하고 조화로운 관계 속에서 목적을 추구한다면 양자는 상호 간의 발전을 위하여 노력하게 될 것이며 적절한 균형을 이룰 수 있다. 그러나 조직이 목적달성을 위하여 개인을 희생시킬 수도 있으며 반대로 개인이 자신의 목적달성을 위해 조직의 목적을 무시할 수도 있다. 인간이 조직과 불가분의 관계에 있듯이 사회복지 실천 역시 불가분의 관계에 있다(권중돈, 2014, pp. 62-64).

사회복지 조직의 효과적인 운영은 클라이언트들에게 중요한 자원이자 환경체계로 영향을 미칠 수 있다는 점에서 매우 중요하다. 사회복지 조직은 외부환경으로부터 자원을 받아들여 조직의 목적에 맞는 서비스로 전환하는 과정을 거쳐 클라이언트들에게 제공한다. 이러한 목적을 달성하기 위해 사회복지 조직의 하위체계인 구성원뿐만 아니라 자원을 지원해 주는 다양한 체계들(중앙 및 지방정부, 지역사회 유관기관, 주민 등)과 끊임없이 상호작용을 한다. 자원의 투입이 잘 이루어지고 원활한 전환 과정을 거치기 위해서는 관련 체계들과 개방적 경계를 유지해야 하며 상호 욕구 간의 적합성이 유지되어야 한다. 가령 장애자녀를 둔 가족의 돌봄부담을 덜어 주기 위해 운영되는 주간보호센터의 경우, 장애자녀와 가족의 욕구에 맞는 서비스를 제공하기 위해 외부 환경체계로부터 투입된 자원을 적절하게 분배해야 한다. 이를 위해서 조직 구성원들에게 역할을 분배하고 소통한다. 그러나 클라이언트는 조직 내에서 공식적인 지위와 역할이 없기 때문에 자신에게 제공되는 자원이나 조직체계에 직접적인 영향력을 거의 행사하지 못할 수 있다. 이때 유사한 관심을 가진 부모들의 연대, 기관 운영진에게 변화 압력을 행사하는 전략 사용, 대중매체에 문제 보도, 정책결정자에게 대안을 제시하는 등의 방법으로 서비스 향상과 같은 기관의 변화를 유도할 수 있다(Zastrow & Kirst-Ashman, 2001, p. 23).

사회복지 분야에서의 조직 연구는 조직과 사회복지사 체계와의 관계에도 관심을 가져왔다. 대부분의 사회복지사는 조직의 일부분으로 조직과 조화를 이룰 필요가 있다. 그들이 소속된 조직이 크든 작든, 공식적이건 비공식적이건 사회복지사들은 조직과 사회복지사 간의 적합성이 없을 때 조직을 떠나거나 조직이 역기능적으로 운영되도록 할 수 있다(Pillari & Newsome, 1998, p. 130).

실제 이러한 현상은 사회복지 조직에서 드문 일이 아니다. 사회복지사들에게 있어서 조직은 두 가지 점에서 중요하다. 첫 번째는 어떠한 조직에 고용된 경우, 그 기관의 정책이나 목적, 통제 등은 클라이언트와 함께할 수 있는 일과 없는 일을 결정하는 데 직접적인 영향을 준다는 점 때문이다. 두 번째는 문제의 원인이 흔히 클라이언트보다 조직이 될 수 있다는 점 때문이다. 따라

서 사회복지사가 효과적으로 일하기 위해서는 자신이 속한 조직이 어떻게 기능하는가를 스스로 평가해야 한다(Zastrow & Kirst-Ashman, 2001, p. 27). 이러한 이유에서 사회복지사는 조직에 대한 폭넓은 지식이 필요하다(손병덕 외, 2017, pp. 321-322에서 재인용).

2) 지역사회

(1) 지역사회의 개념

지역사회는 개인, 가족, 집단들 간의 중간체계로서 긴밀한 감정적 교류가 일어나는 체계다. 인간은 생의 전 과정을 지역사회 안에서 생활하지만 특히 성인기가 되면 인간들의 삶의 터전은 지역사회로 확대된다. 전통적으로 사회복지 실천의 주된 대상이자 현장이 되어 온 지역사회라는 말은 영어의 'community'를 번역한 것이다. 'community'란 여러 가지 의미로 사용되고 있는데, 먼저 행정구역, 학군, 교회의 교구와 같이 공식적인 경계의 의미를 갖고 있다. 즉, 마을, 촌락, 읍, 시, 도시지역 등 일정한 지역을 공통의 생활 기반으로 한 사회적 · 지역적 단위를 포함하는 총체적 의미로서 이때에는 흔히 지역사회라는 용어를 사용한다. 한편으로는 관심이나 가치를 공유하는 사회집단, 통합적 기관, 근린관계 등을 나타내기 위해 혹은 인간이 다른 사람들과 의미 있는 동료애를 나누는 상황을 나타내기 위해 사용하는데, 이런 경우에는 공동사회 혹은 공동체라고 부른다. 예를 들어, 사회복지사들은 자신들을 전문가공동체라고 부르기도 하고, 대학을 학문공동체라고 지칭한다(Pillari & Newsome, 1998, p. 175). 혹은 일정한 지역에서 공동체 의식과 그 지역공동체에 대한 소속감을 가지고 활동하는 인간 집단이라고도 정의한다(정지웅, 이성우, 정득진, 고순철, 2001, p. 9). 이때에는 지역공동체라는 용어를 사용하기도 한다. 'community'에 대해 다양한 견해들이 있으나 스트리터(Streeter, 2008)는 사회복지 실천과 관련해서 'community'란 지리적 혹은 물리적 장소의 공유에 기반하는 지역적 공동체, 그리고 이해관계나 정체성 혹은 기능의 공유에 기초한 공동체 개념이라고 설명하고 있다(홍현미라 외, 2010, p. 14에서 재인용).

최근 지역사회라는 의미가 지리적인 공간의 개념에서 이익집단과 네트워크 간의 체계라는 흐름의 공간개념으로 변화되고 있다(고순철, 1998, p. 86). 즉, 지리적인 장소로서의 지역사회와 기능들의 집합으로서의 지역사회라는 전통적인 관점에서 개인, 가족 또는 집단이나 보다 큰 체계들 간의 중간 위치, 중개자, 연계의 개념으로 변화되고 있다. 따라서 관계수립의 수단, 관계의 형태, 사회체계로서의 지역사회로 언급하고 있다. 이것은 비지리적이고 비공간적인 속성을 가진 지역사회도 지역사회임을 시사하고 있는 대안적인 관점이다. 즉, 구성원들이 삶에서 변화에 직면하고 욕구를 충족할 수 있는 사회적 연계망 또는 관계망, 자원으로서의 지역사회가 지역사회의 대안적인 개념으로 논의되고 있다(Schriver, 2004, p. 529). 최근 지역사회는 공통의 유대관계를 공유하고 서로 상호작용하는 지리적 또는 커뮤니케이션 웹(webs of communication)에 의해 묶여 있는 사람들로 구성되는 것으로 간주되고 있다(Hutchison, 2016, p. 448).

이와 같이 지역사회의 개념은 매우 다양하게 정의되고 있지만 전통적으로 사회복지 분야에서의 지역사회의 개념은 지리적인 지역사회와 집단의 공통관심, 의식, 상호작용을 강조하는 사회적 동질지역으로서의 기능적 지역사회의 개념을 동시에 포함한 개념으로 정의하고 있다(최일섭, 류진석, 2003, p. 12).

(2) 사회체계로서 지역사회의 특성

사회복지사들은 때때로 지역사회가 클라이언트에게 미치는 영향을 이해하고 사정해야 할 뿐만 아니라 클라이언트가 가지고 있는 욕구를 해결하는 데 필요한 자원의 소재지로서 지역사회를 활용할 수 있어야 한다. 이때 도움이 될 수 있는 관점이 지역사회에 대한 사회체계적인 관점이다. 사회체계적

인 관점은 지역사회 내의 다양한 사회체계들이 어떻게 상호작용을 하는지에 대한 분석을 강조하는 것으로, 지역사회 체계 속의 클라이언트를 이해하는 데 도움이 되고 지역사회 내 체계들 간의 상호관련성을 이해하는 데도 도움이 된다. 조직과 마찬가지로 지역사회는 개인, 가족 및 소집단과 같은 미시체계와는 대조되는 거시체계이자 사회와 집단들 간의 중간매체로서 그 안에서 긴밀한 감정적 교류가 일어나는 체계다. 또한 사회체계로서 지역사회는 개인, 집단, 가족, 조직, 지역사회의 욕구충족을 위해 형성되는 지위, 역할, 집단, 제도 등의 구성요소들로 구조화되고 조직화되어 있다.

지역사회의 구성요소들인 하위체계들은 상호 긴밀하게 연결되어 있다. 따라서 자신들에게 필요한 투입(재정, 자원, 사회적 압력, 노동력 등)을 다른 하위체계들로부터 받고 또 다른 하위체계들에게 산출을 해 주면서 전체 지역사회를 형성해 나간다. 또 역할과 지위들은 다른 역할이나 지위들과 결합되어 집단을 형성하게 되고 여러 집단들이 서로 결합되어 제도를 이루며 여러 제도들이 서로 결합되어 지역사회를 이루고 있다. 뿐만 아니라 지역사회를 구성하는 사회체계들 사이에는 상당한 정도의 상호관련성, 상호작용, 연계가 발전한다. 게다가 지역사회는 구성원들의 욕구를 충족시키기 위해 다양한 구성요소들이 밀접하게 통합을 이루며 지속적으로 균형상태를 유지하려는 속성이 있다. 그리고 다른 지역사회체계나 환경체계와는 다른 정체성을 보존하기 위해 의식적으로든 무의식적으로 든 경계유지 활동을 하게 되고 그 결과 심리적, 사회적, 물리적 및 지리적 경계를 갖고 있다. 즉, 지역사회 내의 일차적인 사회적 단위 또는 하위체계에는 개인 그리고 가족이나 사교모임과 같은 비공식적 하위체계뿐만 아니라 사업장, 정부 부처, 교회, 학교, 의료기관, 사회복지기관들과 같은 공식조직들이 포함된다. 이러한 각 하위체계는 지역사회의 다른 하위체계들과 통합적으로 관련되어 있다. 즉, 가족 구성원들은 사업장이나 기관 등에서 일하고 학교에 출석하고, 친구들과 모임을 갖고 헬스장에 가서 운동을 하는 등 지역사회 내에서 다른 하위체계들과 관련된 다양한 활동을 한다(손병덕 외, 2017, pp. 334-335; Zastrow & Kirst-Ashman, 2001, pp. 36-37).

사회체계로서 지역사회는 다음과 같은 특성을 갖는다(장인협, 김융일, 정진영, 이정숙, 조흥식 공역, 1998, pp. 128-129; Chess & Norlin, 1988, pp. 324-325).

첫째, 물리적 또는 지리적 장소에 근거한 사회적 조직형태다.

둘째, 사회와 미시체계들의 중간에 있는 하나의 체계로, 개념상 지역사회는 전체 사회의 하위체계다.

셋째, 공통된 지역사회에 살거나 동일시된 사람들에 초점을 둔다. 지역사회가 추구하는 최상의 목적은 지역사회 구성원을 위한 삶의 질을 향상시키는 것이다.

넷째, 상호의존은 공통된 욕구, 공통된 문제, 성장과 발전을 위한 기회가 있다는 것을 전제로 한다.

다섯째, 공동 작업을 조직하고 종사한다.

여섯째, 기능의 분화를 가진다.

일곱째, 에너지의 교환을 통하여 환경에 적응한다.

여덟째, 하위체계들과 상위체계의 욕구를 충족시키기 위하여 조직과 제도들을 만들고 유지한다.

이와 같이 지역사회를 이해하는 데 있어서 사회체계이론이 갖는 유용성에도 불구하고 비판을 받고 있는 측면이 있다. 사회체계이론에서는 지역사회를 잘 짜여진 하나의 사회체계로 파악하고 각 하위체계들 간의 조절과 조정, 통합이 이루어진다고 본다. 그러나 현실의 지역사회가 항상 그런 것만은 아니다. 지역사회의 하위체계 사이에는 자원과 권력을 둘러싼 적지 않은 갈등과 분쟁이 일어나기도 하고 지역사회에 통합되지 못한 하위체계도 존재하기 때문에 지역사회의 유지와 균형에 관심을 가지고 있는 사회체계이론이 지역사회의 특성을 충분히 설명하지 못하고 있다는 비판을 받고 있다(홍현미라

외, 2010, p. 45).

(3) 사회복지 실천의 함의

인간을 보다 광범위한 사회환경과의 관계 속에서 보아 왔던 사회복지 실천의 관심은 지역사회 차원의 개입을 강조하여 왔다. 그 뿌리는 인보관운동을 통해 이루어졌던 빈민들의 삶의 문제를 개선하기 위한 사회개량운동으로 거슬러 올라간다. 전통적으로 사회복지 실천현장에서 지역사회는 하위체계들에게 영향을 미치는 환경체계로서 하위체계들인 개인, 가족, 집단, 지역사회가 필요한 기회와 자원을 얻기 위해 조직화해야 할 대상이자 수단으로 간주되어 왔다. 특히 개인과 가족에게 초점을 두는 미시적인 실천에서 사회복지사들은 지역사회가 클라이언트에게 어떻게 영향을 미치는지, 클라이언트가 최적의 안녕상태를 유지하는 데 필요한 적절한 자원을 받고 있는지, 지역사회가 클라이언트의 욕구를 충족시킬 만한 주거를 제공하고 있는지, 사회서비스와 보건에 필요한 자원은 적절한지 등에 대해 관심을 가질 필요가 있으며 지역사회의 태도, 가치, 규범, 전통 등 지역사회 특성에 대해 이해하고 환경의 맥락에서 행동을 사정할 필요가 있다. 지역사회를 대상으로 한 이러한 탐색은 클라이언트를 돕기 위해 사회복지사가 무엇을 할 수 있을지에 대한 단서를 제공해 줄 수 있다(Zastrow & Kirst-Ashman, 2001, p. 37).

지역사회가 하위체계와 외부 환경과의 관계에서 지속적으로 상호교류를 한 결과가 지역사회의 동질성이라 할 수 있다. 동질적인 지역사회는 유사성, 친밀감, 호혜성에 근거한 연대감으로 강한 일체감을 나타내고 유능성을 가질 수 있다. 유능한 지역사회는 하위체계의 욕구를 적절하게 충족시키고 문제해결을 도울 수 있다. 또한 집단 간의 갈등을 처리하고 하위체계들 상호 간의 관심사를 존중하고 유지하는 기술을 발전시킬 수 있다.

지역사회가 인간행동과 하위체계들에게 미치는 영향을 고려해 볼 때 역량이 있는 지역사회가 된다는 것은 하위체계들에게는 건강한 환경체계가 된다는 것을 의미하기 때문에 매우 중요한 작업이지만 쉽지 않은 작업이며, 오랜 시간을 필요로 한다. 특히 현대사회에서는 사람들의 빈번한 이동으로 지역사회가 공동체 의식을 갖는다는 것이 쉽지 않다. 대도시의 경우에는 고도의 산업화와 도시의 거대화로 인해 개인은 고도로 개별화되어 자신이 살고 있는 지역사회에 대한 소속감이나 애정을 가지기가 쉽지 않은 것이 현실이다. 이러한 점 때문에 우리 사회에 과연 지역사회가 존재할 수 있는가 하는 질문이 던져지지만 많은 사회적 욕구와 문제가 지역 단위로 정의되고 정책이 수립되어 지역사회 구성원들의 삶에 직간접적인 영향을 끼친다. 또한 점차 개별화되어 다수 속에서 외로움을 느끼는 개인들의 소외감과 소속에 대한 욕구는 지역사회공동체의 필요성에 대한 반증으로 해석할 수 있다. 현대사회에서 이상적인 지역사회가 존재하기는 어렵지만 지역사회공동체에 대한 욕구는 존재하므로 개입의 필요성이 존재하는 지점이라고 할 수 있겠다(홍현미라 외, 2010, p. 36).

사회복지 실천의 역사를 통해 볼 때 지역사회는 구성원들이 함께 활동하며 공동의 문제를 해결하고 전반적인 삶의 질을 향상하도록 조직화하는 것이 가능한 대상이므로 현대사회에 맞는 지역사회공동체성을 회복하려는 노력은 필요하고 가치가 있는 작업이라 할 수 있겠다. 사회복지 맥락에서 이러한 작업이 이루어지기 위해서는 사회복지사가 지역사회 구성원들이 스스로 세운 목표를 성취할 수 있도록 구성원들을 움직여야 한다. 이를 위해 지역사회의 여러 하위체계와 일하면서 자원을 얻는 데에는 지역사회를 조직화할 수 있는 거시적 실천기술을 활용할 수 있어야 한다. 즉, 지역사회 구성원들이 갖는 기본적인 욕구충족을 위해 적절하게 기능하지 못하고 있는 지역사회를 변화시킬 필요가 있다. 이를 위해서는 지역사회 구성원들의 욕구를 충족시키는 방식, 즉 지역복지 정책, 서비스, 사람들의 행동과 태도, 실천활동 등에 있어 지역사회가 갖는 문제를 제거하거나 개선시킴으로써 지역사회의 문제 상황을 변화시켜 나가야 한다(Homan, 1999, p. 30). 사회복지사는 특히

지역사회가 구성원들의 다양한 욕구에 대응할 수 있고 지역사회 문제 해결을 위해 자원을 활용하고 대안을 만들어 낼 수 있는 지역사회역량(community competencies)을 키울 수 있도록 하는 것과 역량 있는 지역사회에서 지역사회 기능이 원활하게 돌아갈 수 있도록 다양한 연결망을 개발할 필요가 있다. 이때 사회복지사는 지역사회에 대해 강점관점을 견지할 필요가 있다. 지역사회는 일반적으로 자신들의 구성원들에게 지지적이기 때문에 지역사회에 속한 개인이나 가족들이 대처나 적응에 필요한 원조를 얻는 데 지역사회의 자원과 강점을 이용하는 것이 효과적일 수 있다(손병덕 외, 2017, p. 341).

4. 거시체계: 문화

1) 문화의 개념

문화의 사전적 의미는 사회 구성원에 의해 공유되는 지식 · 신념 행위의 총체(브리태니커백과사전, 2014)로, 사상, 의상, 언어, 종교, 의례, 법이나 도덕 등의 규범, 가치관과 같은 것들을 포괄하는 사회 전반의 생활양식이라 할 수 있다. 문화를 정의하기란 쉽지 않은데 가치관, 행동양식 등의 차이에 따라, 다양한 관점을 가진 이론 기반에 따라 여러 가지 정의가 존재한다. 영국의 인류학자인 에드워드 버넷 타일러(Edward Burnett Tylor)는 1871년 그의 저서에서 "문화 또는 문명이란 제 민족의 양식을 고려할 때 한 사회의 구성원이 갖는 법, 도덕, 신념, 예술, 기타 여러 행동양식을 총괄하는 것이다."라고 정의하였으며 유네스코는 2002년 "문화는 한 사회 또는 사회집단에서 나타나는 예술, 문학, 생활양식, 더부살이, 가치관, 전통, 신념 등의 독특한 정신적 · 물질적 · 지적 특징"으로 정의하였다(위키백과사전). 이와 같이 문화는 복합체로서 인간이 만들어 낸 사회와 관련된 모든 것을 의미한다(Anderson & Carter, 1999, p. 55).

일반적으로 문화는 물질문화와 비물질문화로 구분할 수 있는데 우리가 생활하는 데 필요한 각종 생활용품이나 기술은 물질문화에 포함된다. 인류학과 사회학 등에서는 문화에서 물질적 측면을 제외한 비물질적 문화만을 문화로 인정하는 경향이 강해지고 있는데, 비물질문화는 다시 관념문화와 규범문화로 구분된다. 관념문화는 과학적 진리, 종교적 신념, 유행 등을 포함하고, 규범은 특정한 상황에 있어서 인간행동을 지배하는 특수한 규칙으로 인간행동을 구속하거나 인간행동의 준거틀을 제공해 주는 기능을 하는 법칙이나 원리를 말하며 규범은 가치와 연결되어 있다. 규범문화는 공식적인가 아닌가에 따라 관습과 법률로 구분된다. 법률은 공식적 권위를 가지고 인간행동에 가장 강력한 제재가 따르는 규범이며 관습은 한 사회에서 오래전부터 역사적으로 발달하여 되풀이되는 관행적인 행동양식이다(최순남, 1999).

이와 같은 문화의 다양성에도 불구하고 문화는 공통점이 있는 것으로 알려져 있다(Murdock, 1965, pp. 80-86: 엄신자, 2007, p. 482에서 재인용).

첫째, 문화란 학습되는 것이다. 문화는 본능적이거나 생득적인 것이 아닌 체험을 통해 학습되는 것이다.

둘째, 문화는 전수되는 것이다. 인간만이 배운 것을 후손에게 전수해 줄 수 있다.

셋째, 문화는 사회적인 것이다. 문화는 조직집단이나 사회에 사는 사람들이 함께 공유하는 사회적인 것이다. 따라서 사람이 다른 사회로 옮겨 갈 때에는 새로운 문화에 자신을 다시 적응시켜야 한다.

넷째, 문화는 관념적이다. 문화는 이상적 행동 규범이나 유형으로 개념화된 집단의 습관으로 구성된 것이다.

다섯째, 문화는 만족을 주는 것이다. 문화는 기본적 신체욕구와 그것으로 수반되는 2차적 욕구를 항상 만족시킨다.

여섯째, 문화는 적응하는 것이다. 문화는 고정된 것이 아니라 변화를 통하여 적응한다.

일곱째, 문화는 통합적이다. 문화의 한 요소는 다른 요소와의 조화를 통해 통합된 전체를 이루는 데 이바지한다.

2) 사회체계로서 문화의 특성

사회체계적 관점에서의 문화는 사회를 구성하는 집단들의 문화적 복합체로서, 문화의 상위체계로는 그 사회가 속한 전체 사회를 들 수 있고, 하위체계로는 그 문화를 구성하는 요소인 특별한 생활양식, 언어, 가치체계 등이 있다. 따라서 문화는 한 사회의 구성원들에게서 공통으로 나타나며 타고나는 것이 아니라 후천적으로 습득되는 것이며, 다음 세대로 전해지면서 기존 문화에 새로운 문화 내용이 쌓이는 것으로 고정된 것이 아니라 시간의 흐름에 따라 달라진다. 또한 문화의 각 영역은 따로 존재하는 것이 아니라 다른 영역과 밀접하게 연관되어 있다. 특정 사회의 문화를 공유하는 사람들은 개인의 차이가 있기는 하지만 공통된 문화의 영향으로 인하여 유사한 행동특성 내지는 성격을 지니게 된다. 이를 사회적 성격(social character)이라고 하는데, 집단을 대표하는 성격으로서 사회의 구성원들로부터 나온 공통된 성격구조를 의미한다. 사회적 성격은 집단의 공통된 기본적 경험과 생활양식의 결과에 의해서 발달될 것으로 민족적 성격, 국민성, 기본적 성격, 문화유형 등과 비슷한 개념으로 불리기도 한다(최재석, 1995, p. 19). 사회적 성격이 집단, 조직, 지역사회가 지니는 독특한 성향이라고 할 때 사회적 성격은 문화에서뿐만 아니라 사회복지 실천에서도 중요하게 다루어져야 할 개념이다. 이러한 문화의 특성을 요약해 보면 다음과 같다(최옥채 외, 2016, pp. 343-345).

- 학습성: 문화가 특정한 사회에서 살아온 자들의 삶의 직접적인 결과로서 후천적으로 학습되는 것이다.
- 보편성: 모든 사회에 공통적인 문화 형태가 있다. 사람은 독특한 개인으

로 존재하지만 그 개인은 국가, 조직, 가족 등의 성원들이 추구하는 문화를 수용함으로써 공통의 문화를 갖는다.

- 상징성: 모든 문화가 외형으로 드러나는 것 외에 속으로 품고 있는 의미가 따로 있음을 의미한다.
- 역동성: 문화는 고정되어 존재하는 것이 아니라 특정 문화 내에서뿐만 아니라 문화가 움직임이 강하게 이루어지고 있음을 의미한다.
- 다양성: 문화의 차이를 의미하는데 문화의 형태가 매우 상이하다는 것을 의미한다.
- 공유성: 다른 사회의 구성원과 구별되는 공통적인 속성을 지닌다.
- 누적성(축적성): 세대 간에 전승되며 축적된다.

3) 사회복지 실천의 함의

인간은 같은 문화 속에서 공존하는 사람들과 상호작용하면서 살아가므로 문화의 영향을 많이 받을 수밖에 없다. 인간에 대한 문화의 영향력을 중시하는 관점은 화이트(White, 1959)의 문화결정론적 시각이다. 문화결정론이란 인간의 생활양식은 소속된 문화 배경에 의해 결정된다고 보는 견해로, 그는 인간은 문화의 산물이며, 인간행동은 문화에 대한 반응이라고 하여 문화에 의해 개인이 어떻게 생각하고 느끼며 행동할지가 결정된다고 보았다. 따라서 특정 사회에서 출생한 개인은 그가 속한 문화에 내재된 가치, 규범, 신념체계 등을 내면화하는 사회화 과정을 거쳐 사회체계에 통합되어 간다. 이러한 사회화 과정에서 개인은 특정 사회에서 바람직한 것으로 인정되는 역할과 태도, 행동양식과 가치를 학습하게 된다(권중돈, 2014, p. 71에서 재인용). 오늘날 인간행동과 관계되는 모든 전문직과 학문 분야에서는 문화가 반드시 관심과 이해의 대상이 되어야 한다는 점을 인정하고 있다. 문화에 대한 이러한 인식은 특히 휴먼서비스 제공자들에 대해 시사해 주는 바가 크다. 문화의 힘에 대한 인식 없이는 문화적 경험이 현저하게 다른 사람들을 돌보거나 가르치거나 지원하기가 아주 어렵기 때문이다. 동시에 문화에서 개인에 이르기까지의 모든 대상들을 과도하게 일반화시키는 인간의 성향을 피하는 것도 힘들다(Anderson & Carter, 1999).

문화가 인간의 행동과 삶 속에 밀접하게 연관되어 있기 때문에 사회복지 실천은 문화적 민감성을 가지고 수행되어야 한다. 사회복지 실천과정에서 접촉하게 되는 개인, 가족, 집단, 조직, 지역사회 등은 다양한 문화를 가지고 있으며 이들의 문화는 사회복지사의 문화와는 다른 문화일 수 있다. 그러므로 사회복지사는 자신이 경험하고 자신에게 내재되어 있는 문화와 다른 문화에 대해서도 수용적인 태도를 취할 수 있어야 한다.

가령 사회복지사가 지역사회를 대상으로 활동할 때 지역사회에 영향을 미치는 문화적 요인을 파악하고 활용할 수 있어야 한다. 그렇게 해야 클라이언트의 문화적 특성을 이해할 수 있게 될 수 있고 문화적 차이에서 오는 윤리적 딜레마도 해결할 수 있을 것이다(최옥채, 박미은, 서미경, 전석균, 2011, pp. 355-359).

생각해 볼 문제

1. 사회체계로서 가족의 특성을 설명해 보시오.
2. 사회체계로서 집단의 특성을 설명해 보시오.
3. 과업집단에 대해 설명해 보시오.
4. 사회체계로서 조직의 특성을 설명해 보시오.
5. 사회체계로서 지역사회의 특성을 설명해 보시오.
6. 사회체계로서 문화의 특성을 설명해 보시오.
7. 사회복지사가 사회환경에 대해 이해해야 하는 이유에 대해 설명해 보시오.
8. 집단과 조직의 유사점과 차이점을 설명해 보시오.
9. 집단의 발달단계에 대해 설명해 보시오.

10. 사회복지 실천에서 조직이 갖는 의미에 대해 설명해 보시오.
11. 지역사회가 사회복지 실천에서 갖는 의미에 대해 설명해 보시오.
12. 집단 관련 개념 중 상호작용과 응집력에 대해 설명해 보시오.
13. 미시체계, 중간체계, 거시체계에 대해 설명해 보시오.
14. 개방형 가족체계에 관한 설명으로 옳은 것을 모두 고른 것은?

ㄱ. 가족 체계 내 엔트로피 상태가 지속된다.
ㄴ. 외부로부터 정보를 통해 체계의 기능을 발전시킨다.
ㄷ. 지역사회와의 교류가 활발하다.
ㄹ. 투입과 산출이 거의 없는 상태다.

① ㄱ, ㄴ ② ㄱ, ㄷ
③ ㄴ, ㄷ ④ ㄱ, ㄷ, ㄹ
⑤ ㄴ, ㄷ, ㄹ

15. 조직문제에 대한 해결책 모색이나 성과물 산출을 목적으로 하는 집단은?

① 성장집단 ② 치료집단
③ 사회화집단 ④ 과업집단
⑤ 교육집단

참고문헌

강상경(2014). 인간행동과 사회환경. 경기: 나남.

고순철(1998). 지역사회개발 활성화를 위한 학문적 정책과제. 지역사회개발연구, 23(1), 85-108.

구정화(2011). 사회학 에세이: 구정화 교수가 들려주는 교실 밖 세상이야기. 서울: 해냄출판사.

권중돈(2014). 인간행동과 사회복지실천-이론과 적용-. 서울: 학지사.

김동배, 권중돈(2003). 인간행동이론과 사회복지실천. 서울: 학지사.

김동배, 권중돈(2007). 인간행동이론과 사회복지실천(증보판). 서울: 학지사.

김상균, 최일섭, 최성재, 조흥식, 김혜란(2001). 사회복지개론. 경기: 나남.

김상균, 최일섭, 최성재, 조흥식, 김혜란, 이봉주, 구인회, 김상경, 안상훈(2013). 사회복지개론. 경기: 나남.

남세진(1992). 집단지도방법론. 서울: 서울대학교 출판부.

박연호(2000). 조직행동론. 서울: 박영사.

백은령, 김선아, 양숙미, 엄미선, 윤철수(2008). 사회복지실천론. 서울: 대왕사.

성정현, 여지영, 우국회, 최승희(2004). 가족복지론. 서울: 양서원.

손병덕, 성문주, 백은령, 이은미, 최인화, 정정호, 송현아(2017). 인간행동과 사회환경(2판). 서울: 학지사.

안호용, 김홍주(2000). 한국 가족변화의 사회적 의미. 한국사회, 3(1). 고려대학교 한국사회연구소.

엄신자(2007). 인간행동과 사회환경. 서울: 인간과 복지.

여성한국사회연구소(2002). 가족과 한국사회: 변화하는 한국가족의 삶 읽기. 서울: 경문사.

이원숙(2004). 가족복지론. 서울: 학지사.

이인정, 최해경(2008). 인간행동과 사회환경. 경기: 나남.

장인협(1989). 사회사업실천방법론. 서울: 서울대학교 출판부.

장인협, 김융일, 정진영, 이정숙, 조홍식 공역(1998). 인간행동과 사회환경. 서울: 집문당.

정옥분, 정순화, 홍계옥(2014). 결혼과 가족의 이해. 서울: 시그마프레스.

정지웅, 이성우, 정득진, 고순철(2001). 지역사회학. 서울: 서울대학교 출판부.

최순남(1999). 인간행동과 사회환경. 경기: 한신대학교출판부.

최옥채, 박미은, 서미경, 전석균(2011). 인간행동과 사회환경. 경기: 양서원.

최옥채, 박미은, 서미경, 진석균(2016). 인간행동과 사회환경(5판). 경기: 양서원.

최옥채, 박미은, 서미경, 전석균(2020). 인간행동과 사회환경(6판). 경기: 양서원.

최일섭, 류진석(2003). 지역사회복지론. 서울: 서울대학교 출판부.

최재석(1995). 한국인의 사회적 성격. 서울: 개문사.

최창현(1995). 조직사회학. 서울: 학문사.

한국사회복지교육협의회(2020). 사회복지교과목지침서.

홍현미라, 김가율, 민소영, 이은정, 심선경, 이민영, 윤민화(2010). 지역사회복지론. 서울: 학지사.

Anderson, R. E., & Carter, I. E. (1990). *Human Behavior in the Social Environment: A Social Systems Approach*. New Brunswick, USA/London, UK: Aldine Transaction.

Anderson, R. E., & Carter, I. (1999). *Human behavior in the social environment: A social systems approach* (5th ed.). New York: Aldine Publishing Company.

Barker, R. L. (1986). *The social work dictionary*. Washington, DC: NASW Press.

Barker, R. L. (2003). *The social work dictionary* (5th ed.). Washington, DC: NASW Press.

Bronfenbrenner, U. (1979). *The ecology of human development*. Cambridge, MA: Harvard University Press.

Brown, L. N. (1991). *Groups for growth and change*. New York: Longman.

Chess, W. A., & Norlin, J. M. (1988). *Human behavior and the social environment: Social system theory*. Boston: Allynn and Bacon.

Daft, R. L. (1998). *Organization theory and design* (6th ed.). Cincinnati, OH: South-Western College Publishing.

Etzioni, A. (1969). *A comparative analysis of complex organizations*. New York: The Free Press.

Greene, R. R. (2011). *Human behavior theory and social work practice*. NJ: New Brunswick.

Homan, M. S. (1999). *Promoting community change: Making it happen in the real world* (2nd ed.). Pacific Grove, CA: Brooks/Cole.

Hutchison, E. D. (2016). *Dimensions of Human Behavior: Person and Environment*, Fifth Edition, SAGE.

Johnson, D. W., & Johnson, F. R. (1997). *Joining together* (6th ed.). Englewood Cliffs, NJ: Prentice-Hall.

Kreitner, R., & Kinichi, A. (1998). *Organizational behavior* (4th ed.). Boston, MA: McGrow-Hills.

Middlemist, R. D., & Hitt, M. A. (1981). *Organizational behavior: Applied concepts*. USA: Science Research Association Inc.

Norlin, J. M., & Chess, W. A. (1997). *Human behavior and the social environment: Social systems theory* (3rd ed.). Boston, MA: Allyn and Bacon.

Northen, H., & Kurland, R. (2001). *Social work with groups* (3rd ed.). Columbia University Press.

Parsons, T. (1960). *Structure and process in modern society*. Glenco, IL: The Free Press.

Pillari, V., & Newsome, M. Jr. (1998). *Human behavior in the social environment* (Families, Groups, Organizations, and Communities). Pacific Grove, Calif.: Brooks/Cole.

Schriver, J. M. (2004). *Human behavior and the social environment* (4th ed.). Pearson Education. Inc.

Streeter, C. (2008). Community: Overview. In T. Mizrahi & L. E. Davis (Eds.-in-Chief), *Encyclopedia of social work* (20th ed., Vol. 1, pp. 347-355). Washington, DC, and New York: NASW Press & Oxford University Press.

U.S. Census Bureau (2017). https://www.census.gov/programs-surveys/cps/technical-documentation/subject-definitions.html#family

White, L. A. (1959). *The Evolution of Culture: The. Development of Civilization to the Fall of Rome*. McGraw-Hill, New York.

Zastrow, C., & Kirst-Ashman, K. (1997). *Understanding human behavior and the social environment* (4th ed.). Chicago, Ill: Nelson-Hall.

Zastrow, C., & Kirst-Ashman, K. (2001). *Understanding human behavior and the social environment* (5th ed.). Belmont, CA: Brooks/Cole, Thomson Learning.

Zastrow, C., & Kirst-Ashman, K. (2009a). *Understanding human behavior and the social environment* (8th ed.). Belmont, CA: Cengage Learning.

Zastrow, C., & Kirst-Ashman, K. (2009b). *Introduction to social work and social welfare: Empowering people* (10th ed.). Belmont, CA: Cengage Learning.

브리태니커백과사전(2014). http://premium.britannica.co.kr

위키백과사전(2017). 문화. https://ko.wikipedia.org

제 8 장

다문화이론

학습목표

- 다문화의 개념에 대해 이해한다.
- 다문화이론들의 내용과 각 이론의 차이점을 이해한다.
- 국내 다문화의 구조와 실태에 대해 이해한다.
- 국내 다문화정책에 대해 이해한다.

세계화(globalization)의 흐름은 유학, 이민, 해외취업 등의 자국민의 해외 진출만이 아니라, 국내로의 외국인 유입도 촉진시켰다. 우리 사회에 '다문화'란 용어가 낯설지 않은 것은 이러한 외국인 국내 유입의 증가에서 찾아볼 수 있다. 그러나 다문화가 무엇인지, 다문화정책을 통해 그리는 사회가 어떤 모습인지에 대해서는 아직 구체적인 논의가 부족한 실정이다. 이와 관련하여 이 장에서는 국내로 유입되는 외국인 이주민의 유형과 실태, 다문화정책을 살펴 국내 다문화의 현주소를 알아보고, 사회복지 실천의 함의에 대해서도 살펴본다.

1. 다문화사회

1) 다문화의 정의

다문화란 '국민국가' '국민정체성'과 상반되는 정치적 · 문화적 특성을 갖는데, 국민국가는 근대성(modernity)과 밀접하게 연결되며 역사적 · 정치적으로 지난 두 세기 동안 형성된 산물이라고 할 수 있다. 이러한 국민국가에서 추진하는 국민주의는 정치적 경계와 문화적 경계를 일치시키려 하고, 문화와 정체성의 동질화 과정을 상정한다. 그러나 다문화란 이러한 동질화된 국민국가에 소수민족, 이민자 집단, 소수문화 집단의 정체성이 공존하는 것을 의미한다(Martiniello, 2012). 또한 다문화는 주류사회의 가치관과 문화만이 바람직하다는 시각이 아니라 소수자 집단, 하위문화, 다양한 문화적 정체성과의 공존이 필요하다는 시각도 포함된다.

그러므로 다문화는 '국민적 정체성'으로 단일문화의 틀로 한 국가 내에 역사적 · 정치적으로 통합되었던 소수민족, 인종집단, 소수자 집단, 하위문화의 문화적 정체성을 인정하고 그들에게 권리를 부여하는 다양성의 사회로 정의할 수 있다(김동진, 박인아, 윤구원, 2013; Martiniello, 2012).

다문화에 대한 논의는 시민의식, 인권주의와도 깊은 관련이 있다. 1960년대 서구의 민권운동, 프랑스의 6 · 8 학생운동, 미국의 흑인 인권운동부터 시작해서 1970년대는 유럽의 이민노동자 문제가 다문화 논의의 중심이 되었다. 1980~1990년대는 국민 내 소수집단 문제에 대해 다양한 가치의 존중을 중시하는 것이 중심 담론이 되었으며, 2000년대에 들어서는 자본과 노동의 세계화로 인한 이주노동자의 문제가 다문화 논의의 중심이 되고 있다. 우리나라에서는 이주노동자보다는 국제결혼가족의 통합 차원에서 다문화가 논의되고 있다.

2) 국내 다문화 실태

(1) 국내 거주 외국인

국내 거주 외국인 주민수는 최초 조사연도인 2006년 54만 명에서 2020년 4배 이상 증가한 200만 명을 넘어었다. 외국인주민 비율은 2006년 1.1%(주민등록인구 대비)에서 2020년 4.2%로 증가하였다. 2020년 기준 외국인 주민 중 국적 미취득자는 78.7%(169만 명)이고 국적 취득자는 9.2%(약 20만 명), 외국인주민 자녀는 3.7%이다. 외국인 주민 유형을 살펴보면([그림 8-1] 참조), 외국인 근로자가 가장 많으며, 기타 외국인, 외국 국적 동포, 결혼이민자, 유학생 순으로 많다(행정안전부, 2021).

체류외국인을 국적별로 살펴보면, 한국계 중국인을 포함한 중국이 약 75만 명으로 전체의 44.2%로 가장 많으며, 다음으로 베트남(11.8%), 태국(9.8%), 미국(3.5%), 우즈베키스탄(3.4%) 순이었다(행정안전부, 2021). 한국계 중국인이 전체 외국인 거주자 중 가장 많은 이유는 1999년 제정된 「재외동포법」이 2004년 개정될 때 대한민국 정부 수립 이전에 국외로 이주한 동포와 그

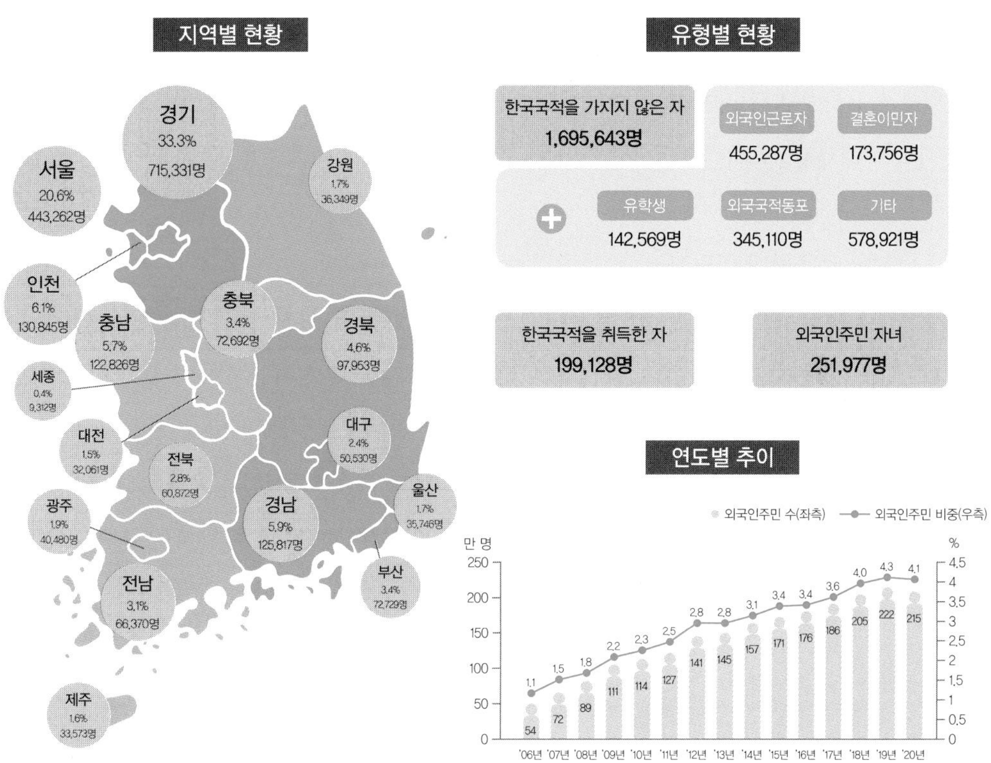

[그림 8-1] 외국인 주민 지역별 · 유형별 현황

출처: 행정안전부(2021).

직계비속까지 포함하면서 중국 조선족(중국에서는 소수민족 중 하나임)의 국내 방문과 취업이 쉬워졌기 때문이다. 현재 방문취업비자로 5년간 국내에서 취업할 수 있다.

외국인의 거주 지역은 전체 외국인의 60%가 수도권에 거주하며, 경기도(33.3%), 서울(20.6%), 인천(6.1%), 경남(5.9%), 충남(5.7%) 순으로 전체의 절반 이상이 서울과 경기도에 밀집해 있다. 총인구 대비 외국인주민 비율(전국 4.2%)은 충남 5.7%, 경기 5.3%, 제주 5.0%, 서울 4.6%. 충북 4.5%, 인천 4.5%

순으로 충남이 제일 높은 비율을 보인다(행정안전부, 2021).

(2) 다문화 구조와 실태

국내의 다문화를 구성하는 집단은 결혼이민자, 이주노동자, 북한이탈주민(새터민)으로 구분할 수 있다.

① 결혼이민자

국제결혼은 2000년대부터 급격히 증가하기 시작했다. 2002년 이후 매년 높은 증가율을 보이던 결혼이민자는 2014년 결혼이민 사증발급심사강화 등으로 최근 3년간 평균증가율은 1.6%로 완만한 증가추세로 전환한 것으로 나타난다.

외국인과의 혼인에서 성과 국적별 구성을 보면, 전체 외국인과의 혼인 중 외국 여성과의 혼인이 외국 남성과의 혼인보다 많으며, 외국인 아내 국적은 2021년 기준 중국(27%), 태국(17.7%), 베트남(14.7%) 순으로 많고, 외국인 남편 국적은 미국(31%), 중국(18.9%), 베트남(10.7%) 순이다(법무부 출입국외국인정책본부, 2022).

여성의 이주에는 노동 이주와 결혼 이주가 있는데, 이 중 결혼 이주는 여성의 성(gender)과 세계화 및 이주 현상으로부터의 복합성을 보여 준다. 이들은 친정과 시댁의 생계를 책임지는 노동자이면서, 아내, 어머니라는 가족 내의 지위를 가지고 있었고 동시에 두 나라의 시민 자격이 교차하는 복합적인 지대에 있음을 알 수 있다(이기숙, 박충선, 권희경, 김순남, 김영주, 2011).

② 이주노동자

세계화는 전 세계적으로 자본, 노동, 상품, 기술, 정보 등이 국경을 넘어 이동·교환되거나 새롭게 창출될 수 있는 환경을 구축한다. 그 과정에서 새로운 일자리를 위해 다른 나라로 임시 혹은 영구적으로 이주하는 이주민이 증가한다(이기숙 외, 2011). 우리나라도 1980년대 말부터 외국인 노동자들이 국내에 들어오기 시작해서, 2022년 취업자격 체류외국인은 약 40만 명이 조금 넘는다(법무부 출입국외국인정책본부, 2022).

이주노동자 증가의 배경으로는 유출과 유입의 시각에서 살펴볼 필요가 있다. 먼저 유출은 외국인 노동자의 자국 유출동기를 의미한다. 이주노동자들은 한국과 중국 및 동남아 지역 간의 임금 격차, 자국 내 일자리 부족 등으로 자국을 떠나 타지에서 일자리를 찾는다. 유입 동기를 살펴보면, 1993년 산업연수생제도가 도입되며 외국인 노동자 고용이 증가하였다. 산업연수생제도는 국내에서 자국 인력을 구하지 못한 사업체가 외국인 노동자를 고용을 허가하는 제도로 위험률이 높고, 작업환경이 불결하고, 일이 힘든 소위 3D업종의 인력난 해소 방안으로 선호되었다. 그러나 산업연수생제도의 송출 비리, 외국인 노동자의 사업장 이탈, 임금체불과 비인권적 처우 등의 문제를 개선한 2004년 고용허가제가 도입되어 병행 운영하다가 2007년 고용허가제로 통합되었다.

③ 북한이탈주민(새터민)

한국의 문화에 다양성을 가져다준 또 다른 집단은 북한이탈주민들의 입국이다. 통일부 통계에 의하면 1994년을 기점으로 매년 입국자가 증가하여 2009년에 2,929명까지 증가하였다. 그러나 이후 감소 추세를 보이고 2020년에는 코로나19로 인한 북중 국경통제 등의 영향으로 229명의 급격한 감소를 보인다. 북한이탈주민의 성별을 보면, 1990년대까지는 남성 탈북자가 월등히 많았지만 2000년대 이후부터는 여성 탈북자가 더 많다. 1998년 여성 탈북자는 전체의 12%에 불과했지만, 2002년을 기점으로 남성비율을 넘어서 전체 약 72%를 차지한다(통계청, 2022).

2. 다문화이론

1) 다문화정책 이론

근대국가 형성기의 소수민족 간의 통일과정, 지역적 · 역사적 통합과는 달리 21세기 현대의 다문화 논의는 세계화의 과정이며 그 산물인 이주와 관련되어 있다. 다문화국가가 발생하는 배경에는, 첫째, 영국, 프랑스처럼 구식민지 국가 출신들이 식민국가로 이주하면서 다인종 사회로 진입하는 유형이 있다. 둘째, 독일처럼 부족한 노동력을 충당하기 위해 외국인 노동자를 고용하면서 다인종 사회로 진입하기도 한다. 셋째, 이민에 의해 다인종 사회로 진입하는데, 미국, 캐나다, 호주가 이 유형에 속한다(홍기원, 2006). 이처럼 다양한 원인과 유형으로 발생하고 이를 적용한 국가의 정책도 나라별로 상이한 편차를 보이는데, 주요한 것으로 동화모형, 차별적 포섭(배제)모형, 다문화주의 등이 있다(지종화, 정명주, 차창훈, 김도경, 2009, p. 474). 한 국가 내에서도 동화주의, 차별적 포섭/배제 모델, 다문화주의 한 가지만 사용되는 것이 아니라 여러 모델이 혼합되어 시행된다. 예를 들어, 우리나라도 노동정책에는 차별적 포섭(배제)모형을, 사회정책에는 동화주의가, 그리고 문화정책에는 다문화주의가 나타난다(이영범, 남승연, 2011, p. 153).

(1) 동화주의

동화주의는 이민자들이 자신의 문화와 정체성을 독자적으로 유지하기보다는 주류사회로의 동화(assimilation)를 궁극적으로 추구해야 할 과제로 본다. 이민자들은 접촉–경쟁–화해–동화의 네 과정을 경험하면서 주류사회로 동화된다. 동화주의는 이민을 받는 사회의 문화적 우월성을 전제하며, 지배문화 이외에 다양성, 소수문화를 인정하려 하지 않는다. 따라서 동화주의는

인종적 측면만이 아니라 하위문화 혹은 소수문화에 속한 개인 및 집단들도 생활방식, 관습, 가치, 언어 등을 포기하고 사회의 지배문화를 채택하고 습득할 것을 요구한다(김범수 외, 2013).

동화주의 사회에서는 국민 내의 잠재적 소수집단이나 이민자들은 다수집단의 사회 속에 융해되며, 문화적 적응이라는 단선적 과정을 통해 다수, 즉 주류집단에 속한다. 주류집단으로의 동화가 필연적 과제이기 때문에 이민자와 소수국민집단은 그 특징과 문화적 정체성을 잃어버리거나, 사적인 영역에서 은밀하게 보존한다. 동화주의는 출신 민족, 인종, 언어의 다양성보다는 현재 속한 국가의 국민이라는 소속감과 공동체가 우선시되어야 한다. 이러한 문화와 정체성의 전이를 위해 국가는 이주자, 소수민족들을 국민공동체에 소속시키기 위한 다양한 정책을 실시한다. 일반적으로 동화주의를 표방하는 국가들은 새로운 사람들을 가급적 빠른 시일 내에 국민이라는 공동체에 포함시키려 하기 때문에 속지주의를 택하는 국가가 많다(Martiniello, 2012).

용광로 개념

동화주의와 관련한 개념으로 용광로가 있다. 용광로(melting pot) 개념은 18, 19세기 미국 사회의 특징을 요약한 개념으로 각 사람들의 소수 민족적, 문화 · 종교적 배경을 뛰어넘어 현지 그룹과 이주 그룹이 혼합되면서 문화적 · 생물학적으로 새로운 미국인, 미국문화를 만들어 낸다는 것이다. 즉, 동화주의는 이주민의 정체성은 상실되지만 이주한 국가의 국민정체성을 갖는다면 이주민에 대한 차별 없이 주류사회에 동화될 수 있기에 국민으로서의 평등성을 갖는다. 그러나 실제 미국 사회가 용광로 사회라고 하기에는 한계가 있다. 유럽계 이민자들의 주류사회로의 동화와 인디언, 흑인, 히스패닉 이민자와 그 후손들의 동화의 결과는 평등하지 않다고 평가된다.

출처: 정재각(2010).

(2) 차별적 포섭/배제(차별배제모형)

차별적 포섭(배제)모형은 한 국가 내의 인종적 소수인은 인정하지 않고 국민의 단일성을 위협하는 요인으로 소수 인종과 소수 문화를 인식한다. 인종적 소수자를 제거하거나 최소화하는 것을 정책목표로 설정한다. 차별적 포섭/배제는 필요에 따라 그 존재가 인정되고 필요성이 없어지면 인정되지 않는다(지종화 외, 2009, p. 474). 예를 들어, 1960년대 독일에서 이민자들은 노동시장에 별다른 어려움 없이 포섭되었다. 그러나 이민자들이 독일 사회 내에 문화적으로 동화되도록 장려되지 않고, 계약 종료 후 고국으로 귀국시키는 정책이 이에 해당한다. 우리나라의 외국인고용정책도 차별적 포섭(배제)모형에 속한다. 차별적 포섭/배제를 장려하는 국가들의 경우 국적과 민권정책은 제한적이며, 속인주의 혹은 혈통에 의한 권리가 주어진다. 귀화가 가능하지만 엄격한 조건이 따르고, 국가에 재량권이 주어져 그 절차가 길고 복잡하며 많은 비용이 든다. 국적의 권리는 외국인을 사회 내에 포섭하기보다는 배제하는 수단으로 사용된다(Martiniello, 2012).

(3) 다문화주의

다문화주의란 말은 일반적으로 인간사회의 다양성과 인구학적이고 문화적인 다양화를 설명하기 위해 사용된다. 또한 한 나라 안에 몇 가지 문화가 공존하는 것으로 정의할 수 있다(Martiniello, 2012, p. 88). 다문화주의란 용어는 캐나다가 다문화주의 정책을 시행하면서 많이 사용되기 시작했고, 1980년대 이후로 북아메리카와 오스트레일리아, 유럽에서 본격적으로 사용되었다(김범수 외, 2013). 다문화주의의 주요 정책은 문화적 이질성, 즉 다른 문화를 인정하고 보호하기 위한 것으로 다문화 이주자들의 자존감을 높여 주류사회에 대한 적응력을 높이고 의욕을 유발한다(지종화 외, 2009, p. 476). 다문화주의는 주류사회에 동화되지 않고 이민자들이 고유 언어, 문화와 정체성을 유지하면서도 이민사회에 기여할 수 있다고 본다. 이러한 모습은 샐러드 볼(salad

bowl) 또는 오케스트라로 표현되기도 한다. 즉, 샐러드 볼에 담긴 각각의 재료가 고유의 모양을 유지하면서 섞이면 맛있는 샐러드가 되는 것처럼 여러 인종, 여러 민족이 각자의 특성을 유지하면서 사회에 기여하는 것이다. 오케스트라의 경우도 각 악기들은 고유의 소리를 내지만 지휘자의 지휘봉에 맞추어 화음을 이루면 아름다운 오케스트라 협연이 된다. 따라서 이중언어와 이중문화권을 형성하면서 주류사회로의 진출을 모색하는 것이 바람직하다고 본다. 그러나 현실적으로 과연 가능한지에 대한 문제점도 있다(김범수 외, 2013). 다문화주의도 특징에 따라 온건 · 강경 다문화주의로 구분된다.

① 온건다문화주의

이국적 음식, 복장, 장신구 등의 생활양식과 소비양식에서 나타나는 문화적 다양성과 다양한 정체성을 수용하는 것을 온건(soft)다문화주의라고 한다. 태국 음식, 인도 음식을 즐기며, 유럽식 카페거리, 외국 식음료 전문몰 등에서 문화적 소비와 여가를 즐긴다. 사람들은 멀리 떠나지 않아도 인접 공간 안에서 개인의 다문화성과 다양한 정체성을 추구하고 펼칠 수 있다(Martiniello, 2012). 온건다문화주의는 주류사회와의 문화적 충돌이 일어나지 않는다. 이국적 문화와 소비에 대한 개인의 기호로 여겨진다.

② 강경다문화주의

강경(hard)다문화주의는 온건다문화주의의 생활의 변화와 피상적 의미의 다원주의를 극복하면서, 개인 또는 소수집단의 민족적 · 문화적 정체성과 다양성의 공적인 인정을 요구하고, 국민적 정체성 확장에 민족집단들을 포함시킨다(김범수 외, 2013; Martiniello, 2012).

다문화주의 사회에서의 정의는 모든 개인에게 인정된 보편적인 권리를 넘어서, 어떤 개인과 소수집단에 대해서는 특별한 권리와 위상을 포함해야 한다. 모두에게 평등한 개인의 권리와 특정 소수집단의 성원을 위한 특별권리라는 두 가지 성격이 포함되기 때문이다. 강경다문화주의에서는 사회와 정부의 공적이고 적극적인 개입이 필요하다(김범수 외, 2013).

(3) 시장다문화주의

시장다문화주의는 문화적 재화에 대한 수요가 구매력을 동반할 때 그에 상응하는 공급을 통해 생겨난다. 대형 음반가게 안의 '민족음악'이나 '세계음악' 진열대 등이 인기를 얻고 경제적인 성공을 하기도 하며, 히스패닉계 소수집단이 밀집한 지역에는 히스패닉어 TV 채널이 있어 문화적 재화의 수요에 부응한다. 프랑스에서는 1970년대부터 대규모 자동차공장에 회교도 노동자들의 생산성 향상을 목적으로 기도 장소를 설치했다. 시장의 다문화주의는 단순한 경제적 계산으로 이익을 가져오는 조건하에서 사기업 영역에서는 다양성을 인정하고, 장려도 하는 것이다(Martiniello, 2012).

시장다문화주의는 경제적 이익을 극대화시키는 것을 목표로 하고 있어 철학적 · 사회적 · 논리적 사고에서는 벗어나 있다. 따라서 시장다문화주의는 경제 또는 경영의 논리로 보면 된다(김범수 외, 2013; Martiniello, 2012).

2) 국가별 유형

다문화주의와 관련한 국가별 유형은 다문화주의 정책 특성에 따라 구분할 수 있다. 구체적으로 다문화정책을 하고 있는 국가별 특징을 살펴보면, 프랑스는 동화모형을 바탕으로 다문화에 대한 지원을 원칙적으로 인정하지 않지만, 최근에 와서 다문화에 대한 지원을 일부 하고 있다. 동화모형의 문제점을 인식하고 소수인종의 차별적 대우를 철폐하고 갈등을 해소하는 정책을 일부 시행한다. 독일은 차별적 포섭(배제)모형에 근거하여 다문화 이주자의 정주나 지원은 미약한 편이다. 그러나 인종적 · 사회적 갈등 해소를 위한 다문화 지원 등의 정책을 시행하고 있다. 호주는 다양한 다문화정책을 실시하고 있

표 8-1 다문화주의 정책 특성에 따른 유형과 국가 분류

유형 및 국가 분류 / 기준	유형	국가
① 법적 지위와 사회정책 ② 소수민족 집단 교육 ③ 반인종주의 수준 ④ 시민권 ⑤ 국가정체성	다문화모형	미국, 캐나다, 호주, 뉴질랜드, 스웨덴
	동화모형	프랑스, 네덜란드, 영국, 이탈리아, 아일랜드
	차별배제모형	독일, 벨기에, 홍콩, 오스트리아, 스위스, 싱가포르, 타이완, 말레이시아, 태국, 한국, 일본

출처: 이영범, 남승연(2011), p. 155, 〈표 6〉 발췌.

다. 그러나 근본적인 인종적 · 민족적 문제점을 해결하지 못하고 소수에 대한 피상적 지원이라는 평가를 받는다(지종화 외, 2009, p. 488).

3) 다문화주의의 과제

다문화주의가 경계해야 하는 것은 문화적 상대주의에 대한 맹신이다. 상대주의는 모든 믿음은 개별 사회에 따라 상대적인 것이며, 비교의 대상이 될 수 없다는 것을 상정한다. 문화적 상대주의가 극단적으로 흐르면 모든 문화에 동일한 가치가 부여되고 정당화되기 때문에 비합리적이고 차별적인 인습과 관행마저도 인정하게 된다(Martiniello, 2012). 예를 들어, 이슬람 문화권의 심각한 여성차별, 유교사회의 가부장제 등이 있다. 소수집단을 보호하고 문화적 차이를 존중한다는 구실을 내세워 인종적이고 문화적인 분리, 공동체 안으로의 개인의 고립을 조장하는 경향도 있다. 이것은 개인은 어느 한 문화에만 속해야 한다고 보는 다문화주의다(Martiniello, 2012).

3. 사회복지 실천의 함의

1) 다문화가족에서 다문화사회로

국내 거주 외국인 수가 점점 증가하고 있지만, 아직 한국 사회가 추구하는 다문화사회의 모습에 대한 공론과 합의는 부족하다. 오랜 시간 동안 자연스럽게 국가 간의 교류와 개인 간의 교류에 의한 서로에 대한 문화적 이해와 공감이 형성된 방식이 아니라, 급속한 산업화를 겪은 것처럼 다문화로의 변화도 어느 날 갑자기 찾아온 '사건'과 같이 발생했다고 할 수 있다. 이것은 소수민족과의 통합, 국민국가 형성 등의 역사를 가진 유럽과 달리 우리나라는 1990년대에 노동력의 부족으로 도입된 외국인 노동자, 2000년대 농어촌 · 도시 저소득층 남성들의 결혼난으로 인한 국제결혼의 결혼 이주 여성의 형태로 외국의 다양한 문화와 정체성이 들어왔기 때문이다.

국내에 거주하는 외국인에 대한 태도와 정책은 혈연 중심에 기반하여 한국인과 결혼한 결혼이주민과 그 자녀들이 한국문화를 받아들이고 한국인으로서의 정착과 적응을 돕는 데 주력해 왔다. 따라서 국내에 다문화란 '다문화가족'으로 소개되고, 다문화정책은 다문화가족을 위한 정책과 서비스에 국한되는 한계점을 보인다.

그러나 다문화사회란 결혼이주민과 그 자녀만이 아니라 이주노동자, 북한이탈주민 등을 모두 포괄하는 개념이다. 따라서 "한국 사회에 새로운 성원으로서 이들의 정착과 적응을 돕는 문화적인 역량을 갖춘 서비스"(한국여성복지연구회, 2011)가 모두를 포괄하는 방향으로 증가해야 할 것이다. 또한 외국인에 대한 체제위협을 강조하고 배타적 민족주의, 인종주의, 외국인 혐오증(xenophobia, 제노포비아)의 위험과 문제점을 인식하며 건전한 시민의식을 배양할 수 있도록 대중교육 등이 필요하다(안병영, 2013).

2) 사회복지 정책과 서비스

(1) 다문화가족지원법

증가하는 외국인 노동자와 결혼 이주 여성 등에 대한 한국 사회의 적응을 위한 정책과 서비스는「다문화가족지원법」이 대표적이다. 2008년 시행된「다문화가족지원법」은 내국인과 외국인으로 구성된 가족과 한국 국적취득자 가족을 대상으로 저소득층에 대한 경제적 지원과 한국 적응을 돕기 위한 교육 · 상담 등의 서비스를 제공하는 것을 주요 목적으로 한다.「다문화가족지원법」에 의해 여성가족부 관할로 다문화가족지원센터가 운영된다. 지역센터의 서비스 내용은 한국어 교육, 다문화가족 취업 연계 및 교육 지원, 개인 · 가족상담의 기본 사업과 다문화가족 자녀 언어 발달 지원, 통 · 번역 서비스 등의 특성화 사업 등의 운영사업을 한다. 조직의 형태로는 다문화가족에 대한 직접 서비스 실행처로 시 · 군 · 구에 다문화가족지원센터가 있으며, 시 · 도에 관할 지역센터를 지원하는 거점센터, 중앙에 프로그램 및 업무 매뉴얼을 개발 · 보급하는 중앙관리기관의 조직도를 갖는다.

또한 영어, 중국어, 일본어, 몽골어 등으로 '다누리' 홈페이지(www.liveinkorea.kr)가 운영되고 있다.

(2) 외국인 관련 법: 외국인 근로자의 고용 등에 관한 법률, 재한외국인 처우 기본법

외국인 근로자에 대한 효율적인 고용관리와 노동자로서의 권익을 보호하기 위해 2004년「외국인 근로자의 고용 등에 관한 법률」이 시행되었다. 이 법은 외국인 노동자의 권익보호 측면보다는 국내 정주화 방지를 위한 단기순환 원칙을 견지하지만, 기업에서 숙련된 인력을 계속 사용할 수 있도록 성실하게 근로한 외국인 근로자는 계약이 끝나고 출국한 날로부터 3개월이 지나면 다시 취업할 수 있도록 하고 있다.

「재한외국인 처우 기본법」은 2007년 제정 · 시행되고 있는 이민자 사회통합에 관한 기본법으로, 외국인 정책을 총괄하고 재한외국인의 처우 등에 관한 내용을 담고 있다.

3) 사회복지사의 역할과 다문화정책의 발전 방향

다문화 영역에서 활동하는 사회복지사는 다문화주의 관점에서 다문화 실천이 요구되며, 높은 문화적 역량이 중요하다. "다문화 실천이란 다양성을 존중하며 사회복지사가 다문화 상황에서의 실천을 위해 필요한 역량을 실천모델로 개발하고, 적용하는 것"(김지혜, 2011, p. 329)이다. '문화적 역량'이란 다양한 문화적 배경의 클라이언트에게 효과적인 서비스를 제공하기 위해서는 사회복지사가 실천가 자신에 대한 인식을 기반으로 하여 개인, 가족, 소수집단 등 다양한 클라이언트 단위의 세계관에 대해 인식함으로써 문화적으로 역량 있는 개입을 하는 것이다(김지혜, 2011, p. 330).

다문화정책의 발전 방향으로는, 첫째, 다문화정책의 총괄체계가 필요하다는 것이다. 국내 거주 외국인과 이민자 등에 대한 관련법과 정책이 일원화되지 않아 관련 부처마다 독자적인 프로그램을 운영하고 있어 중복성의 문제가 있다. 장기적으로는 교육과 상담 프로그램 등이 복지관, 다문화가족지원센터, 건강가정지원센터, 각 지자체 등에서 조정과 협의를 통해 지역적 특성을 고려한 프로그램 운영이 필요하다. 예를 들어, 지리적으로 다문화가족의 거주지 분포가 분산된 경우는 다문화가족지원센터만이 아니라 복지관 등 클라이언트의 접근성을 고려한 운영이 필요할 수도 있기 때문이다. 운영 단위의 일원화가 어렵다면 클라이언트가 기관마다 등록하는 중복성을 점검할 수 있고, 예산의 효율성을 위해 클라이언트 통합관리시스템도 도입될 수 있을 것이다.

둘째, 추구하는 다문화사회상이 구체화될 필요가 있다. 문화와 정체성의

다양성은 새로운 현상이 아니다. 우리나라는 지금 다문화가족의 증가, 다문화사회로의 변화가 긍정적이며 발전적이라는 시각들이 우세하다. 단일민족과 혈연주의 의식에서 탈피해야 하며, 한국의 역사에서 단일민족주의가 신화라는 설명도 있다. 또한 저출산 · 고령화로 인한 노동력 부족을 해결할 수 있으며, 결혼이민자와 그 자녀는 국가 간 교류를 이어 주는 역할을 할 것으로 보기도 한다(김동진, 박인아, 윤구원, 2013; 김범수 외, 2013). 그러나 문화적 · 민족적 다양성, 정체성의 다양성을 전통적 민족국가와 연결된 민주주의의 요구와 조화시키는 것이 가능한지, 개인의 권리에 근거한 민권과 소수집단에서 비롯된 민족적 · 문화적 특수성을 인정받으려는 욕구의 조화가 가능한지(Martiniello, 2012)에 대한 깊은 성찰과 고민이 필요하다. 다문화사회가 이상적인 유토피아만은 아닐 수도 있다. 다문화주의는 소수민족, 소수인종, 소수문화집단에 대한 차별이 없고 인권이 보장되며 다양한 정체성이 공적으로 인정되는 사회이지만, 다른 한편으로는 '국민'의 개념보다 민족, 인종이 앞설 수도 있으며 사회통합이 아닌 사회분리라는 부정적인 측면도 있을 수 있기 때문이다.

우리나라의 다문화정책은 한국 사회로의 동화와 차별적 포섭 또는 배제정책이 복합적으로 이루어지고 있다. 다문화사회의 논의의 핵심은 결국 국내로 이주한 외국인에 대한 인권의 문제라고도 할 수 있다. 이주노동자의 노동현장에서의 비인격적 대우와 차별, 열악한 노동환경, 결혼 이주 여성에 대한 가정폭력과 사회적 편견과 차별, 다문화가족 자녀에 대한 차별 문제 등 한국에서의 다문화란 이러한 문제들을 극복하며 다양한 인종과 문화적 정체성이 편견과 차별 없이 주류사회와 공존하며 사회통합을 이루는 방향으로 발전해야 할 것이다.

생각해 볼 문제

1. 국내 거주하는 외국인의 유형에 대해 설명해 보시오.
2. 우리나라가 외국인 노동자를 고용하는 방식에 대해 설명해 보시오.
3. 국내 거주 외국인의 증가 원인을 논의해 보시오.
4. 국제결혼으로 인한 결혼이민자의 특징에 대해 설명해 보시오.
5. 다문화이론 중 동화주의에 대해 설명해 보시오.
6. 다문화주의의 강경, 온건, 시장다문화주의의 특징을 설명해 보시오.
7. 결혼이민자를 포함한 국내 거주 외국인을 대상으로 하는 관련 법에 대해 설명해 보시오.
8. 현재 다문화정책의 내용과 개선점에 대해 논의해 보시오.

참고문헌

김동진, 박인아, 윤구원(2013). 다문화복지론. 경기: 공동체.

김범수, 서은주, 손병돈, 정재훈, 조석연, 최현미, 신승연, 최승희(2013). 다문화사회복지론. 경기: 양서원.

김지혜(2011). '다문화주의와 문화적 유능성'. 정순돌 외 편. 임상사회복지이론 (pp. 323-347). 서울: 학지사.

법무부 출입국외국인정책본부(2022). 출입국외국인정책 통계월보 2022년 4월호.

송정애, 정해은(2012). 가족복지론. 경기: 양서원.

안병영(2013). 왜 오스트리아 모델인가. 서울: 문학과 지성사.

이기숙, 박충선, 권희경, 김순남, 김영주(2011). 가족과 젠더. 서울: 창지사.

이영범, 남승연 (2011). '다문화주의 유형화에 관한 연구'. 한국정책학회회보, 20(2), 143-174.

이투데이(2014. 1. 7.). 다문화라는 이름의 정책.

정재각(2010). 이주정책론. 경기: 인간사랑.

지종화, 정명주, 차창훈, 김도경(2009). '다문화 정책 이론 확립을 위한 탐색적 연구'.

사회복지정책, 36(2), 471-501.
통계청(2021). 북한이탈주민 입국 현황 통계자료, e-나라지표.
통계청(2022). e-나라지표, 국제결혼 현황.
한국여성복지연구회(2011). 가족복지론. 서울: 청목출판사.
행정안전부(2021). 2020 지방자치단체 외국인 주민현황.
홍기원(2006). 다문화정책의 방향과 문화적 지원 방안 연구. 한국문화정책연구원.

Martiniello, M. (2012). 현대사회와 다문화주의: 다르게 살기(윤진 역). 경기: 한울.

다누리 www.liveinkorea.kr

제 9 장

인간의 성장과 발달: 태내기에서 유아기

학습목표

- 태내기의 발달적 특징과 사회복지 실천의 함의를 이해한다.
- 신생아기의 발달적 특징과 사회복지 실천의 함의를 이해한다.
- 영아기의 발달적 특징과 발달과제 및 사회복지 실천의 함의를 이해한다.
- 유아기의 발달적 특징과 발달과제 및 사회복지 실천의 함의를 이해한다.

건강한 인간으로 성장하고 발달하는 데 있어, 출생 전 어머니의 태내에서 보내는 약 9개월의 태내기와 출생 후 첫 6년 동안의 영유아기는 무척 중요하다. 이 장에서는 먼저 태내기의 발달적 특징과 태내 발달에 영향을 미치는 요인을 살펴본 후, 사회복지 실천과의 연관성을 논의하고자 한다. 출생 후 2세까지를 영아기로 구분하는데, 그중 첫 1개월에 해당하는 신생아기와 그 후 2세까지의 영아기, 그리고 걸음마기인 2~4세와 학령전기인 4~6세를 포함하는 유아기의 발달적 특징을 신체, 인지, 사회정서 영역으로 나누어 살펴보고, 시기별로 사회복지 실천과의 연관성을 논의하고자 한다.

1. 태내기

1) 발달적 특징

여성의 임신 기간은 약 266~280일 혹은 40주 정도로 이 기간을 태내기라고 하며, 이는 접합체기, 배아기, 태아기의 세 단계로 나뉜다(Bukatko & Daehler, 2001, p. 112; Shaffer, 1996, p. 119).

(1) 접합체기

수정 후 수정란(접합체)가 자궁벽에 착상하기까지 걸리는 8~14일, 약 2주 동안의 시기를 접합체기(period of the zygote) 또는 배종기, 배란기라고 한다. 30% 정도의 접합체가 이 기간 동안에 살아남지 못해 많은 여성이 자신이 임신했었다는 사실을 모르고 지나가기도 한다(Berk, 2011, p. 98).

(2) 배아기

수정관이 자궁벽에 완전히 착상하면 이를 배아라 하고, 착상이 일어난 때부터 임신 8주까지의 시기를 배아기(period of the embryo)라 하며 다음과 같은 특징을 갖는다(Shaffer, 1996, pp. 120-121). 수정 후 2~3주경에 양막이 형성된다. 양막 속의 양수는 배아를 외부 충격으로부터 보호하고, 적정 온도를 유지해 주며, 움직이기 쉬운 환경을 만들어 준다. 양막을 둘러싼 융모막에서 태반이 발달하고, 배아는 태반과 연결된 탯줄을 통해 모체로부터 영양분과 산소를 공급받고, 배설물을 방출한다. 이 시기에는 중요한 신체조직과 내부기관의 발달 토대가 마련되기 때문에, 배아의 발달에 부정적인 영향을 미치는 사건이 발생하면 출생 후 건강한 성장 발달에 어려움을 겪을 수도 있다(Berk, 2011, p. 99).

(3) 태아기

수정 후 9주에서 출생에 이르기까지의 태아기(period of the fetus)는 태내 발달단계에서 가장 긴 시기이고, 태아의 성장 속도 또한 빠르다(Shaffer, 1996, p. 123).

2) 태내 발달단계별 특징

임신기간 중 태내 발달단계를 약 3개월씩 나눠 임신 초기, 임신 중기, 임신 말기로 구분하기도 하며, 각 단계는 다음과 같은 특징을 가지고 있다(Berk, 2011, pp. 99-101; Shaffer, 1996, pp. 123-125).

(1) 임신 초기(임신 1~3개월)

임신 1개월 후반에 신체 부위의 형성과 관련해서 급속한 변화가 일어난다(Berk, 2011, p. 99). 먼저 신경관이 형성되는데, 이는 나중에 척수와 뇌가 된다. 신경계가 빠르게 발달하는 동안, 심장은 혈액을 내보내기 시작하고, 근육과 척추, 늑골, 소화기관이 나타난다. 2개월경이면 눈, 귀, 코, 턱, 목이 나타나고, 팔이나 다리, 손가락, 발가락이 형성되며 인간의 모습을 갖추기 시작하고, 내부기관도 더 분명해진다. 임신부의 영양상태나 약물복용에 가장 영향받기 쉬운 중요한 시기다. 3개월경에 태아는 뇌의 신호에 따라 손과 팔, 다리를 움직이며, 손가락을 빨거나 하품을 한다. 12주경에 외부 생식기의 차이를 통해 태아의 성을 초음파로 감지할 수 있다(Bukatko & Daehler, 2001, p. 111). 손톱과 발톱, 눈꺼풀, 치아조직이 나타나며(Shaffer, 1996, p. 123), 청진기로 태아의 심장소리를 들을 수 있다(Berk, 2011, p. 100).

(2) 임신 중기(임신 4~6개월)

태아가 계속 성장하여 약 16~20주 사이에 어머니가 태아의 움직임(태동)을 느낄 수 있을 정도로 자란다(Berk, 2011, p. 100). 태아의 몸 전체를 하얀 솜털(lanugo)이 감싸고 있는데, 이는 양수 속에서 몇 달 동안 지내야 하는 태아의 피부를 보호하는 태지(vernix)가 잘 붙도록 하는 역할을 한다. 20주 이후 두뇌를 구성하는 뉴런의 수는 크게 증가하지 않으나 신경아교세포는 급속히 증가해(Bukatko & Daehler, 2001, p. 111) 출생 시까지 뇌의 무게가 증가한다. 임신 중기 말이면 많은 기관이 상당히 발달하나 아직 폐가 충분히 성장하지 않았고, 두뇌가 호흡이나 체온을 조절하지 못하므로 이 시기에 태어난다면 생존 가능성이 희박하다(Berk, 2011, p. 100).

(3) 임신 말기(임신 7~9개월)

태아 발달이 완성되는 시기로, 태아는 출생 후의 삶을 준비한다. 출산 예정일보다 빨리 태어난 태아가 살 수 있는 생존가능 연령은 22~26주 사이로(Berk, 2011, p. 100), 산소호흡기의 도움을 필요로 하는 경우가 많다. 생존가능성은 체중과 밀접한 관계가 있어 일반적으로 체중이 1.5kg 이상이면 생존이 가능하고, 2.3kg 이상이면 보육기에서 양육하지 않아도 된다(Shaffer, 1996, pp. 125-126).[1]

임신 말기 동안 태아의 체중과 신장이 급격히 증가하며, 감각기관의 발달로 듣고, 보고, 느낄 뿐만 아니라 양수를 삼키는 경험을 통해 맛과 향에 대한 선호를 습득한다(Bukatko & Daehler, 2001, p. 112). 두뇌의 발달은 태아의 행동 억제를 도와 신체적 활동이 줄고, 8개월경에 늘어난 지방층은 체온조절에 도움이 된다. 임신 말기 어머니의 혈액을 통해 받은 항체는 출생 후 몇 달 동안 면역체계가 작동하지 않는 시기에 질병에 걸리는 것을 막아 준다(Berk, 2011, p. 102). 36주경 대부분의 태아는 머리가 아래를 향하는 뒤집힌 자세를 취함으로써 태어날 준비를 한다.

3) 태내 발달에 영향을 미치는 요인

출생 전 태내 발달은 임신부의 건강과 영양이나 정서적 상태, 나이에 의해서뿐만 아니라 기형을 발생시키는 질병이나 약물, 환경적 위험에 의해서도 영향을 받는다(Berk, 2011, pp. 104-117; Shaffer, 1996, pp. 126-140).

(1) 임신부 관련 요인

① 임신부의 건강과 영양상태

태아는 어머니를 통해 필요한 영양을 공급받기 때문에 임신부는 태아를 위해 건강한 음식의 섭취량을 늘려야 한다. 임신 초기의 극심한 영양결핍은 유산이나 신체적 기형을 가진 아기 출산의 원인이 될 수 있으며, 그 이후의 불

---

1) 2.5kg 이하로 태어날 때 저체중아 출산(곽금주, 김연수, 2014, p. 325)이라고 하는데, 최근에는 의학기술의 발달로 미숙아의 생존한계 체중이 500g 이하로 낮아지고 있으며, 2000년대 초반 우리나라에서 1kg 미만으로 출생한 아기의 62% 정도가 생존한 것으로 나타난다(김기수, 배종우, 2008).

충분한 영양섭취는 저체중아나 머리가 작은 아기의 출산으로 이어질 수 있다(Bukatko & Daehler, 2001, p. 129). 특히 임신 말기에 뇌가 빠르게 성장할 때 적절한 영양이 공급되지 않으면 뇌가 충분히 자라지 못하며, 태아의 중추신경계 발달에 손상을 가져올 수 있다(Berk, 2011, p. 113; Shaffer, 1996, p. 128). 태내기에 적절한 영양을 공급받지 못한 아기는 출생 후 까다롭고 자극에 반응하지 않는 경우가 많아 보살피기 어려울 수 있다(Shaffer, 1996, p. 129). 정상적인 임신부의 경우 임신 중 약 12.5kg 정도의 체중증가를 보이며, 〈표 9-1〉은 최근 권장하고 있는 '신체비만지수에 따른 임신 중 체중증가' 표다(국가건강정보포털 의학정보).

표 9-1 신체비만지수에 따른 임신 중 체중증가

	임신 전 신체비만지수 (kg/m²)	임신 중 체중증가 권고 (kg)
저체중	<19.8	12.5~18
정상 체중	19.8~26.0	11.5~16
과체중	26.0~29.0	7~11.5
비만	▶29.0	<7

출처: 국가건강정보포털 의학정보.

임신부는 적절한 양의 음식뿐 아니라 비타민, 미네랄을 적절하게 섭취하는 것 역시 중요하다. 비타민 B군에 속하는 엽산을 임신 전부터 적정량 섭취한 임신부에게서는 무뇌증(anencephaly)이나 척추관 갈림증(spina bifida)과 같은 신경계 이상이 있는 아기가 태어날 가능성이 낮아져(Berk, 2011, p. 114), 미국의 공중보건산업기구에서는 가임여성에게 하루 0.4mg의 엽산 복용을 권장한다(국가건강정보포털 의학정보). 임신 중기부터는 태아의 정상적인 성장과 발달을 위해 철분을 충분히 섭취해야 한다. 철분이 부족할 경우 임신부에게 빈혈과 임신중독증이 나타날 수 있다(정옥분, 2015, p. 205).

② 임신부의 정서상태

임신 중에는 거의 모든 임신부가 어느 정도의 불안을 겪는다. 가끔 경험하는 낮은 수준의 불안은 태내 발달에 큰 해를 미치지 않는다. 그러나 임신부의 심각하고 지속적인 불안은 높은 비율의 유산이나 난산, 조산, 저체중아 출산과 연관이 있다(Wadhwa, Sandman, Porto, Dunkel-Schetter, & Garite, 1993). 임신부의 스트레스는 적절한 상담을 통해 낮아질 수 있으며(Shaffer, 1996, p. 128), 스트레스와 관련된 태내 합병증은 주위 사람들의 사회적 지원에 의해 크게 감소되므로(Bukatko & Daehler, 2001, p. 131), 태내 발달에 있어 임신부의 남편을 포함한 가족, 친지의 역할도 중요하다.

③ 임신부의 나이

태내 발달을 고려할 때 출산에 가장 적절하다고 여겨지는 임신부의 나이는 20~35세다(Kail, 2008, p. 61). 10대 임신부들은 신체적인 미성숙보다는 제대로 된 영양공급이나 산전 건강관리를 받지 못할 가능성이 높고, 계획하지 않은 임신으로 인해 높은 스트레스를 받을 수 있기 때문에 임신 중 빈혈을 겪고, 조산이나 저체중아 출산의 가능성이 높다. 또한 10대는 여전히 성장이 진행되는 시기이므로 이 시기의 임신부는 보다 많은 칼로리를 섭취해야 한다(국가건강정보포털 의학정보; Shaffer, 1996, p. 126). 건강한 30대 여성의 경우 태내 및 출산 합병증의 확률이 20대 여성과 크게 차이 나지 않으나(Berk, 2011, p. 116), 40대 이후 여성에게서는 합병증이 증가하고 유산의 위험성이 높으며, 다운증후군이 있는 아이가 태어날 확률도 20대에 비해 높다(Kail, 2008, p. 61). 만 35세를 기준으로 하는 고령임신이 점차 증가하고 있는데, 이는 임신성 당뇨병, 임신성 고혈압, 전치태반, 태반조기박리, 제왕절개분만 빈도 등을 증가시킨다(국가건강정보포털 의학정보).

④ 임신부의 혈액형

혈액형이 Rh 음성인 여성과 Rh 양성인 남성 사이에 생긴 태아는 우성인 아빠의 Rh 양성을 물려받을 확률이 높은데, 엄마와의 Rh 인자가 일치하지 않아 출생 전이나 후에 사망하거나 출생 후에도 정신지체, 심장 손상과 같은 어려움을 겪을 수 있다(Berk, 2011, p. 115). 첫 아기의 경우는 거의 이런 어려움을 겪지 않으나 둘째 아기 이후 위험률은 점차 증가한다. Rh 음성인 여성은 첫 출산 후 백신접종을 통해 이러한 문제를 예방할 수 있다.

(2) 기형을 발생시키는 요인

태내 발달에 영향을 미쳐 심각한 손상을 일으키는 모든 환경적 매개물을 기형발생물질(teratogen)이라 하는데(Berk, 2011, p. 102), 대표적으로 질병과 약물, 알코올, 니코틴, 환경적 위험을 들 수 있다. 기형발생물질로 인해 심각한 구조적 손상을 입는 시기는 모든 신체기관이 형성되기 시작하는 배아기다. 태아기에 미치는 기형발생물질의 영향은 상대적으로 약하나, 뇌, 눈, 귀, 치아, 생식기에는 여전히 심각한 결함을 초래할 수 있다(Berk, 2011, p. 102).

① 질병

임신 기간 동안에 풍진이나 후천성 면역 결핍증(AIDS), 수두, 매독, 사이토메갈로 바이러스, 생식기 헤르페스, 주혈원충병 등에 걸리면 유산이나 조산을 하거나 또는 신체적 결함, 정신지체, 저체중인 아기를 출산할 가능성이 높다(Berk, 2011, p. 112). 임신 전 풍진이나 수두, B형 간염에 대한 면역 여부를 검사하여, 면역이 없는 경우 임신을 시도하기 전에 예방접종을 하는 것이 바람직하다(국가건강정보포털 의학정보).

② 약물

임신 중에 복용하면 태내 발달에 부정적인 영향을 끼치는 약물은 몇 가지를 제외하고는 확실히 알려지지 않았다. 탈리도마이드(thalidomide)라는 수면제는 1960년대 초반 전 세계적으로 많은 아기를 팔이나 다리, 손, 손가락이 기형인 상태로 태어나게 만들었으며 로아큐탄이라는 여드름 치료제는 태아의 눈, 귀, 두개골, 뇌, 심장, 면역계에 이상을 초래하는 것으로 알려졌으나 여전히 사용되고 있다(Berk, 2011, p. 106).

사람들이 일상적으로 사용하는 아스피린이나 카페인도 임신부가 복용할 때는 더 큰 위험이 따르기도 한다. 항생제뿐만 아니라 처방전 없이 살 수 있는 약이라도 임신 중에 복용할 때는 복용한 시기와 양, 함께 복용하는 약 등에 따라 부작용이 나타날 수 있으므로 반드시 의사와 상의 후 약을 먹어야 한다. 커피나 차, 콜라를 통해 카페인을 지나치게 섭취할 경우 저체중아의 출산과 유산을 증가시키므로(Berk, 2011, p. 106), 임신 중 카페인 섭취는 하루 100mg 이하, 즉 150ml 커피의 경우 3잔 이하로 마시는 것이 좋다(국가건강정보포털 의학정보).

아편유도체, 코카인, 헤로인, 메타돈, 암페타민과 같은 불법적인 약물을 임신 중에 습관적으로 복용하는 것은 조산, 저체중아 출산, 출산 시 영아 사망이나 다양한 신체적 결함을 가진 아기의 출산 가능성을 높인다(국가건강정보포털 의학정보; Bukatko & Daehler, 2001, pp. 120-123).

③ 알코올

임신 기간 동안 마신 알코올로 태아에게 생기는 모든 선천적인 장애를 태아알코올스펙트럼장애(Fetal Alcohol Spectrum Disorder: FASD)라고 한다. 여기에는 태아알코올증후군(Fetal Alcohol Syndrome: FAS), 부분 태아알코올증후군(Partial Fetal Alcohol Syndrome: p-FAS), 알코올 관련 신경발달장애(Alcohol-Related Neurodevelopmental Disorder: ARND), 태아 알코올 효과(Fetal Alcohol Effect: FAE) 등이 속하며, 다음과 같은 특징을 갖는다(Berk, 2011, pp. 108-109).

임신 중의 지나친 알코올 섭취는 태아알코올증후군(FAS)을 가진 아기의 출생 확률을 높인다. FAS에 수반되는 특징은 세 가지로, 느린 신체적 성장과 세 가지 유형의 얼굴 이상 그리고 뇌 손상이다. 두 눈 사이가 멀고, 코가 평평하며 윗입술이 얇다. 또한 뇌 손상으로 인해 머리 크기가 작으며, 기억이나 언어와 의사소통, 주의집중력과 활동 수준(과잉활동), 계획과 추론, 운동협응력, 사회적 기술 중 최소한 세 영역에서 장애가 나타난다. 임신 중에는 적은 양의 알코올 섭취만으로도 부분 태아알코올증후군을 가진 아기를 출산할 수 있는데, 신체적 성장은 느리지 않지만 두 가지 유형의 얼굴 이상과 뇌 손상으로 인한 세 영역에서의 장애가 나타난다. 장애의 정도는 태내기에 알코올에 노출된 시기와 기간에 따라 달라지며, 수정될 무렵 아버지의 알코올 섭취 역시 장애 증상에 영향을 미친다. 알코올 관련 신경발달장애의 특징은 신체적 성장이나 얼굴 모습은 정상적인데 뇌 손상으로 인해 세 영역에서만 장애가 나타나는 것이다. 임신을 생각하고 있는 여성은 알코올을 완전히 피하는 것이 건강한 아기의 출산을 위해 좋다.

④ 니코틴

우리나라 20대 여성의 흡연율은 10.2%로 성인 여성 평균 6.7%보다 훨씬 높다(서울경제, 2020. 12. 30.). 흡연으로 인한 니코틴은 혈관을 수축시켜 태아에게 산소와 영양분을 전달하는 태반의 기능을 약화시키는(Kail, 2008, p. 62) 대표적인 기형발생 물질이다. 임신부의 흡연은 저체중아의 출산, 자연유산, 조산, 심장 박동 및 수면 중 호흡장애, 유아 사망은 물론 아동기의 천식 및 암 증가와 연관되어 있다(Bukatko & Daehler, 2001, pp. 119-120). 또한 임신부의 남편이나 직장동료 등 주위 사람의 흡연에 의한 간접흡연도 저체중아 출산과 관련 있으므로 임신부는 담배를 직접 피우는 것은 물론 연기를 맡는 것도 피해야 한다(Kail, 2008, p. 63).

⑤ 환경적 위험

산업화의 영향으로 우리가 살고 있는 환경은 다양한 종류의 위험한 물질로 오염되어 있다. 태내기에 접하는 환경적 위험요소 중 태내 발달은 물론 출생 후의 성장에도 부정적인 영향을 미치는 것으로 알려진 것 중에 대표적인 것은 방사능, 수은, 납, 폴리염화비페닐(PCBs)이다(Shaffer, 1996, p. 140). 임신 초기의 방사능 노출은 조산, 태어난 아기의 작은 머리 크기, 신체적 장애, 늦은 신체적 성장과 관련이 있는 것으로 보인다(Bukatko & Daehler, 2001, pp. 127-128). 출생 전 의료 X선에서 나온 낮은 수준의 방사능에 노출되었으나 정상적으로 태어난 아기가 후에 암에 걸릴 위험이 있는 것으로 보아 방사능의 영향이 늦게까지 지속될 수 있음을 알 수 있다(Shaffer, 1996, p. 138).

태내기에 많은 양의 수은에 노출될 경우 뇌 손상을 입어, 출생 후 신체 기형이나 지적 장애, 언어장애를 보이는 것으로 나타났으므로 임신한 여성은 수은이 다량 함유되었을 가능성이 높은 상어나 참치 같이 오래 사는 육식어종을 너무 많이 먹지 않는 것이 좋다(Berk, 2011, p. 110). 납은 오래된 건물의 벗겨진 페인트 등에서 발견되는데, 태내기에 많은 양의 납에 노출되면 이는 조산, 저체중아의 출산, 두뇌 손상과 다양한 신체적 결함의 발생 확률을 높인다. PCBs는 기억 및 언어능력의 손상과 관련이 있다(Kail, 2008, p. 64). 최근 우리나라에서 산모들과 영유아들이 가습기살균제로 인해 사망하거나 폐질환에 걸린 사건이 말해 주듯(메디파나뉴스, 2017. 6. 28.), 환경적 위험 물질은 계속 증가한다. 임신부는 섭취하는 음식은 물론 호흡하는 공기나 접촉하는 화학제품 등도 주의해야 한다.

(3) 유전인자와 염색체의 이상

유전인자와 염색체 이상은 태내 환경 이전에 선천적 이상이나 비정상적인 발달 등 개인의 발달에 영향을 미친다(정옥분, 2015, p. 171). 〈표 9-2〉는 부모로부터 물려받은 유전인자의 이상으로 인해 태아 발달에 이상이 나타나는 경

우다(이영 외, 2017, pp. 113-114). 유전적 요인으로 인한 장애아의 출산을 걱정하는 부부는 임신 전의 유전상담을 통해 유전적 장애가 있는 아이를 출산할 가능성을 미리 알아보고, 자신들에게 맞는 최선의 선택을 할 수 있다.

표 9-2 유전인자 이상으로 인한 태아기 발달장애

장애 명	특징
페닐케톤뇨증(PKU)	–단백질 속 페닐알라닌을 대사하지 못하여, 출생 첫해 심각한 중추신경계에 손상을 입음 –지적 장애 유발 –최근 생후 1개월 이내 초기 진단으로 발견 가능 –페닐알라닌 섭취를 제한하는 식이요법으로 지적 장애를 막을 수 있게 됨
테이-삭스병 (Tay-Sachs disease, 가족성 치매)	–뇌세포의 지방을 분해하는 효소의 결핍으로 인한 중추신경계 손상 –경련성 발작, 실명, 청각 상실, 지적 장애 유발 –출생 후 6개월경부터 발달지체 증세가 나타나고 보통 초등학교 입학 전 사망
적혈구성 빈혈 (겸상 적혈구 빈혈증, 시클세포 빈혈증)	–적혈구 속의 비정상적인 헤모글로빈으로 인해 적혈구가 원반 모양이 아닌 낫 모양 –정상 적혈구보다 수명이 짧아 빈혈의 원인이 되며, 몸속의 산소 운반이 원활하지 않아 생명을 잃게 됨
혈우병	–혈액이 정상적으로 응고되지 않아 출혈 시 멈추지 않음 –남성과 여성 모두 유전인자를 갖고 있어도 남성에게서만 발병

출처: 국가건강정보포털 의학정보.

신생아 중에 유전인자의 결함이 아닌 염색체 이상으로 인해 장애를 갖고 태어나는 경우도 있다. 인간의 염색체는 모두 23쌍으로, 보통 염색체인 22쌍의 상염색체와 남녀의 성 결정에 관여하는 1쌍의 성염색체로 이루어진다. 정상적인 여성의 성염색체는 XX이고, 남성은 XY다. 〈표 9-3〉은 염색체 이상으로 인해 태아 발달에 이상이 나타나는 경우다(이영 외, 2017, pp. 114-119).

표 9-3 염색체 이상으로 인한 태아기 발달장애

장애 명	특징
터너증후군 (Turner's Syndrome)	-여성인데 X염색체 하나가 없어 전체 염색체 수가 45개 -지능은 정상이나 신체적 이상을 보임(작은 키, 짧은 목과 손가락 등) -2차 성징이 잘 나타나지 않아 여성으로서의 생식기능을 제대로 못함 -호르몬 치료를 통해 2차 성징의 발달을 도울 수 있음
클라인펠터증후군 (Klinefelter's Syndrome)	-남성인데 X염색체를 하나 더 많이 가지고 있어 염색체 수가 47개 -남성적 특징이 약하고, 생식 능력이 없음
초웅증후군 (Supermale Syndrome, 거대남성증후군)	-남성으로서 성염색체 쌍 XY에 Y염색체를 더 많이 가지고 있음 -남성적 특징이 강하며, 신장과 치아 크기가 보통보다 큼 -골격기형과 지적 장애를 보이기도 하며, 생식기능에는 문제 없음
다운증후군 (Down Syndrome)	-23쌍의 염색체 중 21번째 염색체가 하나 더 있어 전체 염색체 수가 47개 -작은 머리, 낮은 코, 눈 아래쪽의 피부 주름, 짧고 뭉툭한 손발을 가짐 -낮은 지능(지능지수 40~60 정도), 심장의 기형, 낮은 질병 저항력 -산모의 나이가 많은 경우에 태어날 확률이 높음
묘성증후군 (Cat's Cry Syndrome, 고양이 울음 증후군)	-5번째 염색체 일부가 잘려 나가서 발생 -고양이 울음소리와 비슷한 울음이 주요 증 -소두증, 신경근육의 손상, 지적 장애 -대부분 태아 때 사망
에드워드증후군 (Edwards Syndrome)	-18번 염색체가 3개일 때 나타나며, 남아 유병률이 여아의 4배 정도 -소두증과 굽은 손가락, 발과 두개골 기형, 지적 장애, 심장질환 -출산 전후 사망률이 높아, 90% 정도의 아기가 생후 6개월 안에 사망

4) 산전 검사

임신 중 임신부의 건강상태와 태아의 정상적인 발달 여부를 살피기 위해 28주까지는 4주에 한 번, 36주까지는 2주에 한 번, 그 이후에는 매주 검사를 받아야 한다. 임신 중 질병이 있을 경우에는 더 자주 검사를 받기도 한다. 검사방법에는 임신부 혈액검사와 초음파검사, 양수검사, 융모막 융모 채취검사(융모생체표본검사) 등이 있는데, 임신부의 혈액검사를 제외한 다른 방법은 정기적으로 시행하면 태아에게 해가 될 수도 있으므로 주의가 필요하다(Berk, 2011, p. 63). 특히 30대 후반 이상의 임신부를 대상으로 태아에게 다운증후군이 있는지를 알아보기 위해 주로 행해지는 양수검사, 융모막 융모 채취검사는 다양한 유전 질환을 찾아내는 데 도움이 되지만 시행 후 유산 경향을 증가시킬 수 있다(Kail, 2008, pp. 67-68). 〈표 9-4〉는 임신 주기에 따라 실시하는 다양한 검사의 종류다(국가건강정보포털 의학정보; 서울대학교병원 의학정보).

표 9-4 임신 주기에 따른 산전검사

검사 시기	검사 방법	특징
임신 초기	초음파검사	복부초음파를 통해 임신 5주 후부터 임신 확인, 6주부터는 심박동 확인이 가능하며, 8주에는 임신 주수의 계산이 가능
	초기 혈액검사	일반혈액검사(혈색소, 혈소판, 백혈구 수치 등)와 소변검사(세균뇨, 당뇨 등), 간염, 매독, HIV, 풍진항체 검사 등 포함
임신 10~13주	융모막융모채취 검사 (융모검사)	태아 기형이 의심되는 경우에만 시행하는 검사로, 질이나 자궁 경부 혹은 복부를 통해 긴 주사기를 넣어 융모막을 채취한 뒤 세포 배양을 통해 염색체의 이상 유무를 확인
임신 11+0~13+6주 사이	목둘레 투명대 초음파검사	태아 목덜미투명대가 정상보다 증가된 경우 다운증후군이나 심장기형의 위험이 있으므로 후에 정밀검사 실시

임신 15~20주 사이	기형아검사	산모의 혈액을 검사(트리플검사 혹은 쿼드검사)해, 다운증후군이나 에드워드증후군 등의 염색체 이상이나 신경관결손증이 의심되면 확진을 위해 양수검사 실시
	양수검사	임산부의 복부에 주사 바늘을 삽입하여 양수를 채취해 시행하는 검사 산모가 고령이거나 이전에 염색체 이상이 있는 아기를 임신한 경우, 부모 중 염색체 이상이 있는 경우라면 기형아 검사와 관계없이 권유
임신 20~24주 사이	정밀초음파(중기초음파)검사	태아의 전반적인 구조적 기형(장기와 사지의 이상 여부)에 대해 평가하는 검사로 보통의 초음파검사보다 검사 시간이 긺(약 30분 이상)
임신 24~28주 사이	임신성 당뇨검사	정해진 약 복용 후 1시간 후 채혈을 통해 실시하는 선별검사에서 임신성 당뇨가 의심되면, 8~14시간 동안 공복 후 시행하는 당검사를 실시하여 임신성 당뇨 여부 확진
임신 28~37주 사이	2주에 한 번씩 정기적 산전 진찰	조기 진통 및 임신중독증 발생이 증가하므로 태아와 임산부의 건강을 주의 깊게 관찰하여 불가피한 조산 대비
임신 37주 이후	2주에 한 번씩 정기적 산전 진찰	분만을 해도 태아 생존에 지장이 없으므로 태아나 임산부에 이상이 있을 경우 즉시 분만

5) 사회복지 실천의 함의

태내기의 발달이 정상적으로 이루어지기 위해서는 아기를 갖고자 하는 부모가 임신 전부터 준비해야 한다. 따라서 태내기 사회복지 실천은 예비부모에 관한 관심에서부터 시작된다.

(1) 예비부모를 위한 사회복지 실천

임신 전의 신체검사를 통해 예비부모가 미처 모르고 있던 만성질환이나 태아의 발달에 영향을 미칠 만한 질병이 있는지 확인하여 치료를 받도록 한다. 가족 중에 유전적 질병이나 신체적 기형, 지적 장애를 가진 사람이 있거나, 여성의 나이가 많거나, 유전적 결함이 있는 자녀를 출산한 경험이 있다면 유전 상담을 받도록 지원한다. 태아에게 선천적 장애를 일으킬 만한 약, 알코올, 담배, 방사선, 환경오염 물질 등을 멀리하도록 부부를 대상으로 교육한다. 임신 전의 여성이 엽산을 비롯한 적절한 영양소를 섭취할 수 있도록 한다. 임신을 위해 1년 동안 노력해도 성공하지 못하면 의사와의 상담을 권하고, 불임일 경우에는 여러 가지 대안적 임신 방법에 대한 정보와 관련 서비스를 제공한다.

(2) 태내기 사회복지 실천

사회복지사는 임신부가 정기적인 진료나 검사를 통해 자신의 건강상태와 체중의 변화, 자궁 상태는 물론 태아의 성장을 지속해서 점검함으로써 임신에 따른 합병증으로 고생하지 않고 건강한 아기를 낳을 수 있도록 지원해야 한다. 경제적인 문제나 어려운 상황으로 인해 정기진료를 받지 못하거나 임신 중에 필요한 영양을 섭취하지 못할 때에는 이용 가능한 보험이나 서비스를 찾아 연계한다. 임신과 출산에 대한 정보 부족이나 원하지 않았던 임신 혹은 부모로서의 준비가 부족하다는 인식 탓에 겪을 수 있는 심리적 문제를 예방하기 위해 임신부 교육이나 배우자와 함께하는 프로그램을 제공한다.

2. 신생아기

출생 후 첫 4주를 신생아기라고 한다. 어머니의 자궁이라는 이상적 공간에서 생활하다가 출생과 함께 외부 세계의 변화된 환경에 적응하는 시기다. 출생 시 신생아의 몸무게는 남아가 평균 3.3kg, 여아가 3.2kg이며, 키는 남아가 평균 49.9cm, 여아가 49.1cm다(질병관리청, 2017 소아청소년 성장도표). 남아가 여아보다 몸무게와 키가 약간 큰 경향이 있다. 머리는 전체 몸 길이의 약 1/4로 다른 부위에 비해 비교적 크고, 몸이 길고, 다리가 짧으며, 팔이 다리보다 긴 것이 특징이다(정옥분, 2015, pp. 228-230).

1) 발달적 특징

신생아는 다양한 반사를 가지고 태어나는데, 이는 출생 후 처음 접하는 주변 환경과 상호작용을 하고 적응하는 데 필요한 기본적인 능력이다. 신생아는 하루 시간 대부분을 수면과 졸음, 조용한 각성, 깨어 있는 활동과 울음으로 보낸다(Shaffer, 1996, p. 163). 반사와 함께 수면과 울음상태를 통해서도 신생아가 정상적으로 발달하고 있는지를 살펴볼 수 있다(Berk, 2011, p. 149).

(1) 반사

신생아의 반사는 특정한 자극에 대한 자동적인 반응으로, 학습되는 것이 아니며 생후 6개월경이면 대부분 사라진다(Berk, 2011, p. 143). 만약 특정 반사가 약하거나, 나타나지 않거나, 아니면 너무 오래 남아 있는 등의 문제가 있다면 뇌 발달이 정상적이지 않음을 의미할 수 있으므로(곽금주, 김연수, 2014, p. 85) 적절한 검사가 필요하다.

신생아의 반사에는 생존반사와 원시반사 두 종류가 있으며, 그 특징은 다음과 같다(정옥분, 2015, pp. 239-241; Berk, 2011, pp. 143-145). 생존반사는 신생아가 살기 위해 꼭 필요한 것으로 근원반사(탐색반사), 빨기반사 등이 있다. 근원반사는 배가 고플 때 다른 사람이 입 근처에 자극을 주면 그 자극이 있는 쪽으로 고개를 돌려 입을 벌리고 빨려고 하는 것으로 나중에는 자발적인 고

개 돌리기로 대체된다. 빨기반사는 손가락이나 물체 등 입에 닿는 것은 무엇이든지 빨려고 하는 것으로, 나중에는 자발적인 빨기로 대체된다.

원시반사는 아기의 정상성 여부를 판단하는 중요한 반사로 잡기반사(쥐기반사, 파악반사), 모로반사, 바빈스키반사가 여기에 포함된다(이영 외, 2017, p. 157; 정옥분, 2015, pp. 240-241). 잡기반사는 손바닥에 어떤 물건을 쥐여 주면 그것을 빼내기 어려울 정도로 꽉 쥐는 반응을 보이는 것으로 생후 3~4개월경에 의도적인 잡기 행동으로 대체된다. 모로반사는 갑자기 큰 소리를 내거나, 안고 있던 신생아를 5~7cm 정도 아래로 내리면 팔을 활모양으로 휘는 반사다. 신생아를 똑바로 눕힌 채 누운 자리 근처를 양쪽에서 세게 두드리면 팔을 쭉 벌리면서 손으로 무엇인가를 잡으려고 하는 것 같은 자세를 취하며 생후 6개월경에 사라진다. 바빈스키반사는 아기의 발바닥을 발가락에서 발꿈치 쪽으로 간지럽히면 발가락을 발등을 향하여 부채 모양으로 편 후 다시 오므리는 것으로 생후 6개월 정도부터 사라지기 시작해서 1년 안에 없어진다.

(2) 신생아 변별 검사

신생아의 건강 상태를 평가하기 위해 주로 실시하는 검사에는 아프가 검사와 브레즐턴 신생아 행동평가 척도가 있다(이영 외, 2017, pp. 159-160; 정옥분, 2015, pp. 242-244). 아프가 검사는 출생 직후 1분 후와 5분 후 2회에 걸쳐 실시하며, 신생아의 피부색, 맥박, 자극에 대한 반사 능력, 근육상태, 호흡의 다섯 가지 영역을 각 2점씩 총 10점 만점으로 평가한다. 보통 7점 이상이면 건강상태가 양호한 것이며, 4점 이하면 위험한 상태로 즉각적인 조치가 필요하다. 낮은 아프가 점수는 태내에서 발생한 문제나 분만 과정에서의 어려움이 원인이 될 수도 있는데, 아프가 점수가 낮은 신생아도 그 후의 발달환경이 적절할 경우 정상적으로 자랄 수 있다. 브레즐턴 신생아 행동평가 척도는 생후 1주 정도에 실시되며, 신생아의 주위 환경에 대한 반응을 측정하는 검사다. 신생아의 주의집중력, 활동수준, 근육상태, 스트레스에 대한 생리적 반응, 사람 얼굴이나 목소리에 대한 사회적 반응 등 신생아의 발달을 포괄적으로 평가하는 검사로 신생아의 미래 발달을 예측하는 데 있어 아프가 검사보다 더 나은 것으로 여겨진다.

(3) 수면

신생아 수면은 불규칙적인 수면인 REM 수면(rapid-eye movement sleep)과 규칙적 수면인 NREM 수면(non-rapid-eye movement sleep)이 비슷하게 지속되며 다음과 같은 특징이 있다(정옥분, 2015, pp. 230-231). NREM 수면 동안에 신생아는 온전히 쉬고 있고, 심장박동, 호흡 그리고 뇌파 활동이 느리고 규칙적이다. REM 수면 동안 신생아는 팔과 다리를 움직이고, 얼굴을 찡그리거나 안구를 움직인다. 이때 신생아의 뇌는 각성상태의 뇌와 비슷한 활동을 보이는데, REM 수면 동안의 외부자극이 중추신경계의 성장에 도움이 된다는 주장이 있다. 그러나 뇌에 손상이 있거나 출산 시 외상을 경험한 신생아에게서는 REM 수면과 NREM 수면의 주기가 혼란스럽게 나타나고, 이는 양육자와의 상호작용에 부정적인 영향을 미칠 수 있다(Berk, 2011, p. 146).

(4) 울음

신생아는 울음을 통해 양육자에게 자신의 필요를 알린다. 신생아의 상태에 따라 울음의 강도나 유형이 달라지므로 양육자는 아기가 우는 이유와 강도를 주의 깊게 살펴 적절히 반응해야 한다(Berk, 2011, p. 148). 아기의 울음이 날카롭고, 귀를 찢을 듯하며, 건강한 아기보다 짧게 지속될 경우 중추신경계에 이상이 있다는 징후일 수도 있다(Berk, 2011, p. 149).

(5) 감각 능력

신생아는 출생 시부터 어느 정도 보고, 듣고, 느끼고, 맛보고, 냄새를 맡을 수 있으며(정옥분, 2015, pp. 234-236; Berk, 2011, p. 149), 이러한 감각 능력을 활용하여 자신이 처한 주변 환경을 탐색하고 적응해 나간다.

① 시각

신생아의 시각은 다른 감각에 비해 비교적 발달되지 않았다(정옥분, 2015, p. 234; Shaffer, 1996, p. 207). 신생아는 초점을 잘 맞출 수 없고 시력도 나빠서 가까이 있는 부모의 얼굴도 흐릿하게만 볼 수 있다(Berk, 2011, p. 152). 신생아는 시력이 나쁨에도 불구하고 흥미 있는 장면을 찾기 위해 주변 환경을 적극적으로 탐색하고, 움직이는 물체를 눈으로 따라간다(Berk, 2011, p. 152). 밝은색 물체에 끌리지만 색 구분을 잘하지 못하다가, 4개월경에 성인 수준의 색채 지각이 형성된다.[2)]

② 청각

신생아가 큰 소리에 놀라고, 높은 음을 성인보다 더 잘 구별하는 것을 볼 때, 소리에 대한 지각이 출생 시에 이미 어느 정도 발달한 것으로 보인다(곽금주, 김연수, 2014, p. 114). 신생아는 다른 소리보다도 사람의 목소리에 반응을 더 잘하며(Shaffer, 1996, p. 208), 특히 어머니의 목소리를 더 선호하는 것으로 보이는데(곽금주, 김연수, 2014, p. 114) 이는 외부의 소리를 들을 수 있는 7~8개월 태아(Kail, 2008, p. 117) 때부터 어머니의 목소리를 들을 수 있었기 때문인 것으로 보인다. 신생아는 인간의 언어에 있는 모든 말소리를 들을 수 있고, 2개월경에는 미묘한 말소리의 차이도 변별할 수 있는데(Owens, 2004, p. 105), 이는 언어획득을 위해 이미 준비가 되어 있음을 보여 준다. 소아 연령에서 드물지 않은 질환의 하나인 수막염의 경우, 여러 가지 미생물의 감염에 의해 뇌

---

2) 움직임에 대한 지각은 생후 5개월경 나타나고, 6~7개월 정도에는 시각적으로 깊이를 지각하고 회피하는 반응을 보인다. 정상 성인과 시력이 같아지는 시기는 첫돌 무렵이다(곽금주, 김연수, 2014, pp. 110-112).

를 싸고 있는 막(뇌막)에 염증이 발생하는 것으로 제대로 치료하지 않는 경우 나중에 청각 장애를 일으키는 원인이 되기도 하므로 주의가 필요하다(대한의사협회: 건강상식).

③ 미각과 후각

서로 다른 맛에 대한 얼굴 표정을 통해 신생아도 단맛, 신맛 그리고 쓴맛을 구별하는 것을 알 수 있다(Shaffer, 1996, p. 123). 모유를 먹음으로써 생존해야 하는 신생아는 태어날 때부터 단맛을 선호하는 것으로 보인다(곽금주, 김연수, 2014, p. 120). 또한 신생아는 임신 중 어머니가 섭취했던 음식의 맛이나 향을 선호하는 경향을 보이는데 양수를 통해 그 맛과 향에 익숙해졌기 때문이다(Kail, 2008, p. 116). 신생아가 낯선 여성이 아닌 자기 어머니의 모유가 묻은 천 쪽으로 고개를 돌리는 것을 보면(Porter & Winburg, 1999) 신생아가 익숙한 향을 구별할 수 있음을 알 수 있고 이는 신생아가 자신을 돌보아 주는 사람을 인식하는 데 도움이 된다.

④ 촉각

촉각은 출생 시부터 잘 발달되어 있음을 볼 수 있는데, 특히 입 주위와 손바닥, 발바닥이 접촉에 가장 민감하다(Kail, 2008, p. 117). 촉각은 다른 사람과의 상호작용을 통한 친밀감 형성, 즉 애착형성에 필수적인 감각으로(곽금주, 김연수, 2014, p. 117) 신체 접촉은 조산아나 저체중아의 신장 및 체중 증가에 도움이 될 뿐만 아니라 정서 발달에도 중요하다(Berk, 2011, p. 149).

2) 사회복지 실천의 함의

신생아기는 이제 막 태어난 아기는 물론 새롭게 구성된 가족에 적응해야 하는 부모에게도 매우 혼란스럽고 어려움이 많은 시기다. 출산 후 산모는 아직 건강이 온전히 회복되지 않은 상태에서 신생아를 돌봐야 하는데, 그 과정에서 산후우울증을 경험하기도 한다. 산후우울증은 심각한 경우 수면장애나 불안, 우울, 무가치감, 자살 충동을 동반(김락형, 김수현, 권보형, 2000)하므로 적절한 의학적 개입과 함께 아이 아버지나 가족, 주변 사람들의 지지가 필요하다. 아버지 또한 아이를 사랑하면서도 어머니의 관심을 독차지하는 아이로 인해 소외감을 느낄 수 있다. 사회복지사는 이웃 및 지역사회의 자원을 활용하여 부부가 출산으로 인해 겪는 심리적 어려움을 극복하고 부모가 되는 것에 적응할 수 있도록 필요한 서비스를 지원해야 한다.

선진국에서 생후 1년 이하 영아의 주된 사망 원인은 주로 밤에 예상치 못하게 사망하는 영아돌연사증후군이다(Berk, 2011, p. 147). 우리나라에서도 1996년에서 2008년 사이에 총 355명의 영아가 영아돌연사증후군으로 사망했으며, 그중 11%가 생후 1개월 이내의 신생아다(베이비뉴스, 2013. 1. 4.). 영아돌연사증후군의 원인은 정확히 알려지지 않았으나 미숙아나 출산 시 저체중아, 그리고 어머니나 주변 사람의 흡연에 노출된 경우, 푹신한 이불에 누워 재울 때 많이 나타나는 것으로 밝혀졌다. 출산 전 부모교육이나 캠페인을 통해 영아돌연사증후군의 위험성과 이를 예방하기 위한 방법을 알릴 필요가 있다.

3. 영아기

생애 첫 2년을 영아기라고 한다(권중돈, 김동배, 2005, p. 91). 제1성장급등기라고 부를 만큼 인간의 일생 중에서 신체적으로 가장 급격한 성장이 일어나며, 운동 능력이나 감각 능력, 인지와 언어 발달 측면에서도 많은 변화가 일어난다(이영 외, 2017, p. 165). 이 시기에 주 양육자(많은 경우 어머니)와 형성하는 정서적으로 안정된 신뢰관계는 다른 사람이나 사물과의 관계 형성에 영향을 미치며 이후의 사회적 발달의 밑바탕이 된다.

1) 발달적 특징

(1) 신체 발달

① 신체 성장

영아기에는 신체의 크기와 비율에 급격한 변화가 일어난다. 영아의 키는 1년 동안 출생 시에 비해 1.5배 증가하고, 몸무게는 3배 정도 증가한다. 2세 무렵 키는 출생 시에 비해 1.75배, 몸무게는 4배 정도 증가한다(Berk, 2011, p. 162). 그러나 정상 범위 안에서도 영아의 신체발달 속도에는 개인 차이가 나타난다(곽금주, 김연수, 2014, p. 73). 신체의 성장과 함께 신체 비율에도 변화가 나타난다. 출생 시 전체 몸 길이의 1/4을 차지했던 머리 크기는 2세 무렵 1/5 정도가 되고, 성인이 되면 1/8 정도가 된다(정옥분, 2015, p. 251). 이는 신체 성장이 머리에서 시작해 점차 몸 아래 방향으로 옮겨 간다는 두미 발달의 법칙(정옥분, 2015, p. 251)을 지지하는 것으로, 출생 이전에는 머리 부분이, 출생 후 첫 1년에는 몸이 그리고 이후에는 다리가 가장 빠른 속도로 성장한다(Berk, 2011, p. 162). 또한 신체는 몸의 중심에서 바깥 방향으로 성장한다는 근원 발달의 법칙(정옥분, 2015, p. 251)을 따르는데, 태내기 동안 머리, 가슴, 몸통이 먼저 자라고, 영아기와 아동기 동안 팔과 다리가 손, 발보다 먼저 자라는 것을 볼 수 있다(Berk, 2011, p. 162). 치아는 생후 6~8개월경 아래 앞니부터 나기 시작해 24~36개월경에는 20개의 젖니(유치)가 모두 나지만 개인마다 치아가 나는 시기에 차이가 크게 난다(정옥분, 2015, pp. 238-239).

② 신체 성장에 영향을 미치는 요인

신체 성장은 유전과 환경적 요인 간의 복잡하고 지속적인 상호작용에 의해 일어난다(Berk, 2011, p. 174). 신체 성장은 유전적 요인의 영향을 많이 받지만 영양과 수면, 정서적 안녕 또한 영아기의 신체 성장에 영향을 미친다(Berk,

2011, p. 174; Kail, 2008, p. 91).

적절한 영양이 공급되고 건강할 경우, 영아기의 키와 몸무게, 신체 성장 속도는 주로 유전에 의해 결정된다. 생후 첫 2년 동안 아기의 뇌와 신체가 급속하게 성장하기 때문에 영양섭취가 특히 중요하다. 몸무게 1kg당 영아는 성인보다 2배나 많은 칼로리를 필요로 하며, 전체 칼로리의 25%를 성장하는 데 사용한다(Berk, 2011, p. 174).

영아에게는 충분한 음식뿐만 아니라 제대로 된 음식이 필요한데, 초기 영아기에 모유 수유는 아기에게 가장 이상적인 영양공급원이다(Berk, 2011, p. 175; Kail, 2008, p. 92). 우유도 모유와 영양성분은 비슷하나 알레르기를 일으킬 수도 있으며, 영아를 질병으로부터 보호하지 못한다(Kail, 2008, p. 62). 미국의 보건당국에서는 생후 첫 6개월은 전적으로 모유 수유를 하고, 생후 1년이 될 때까지는 고형식을 병행한 모유 수유를 하도록 장려한다(Berk, 2011, p. 176).

신생아 때는 밤낮의 구별 없이 자고 깨고 하다가 생후 6개월이 되면 대부분의 영아는 성인처럼 밤에 잠을 자고 낮에 깨어 있다(정옥분, 2009, p. 239). 그러나 여전히 영아는 잠을 자는 시간이 깨어 있는 시간보다 더 길며, 잠을 자는 동안 정상적인 성장에 필수적인 성장호르몬이 분비된다(Kail, 2008, p. 91).

건강한 신체 성장에는 음식만큼이나 애정도 필수적이다(Berk, 2011, p. 178). 부모들이 자신이 처한 문제로 인해 영아의 심리적 욕구를 충족해 주지 못할 때 영아는 보채고 제대로 먹지 못함으로써 성장에 지장을 받고, 적절한 개입이 이루어지지 않으면 아동기까지 신체적으로 왜소하며 지속적인 인지적·정서적 문제를 겪을 수 있다(Batchelor, 2008).

③ 운동 발달

영아기의 운동 발달은 영아가 세상을 탐색하는 방법은 물론 다른 사람들과의 사회적 관계 형성에도 영향을 미친다(Kail, 2008, p. 129). 기기, 서기, 걷기에 필요한 대근육 운동 발달과 손을 뻗거나 잡기에 필요한 소근육 운동 발달을 통해 영아는 자유롭게 환경을 탐색하고 다른 사람이나 사물과 상호작용할 수 있게 된다. 다양한 대근육과 소근육 운동 기술의 발달 순서는 일정한 편이지만 발달 속도는 개인마다 차이가 난다(Berk, 2011, pp. 183-184). 신체 성장과 마찬가지로 운동 발달도 대부분의 경우 두미 발달의 법칙과 근원 발달의 법칙을 따르는 것으로 보인다.

대근육 운동 발달 순서를 살펴보면 다음과 같다(이영 외, pp. 175-184; Berk, 2011, p. 184; Kail, 2008, p. 130). 영아는 6주 정도면 성인이 똑바로 안을 때 목 가누기를 시작하는데, 이러한 머리 조절이 제일 처음 나타나는 대근육 운동이다. 다음으로 팔과 몸의 조절이 나타나 2개월경이면 엎드려서 팔을 짚고 몸을 들어 올리고, 4~5개월 사이에 몸을 뒤집는 것이 가능하고, 몸을 잘 조절하게 된 7개월경에는 혼자 앉기가 가능하다. 다음으로 다리의 조절이 가능하여 7~9개월 사이에 기어서 자신이 원하는 곳으로 이동할 수 있는 자유를 얻게 된다. 8개월경에 붙잡고 서기 시작한 영아는 11개월이면 혼자 서기가 가능하고, 돌 무렵에는 혼자 걸으면서 자유롭게 손을 사용하여 주변 환경을 탐색한다.

소근육 운동 발달도 몸 중심에서 바깥 방향의 순서로 진행하는 것을 볼 수 있다. 3개월경에는 눈앞에 있는 물건에 손을 뻗지만 잡지 못하다가 점차 능숙해져, 4개월경에 엄지를 제외한 손가락들로 사물을 감싸 물건 잡기에 성공하고(Kail, 2008, p. 133) 생후 1년이 되면 손가락을 잘 통제할 수 있어 엄지손가락과 집게손가락을 이용하여 물건을 집게처럼 잡는다(Berk, 2011, p. 102). 영아가 두 손을 협응하여 사용하는 능력은 4~5개월 무렵에 나타나며, 생후 1년이 되면 물체를 조작할 수 있는 능력이 크게 향상된다(Berk, 2011, p. 188).

(2) 인지 발달

출생 후 외부의 자극에 대해 자동적으로 반응하는 제한된 반사운동 능력만을 갖고 있던 신생아는, 영아기에 언어습득을 포함한 급격한 인지 발달을 통해 자신이 원하는 것을 성취하려는 목적을 가지고 행동하는 존재로 성장하게 된다(정옥분, 2009, p. 269). 피아제(Piaget, 1960)는 생후 첫 2년은 영아가 자신의 보고, 듣고, 만지는 감각기관과 운동기능을 통해 환경을 직접 탐색하고 경험함으로써 인지 발달이 일어나는 감각운동기에 해당한다고 주장하였다(Berk, 2011, p. 204에서 재인용). 감각운동기는 다음의 6단계로 나눌 수 있다(Shaffer, 1996, p. 249-250).

① 반사운동기(출생~1개월)

신생아는 선천적인 반사운동 능력을 사용하여 환경과 상호작용하며 적응해 나간다.

② 1차 순환반응기(1~4개월)

영아는 주로 자신의 몸에만 관심이 있어 1차라고 하며, 어쩌다가 자신의 입에 넣은 손가락을 잡고 빠는 것과 같이 우연한 행동을 통해 재미있는 결과를 초래하게 되면, 그 행동을 계속 반복하려 하기 때문에 순환반응이라고 한다. 잡기, 보기, 빨기 등과 같은 개별적인 도식을 통합하여 잡기-보기, 잡기-빨기와 같은 일련의 협응된 도식으로 발달시킨다.

③ 2차 순환반응기(4~8개월)

영아의 관심이 자신의 몸에서 벗어나 환경 속에 있는 대상에게로 확장된다. 우연히 손으로 친 장난감에서 재미있는 소리가 나는 것처럼, 어떤 사물이나 사람에게 우연히 한 행동이 흥미로운 결과를 가져오면 영아는 의도적으로 그 사건을 반복하려고 행동한다. 영아가 자신의 행동을 조절할 수 있게 되면서 진정한 의미의 모방이 가능해진다.

④ 2차 순환반응의 협응기(8~12개월)

8~12개월 사이의 영아는 자신의 목적을 성취하기 위해 이전에 획득한 두 세 가지 도식을 의도적으로 결합시키는 목표 지향적 행동을 한다. 엄마가 장난감 위에 수건을 덮어서 숨겨도, 영아는 방해물인 수건 '들치기'와 장난감 '잡기' 도식을 결합함으로써 자신이 처한 문제, 즉 장난감 찾기를 해결한다. 숨겨진 장난감을 찾는다는 것은 영아가 대상영속성의 개념을 이해하기 시작했음을 알려 준다. 대상영속성은 어떤 대상이 눈에 보이지 않아도 그것이 여전히 존재한다는 것을 아는 것으로(Berk, 2001, p. 207) 영아의 대상영속성 개념은 생후 9개월경에 형성되기 시작하여 2세경에 획득된다.

⑤ 3차 순환반응기(12~18개월)

이 시기 영아는 새롭고 다양한 방식으로 물건을 다룸으로써 물건의 특성에 대해 탐색하는 실험적 사고에 열중한다. 예를 들어, 장난감에서 소리가 나게 하려고 손잡이를 누르거나, 돌리거나, 밀치거나 하면서 새로운 인지기술을 얻고, 문제 해결 능력이 발달한다.

⑥ 정신적 표상(18~24개월)

18~24개월의 영아는 자신이 처한 문제에 대해 정신적으로 추론하는 것이 가능하다. 지적 능력이 크게 성장하여 어떤 행동을 하기 전에 먼저 머리로 생각한 후에, 즉 표상적 사고를 한 후에 행동한다. 사람이나 사물 혹은 사건에 대한 이미지 혹은 심상이 정신적 표상의 예로, 바로 이런 표상 때문에 관찰한 지 오래된 누군가의 행동을 적절한 상황에 처했을 때 모방하는 지연모방이나 '마치 ~인 것처럼' 하고 노는 상징놀이가 가능하다.

(3) 언어 발달

영아가 다른 사람이 이해할 수 있는 단어를 처음 사용하는 것은 첫돌 무렵으로(Berk, 2011, p. 233), 이를 기준으로 영아기 언어 발달은 언어 이전의 준비 단계와 하나 혹은 둘 이상의 단어로 구성된 문장을 말하는 언어 사용 단계로 나누어 볼 수 있다(이순형 외, 2010, p. 33).

① 언어 이전의 준비 단계(출생~12개월)

신생아의 울음은 소리만 듣고서는 우는 이유를 알기 어렵다. 생후 2개월경부터 영아 울음의 높낮이나 강도, 패턴을 들으면 어떤 상태인지를 알 수 있게 되는데 이를 분화된 울음이라 한다(정옥분, 2009, p. 300). 또한 생후 2개월경에 모음 "우"와 비슷한 소리를 내는데 이를 목 울리기(cooing)라고 한다(Berk, 2011, p. 236). 6개월경에는 여기에 자음 소리가 더해지면서 "바바바바바바"나 "나나나나나나"처럼 자음과 모음의 결합을 반복해서 길게 소리 내는 옹알이(babbling)가 나타난다(Berk, 2011, p. 236). 모든 언어권의 영아들에게서 비슷한 시기에 옹알이가 나타나는데, 초기에는 소리도 유사해서 옹알이만 듣고서는 영아의 모국어 환경을 구분하기 어렵다(Berk, 2011, p. 236). 옹알이는 타인의 관심을 끌게 하는 소리이거나 다른 사람의 사회적 신호에 대한 반응으로 다음과 같은 특징을 갖는다(이순형 외, 2010, p. 33). 영아는 주위의 모국어를 들으면서 자기가 들은 소리와 비슷한 소리를 반복해서 모방한다. 영아와 상호작용하는 성인들은 영아가 내는 소리 가운데서 자신들에게 익숙한 소리에는 다르게 반응한다. "음음음음, 마마마마" 하던 영아가 어느 순간 "음마"라고 하면 성인은 "엄마"라고 답함으로써 영아의 모국어 발성을 지원한다. 7개월경, 구어의 많은 소리가 옹알이에 포함된다. 8~10개월경 영아의 옹알이 속에는 모국어의 소리와 억양이 반영되고, 그중에서 첫 단어로 바뀌는 것이 나온다(Berk, 2011, p. 236).

② 언어 사용 단계(생후 12~24개월)

영아는 6개월경에 단어의 의미를 이해하기 시작하며, 만 1세경에 주변 사람들이 분명하게 이해할 수 있는 단어를 사용하게 된다(Berk, 2011, p. 238). 첫 번째로 말하는 단어들은 '엄마'나 '아빠'처럼 자신에게 중요한 사람이거나 친숙한 물건이나 행동과 관련된 명사가 많다(곽금주, 김연수, 2014, p. 205). 이 시기에는 한 단어를 사용하여 자신의 다양한 생각이나 요구를 표현하기 때문에 '한 단어 문장' 시기라고도 한다(정옥분, 2009, p. 301). '엄마'라는 한 단어 속에 '엄마, 안아 줘요' '엄마, 밖에 나가요' 등 복잡한 의미를 함축하고 있다. 영아가 12개월경에 산출하는 단어는 50개 정도며(이순형 외, 2010, p. 36) 새로이 배우는 단어 수가 점차 늘다가, 18~24개월 사이에는 하루에 1, 2개 단어를 학습할 정도로 그 속도가 급격히 빨라져 '어휘의 폭발' 시기라고도 한다(Berk, 2011, p. 239). 24개월경에 200개 정도의 단어를 사용하게 되면서, '엄마 우유'처럼 2개의 단어를 연결하여 자신의 의사를 표현하는 '전보식 언어(telegraphic speech)' 사용이 나타난다(Berk, 2011, p. 239).

(4) 심리사회적 발달

영아기의 사회정서 발달에 있어 양육 환경, 특히 영아가 주로 시간을 보내는 주 양육자와의 관계는 매우 중요하다(Berk, 2011, p. 248). 출생 후 모든 것이 낯선 영아는 주 양육자인 부모가 애정을 가지고 자신의 요구에 적절하게 반응하며, 일관성 있는 보살핌을 제공할 때 이 세상이 신뢰할 만한 곳이라고 느끼며, 자신감 있게 세상을 탐색하고 다른 사람과의 관계를 맺어 간다. 영아기의 정서 발달을 먼저 살펴보고, 영아가 주 양육자와 형성하는 애착이 다른 사회적 관계에 미치는 영향은 어떠한지 알아보고자 한다.

① 정서 발달

영아는 아직 언어가 미숙하기 때문에 행복이나 슬픔, 흥미, 분노, 놀람, 공포 그리고 혐오와 같은 기본 정서를 통해 자신의 상태를 양육자에게 알림으로써 적절한 보살핌을 받을 수 있다(Berk, 2011, p. 250). 영아의 정서 상태는 울음이나 몸짓을 통해서도 알 수 있지만, 얼굴 표정을 통해 가장 잘 파악할 수 있다(Kail, 2008, p. 269). 생후 2년 동안의 정서 발달은 다음과 같은 과정을 거쳐 이루어진다(Berk, 2011, pp. 250-252).

- 출생 후 영아의 정서는 기분 좋은 자극에의 끌림과 불쾌한 자극으로부터의 철회라는, 즉 기쁨과 고통의 두 가지 정서로만 나뉘다가(Kail, 2008, p. 270) 점차 성인의 정서와 비슷하게 구체화된다.
- 2~3개월 사이의 영아는 가족의 얼굴 등 친숙한 자극에 대해 미소 지으며 기쁨을 표현한다. 슬픔도 나타나 어머니가 놀이를 중단하면 표정의 변화와 함께 울음을 터뜨린다(곽금주, 김연수, 2014, pp. 234-235).
- 3~5개월 사이에는 부모가 발바닥에 뽀뽀하는 것과 같은 활동적인 자극에 대해 소리 내어 웃는다. 영아는 자신이 쳐다보거나, 미소 짓거나, 소리를 낼 때 상대방도 같은 방식으로 반응할 것이라 기대하며, 말하는 사람의 목소리에 나타난 정서 상태와 그에 알맞은 얼굴 표정을 연결 지을 수 있다(Berk, 2011, p. 253). 분노도 이 시기에 관찰되며, 6~7개월 사이에는 공포 표현도 나타난다(곽금주, 김연수, 2014, p. 234).
- 6~8개월 사이에 친숙한 사람과 상호작용을 할 때 더 많이 웃는데, 이는 주 양육자와의 유대를 강화하여 애착과 낯선 사람에 대한 불안이 나타난다(Kail, 2008, p. 270). 영아는 주 양육자를 안전기지로 활용하여, 낯선 상황에서 탐색을 하고, 주 양육자와 떨어지면 분리불안으로 인한 공포를 경험한다(Berk, 2011, p. 252). 또한 영아의 인지와 운동기능이 발달함에 따라 분노가 나타나는 상황이 다양해지고 빈도와 강도가 증가한다(Berk, 2011, p. 102). 영아의 분노는 양육자로 하여금 영아의 고통을 제거하도록 하기 때문에, 영아를 어린이집에 데려다준 부모가 쉽게 떠나지

못하도록 막는 역할을 한다.

- 8~12개월 사이의 영아는 다른 사람의 정서 표현이 특정 대상이나 사건에 대한 그 사람의 느낌을 말해 주는 것이라는 사실을 이해하게 된다. 낯선 사람과의 만남과 같은 불확실한 상황에서 주 양육자의 정서적 표현을 참고해 자신의 행동을 결정하며 이를 '사회적 참조(social referencing)'라고 한다(곽금주, 김연수, 2014, p. 238; Berk, 2011, p. 253).
- 18~24개월 사이의 영아는 자신이 남과는 구별되는 독특한 존재라는 자기 인식을 하게 된다. 이는 상황에 따른 성인의 가르침과 함께 결합하여 수치심, 당혹감, 죄책감, 시기심, 자부심 같이 자신에 대해 부정적 혹은 긍정적 느낌을 포함하는 자기 의식적 정서(self-conscious emotion)의 발달에 기반이 된다(Kail, 2008, p. 271). 18개월 이후, '행복한' '놀란' '사랑' '이상한' '무서운' 등 감정을 말하는 데 필요한 어휘들이 급속히 발달하지만 아직 언어를 사용하여 자신의 정서를 조절하지는 못한다. 성인이 자신의 요구를 거절하면 화를 조절하지 못해 떼를 쓴다. 영아가 자신의 정서 상태를 양육자에게 말로 전달하게 됨으로써 양육자가 적절한 도움을 제공할 수 있게 된다. 정서적 표현의 다양화와 함께 강렬한 정서 상태를 편안한 수준으로 통제하는 정서적 자기 조절(emotional self-regulation) 전략도 양육자의 도움과 함께 점차 향상된다(Berk, 2011, pp. 254-255).

② 애착 발달

영아기의 사회적 발달 중 가장 중요한 것이 애착이다(정옥분, 2009, p. 324). 애착(attachment)은 영아가 자신을 주로 돌봐 주는 친밀한 사람과 맺는 애정적 유대관계로, 영아는 애착 대상과 함께 있을 때 기쁨을 느끼고, 불안한 상황에서는 가까이에 있음으로써 위안을 받는다. 영아가 주 양육자와의 애착 관계 형성을 통해 얻은 경험은 이후의 또래관계를 포함한 사회적 관계 형성은 물론 인지 발달과 정서 발달에도 영향을 미친다(곽금주, 김연수, 2014, p. 272). 보통 영아는 주 양육자인 어머니와 애착을 형성하는데, 이를 처음 제안한 사람은 보울비(Bowlby)로 애착 형성이 다음의 네 단계로 이루어진다고 주장한다(Berk, 2011, p. 265; Kail, 2008, pp. 283-284).

- 애착 전 단계(출생~출생 후 6주): 영아의 울음이나 미소, 쳐다보기 및 잡기 등은 영아에게 위안을 줄 수 있는 친밀한 사람들과의 접촉을 돕는다. 주 양육자인 어머니와의 신체접촉을 통해 냄새와 목소리를 구별하지만, 낯선 사람과 남겨지는 것에 불안을 느끼지 않는다.
- 애착 형성 단계(6주~6/8개월): 영아는 친밀한 사람과 낯선 사람에 대해 다르게 반응한다. 친밀한 사람과 상호작용할 때 더 많이 웃고, 옹알이를 하며, 쉽게 위안을 받지만 양육자와의 분리에 저항하지 않는다.
- 분명한 애착 단계(6/8개월~18개월/24개월): 친밀한 양육자와 분명한 애착을 형성한다. 애착 대상에게 스스로 다가가고 따라 다닌다. 안정된 애착을 형성한 영아는 새로운 환경에서 양육자를 안전기지로 활용하여 자유롭게 주변을 탐색한다. 양육자가 자신을 떠날 때 저항하는 분리불안을 보인다.
- 상호 호혜적 관계의 형성 단계(18개월/24개월 이후): 인지 발달과 함께 표상과 언어 능력이 발달하여 영아는 양육자가 자신을 떠나는 이유를 이해하게 되고, 다시 돌아올 것임을 예상할 수 있게 된다. 따라서 분리불안에 따른 저항은 감소한다. 영아는 양육자와 떨어지지 않겠다고 떼를 쓰는 대신에, 헤어지기 전에 책을 읽어 달라고 하거나, 잠들기 전에 돌아올 것을 요구하는 등 양육자와 협상을 한다.

③ 낯가림과 분리불안

영아가 자신을 주로 돌봐 주는 친밀한 사람과 애착을 형성했다는 증거로 나타나는 것이 낯가림과 분리불안으로 다음과 같은 특징을 가진다(정옥분,

2009, pp. 331-333). 낯가림(strange anxiety)은 주 양육자와 애착을 형성한 영아가 낯선 사람에게 불안을 보이는 현상(Berk, 2011, p. 252)으로, 낯선 사람이 자신에게 접근하거나 주 양육자가 낯선 사람에게 자신을 맡기면 큰 소리로 운다. 보통 6~8개월경에 나타나기 시작해 첫돌 전후에 가장 심해졌다가 점차 없어진다.

분리불안은 영아가 애착을 형성한 친밀한 사람, 즉 주 양육자와 분리될 때 나타내는 불안반응(Berk, 2011, p. 265)으로, 정상적인 애착을 형성한 영아는 주 양육자인 엄마와 분리되면 슬퍼하고 불안해하며 심하게 울음을 터트린다. 영아에게 대상영속성 개념이 시작되는 생후 9개월경에 분리불안이 나타나 첫돌에서 15개월경 사이에 가장 심하며, 그 이후에는 점차 감소되어 대상영속성이 확립되는 24개월경에 엄마를 볼 수 없지만 곧 나타날 거라는 사실을 알기 때문에 없어진다. 안정적인 애착을 형성한 영아보다 불안정한 애착을 형성한 영아가 분리불안 반응을 더 많이 보이는 경향이 있다.

2) 발달과제

출생 후 첫 1년 동안 영아에게 가장 중요한 발달과제는 에릭슨(Erikson, 1993)에 의하면 이 세상에 대한 신뢰감을 형성하는 것이다. 자신의 욕구나 필요를 충족하기 위해 전적으로 다른 사람에게 의존할 수밖에 없는 영아는 자신을 돌보아 주는 사람의 민감하고 일관된 양육에 의해 이 세상이 믿을 만한 곳이라는 것을 알게 되고 이는 영아기의 건강한 성장에 필수적이다. 즉, 영아가 슬프거나 불안을 느낄 때 부드럽게 안아 주고, 배가 고파서 울면 젖이나 젖병을 물린 후 충분히 먹을 때까지 기다려 주고, 젖은 기저귀를 제시간에 갈아 주고, 불편함을 느끼는 부분은 민감하게 알아채고 적절하게 반응해 주는 것이 중요하다. 영아기 자녀의 모든 필요를 완벽하게 채워 줄 수 있는 부모는 없다. 그러나 부모의 애정 어린 양육을 통해 이 세상이 자신에게 우호적일 거라는 기본적인 신뢰를 갖게 된 영아는 자신 있게 주변 환경을 탐색하고 다른 사람과 관계를 맺음으로써 건강하게 성장한다. 반대로 부모로부터 일관적이고 애정 있는 양육을 경험하지 못한 영아는 이 세상에 대해 불신하기 때문에 환경을 탐색하거나 다른 사람과 상호작용하는 데 있어서 적극적이지 못하고 이는 영아의 추후 발달에 부정적인 영향을 미친다.

혼자서 자유롭게 걷고, "내가 할래." "내가 먹을 거야." 등의 말로 자신의 생각을 표현하기 시작한 2세경의 영아는 무엇이든지 스스로 하려고 한다. 에릭슨은 이 시기의 영아에게는 자율성 획득이 중요한 발달과제라고 보았다. 부모는 영아가 새로운 기술을 익히거나, 원하는 것을 할 때 혼자 힘으로 할 수 있는 기회를 줄 필요가 있다. 영아 스스로 밥을 먹으면서 주위에 흘려도 비난하지 않고, 외출할 때 혼자서 신을 신는다고 시간을 끌어도 화를 내거나 조급하게 재촉하지 않고 기다려 줌으로써 자율성을 획득하는 것을 도울 수 있다. 반대로 영아가 한 일에 대해서 계속 혼을 내고, 비난하거나 공격하면 영아가 자신에 대해 수치심을 갖게 되고 스스로의 능력에 대해 의심하게 됨으로써 새로운 도전에 나서는 것을 꺼릴 수도 있다.

3) 사회복지 실천의 함의

영아기에는 주 양육자인 부모와의 관계를 통해 이 세상이 어떤 곳인지를 배우고, 자신이 어떤 존재인지를 배우며, 여러 측면에서의 발달에 영향을 받기 때문에 부모의 양육 유형은 사회복지 실천에서도 매우 중요하다. 바움린드(Baumrind, 1971)는 부모의 양육 유형을 다음의 네 가지로 제시하고 있다(Berk, 2011, pp. 398-400에서 재인용).

첫째, 가장 바람직한 양육 유형은 권위적 양육(authoritative child-rearing style)으로, 부모는 자녀의 요구에 세심하고 민감하게 반응하며 온정적이다. 합리적인 수준에서 일관된 통제로 자녀를 양육하며, 자녀의 의사를 존중하고 자율성을 적절하게 부여한다.

둘째, 권위주의적 양육(authoritarian child-rearing style)은 부모가 자녀의 요구를 수용하지 않고, 냉담하며 강압적으로 통제한다. 자녀의 의사를 존중하지 않으며 무조건적인 순종을 기대한다. 자녀가 말을 듣지 않으면 물리적 힘이나 처벌을 사용한다.

셋째, 허용적 양육(permissive child-rearing style)은 따뜻하고 수용적이지만 지나치게 관대하고 자녀의 행동에 대해 통제를 하지 않고, 자녀가 하고 싶은 대로 행동하도록 한다. 부모로서의 능력에 자신이 없는 경우에 많이 나타난다.

넷째, 무관여적인 양육(uninvolved child-rearing style)은 부모가 자녀와 정서적인 관계를 맺지 않으며, 통제도 안 하고, 자녀에게 별다른 관심을 보이지 않는다. 극단적일 경우 자녀 방임으로 나타날 수도 있으며, 이러한 부모 양육 유형은 영아기 자녀의 발달에 애착 형성의 어려움을 포함하여 심각한 문제를 초래할 수 있다.

사회복지사는 영아기 자녀를 가진 부모를 대상으로 한 부모역할이나 자녀 양육 훈련 프로그램을 통해 자녀를 올바르게 양육할 수 있도록 지원하며, 부모의 잘못된 양육 유형으로 인해 발달상의 위험에 처한 영아를 조기에 발견하여 개입할 필요가 있다.

4. 유아기

만 2세에서 6세까지를 유아기라 하는데(정옥분, 2009, p. 342; Berk, 2011, p. 289), 이를 다시 걸음마기와 학령전기로 나누기도 한다. 걸음마기와 학령전기를 구분하는 연령 기준은 학자마다 달라 걸음마기를 1.5~3세, 2~3세, 1.5/2~4세, 3~4세까지로 다양하게 구분한다(권중돈, 김동배, 2005, p. 109; 나눔의 집, 2013, p. 280). 이 책에서는 영아기 이후 초등학교에 들어가기 전까지의 만 2~6세를 유아기로 구분하고 연령에 따른 유아의 신체 발달, 인지 발달, 사회정서 발달의 변화를 살펴보고자 한다. 유아기 때는 영아기만큼 급격한 신체적 변화는 일어나지 않지만 꾸준히 성장하며, 급속한 운동 능력의 발달을 바탕으로 주변 환경을 적극적으로 탐색한다. 사물을 정신적으로 표상할 수 있는 능력이 발달하여 가상놀이를 즐기며, 이는 유아기의 인지와 언어 발달은 물론 사회정서 발달에도 영향을 미친다.

1) 발달적 특징

(1) 신체 발달

① 신체 성장

영아기에 비하면 신체의 성장 속도는 느려지지만 그래도 지속적으로 성장한다. 신장은 1년에 평균 5~7.5cm 정도 자라고, 체중은 약 2~3kg 정도 증가한다(이영 외, 2017, p. 250). 영아기에 비해 신체 크기에서의 개인차가 더 크게 나타난다(Berk, 2011, p. 290). 신체 비율의 변화로 머리가 크고 배가 볼록하며, 다리가 통통했던 영아기 체형에 비해 머리 비율이 상대적으로 작아지며, 체지방의 감소로 배가 들어가고, 다리가 길고 가늘어진다. 영아기 이후 골격 성장은 유아기에도 계속 이어지며, 유아기 말에 유치가 빠지기 시작하며 보통 6세 이후 영구치가 나오기 시작한다(이영 외, 2017, p. 251; Berk, 2011, p. 290).

② 두뇌 발달

유아기 동안에도 뇌는 계속 성장하여, 만 2~6세경에 뇌의 무게는 성인의 70~90%에 달한다(Berk, 2011, p. 291). 이러한 뇌 무게의 증가는 시냅스 밀도와 수초화의 증가에 의한 것으로, 유아의 신체 협응이나 지각, 주의 집중, 기억, 언어, 논리적 사고, 상상 등 다양한 기술의 발달에 관여한다(정옥분, 2009,

pp. 345-346; Berk, 2011, p. 291).

③ 운동 발달

유아기에는 영아기에 습득한 운동기술을 바탕으로 새로운 운동기술의 발달이 놀라운 속도로 일어난다(정옥분, 2015, p. 268). 유아기의 신체적 성장과 근력의 증가, 중추신경계의 발달, 환경 내의 새로운 도전과 목표의 증가는 유아가 새로이 얻게 된 지각과 인지 능력을 사용하여 기존의 운동기술들을 통합하여 새롭게 변화시켜 나갈 수 있도록 한다(Berk, 2011, p. 305). 유아기의 운동 발달 속도에는 개인차가 있는데, 이는 유아의 동기나 신체적 성숙의 속도, 놀이를 통한 연습 기회, 성인들에 의해 조성된 사회적 분위기에 의해 영향을 받는다(Berk, 2011, pp. 312-313). 충분한 동기와 학습기회가 있더라도 연습과 성인의 적절한 지도가 있어야 바람직한 기술을 습득할 수 있다. 이 시기의 유아는 자신이 새로 습득한 운동기술을 과신한 나머지 높은 곳에서 뛰어내리는 등의 위험한 행동을 하다가 다치기도 한다. 산업화된 국가들에서 1~14세 아동들이 사망하는 가장 큰 원인은 뜻하지 않은 사고에 의한 상해다(Berk, 2011, p. 305).

영아기 동안에는 몸 전체에 비해 큰 머리 때문에 균형을 잡기가 어려워 잘 넘어진다. 반면에 유아기에는 머리 크기가 신체에서 차지하는 비율이 낮아지면서 체중의 중심이 아래로 내려가고, 이는 균형 감각의 증진으로 이어져 유아가 여러 가지 대근육 운동기술을 익히는 데 도움이 된다(Berk, 2011, p. 308). 소근육 운동기술도 급속히 발달하는데, 소근육 운동기술은 여아가, 대근육 운동기술은 일반적으로 남아가 우세하다(정옥분, 2015, p. 277). 유아기의 대근육과 소근육 운동기술의 발달 순서는 다음과 같다(이영 외, 2017, pp. 256-258; 정옥분, 2015, p. 276; Berk, 2011, p. 309).

- 만 2~3세: 달리기를 시작하고, 두 발 뛰기가 가능하다. 장난감 자동차에

앉아 두 발로 밀고 다닌다. 공을 던질 때 두 팔만을 사용한다. 간단한 옷을 입고 벗을 수 있으며, 지퍼를 올리고 내릴 수 있으며, 숟가락 사용이 가능하다.

- 만 3~4세: 직선 위를 걸으며, 잘 달리고 정지도 잘한다. 두 발이나 한 발로 높이 뛸 수 있으며, 계단을 오를 때는 두 발을 번갈아 사용하지만, 내려올 때는 한쪽 발을 앞세운다. 세발자전거를 탈 수 있다. 공을 던지고, 받을 때 상체를 약간 활용한다. 큰 단추를 채우고 풀며, 가위를 사용한다. 블록으로 탑을 쌓는다. 직선과 원을 따라 그리며, 처음으로 사람 얼굴을 그린다.
- 만 4~5세: 곡선이나 평균대 위를 걸으며, 달리면서 방향을 바꿀 수 있다. 두 발을 번갈아 사용하여 계단을 오르내린다. 사다리, 정글짐을 오르내린다. 세발자전거를 능숙하게 탄다. 공을 손으로 잡고, 팔꿈치를 활용해 공을 던진다. 선에 맞춰 가위질을 한다.
- 만 5~6세: 성인처럼 걷고, 빨리 달릴 수 있다. 높이뛰기와 멀리뛰기, 줄넘기를 한다. 보조바퀴가 있는 두발자전거를 타며, 공 던지기와 잡기에 능숙하다. 신발 끈을 묶으며, 종이를 접고, 글자나 숫자를 따라 쓰며, 그림을 잘 그리고, 크레용으로 색칠을 한다.

(2) 인지 발달

유아기에는 인지 발달이 놀라운 속도로 이루어지지만, 유아는 아직 자신이 경험한 사건이나 사물 간의 관계에 대한 논리적 조작을 할 수 없다(Shaffer, 1996, p. 255). 피아제는 그런 이유로 만 2~7세까지를 전조작기라 부르고, 이를 다시 만 2~4세의 전개념적 사고기와 만 4~7세의 직관적 사고기로 나눈다(정옥분, 2015, p. 311).

① 전개념적 사고기

만 2~4세경의 유아는 정신적 표상이 가능해서 눈에 보이지 않는 대상을 상징화할 수 있으나, 환경 속에서 접하는 사물이나 사건의 속성이나 특징에 대한 정확한 개념을 형성하는 데 어려움을 겪는다(Shaffer, 1996, p. 255). 피아제는 이러한 전개념적 사고기의 특징으로 상징적 사고, 자기중심성, 물활론적 사고, 인공론적 사고, 전환적 추론을 제시하고 있다(정옥분, 2015, p. 311; Berk, 2011, pp. 318-322; Shaffer, 1996, pp. 255-259).

- 상징적 사고와 가상놀이: 영아기 말에 나타나기 시작한 정신적 표상능력이 유아기에 놀랍게 발전하여 유아는 존재하지 않는 대상이나 사건에 대해 상징적 사고를 할 수 있게 된다. 언어는 가장 대표적인 상징으로, 가상놀이와 같은 활동을 할 때 실제 사물이나 대상, 사건이 없이도 마치 있는 것처럼 가상적인 사물이나 상황을 상징화할 수 있다(이순형 외, 2014, pp. 86-87). 예를 들어, 2세 이하의 영아가 가상놀이를 할 때 장난감 차를 타고 운전하는 척을 한다면, 2세 이후에는 마치 의자가 자동차인 것처럼 그 위에 앉아 운전하는 놀이를 하고, 4세 유아는 아무것도 없는 교실 한구석이 차 안이라고 상상하자고 친구들과 이야기하면서 놀이를 할 수 있다.
- 자기중심성: 유아는 자신과 타인을 구별할 수는 있지만 자신과 타인의 관점을 구별하는 것은 어려워하는데, 이를 자기중심성이라고 한다(Kail, 2008, p. 142). 이는 이기적인 것이나 배려심이 부족한 것과는 다른 의미다. 유아는 다른 사람의 입장에서 세상을 보는 것이 쉽지 않아, 자신의 관점에 비추어 다른 사람의 감정이나 사고를 예측하는 경향이 있다(Shaffer, 1996, p. 256). 예를 들어, 자신이 좋아하는 것을 다른 사람도 좋아한다고 생각하기 때문에 우는 친구에게 자신의 곰돌이 인형을 주며 달래 준다. 피아제의 세 산 모형 실험에서, 유아는 높이가 다른 모형 산

을 사이에 두고 마주 앉은 상대방과 자신이 바라보는 산의 모습이 같다고 대답한다. 피아제는 유아기의 자기중심성 때문에 유아가 자신을 둘러싸고 있는 세상에 대해 갖고 있는 잘못된 사고를 검토하고 수정하는 것이 쉽지 않다고 주장했다(Berk, 2011, p. 321). 그러나 4세경의 유아는 일상 속에서 친숙한 과제라면 타인의 관점에서 생각할 수 있고, 대화하는 상대방의 나이를 고려하여 자신이 말하는 내용을 조정할 수 있다는 연구도 있다(Berk, 2011, p. 323).

- 물활론적 사고: 유아기의 자기중심성으로 인해 유아는 물활론적 사고를 하는데, 이는 무생물이 감정, 의도, 동기, 생각과 같은 살아 있는 생명의 특성을 가진다는 믿음이다(Shaffer, 1996, p. 256). 유아는 의자에 걸려 넘어졌을 때 엄마가 의자를 손바닥으로 치면서 혼내 주면 위안을 받고, 구름 뒤로 해가 보였다 안 보였다 하는 것을 보고 둘이 숨바꼭질을 하면서 놀고 있다고 생각하는데, 이는 물리적 현상이나 사물에도 인간의 의도를 부여하는 자기중심적 사고 때문이다. 최근 연구에서는 유아가 친숙하지 않은 사물에 대해서는 물활론적 사고를 하지만 친숙한 사물의 경우에는 생물과 무생물을 구분할 수 있음을 밝히고 있다(이영 외, 2017, p. 268)
- 인공론적 사고: 세상의 모든 자연현상이나 사물이 사람들의 필요를 채우기 위해 특히 유아 자신을 위해 사람들에 의해 만들어졌다고 믿는 사고다(정옥분, 2015, p. 316). 예를 들어, 눈이 오는 것은 누군가가 하늘에서 눈을 만들어 뿌리기 때문이며, 저녁에 밖이 어두워지는 것은 자신이 잠잘 시간이 되었기 때문이라고 생각한다.
- 전환적 추론: 전환적 추론은 어떤 한 사건으로부터 다른 한 사건을 추론하는 것으로, 두 가지 사건이 시간적으로 가까이 일어나면 두 사건 간에 아무런 관계가 없는데도 인과관계가 있는 것으로 생각한다(Shaffer, 1996, p. 256). 예를 들어, 가족의 생일에는 늘 파티를 하던 아이가 어느 해 파티 없이 생일을 보냈다면, 파티를 하지 않았기 때문에 자신의 생일

이 지나지 않았다고 할 수 있다. '생일파티'라는 특정 사건이 '생일'이라는 다른 특정 사건을 결정짓는 원인이라고 추론하기 때문이다. 또한 자신이 책은 안 읽고 TV만 본다고 혼난 다음에 부모님의 이혼 소식을 들은 아이는 자신의 잘못이 부모님 불화의 원인이라고 생각해서, 자신의 방에 들어가 조용히 책을 읽는 것으로 반응하기도 한다(Emery, 2004).

② 직관적 사고기

피아제는 만 4~7세를 직관적 사고기라 한다. 이는 유아가 어떤 사물을 이해할 때 그 사물이나 상황이 갖는 다양한 속성을 토대로 논리적 사고를 하기보다는 가장 두드러진 지각적 속성에 의지해 직관적인 판단을 하기 때문이다(Shaffer, 1996, p. 259). 판단이 직관에 의존하기 때문에 나타나는 유아기 사고의 결함은 보존개념과 분류 및 서열화 과제에서도 나타난다.

- 보존개념(conservation): 어떤 대상의 물리적 외양이 변화되어도 그 속성은 유지된다는 것을 이해하는 능력을 뜻하는데, 유아에게는 이러한 개념이 결여되어 있다(Berk, 2011, p. 321). 따라서 액체 보존 실험에서 똑같은 모양의 유리컵 두 개에 담긴 동일한 양의 물을 높이와 너비가 다른 두 개의 유리컵에 각기 부으면 두 컵 안에 담긴 물의 양이 서로 다르다고 생각한다. 물을 붓는 과정에서 더하거나 덜어 내지 않았음에도 불구하고 외양의 변화가 속성, 즉 '양'의 변화를 가져왔다고 생각한다. 이 시기의 유아는 어떤 상황을 이해하기 위해 여러 가지 측면을 고려해서 사고하기보다는 가장 두드러진 한 측면에만 초점을 맞춘다(Kail, 2008, p. 142). 이런 중심화(centralization) 현상 때문에 앞의 액체 보존 실험에서, 높이와 너비라는 두 속성을 한 번에 고려하지 못하고, 높이나 너비 중 더 두드러진 지각적 특성 하나만을 비교하여 물의 양을 판단한다. 또한 이러한 비논리적 사고의 가장 큰 이유는 유아의 비가역적 사고 때문이다(정

옥분, 2015, p. 319). 유아는 액체 보존 실험에서, 낮고 넓은 컵의 물을 처음의 높고, 좁은 컵에 다시 따르면 두 컵의 물의 양이 같아 보일 것이라고 생각하지 못한다. 물의 양이 변했다고 생각한 과정을 거꾸로 되밟아 가며 사고하지 못하기 때문이다.

- 분류와 서열화: 유아기에는 유사점과 차이점에 기초하여 사물을 상위와 하위 유목으로 조직하는 위계적 분류에 어려움을 겪는다(Berk, 2011, p. 322). 색상이나 모양 등 하나의 속성에 따라 사물을 분류하는 단순 분류는 가능하나, 속성이 다양한 물건을 분류하는 과제에서는 명확한 기준을 설정하는 데 어려움을 겪어 정확하게 분류하지 못한다. 또한 서열화 과제에서도 길이가 다른 막대를 순서대로 늘어놓는 것처럼 하나의 속성에 따라 순서대로 배열하는 단순 서열화는 나이가 많은 유아의 경우 가능하나, 여러 가지의 속성을 함께 고려해야 할 경우에는 정확하게 배열하지 못한다(정옥분, 2015, p. 320).

(3) 언어 발달

만 2~6세 사이에 유아의 인지 발달이 빠르게 일어나는 만큼 언어 발달 면에서도 급속한 변화가 일어난다(Berk, 2011, p. 354). 유아기 동안 사용하는 어휘의 수도 급격하게 증가하고, 만 5~6세 정도가 되면 성인 수준의 문법이 문장 속에 나타나며, 효율적인 의사소통이 가능하다. 유아기의 어휘, 문법, 의사소통 기술의 발달을 살펴보기로 한다.

① 어휘

유아기에 구사하는 어휘 수가 급격히 증가하는데 이는 매일 다섯 개 정도의 새로운 단어를 습득하는 데서 기인하는 것으로(이순형 외, 2010, p. 51), 개인마다 차이가 있다. 유아는 새로운 단어를 습득할 때 성인들이 제공하는 사회적 단서나 직접적인 정보, 맥락적인 단서 등 다양한 정보를 활용하는 것으로 보인다(Berk, 2011, pp. 354-356). 예를 들어, 수족관에서 '돌고래'라는 단어를 처음 듣는 경우 유아는 엄마의 시선 방향이나 돌고래를 가리키는 행동 같은 사회적 단서에 주목하고, '이건 돌고래라고 불러.'라고 명시된 정보를 제공하는 엄마의 지원을 활용하며, 엄마가 '돌고래'라는 단어를 문장 안에서 어떻게 사용하는지 주의 깊게 살펴봄으로써 돌고래의 의미를 이해하게 된다.

② 문법

유아의 연령과 함께, 한 문장 안에 사용하는 단어의 수가 증가한다(이영 외, 2017, p. 302). 영아기 말에 주로 두 단어로 이루어진 전보식 문장을 사용하던 유아는 만 2~3세경에 세 단어 이상으로 이루어진 다어문을 사용한다(이순형 외, 2010, p. 43). 두 단어 문장에서 세 단어 문장으로 확장되면서 다양한 문장 구조가 나타난다. 초기에는 '아기 빵 먹어.' '아기 의자 빵 먹어.' 등 의미상 중요한 단어들만을 연결한 문장을 사용하다가 '내 거야.' '-랑' '가'와 같은 문법적 형태소를 사용하기 시작한다(조명한, 1982). 만 3세경에는 부정문에 대한 개념이 생겨, '싫어.'와 같이 부정적인 문장을 많이 사용한다. 만 4~5세경에는 부사나 형용사를 사용하거나 어간의 어미를 수정하여 문장을 변형시킬 수 있어 의문문의 사용이 가능하다. 만 5~6세경에는 수동태와 능동태를 포함한 성인 수준의 문법 구사가 가능하다(정옥분, 2009, pp. 386-387). 유아가 습득한 특정 문법적 규칙을 모든 경우에 너무 일관되게 적용하여 오류를 범하기도 하는데, 이를 과잉일반화(overregularization)라고 한다. 우리말의 경우 '엄마가' '내가'에 사용하는 주격조사 '-가'를 '선생님이가' '이불이가'처럼 적절하지 않은 주어에도 확장해서 사용하는 것을 볼 수 있고(조명한, 1982), 영어의 경우에도 복수형('foot'의 복수형 'feet' 대신 'foots' 사용)이나 과거형('go'의 과거형 'went' 대신 'goed' 사용)을 만들 때 흔히 나타난다(Berk, 2011, p. 357).

③ 의사소통

유아가 다른 사람과 효율적으로 의사소통하기 위해서는 단어의 획득이나 문법의 숙달 외에 대화를 하는 대상과 상황에 적절하게 언어를 사용하는 방법을 습득해야 한다(이순형 외, 2010, pp. 12-13). 먼저 대화는 두 사람이 동시에 말하는 것이 아니라 교대로 말하는 것임을 알아야 한다. 또한 대화할 때 말을 듣는 상대방의 나이, 성별, 사회적 지위에 맞게 자신의 말을 조정해야 한다(Berk, 2011, p. 358). 원활한 의사소통을 위해서는 상대방의 말이 의미하는 것을 정확하게 이해하는 것도 중요한데, 만 3~5세의 유아는 상대방의 말이 모호하다는 사실을 인식하고 이를 해결하는 능력이 부족하다(Shaffer, 1999, p. 408). 따라서 색연필을 가져오라는 선생님의 말씀에 무슨 색을 원하는지 질문하는 것이 아니라, 말하는 사람이 원하는 것이 무엇인지를 자신이 알고 있다고 간주해서 아무 색이나 자신이 원하는 것을 가져다 드리기도 한다.

(4) 심리사회적 발달

① 자기의 발달

만 1세경의 영아에게 거울을 보여 주면, 그 속에 비친 아기가 자신임을 인식하지 못한다. 거울 속에 보이는 자신의 모습에 대한 자각이 나타나는 것은 약 2세경이다. 거울 속 아기의 코에 묻은 빨간 점을 보고 자기 코를 만지는 것은 15개월경에 나타나, 약 2세경에는 대부분 자신의 코를 만진다(Kail, 2008, p. 294). 이 시기에 자신이 주변의 사물이나 사람과는 구분되는 독특한 특성을 가진 존재임을 인식하는 자기 인지가 발달해, 사진 속에 있는 자신을 가리킬 수 있으며, 자신을 이름이나 대명사 '나'를 사용하여 지칭한다(Berk, 2011, p. 280). 자신의 존재에 대해 자각하게 되면서 자신이 누구인지에 대한 개념을 획득하기 시작한다(Kail, 2008, p. 296).

만 3~5세의 유아는 자기 자신이 누구인지를 정의한다고 생각하는 이름이나 소유물, 신체적 특성, 선호하는 것, 일상적인 행동 등 일반적으로 관찰 가능한 특징으로 이루어진 자아개념(self-concept)을 발달시키기 시작한다(Berk, 2011, p. 365).

유아기의 자기 인식이 발달하면서 자신의 가치에 대한 평가와 그와 연관되어 느끼는 감정인 자아존중감(self-esteem)도 발달한다(Berk, 2011, p. 366). 유아는 자신의 능력을 실제보다 더 높게 평가하는 경향이 있어 자아존중감이 높은 편인데, 이는 유아가 새로운 기술이나 능력을 익히기 위해 적극적으로 나서는 데 도움이 된다. 유아기의 자아존중감 형성에는 많은 시간을 함께 보내는 성인의 역할도 중요하다(Kail, 2008, p. 312). 부모나 교사는 유아의 주도적인 행동이나 작은 실수에 대해 꾸짖고, 비난하기보다는 어려운 일에 도전하는 유아를 격려하고, 발달수준에 맞는 기대를 해야 한다. 어떤 일을 할 때 잘못한 부분보다는 더 나아진 부분과 노력한 점에 관심을 보임으로써 유아의 긍정적인 자아존중감 형성을 지원해야 한다.

② 정서 발달

- 정서 이해: 만 2~6세 사이에 정서적 유능감이라 불리는, 정서 이해 능력이 발달한다(Berk, 2011, p. 367). 만 4~5세 유아는 자신의 감정을 말로 표현하는 능력이 급속도로 증가할 뿐만 아니라 다른 사람의 정서를 이해하고 그에 적절히 반응하는 능력도 상당히 발달하여 다음과 같은 특징을 보인다(Berk, 2011, p. 368). 만 4~5세 유아는 다른 사람이 표현하는 정서를 유발시킨 원인에 대해 이해한다. 화를 낸 다음에 발로 차는 것과 같이, 특정 정서를 표현한 다음에 어떤 행동을 할지 예측할 수 있으며, 엄마가 보고 싶어서 우는 친구를 안아 주는 것과 같이 다른 사람의 부정적인 정서를 효과적으로 달래 주는 방법도 사용한다. 그러나 슬플 만한 상황에서 기쁜 표정을 짓는 것처럼, 사람의 실제 감정을 파악하기 위한 단서들이 서로 모순되는 경우에는 해석에 혼란을 느껴(Berk, 2011, p. 368)

부서진 장난감을 들고 웃고 있는 아이의 사진을 보여 주면 아이가 행복하다고 말한다. 사진 속에 나타나는 여러 가지 요인을 고려하지 않고 가장 눈에 띄는 측면인 '웃는 얼굴'만을 토대로 사고하는 유아기의 인지적 특성이 정서 이해에도 영향을 미침을 알 수 있다. 유아기의 정서 이해 능력 발달은 부모와의 애착 관계, 정서에 대한 이야기 나누기, 상호작용을 통한 정서 학습과 또래나 형제와의 가상놀이에 의해 영향을 받으며, 유아의 정서 이해 능력은 다른 사람들과의 사회적 관계 형성에 큰 도움이 된다(Berk, 2011, p. 369).

- 정서 조절: 개인이 자신의 정서, 특히 부정적 정서를 통제하는 능력인 정서 조절 능력은 매우 중요하며, 이는 유아기 동안에 많이 발전한다(정옥분, 2009, p. 399). 유아기에는 현실을 꿈이나 상상과 완전히 구별하지 못하기 때문에, 실제 일어나지 않은 일에 대해서도 상상만으로 두려움을 느낄 수 있다(정옥분, 2009, p. 396). 또한 일이 자신이 뜻하는 대로 되지 않거나, 하기 싫은 일을 해야 되거나 하면 분노를 떼쓰기나 반항, 공격적 행동으로 표출하는 등 자신의 부정적 감정을 억제하는 데 어려움을 보이기도 한다. 이는 유아가 또래나 교사와 긍정적인 관계를 맺는 데 걸림돌로 작용한다(Kail, 2008, p. 275).

유아는 자신의 정서를 효율적으로 조절하기 위한 다양한 전략을 사용한다. 예를 들어, 천둥소리나 무서운 장면으로 인한 공포감을 줄이기 위해 귀나 눈을 막고, 친구들이 놀이에 끼워 주지 않을 때 '나도 너희랑 놀고 싶지 않았어.'라고 스스로에게 말함으로써 좌절과 분노의 감정을 억누르는 등 자신의 정서를 조절하기 위한 다양한 전략을 사용한다(Berk, 2011, p. 369). 특히 유아기의 언어 발달은 만 3~4세경의 유아가 언어를 사용하여 자신의 정서를 조절하는 능력을 향상시킨다.

유아의 정서조절 능력은 부모의 양육행동에 의해 영향을 받는다. 부모가 자녀의 정서를 잘 이해해 주고, 부모 자신의 부정적인 정서를 적절히 조절하는 모범을 보일 때, 유아의 정서조절 능력도 높아진다(Colman, Hardy, Albert, Raffaeli, & Crockett, 2006).

③ 성 역할 발달

만 2세경에 성별을 근거로 자신과 다른 사람을 구분하는 것이 가능(Berk, 2011, p. 390)해진 유아는 남성과 여성, 즉 성별에 따라 적합하다고 여겨지는 물건을 구별할 수 있다(곽금주, 김연수, 2014, p. 294). 자동차나 인형 같은 장난감, 분홍이나 파랑 같은 색상, 요리사나 군인 같은 직업 등을 성별과 연관시킨다. 이를 통해 자신의 성에 맞는 성 역할 개념을 습득하며, 사회에서 자신의 성에 대해 기대하는 활동이나 성격특성, 행동양식을 익히는 성 역할 사회화 과정을 통해 여성성이나 남성성을 발달시킨다. 학령전기의 유아들은 성별이 같은 또래들과 자신들의 성에 어울린다고 여겨지는 놀이를 하는 경향이 있다. 성 역할에 대한 고정관념은 만 3~4세경에 나타나기 시작하여 만 5~6세경에는 이를 일상생활에서 엄격하게 적용하여, 남자는 머리띠를 하거나 분홍색 옷을 입으면 안 된다고 생각한다. 만 6세 이하의 유아는 사람의 옷이나 머리모양, 직업 등이 그 사람의 성별을 결정하는 요인이 아니라는 사실을 인식하지 못해서, 인형에게 바지를 입혔다가 치마로 갈아입히면 성도 변한다고 생각한다(Berk, 2011, p. 395). 만 4~7세 사이에 성은 한번 결정되면 바뀔 수 없다는 성 항상성(gender constancy) 개념을 획득한 유아는 옷이나 외모, 행동양식이 변하더라도 성은 바뀌지 않는다는 것을 이해하며 여자아이는 자라서 여자어른이 되고 남자아이는 자라서 남자어른이 된다는 성 안정성을 이해한다(Kail, 2008, p. 376).

④ 도덕성 발달

유아기는 도덕성 발달에 있어 중요한 시기로, 학자에 따라 도덕성 발달의 서로 다른 측면을 강조한다. 정신분석이론에서는 도덕적 행동을 하게 되는 동기로서 동일시와 죄의식을 강조한다. 프로이트(Freud, 1933)는 유아가 같은 성의 부모와 동일시함으로써 초자아 혹은 양심을 형성하고, 이를 통해 부모의 도덕적 기준을 내면화하게 된다고 주장한다(Berk, 2011, p. 378에서 재인용). 유아는 잘못된 행동을 하려고 할 때마다 느끼게 되는 죄의식을 피하기 위해 부모의 가치기준이나 사회적 규범에 적응하고 그 과정에서 도덕성 발달이 이루어진다는 것이다.

인지 발달 이론에서는 도덕적 판단을 내릴 수 있는 유아의 능력에 관심을 갖는다. 유아가 어떤 행동에 대해 좋거나 나쁘다고 말하는 것을 통해, 유아기에 무엇이 옳고 그른지를 구별하고, 그에 기초하여 자신이나 다른 사람의 행동에 대해 판단하는 도덕성의 발달이 시작됨을 알 수 있다(Berk, 2011, p. 384). 피아제(Piaget, 1965)는 만 5~13세 아동들의 놀이 관찰을 통해 이 시기의 도덕성 발달을 타율적 도덕성과 자율적 도덕성의 두 단계로 나누었다(정옥분, 2009, p. 518에서 재인용). 타율적 도덕성 단계에 속하는 만 5~7세경 유아는 규칙이 성인이나 신 같은 권위 있는 존재에 의해서 만들어진 것이므로 반드시 따라야 하고, 변경할 수도 없다고 생각한다. 어떤 상황에서도 규칙을 지키는 것이 옳은 일이라고 생각하여 구급차도 신호등을 반드시 준수해야 한다고 생각한다. 규칙을 어기면 그에 따른 처벌을 반드시 받게 된다는 내재적 정의(immanent justice)를 믿어(Kail, 2008, p. 333), 아빠 허락을 받아야만 만질 수 있는 조립모형을 몰래 꺼내다가 다쳤을 경우 자신이 잘못한 것에 대해 벌을 받는 것이라고 생각한다. 어떤 행동의 옳고 그름을 의도보다는 결과에 더 비중을 두어 판단하는 경향이 있어 들키지 않은 거짓말보다 들켜서 처벌을 받은 거짓말을 더 부정적으로 판단한다(Berk, 2011, p. 385). 이처럼 행동의 결과를 가지고 판단하는 것은 콜버그(Kohlberg, 1976)의 도덕성 발달단계의 첫 수준인 전인습적 단계(preconventional level)의 특징이기도 하다(Kail, 2008, p. 384). 사회적 규범이나 기대를 잘 이해하지 못하는 유아는 보상을 받는 행동은 옳은 것이고 벌을 받는 행동은 나쁜 것이라고 생각한다. 규칙을 지키는 주된 이유도 벌을 피하고 상을 받기 위해서라고 대답하는 경우가 많다(정옥분, 2009, p. 524).

2) 발달과제

에릭슨은 유아기에 해당하는 만 3~6세 아동의 발달과제로 주도성 대 죄의식을 제시했다(Berk, 2011, p. 364). 유아기에는 놀이라는 안전한 상황 속에서 자신의 탐구심을 충족시키기 위해 어떤 목표를 세우고 실행하여 성공적으로 성취하는 경험을 통해 주도성이 발달된다. 그를 위해서는 비난이나 실패에 대한 두려움 없이 다양한 기술을 시험해 보고, 왕성한 호기심을 충족시키기 위해 주도적으로 도전하는 것이 필요하다.

만 2~6세를 '놀이의 시기'(Berk, 2011, p. 273)라고 할 정도로, 유아기 발달에 있어 놀이는 중요한 역할을 한다. 놀이는 유아의 신체 발달은 물론 인지 발달, 언어 발달 그리고 사회정서 발달에도 큰 영향을 미친다. 다양한 놀이는 유아의 신체적 성장을 촉진하며, 유아는 놀이를 통해 자신이 기존에 획득한 운동기술 능력을 정교화하고, 새로운 운동기술을 배운다(이숙재, 2004, pp. 50-51). 놀이는 유아가 새로이 습득한 인지적 지식과 기술을 재미있게, 반복적으로 연습할 수 있는 자연스런 장을 제공해 줌으로써 유아의 인지 발달에도 도움을 준다(이숙재, 2004, pp. 53-54). 놀이는 유아의 정서 발달에도 도움이 된다(이숙재, 2004, pp. 57-58). 놀이를 통해 자신의 감정과 행동을 적절하게 표현하는 법을 배우고, 놀이 속에서 슈퍼맨이 되어 악당을 물리치고, 엄마가 되어 현실 속에서 경험할 수 없었던 권위를 누리면서 유아는 자신의 부정적 정서를 안전하게 표출하고 조절하는 법을 배운다. 놀이를 통한 성취감은 유아의 긍정적인 자아 인식 형성에도 도움이 된다. 유아기에는 가정에서 또래로 사회적 관계가 확대되면서 유아는 많은 시간을 또래들과 보낸다.

또래와의 집단놀이를 통해 성인과의 상호작용에서 배운 것과는 다른 사회적인 기술을 익힌다. 또래와 놀이를 계획하고 역할을 정하는 과정에서 갈등 해결이나 타협, 협상, 양보, 협동을 배우며, 역할놀이를 통해 다른 사람의 입장에서 생각하고, 느끼고, 세상을 바라보는 능력이 증진된다. 유아기의 역할놀이나 가상놀이는 유아의 의사소통 능력을 포함한 언어 발달 증진에도 큰 영향을 미친다.

3) 사회복지 실천의 함의

유아기를 성공적으로 보내기 위해서는 유아의 자기주도성 발달을 지원하는 성인의 적절한 돌봄이 중요한데, 가정에서 어린 자녀가 말을 듣지 않아 훈육한다는 명분으로 신체적 혹은 정신적 폭력이나 가혹행위를 하거나 방임하는 학대가 지속되어 왔다. 미국의 경우 아동학대의 80%가 부모에 의해 저질러지고 있는데(Berk, 2011, p. 402), 이는 우리나라도 마찬가지로 2020년에도 아동학대 행위자의 82.1%가 부모로 나타났다. 학대행위자인 부모에 의해 아동학대를 자녀에 대한 훈육이라고 정당화하는 수단으로 악용되었던 민법상의 '부모징계권'을 2021년 폐지함으로써 아동학대를 예방하기 위한 법적 토대를 마련하였다(국가법령정보센터).

아동학대의 유형은 신체 학대, 정서 학대, 성적 학대, 방임으로 나눌 수 있으며, 다음과 같이 정의할 수 있다(「아동복지법」; Berk, 2011, pp. 401-402). 신체 학대는 신체적 폭력이나 가혹행위로 아동에게 자신의 신체 일부나 도구, 화학물질 등을 사용하여 고의로 신체적 손상을 입히는 것이다. 정서 학대에는 아동의 건강이나 복지를 해칠 수 있는 정신적 폭력 또는 가혹행위로 아동에게 소리를 지르거나 무시하고, 비현실적인 기대를 하거나 강요하는 것은 물론 가정폭력에 노출시키는 것도 포함된다. 성적 학대는 아동을 대상으로 하는 모든 성적 행위로, 성기노출이나 음란물을 보여 주는 행위는 물론 성인이 자신의 성적 욕구를 충족하기 위해 신체나 도구를 사용하여 아동에게 성적 행동을 강요하는 것으로 성추행, 성폭행, 성 착취가 포함된다. 방임은 보호자가 아동을 방임하는 것으로 음식이나 의복, 의학적 치료나 교육적 필요 등 아동에게 기본적으로 필요한 욕구를 고의적으로 반복해서 충족시켜주지 않음으로써 양육과 보호의 책임을 소홀히 하는 것이다. 우리나라에서 2020년 발생한 아동학대의 유형별 분포를 살펴보면 중복학대가 가장 많아 48.3%이고 다음으로 정서학대 28.3%, 신체학대 12.3%, 방임 8.9%, 성적 학대 2.2%인 것으로 나타났다(보건복지부, 2020).

피해아동의 가족유형을 살펴보면 최근 우리 사회에서 문제가 된 재혼 가정의 아동학대가 5.5%인 것으로 나타났고 모자가정 12.9%, 부자가정 11.4%, 그리고 가장 많은 아동학대가 친부모가정(58.4%)에서 발생한 것으로 나타났다(보건복지부, 2020). 과연 어떤 부모가 아동을 학대하는지 살펴보면, 다음과 같다(Berk, 2011, pp. 402-403; Kail, 2008, p. 410). 첫째, 정신적인 기준에서는 학대부모와 비학대부모 간에 차이가 나타나지 않는다. 어린 시절에 학대를 당한 부모는 자신의 자녀를 학대할 위험이 높지만, 학대부모의 1/3 정도만이 학대를 당한 경험이 있다. 둘째, 학대부모는 비효과적인 양육기술을 사용하며, 자녀의 잘못된 행동을 훨씬 더 심각하게 여기고, 그 원인을 자녀의 기질에 돌리며, 자신에게 아동을 훈육할 기술이 부족하다고 믿어 물리적 힘을 손쉽게 사용하는 경향이 있다. 셋째, 학대 가족의 경우 부부간의 갈등이나 부모 자신의 스트레스 수준이 높다. 이혼이나 가난, 실직, 약물과 알코올의 사용, 비좁은 거주 환경 등으로 인한 스트레스를 통제하지 못할 때 적절한 양육을 하지 못하고, 아동학대를 하는 것으로 보인다.

2020년 우리나라 피학대 아동의 23.6%가 만 6세 미만의 영유아다(보건복지부, 2020). 미국에서도 영유아기의 아동이 아동학대에 많이 노출되어 있는데(Berk, 2011, p. 402; Kail, 2008, p. 412), 부모가 양육하는 데 많은 주의가 필요한 미숙아나 장애아, 주의력이 낮고 과도하게 활발한 유아처럼 발달상의 문제를 가지고 있는 경우나 입양 아동의 경우 학대받을 위험이 높다.

아동학대는 아동의 사회정서 발달은 물론 인지 발달에도 부정적 영향을 미친다(Berk, 2011, p. 403). 부모의 학대가 일단 시작되면 아동의 반항적인 행동이 증가하고, 이는 다시 더 가혹한 학대로 자녀에게 돌아간다. 학대가 빈번하게 일어나는 가정의 아동은 자기개념이나 정서적 자기 조절, 사회적 기술, 학업동기의 발달에 부정적 영향을 받기 때문에 또래 간에서도 어려움을 겪고 비행이나 공격적 행동, 물질 남용, 우울과 같은 심각한 학업과 적응상의 문제를 보인다.

아동학대가 발생한 상황에서의 사회복지 실천은 먼저 아동을 학대 상황으로부터 긴급(일시)보호하고 그 후에 위탁양육 프로그램이나 입양, 그룹 홈 등 적절한 서비스와 연계한다. 또한 상담 및 각종 치료방법을 통해 아동이 겪은 상처를 극복하도록 돕는다. 부모에게는 부모교육과 정신치료나 상담을 받도록 하고, 가족을 대상으로 가족상담이나 가족치료 프로그램, 가족지원 프로그램 등을 실시하고 필요한 사회적 · 법적 위기개입을 한다.

아동학대를 예방하기 위해서는 가정에서뿐만 아니라 지역사회, 더 나아가 국가 차원에서의 대책이 필요하다. 지역사회복지기관에서는 예비부모를 대상으로 효과적인 양육행동을 가르치고, 아동학대의 위험이 높은 가정에 대한 사회적 지원을 통해 부모의 스트레스 수준을 낮추며, 자녀 양육기술을 훈련시키는 등 아동학대 예방사업을 실시해야 한다(Berk, 2011, p. 404). 우리나라의 「아동복지법」에서는 아동학대의 예방과 방지에 대한 국가와 지방자치단체의 책임을 규정하고 있다(국가법령정보센터). 2020년 10월 1일부터 아동학대전담공무원제를 실시하여 지방자치단체가 아동학대 조사 업무를 담당하고 있으며 기존에 아동학대 관련 업무를 전담하였던 아동보호전문기관은 아동학대와 관련한 전문적 사례관리 수행기관의 역할을 담당한다(아동권리보장원). 정부는 아동학대 신고를 활성화하기 위해 누구든지 아동학대 범죄를 알게 된 경우나 의심이 갈 경우에는 112로 신고할 수 있도록 하였다. 또한 2014년 1월부터 시행된「아동학대범죄 처벌 등에 관한 특례법」에서는 교사나 의료인, 시설 종사자 및 공무원 직군 등 아동 관련 직종 종사자는 아동학대를 신고할 의무가 있는 신고의무자로 규정하고, 직무상 아동학대를 알게 되거나 의심이 있는 경우에는 즉시 신고하도록 하였다. 신고의무자가 신고의무를 불이행했을 경우에 과태료를 부과하도록 하였는데, 2014년 1월 처음으로 아동학대(방임) 신고를 하지 않은 부산시의 어린이집 원장에게 과태료를 물렸으며(서울신문, 2014. 1. 10.) 처음 100만 원이었던 과태료가 2017년 500만 원에서 2021년에 1,000만 원으로 상향되었다(한국교육신문, 2021. 1. 13.).「아동학대범죄 처벌 등에 관한 특례법」에서는 아동학대 신고의무자가 아동을 학대한 경우 법정 최고형의 2분의 1까지 형량을 가중할 수 있도록 명시하고 있다.

생각해 볼 문제

1. 태내기 발달에 관한 설명으로 옳은 것을 모두 고르시오.
   ① 태아의 성장, 발육을 위하여 칼슘, 카페인, 철분, 비타민 등을 충분히 섭취하여야 한다.
   ② 임신부의 심각하고 지속적인 불안은 높은 비율의 유산이나 난산, 조산, 저체중아 출산과 연관이 있다.
   ③ 환경호르몬, 방사능 등 외부환경과 임신부의 건강상태, 정서상태, 생활습관 등이 태아의 발달에 영향을 미친다.
   ④ 기형발생물질이란 태내발달에 영향을 미쳐 심각한 손상을 일으키는 환경적 매개물을 말한다.
   ⑤ 유전질환 가능성을 알기 위하여 임신 15~17주경 양수를 채취하여 진단할 수 있으나 태아에 손상을 줄 우려가 있다.

2. 임신 중 태아기에 기형 혹은 저체중을 발생시키는 요인으로 옳지 않은 것은?

① 간접흡연　② 항생제 섭취

③ 알코올 섭취　④ 폴리염화비페닐(PCB)에 노출

⑤ 철분 섭취

3. 어머니의 산후우울증이 자녀와의 애착 형성에 미치는 영향을 논해 보시오.

4. 영아가 낯가림과 분리불안을 보이는 이유는 무엇인지 설명해 보시오.

5. 영아기(0~2세)의 발달특성으로 옳은 것을 모두 고르시오.

① 피아제(J. Piaget)의 자율적 도덕성의 단계이다.

② 주 양육자와 관계를 바탕으로 신뢰감을 형성한다.

③ 제1성장 급등기라고 할 정도로 일생 중 신체적으로 급격한 성장이 일어난다.

④ 생존반사로는 근원반사(탐색반사), 빨기반사, 바빈스키반사, 모로반사 등이 있다.

⑤ 대상이 눈에 보이지 않아도 존재한다는 사실을 인식할 수 있는 대상영속성이 습득된다.

6. 영아기의 언어 발달에 영향을 미치는 요인을 설명하고, 다문화가정 영아의 언어 발달을 지원하기 위해 필요한 서비스가 무엇인지 논해 보시오.

7. 유아기(3~6세)에 관한 설명으로 옳은 것을 모두 고르시오.

① 에릭슨(E. Erikson)의 자율성 대 수치심 단계에 해당한다.

② 또래와의 집단놀이를 통해 사회성이 발달된다.

③ 콜버그(L. Kohlberg)의 도덕발달단계에서는 보상 또는 처벌회피를 위해 행동을 하는 시기이다.

④ 성적 정체성(gender identity)이 발달하는 시기이다.

⑤ 영아기(0~2세)에 비해 성장속도가 빨라지는 특성을 보인다.

8. 유아기의 인지 발달 특성에 대해 논해 보시오.

9. 앞집에 사는 아이가 부모에게 학대를 당하는 것 같다면, 사회복지사로서 당신은 어떻게 할 것인지 토론해 보시오.

참고문헌

곽금주, 김연수(2014). 영아발달. 서울: 학지사.

국가건강정보포털 의학정보: 산전 기형아 검사. http://terms.naver.com/entry.nhn?docId=2119570&cid=51004&categoryId=51004

국가건강정보포털 의학정보: 정상 임신 관리. http://terms.naver.com/entry.nhn?docId=2119710&cid=51004&categoryId=51004

권중돈, 김동배(2005). 인간행동과 사회환경. 서울: 학지사.

김기수, 배종우(2008). 극소 및 초극소 저출생 체중아의 생존율 변화(1967~2007년). *Korean Journal of Pediatrics, 51*(3), 237-242.

김락형, 김수연, 권보형(2000). 산후우울증에 대한 임상적 연구. 동의신경정신과학회지, 11(2), 123-130.

대한의사협회: 소아의 수막염. http://kin.naver.com/open100/detail.nhn?d1id=7&dirId=701&docId=75262&qb=7Iug7IOd7JWE6riwIOyniOuzkeqzvCDssq3qsIHsnqXslaA=&enc=utf8§ion=kin&rank=7&search_sort=0&spq=0

두산백과: 고양이울음증후군. http://terms.naver.com/entry.nhn?docId=1212302&cid=40942&categoryId=32774

메디파나 뉴스(2017. 6. 28.). 12:00 "가습기 살균제 사태 종결? 절대 끝난 것 아니다". http://medipana.com/news/news_viewer.asp?NewsNum=203290&MainKind=A&NewsKind=5&vCount=12&vKind=1

베이비뉴스(2013. 1. 4.). 영아돌연사, 통계는 있다.

서울신문(2014. 1. 10.). 아동학대 신고 위반 부산 어린이집 원장 전국 첫 과태료 부과.

서울경제(2020. 12. 30.). 남성 흡연율 35.7% 역대 최저… 여성은 6.7%.

이숙재(2004). 유아를 위한 놀이의 이론과 실제. 서울: 창지사.

이순형, 권미경, 최인화, 김미정, 서주현, 최나야, 김지현(2010). 영유아 언어지도. 서울: 교문사.

이순형, 김혜라, 권기남, 김지현, 김진경, 김진욱, 서주현, 이정현, 최인화, 유주연, 안혜령, 이은중(2014). 놀이지도. 서울: 학지사.

이영, 이정희, 김은기, 이미란, 조성연, 이정림, 박신진, 유영미, 이재선, 신혜원, 나종

혜, 정지나, 문영경(2017). 영유아발달. 서울: 학지사.

정옥분(2009). 아동발달의 이해. 서울: 학지사.

정옥분(2015). 영유아발달의 이해. 서울: 학지사.

조명한(1982). 한국아동의 언어획득 연구: 책략모형. 서울: 서울대학교 출판부.

한국교육신문(2021. 01. 13.). '정인이 법' … 학대 미신고 과태료 1000만 원 상향.

Batchelor, J. (2008). 'Failure to thrive' revised. *Child Abuse Review, 17*, 147-159.

Berk, L. E. (2011). *Infants and children* (7th ed.). Boston: Allyn & Bacon.

Black, M. M., Dubowitz, H., Krishnakumar, A., & Starr, R. H., Jr. (2007). Early intervention and recovery among children with failure to thrive: Follow-up at age 8. *Pediatrics, 120*, 59-69.

Bowlby, J. (1969). *Attachment and loss, Vol. 1: Attachment*. New York: Basic Books.

Bukatko, D., & Daehler, M. (2001). *Child development: A thematic approach* (9th ed.). Boston: Houghton Mifflin Company.

Colman, R. A., Hardy, S. A., Albert, M., Raffaelli, M., & Crockett, L. (2006). Early predictors of self-regulation in middle childhood. *Infant and Child Development, 15*, 421-437.

Emery, R. E. (2004). 부모의 이별과 마주한 아이(최인화 역). 서울: 창지사.

Erikson, E. H. (1993). *Childhood and society*. New York: Norton.

Hallahan, D., & Kauffman, J. (2003). *Exceptional learners: Introduction to special education* (9th ed.). Boston: Allyn and Bacon.

Kail, R. V. (2008). 아동과 발달(권미균, 김정민, 최형성 공역). 서울: 시그마프레스.

Kohlberg, L. (1976). *Moral stages and moralization: The cognitive-developmental. In Moral development and behavior: Theory, research and social issues*, ed. T. Lickona, New York: Holt, Rinehart and Winston.

Owens, R. (2004). *Language development: An introduction*. Boston: Allyn and Bacon.

Porter, R. H., & Winburg, J. (1999). Unique salience of maternal breast odors for newborn infants. *Neuroscience & Biobehavioral Review, 23*, 439-449.

Shaffer, D. R. (1996). *Developmental psychology* (4th ed.). Pacific Grove: Brooks/Cole Publishing Company.

Wadhwa, P. D., Sandman, C. A., Porto, M., Dunkel-Schetter, C., & Garite, T. J. (1993). The association between prenatal stress and infant birth weight and gestaritional age at birth: A prospective investigation. *American Journal of Obstetrics and Gynecology, 169*, 858-865.

국가법령정보센터 https://www.law.go.kr

보건복지부 https://www.data.go.kr/data/15089720/fileData.do

아동권리보장원 https://www.ncrc.or.kr/ncrc/cm/cntnts/cntntsView.do?mi=1030&cntntsId=1283

질병관리청 https://knhanes.kdca.go.kr/knhanes/sub08/sub08_02.do

제 10 장

인간의 성장과 발달: 아동기

학습목표

- 아동기의 개념을 이해한다.
- 아동기의 신체, 인지, 언어, 심리사회적 발달특성을 이해한다.
- 아동기의 발달과제를 이해한다.
- 아동기 사회복지 실천의 함의를 이해한다.

아동기는 만 6~11세까지로, 산업화된 사회에서는 이 시기에 공식적인 학교교육이 시작되기 때문에 학령기(Berk, 2011, p. 411) 또는 학동기라고 부른다. 영유아기보다는 완만하지만 꾸준하게 진행되는 신체 성장을 바탕으로 다양한 운동기술 능력을 보다 효과적으로 사용하게 된다. 일상생활에서의 여러 가지 과제를 해결할 수 있는 인지적 능력이 발달하며, 사회의 일원으로 살아가는 데 필요한 읽기와 쓰기 등 다양한 지식과 기술을 익힌다. 생활의 장이 가정에서 학교로 확대되는 시기이며, 또래 친구들과 함께 많은 시간을 보내면서 정서 및 사회적 발달에 영향을 받아 도당기라고도 한다(조흥식 외, 2010, p. 311).

1. 발달적 특징

1) 신체 발달

(1) 신체 성장

아동기에는 신장과 체중이 천천히, 지속적으로 증가한다. 우리나라 아동의 신장은 만 6세 이후 1년에 평균 6cm 정도씩 증가하여 만 11~12세경에는 남아 평균 138.8~151.4cm, 여아 평균 139.1~151.7cm 정도로 자란다. 체중은 1년에 평균 3kg 정도씩 증가하여 만 10~12세경에는 남아 평균 40.2~45.4kg, 여아 평균 39.1~43.7kg 정도로 자란다(질병관리청, 2017 소아청소년 성장도표). 출생 이후 남아에 비해 여아가 늘 신장도 더 작고 체중도 덜 나가는데 아동기 말인 만 10~12세경에는 여아가 남아보다 신장이 더 크다. 이는 급격한 신체 성장이 일어나는 사춘기가 남아보다 여아에게 2년 정도 빨리 시작되기 때문이다(Berk, 2011, p. 412). 하체의 성장이 빨라 유아기에 비해 다리가 길어 보인다. 아동기에는 뼈의 성장과 함께 근육도 함께 자라야 하는데 그 과정에서 밤에 다리가 뻣뻣하고 아픈 성장통을 경험하기도 한다(Evans, 2008). 만 6~12세 사이에 20개의 젖니가 모두 영구치로 대체되는데, 여아에게서 조금 먼저 일어난다(Berk, 2011, p. 414).

(2) 운동 발달

아동기에는 신체 성장과 함께 근력의 증가로 운동기능을 조정하는 능력도 발달한다. 유아기에 비해 신체적으로 훨씬 더 유연하고, 균형을 잘 잡으며, 민첩하고, 힘이 있다(Berk, 2011, p. 428). 따라서 유아기에는 잘 수행하지 못했던 전력질주나 앞, 뒤, 옆으로 빨리 움직이기, 줄넘기, 장애물 넘기, 높이 뛰어 오르기 등의 대근육 운동기능을 습득한다. 아동기에는 신체 성장과 함께 효율적인 정보 처리 능력도 발달하여, 유아기보다 운동 수행 능력이 좋아진다. 필요한 정보에만 선택적으로 반응하는 능력도 발달하기 때문에 아동기에는 던져 주는 공을 방망이로 쳐 내야 하는 야구도 할 수 있다.

소근육 운동기능도 아동기 동안에 크게 증가하여, 손과 손가락 근육의 정교한 통제가 필요한 활동을 다양하게 할 수 있다(Berk, 2011, p. 429). 복잡한 종이접기나 바느질, 모형비행기 조립을 할 수 있으며 다양한 악기를 연주할 수 있다. 유아기에 비해 훨씬 빨리 안정되게 글씨를 쓸 수 있고, 그림 실력도 훨씬 더 발전한다.

유아기에 나타난 운동 발달에 있어서의 성차는 여전하고, 사춘기가 다가오면 더욱 커진다. 여아는 쓰기나 수공예와 같이 소근육을 사용하는 활동과 균형성과 민첩성이 중요한 발 번갈아 뛰기나 체조, 댄스 등에서 우세하고, 남아들은 던지기, 차기 등 다른 모든 대근육 운동 활동에서 우세하다(Thomas & French, 1985). 운동 발달에서의 이러한 성차에는 유전적 요인보다 부모들의 기대나 운동 활동에 참여하는 기회에 있어서의 차이 등 사회적 환경의 영향이 큰 것으로 보인다(Fredricks & Eccles, 2002). 아동기의 신체적 활동은 신체

적 건강뿐만 아니라 아동의 자아개념과 다른 사람들과의 관계 형성에 필수적인 인지 능력과 사회적 기술의 증진에도 영향을 미치므로 아동이 즐겁게 참여할 수 있는 체육활동을 제공하는 것이 필요하다(Berk, 2011, p. 432).

2) 인지 발달

아동기에 해당하는 만 7~11세의 인지 발달단계를 피아제는 구체적 조작기(concrete operational stage)라고 한다. 전조작기에 비하면 아동의 사고는 훨씬 융통성 있고 논리적이며 구조화되어, 자기중심적 사고나 중심화 현상, 비가역적 사고 때문에 어려움을 겪던 보존이나 유목화, 서열화 과제를 능숙하게 해낸다(Berk, 2011, p. 438). 그러나 구체적 조작기에는 자신이 경험할 수 있는 구체적인 상황이나 사물, 사건 등 직접적으로 지각할 수 있는 정보에 대해서만 논리적 조작을 할 수 있고, 추상적이고 가설적인 상황에서의 문제 해결에는 여전히 어려움을 느낀다(Shaffer, 1996, p. 263).

다음은 구체적 조작기의 주요한 특징이다.

(1) 보존개념

보존개념은 물체의 외형이 달라지더라도 양이나 부피 등 물체의 특성은 변하지 않고 원래와 동일하다는 사실을 인식하는 것이다. 전조작기에는 물을 좁고 높은 컵에서 넓고 낮은 컵으로 부으면 물의 양이 변했다고 생각한다. 물의 높이라는, 가장 두드러지게 눈에 보이는 측면을 중심으로 사고하기 때문이다. 구체적 조작기에는 이러한 중심화(centralization) 현상으로부터 벗어난다. 이제는 물의 높이뿐만 아니라 너비의 변화까지도 함께 고려하고, 둘 사이의 관계에 대해 논리적 조작을 할 수 있기 때문에 보존개념을 획득한다(Shaffer, 1996, p. 263). 먼저 물의 높이가 낮아진 대신 더 넓게 퍼져 있다는, 즉 높이의 감소가 너비의 증대로 보상된다는 보상성의 개념을 이해한다(정옥분,

2009, p. 474). 또한 물을 원래의 컵에 다시 부으면 물의 양이 같아진다는 사실을 안다. 어떤 상태의 변화 과정을 거꾸로 시행하면 다시 원래 상태로 돌아갈 수 있다는 가역성의 개념을 획득했기 때문이다(Berk, 2011, p. 438). 보존개념을 획득하기 위해서는 동일성의 개념도 획득해야 한다. 물을 원래의 컵과 다른 모양의 컵에 부을 때 어떤 방법으로든 물을 더하거나 덜어 내지 않았기 때문에 물의 양은 동일하다는 것이다(Crain, 2011, p. 160).

(2) 분류

구체적 조작기의 아동은 위계적 분류 능력이 발달하여, 전조작기에는 어려워하던 피아제의 유목 포함 과제를 성공한다(Berk, 2011, p. 438). 만 7~10세 사이의 아동에게 파란색 꽃 4송이와 노란색 꽃 12송이를 보여 주고, 노란색 꽃과 꽃 중에 어떤 것이 더 많은가 물어 보면 꽃이라고 응답한다. 이는 꽃이라는 상위유목에 하위유목인 파란색 꽃과 노란색 꽃이 모두 포함된다는 사실을 이해하기 때문이다. 또한 구체적 조작기에는 다양한 물건이나 대상을 두 개 이상의 속성에 따라 분류하는 것이 가능하다(정옥분, 2009, p. 475).

(3) 서열화

사물을 길이나 무게 같은 양적 속성에 따라 비교하여 순서대로 배열하는 서열화 능력은 구체적 조작기에 더욱 발달하여, 두 가지 이상의 속성을 동시에 고려하여 순서대로 배열하는 다중 서열화 과제도 해결할 수 있다(정옥분, 2009, p. 476). 구체적 조작기에는 사물 간의 서열을 정신적으로 추론하는 이행추론(transitive inference) 능력도 발달하는데, 자신이 구체적으로 지각한 정보에만 제한된다는 한계가 있다(Berk, 2011, p. 438). 예를 들어, 빨간색 막대와 파란색 막대의 비교를 통해 빨간색 막대가 더 길고, 파란색 막대와 노란색 막대의 비교를 통해 파란색 막대가 더 길다는 사실을 알게 된 아동은 세 막대 사이의 관계를 정신적으로 통합하여 빨간색 막대가 노란색 막대보다 더 길다

는 사실을 추론할 수 있다. 그러나 구체적으로 경험할 수 없는 가설적 문제에 대한 이행추론 능력은 아동기 말에 나타나기 시작한다.

(4) 도덕성 발달

피아제(Piaget, 1965)에 의하면 아동기 초기인 만 7~10세까지는 타율적 도덕성과 자율적 도덕성이 함께 나타나다가, 10세경에 올바른 행동에 대한 규칙을 내면화하면서 자율적 도덕성 단계에 도달한다(정옥분, 2009, p. 519에서 재인용). 아동기에 들어서 자기중심성이 감소하고 조망수용 능력이 발달하면서 도덕적 문제를 바라볼 때 다른 사람의 관점은 물론 보다 다양한 정보를 고려할 수 있게 된다(Kail, 2008, p. 333). 사회적 관계의 확대로 또래와의 상호작용이 증가함에 따라 도덕적 판단을 하는 데 있어 보다 융통성을 발휘하는 자율적 도덕성이 발달한다(Siegler, Deloache, & Eisenberg, 2006, p. 534). 규칙은 사람 사이의 약속에 의해 만들어진 것으로, 변경될 수 있다고 생각하기 때문에 도덕적 판단을 할 때 행위자의 의도와 그 행동이 일어난 상황을 고려해야 한다고 생각한다. 따라서 아픈 사람을 태운 구급차가 빨간 신호등에서 멈추지 않고 주위를 살피며 지나갔다고 해서 운전기사가 잘못했다고 생각하지 않는다. 또한 자신의 경험을 통해 규칙을 어겼을 때 반드시 벌이 뒤따르는 것이 아님을 알기 때문에 내재적 정의를 믿지 않게 된다(Kail, 2008, p. 333).

콜버그(Kohlberg, 1976)에 의하면 다른 사람의 입장과 생각을 이해할 수 있는 만 10~13세의 아동은 인습적 수준의 도덕성 단계에 해당한다. 다른 사람의 인정을 받거나 사회질서를 유지하기 위해 규칙을 지켜야 한다고 생각한다(정옥분, 2009, p. 524에서 재인용).

3) 언어 발달

아동기의 언어 발달은 영유아기만큼 빠르지 않지만, 꾸준히 진행된다(Berk,

2011, p. 462). 새로이 습득하는 어휘가 계속 증가하며, 복잡한 문법을 이해하고 문장 속에서 사용하는 데 점차 능숙해진다. 다른 사람의 입장을 이해하는 능력이 발달하면서 의사소통을 할 때도 상대방의 요구나 상황을 적절히 고려할 수 있게 된다. 성인과 함께 책 읽기를 포함한 다양한 문해 활동은 아동의 읽기 능력에 영향을 미치고(Kail, 2008, p. 194), 이는 아동의 언어 발달에 영향을 미친다(Hoff, 2007, p. 499).

(1) 어휘와 문법

아동기에는 새로이 습득하는 어휘가 하루 평균 20개 정도로, 초등학교를 졸업할 무렵에는 40,000개 정도의 단어를 배운다(Berk, 2011, p. 462). 아동은 자신보다 언어 능력이 뛰어난 사람과 대화하면서 새로운 어휘를 학습한다. 상대방이 사용한 단어의 뜻을 파악하기 위해 문맥을 활용하는데, 부모가 자녀와 대화하면서 어려운 단어를 사용하고 그 뜻을 설명해 주면 더 쉽게 익힌다(Weizman & Snow, 2001). 그러나 대화보다는 책을 통해 훨씬 더 다양한 어휘를 접할 수 있으므로 아동기의 독서는 어휘 발달에 큰 영향을 미친다(Berk, 2011, p. 463).

유아기에 비해 단어를 정확하게 사용하는 능력이 증가하며, 한 단어가 가진 다양한 의미를 이해하게 된다(Berk, 2011, p. 463). 예를 들어, 뜨거운 목욕물에 들어가면서 '시원하다'고 하는 성인의 말이 물리적인 측면에서의 시원함이 아닌 심리적인 시원함을 뜻한다는 것을 이해한다. 이와 함께 은유적 표현에 대한 이해도 증가하고, 한 단어가 가진 여러 가지 뜻을 활용한 수수께끼나 말장난에 나타난 유머를 즐긴다(Kail, 2008, p. 263).

어휘 발달과 함께 복잡한 문법으로 구성된 문장을 이해하고 사용하는 능력 또한 발달한다. 영어권의 연구에서 유아기에는 수동태 문장을 사용할 때 문법적 오류가 나타나지만, 아동기에 들어서 문법적으로 정확한 수동태 문장을 사용하는 것을 볼 수 있다(Berk, 2011, p. 463). 한국어 연구에서도 아동기에 사동문과 피동문에 대한 이해와 적절한 사용이 나타난다(조명한, 1982).

(2) 의사소통

아동기에는 의사소통 측면에서도 크게 발달한다. 대화를 할 때 자신이나 상대방의 말에서 의미가 불분명한 부분을 인식하고, 그 부분을 명확하게 만드는 참조적 의사소통 기술(referential communication skill)이 발달한다(정옥분, 2009, p. 502). 상대방에게 익숙하지 않은 사물이나 여러 개의 사물 중에서 하나를 설명해야 하는 상황에서 유아기에는 짧고 불분명하게 말하는 데 반해 아동기에는 보다 더 길고 정확하게 말하며 듣는 사람에게 맞게 내용을 조절하기도 한다(정옥분, 2009, p. 503). 아동기에는 성인과 과거의 경험에 대해 이야기를 하는 기회도 늘어나고, 기억력과 상대방의 입장을 고려하는 능력도 발달하면서 이야기를 구성하는 능력이나 세부적인 부분을 전달할 수 있는 표현력이 증진된다(Berk, 2011, p. 464).

가족이 규칙적으로 함께 식사하는 가정의 아동은 언어 능력과 문해 능력이 더 발달한다(Fiese & Schwartz, 2008). 식사 시간의 대화를 통해 아동의 이야기 능력이 발달하고, 이는 글을 읽고 이해하는 능력뿐만 아니라 글을 잘 쓰는 데도 도움이 되는 것으로 보인다(Berk, 2011, p. 464).

4) 심리사회적 발달

(1) 자기 이해

① 자아개념

유아기에는 자신의 신체적 특성이나 소유물, 일상적인 행동처럼 관찰 가능한 특징으로 이루어진 매우 구체적인 자아개념을 가지나, 아동기에는 특정 행동보다는 자신의 능력이나 심리적 특성, 또래와의 비교에 기초하여 보다 추상적이고 복잡한 자아개념을 형성한다(Kail, 2008, pp. 296-297). 예를 들어, 만 3~5세 유아는 자신을 묘사하기 위해 입고 있는 옷이나 나이, 가지고 있는 장난감, 혼자서 이를 닦거나 퍼즐을 맞추는 자신의 일상적인 활동을 제시한다. 반면, 만 8~11세의 아동은 자신을 소개하면서 자신의 학업성적이나 피아노 연주 실력, 야구 실력 같은 능력을 강조하고, 성격의 장점과 단점 같은 심리적 특성을 포함하며, 특히 자신의 용모나 능력, 행동이 또래들과 비교하여 어떠한지 그리고 부모나 교사 등 자신에 대한 다른 사람의 평가는 어떠한지 등을 기술한다. 이처럼 자아개념의 내용이 나이가 들어감에 따라 변하는 것은 아동기에 들어서 더욱 확대되는 사회적 관계와 다른 사람의 관점을 이해하는 인지적 측면에서의 발달이 영향을 미친 것으로 보인다(Berk, 2011, p. 483).

② 자아존중감

자아개념이 자기가 누구이고 무엇인지를 인지적으로 규정하는 것이라면, 자아존중감은 자신에 대한 평가에 기초해서 자기를 가치 있고 긍정적인 존재로 느끼는 감정적인 측면이다(정옥분, 2009, p. 510). 유아기에 높았던 자아존중감은 사회적 비교 능력을 갖추는 아동기에 조정된다. 아동기 초기 몇 년 동안에는 자신의 특징이나 능력을 다른 사람과의 관계에서 현실적으로 평가하고, 자신의 수행 능력에 관한 다른 사람의 평가를 반영하면서 자아존중감이 어느 정도 낮아진다(Marsh, Craven, & Debus, 1998).

아동기에는 자아존중감이 학문적 능력, 사회적 능력, 신체 · 운동적 능력, 외모의 네 가지 하위 영역으로 구분되며 이는 나이가 들어 가면서 다시 세분화되는데, 세분화된 자아존중감의 모든 하위 영역은 다시 결합되어 통합된 자아존중감을 형성한다(Berk, 2011, p. 484). 자아존중감은 아동의 불안이나 우울, 반사회적 행동 같은 심리사회적 적응뿐만 아니라 학교생활의 적응 등 다양한 활동에서의 성공과 관계있으며, 부모의 양육 방식이나 사회경제적 지위, 아동이 지각한 사회적 지지의 수준이나 성공이나 실패의 원인을 자기 자신에게서 찾는지 아니면 외적 요인으로 돌리는지에 의해 영향을 받는 것으로 나타난다(정옥분, 2009, pp. 511-512).

(2) 정서 발달

① 자의식적 정서

아동기에는 자기 인식과 인지 능력의 발달로 인해 자부심과 죄책감과 같은 자의식적 정서(self-conscious emotion)가 부모나 교사 같은 성인의 평가가 없는 상태에서도 나타난다(Berk, 2011, p. 489). 어떤 일의 성공을 통해 자신의 목표나 기대가 충족되었을 때 주위의 칭찬이 없어도 아동은 자부심을 느낀다(Kail, 2008). 반대로 의도적인 잘못으로 자신의 목표나 기대를 충족시키는 것에 실패했을 때, 즉 시험시간에 친구의 것을 보고 썼거나 거짓말을 했을 때, 어려움에 처한 사람을 보고도 모른 척했을 때는 아무도 야단치는 사람이 없음에도 불구하고 아동기에는 죄책감을 느낀다(정옥분, 2009, p. 516). 자부심은 아동에게 더 어려운 일을 시도할 수 있도록 격려하며, 죄책감은 아동이 자신의 잘못을 반성하고 다시는 반복하지 않도록 노력하게 만든다. 그러나 성인의 부적절한 비난은 아동에게 수치심을 안기고 이는 성인에 대한 분노 표출로 이어질 수 있다(Berk, 2011, p. 490).

② 불안과 공포

아동기에는 어둠이나 상상의 존재보다는 대중매체나 경험을 통해서 접하는 폭력이나 전쟁, 재해 같이 안전을 위협하는 요인들에 대해 공포를 느낀다(Berk, 2011, p. 517). 특히 대중매체를 통해 공포를 느끼는 경우가 많으므로 아동의 TV 시청이나 인터넷 사용 등에 대한 부모의 지도가 필요하다. 아동기의 흔한 걱정거리는 학업실패, 부모와의 이별, 자신이나 부모의 건강, 죽음의 가능성, 또래로부터의 거부다(Muris, Merckelbach, Gadet, & Moulaert, 2000; Weems & Costa, 2005). 아동은 그리 심하지 않은 공포는 정서 조절 전략을 사용해 다룰 수 있기 때문에 연령의 증가와 함께 공포가 감소한다.

학령기 아동의 5%는 강렬하고 통제할 수 없는 공포인 공포증(phobia)을 경험하는데, 학교공포증은 학교생활에 대한 불안이 심각해져 공포증이라는 정서장애로 나타난 것이다(권중돈, 김동배, 2005). 학교공포증을 가진 아동의 1/3 정도는 만 5~7세로, 학교보다는 어머니와의 분리가 학교공포증의 주원인으로 가족치료가 도움이 된다. 만 11~13세 아동은 학교의 선생님을 무서워하거나, 따돌림, 학업에 대한 부담 등 특별한 이유로 인해 학교공포증을 보이는 경우가 많다(Berk, 2011, p. 518). 학교를 꼭 가야 하는 이유에 대한 설명과 함께 학교 환경이나 부모 양육 방식의 변경, 문제 해결 전략의 훈련 등이 필요하다.

③ 정서 이해

아동기에는 마음에 들지 않는 선물을 받았을 때처럼 동시에 두 가지의 서로 다른 감정을 느낄 수 있다는 사실을 이해하게 된다(Kail, 2008, p. 273). 즉, 선물을 받은 사실은 기쁘지만 원했던 선물이 아니어서 슬플 수도 있다는 것을 이해한 아동은 다른 사람이 표현하는 정서도 실제 그 사람이 느끼는 정서와 다를 수 있다는 사실을 이해하게 된다(Misailidi, 2006). 유아기에는 다른 사람의 정서를 이해하기 위해 얼굴 표정 같은 정서적 표현을 참고하지만, 아동기에는 부서진 카메라를 들고 웃고 있는 남자의 사진처럼 얼굴 표정과 상황에서 추론할 수 있는 단서가 일치하지 않는 경우에도 어떤 일이 있었을지를 고려해서 다른 사람의 진짜 정서를 유추할 수 있다(Guttentag & Ferrell, 2004).

④ 정서 조절

영유아기에는 공포나 분노 같은 자신의 감정을 조절하기 위해 부모 등의 성인에게 주로 의존한다. 아동기에는 자신의 자아존중감을 위협할 만한 부정적 정서를 스스로 조절하며, 다음과 같은 다양한 책략을 사용한다(Kail, 2008, pp. 274-275). 천둥소리에 놀란 아동은 부모에게 달려가기보다는 천둥이 곧 멈출 것이고, 집 안은 안전하다는 혼잣말을 하면서 공포를 잊으려 하고, 원하지 않았던 선물을 받아서 슬픈 마음을 그 선물을 엄마에게 드리면 좋아할 거라고 생각하면서 달랠 수 있다.

부모나 교사, 또래와의 상호작용을 통해 아동은 자신의 부정적 정서를 솔직하게 표현하는 것이 경우에 따라 바람직하지 않다는 것을 이해한다. 또한 자신의 분노나 슬픔을 공격성이나 울음으로 표출하기보다는 언어와 같이 사회적으로 받아들여지는 방식으로 표현하는 법을 배우고 적절하게 사용하게 된다(Shipman, Zeman, Nesin, & Fitzgerald, 2003). 모든 아동이 정서 조절에 능숙한 것은 아니어서, 정서 조절에 유능한 아동은 정서적 효능감을 가지게 되고, 공감적이고 친사회적이지만 그렇지 못한 아동은 또래관계에 어려움을 겪고 학교 적응에도 어려움을 경험한다(Berk, 2011, p. 491).

(3) 조망수용

아동기에 다른 사람이 어떻게 생각하고 느낄지를 추론하고 이해하는 능력인 조망수용(perspective taking) 능력이 크게 발달하는데, 이는 아동의 자아개념과 자아존중감 그리고 다른 사람에 대한 이해를 포함한 사회적 발달에 영향을 미친다(Berk, 2011, p. 491). 셀먼(Selman, 1971)에 의하면 유아기에는 자신과 다른 사람의 생각과 감정은 다르다는 사실을 알면서도 자주 혼동하다가 아동기에 들어서면서 서로 다른 정보를 가진 사람들 간에는 조망 또한 다르다는 사실을 점차 이해하게 되고, 마침내 다른 사람의 입장에서 자신의 생각과 감정, 행동을 볼 수 있게 된다(Berk, 2011, p. 491에서 재인용). 조망수용 능력은 아동의 사회정서 발달과 밀접한 관계가 있다. 정서 조절에 미숙한 아동은 조망수용 능력이 떨어지고 그로 인해 죄책감이나 후회 없이 다른 사람을 학대하며, 반대로 조망수용 능력의 증가는 반사회적 행동을 낮추고, 공감과 친사회적 행동을 높인다(Chalmers & Townsend, 1990).

(4) 또래관계

아동기에는 이웃이나 학교에서 또래와의 접촉이 증가하는 시기로, 또래와의 접촉은 아동의 사회정서 발달은 물론 인지 발달에도 영향을 미친다.

① 또래집단

아동의 학교생활 적응에 있어 교사 및 또래와의 관계는 중요한데 아동기 초기에는 교사의 영향을 많이 받다가 아동기 중기에 집단에 속하려는 욕구가 강해짐에 따라 또래의 영향이 커진다. 아동은 서로 가까이 살며, 나이가 비슷하고, 자신과 비슷한 특성을 가진 동성의 또래들과 집단을 형성한다. 또래집단은 자기들 나름의 행동 지침과 가치 기준을 만들고 그에 따라 지도자와 추종자의 서열 구조가 만들어진다. 또래집단은 아동기의 사회화에 부모보다 더 중요한 역할을 담당한다(정옥분, 2009, p. 537). 또래 간에 단체놀이 등의 상호작용을 통해 역할분담에 대해 배운다. 아동은 협상이나 양보 같은 평화적인 갈등해결 방법을 배우며, 나누기나 서로 돕기와 같은 친사회적 행동을 배우고, 지도자나 추종자의 역할이나 집단 목표에 따르는 것과 같은 중요한 사회적 기술을 습득한다(Berk, 2011, p. 498). 개인의 목표가 단체의 목표에 속함을 인식하고 노동배분(역할분담)의 개념을 학습한다.

아동은 또래집단의 가치관이나 태도에도 영향을 받는다. 또래집단은 자기들만의 옷차림이나 말투, 행동을 통해 집단정체감을 형성하고, 아동은 이러한 집단의 행동기준이나 태도, 가치관에 동조함으로써 인정을 받으려고 한다(정옥분, 2009, p. 538). 아동기에는 또래집단에 소속됨으로써 정서적 안정감을 얻고, 반대로 또래집단으로부터 거부되거나 따돌림을 당하면 높은 수준의 불안과 우울, 공격성 등 여러 가지 문제행동을 보이고, 적응상의 어려움을 겪는다(권중돈, 김중배, 2005, p. 138).

또래 간의 동등한 상호작용을 통해 아동은 자신과 상대방의 생각과 입장에 차이가 있음을 발견하고, 이를 조절하는 과정을 통해 인지 발달에 영향을 받는다. 지식이나 정보의 교환도 성인과의 사이에서 이루어지는 것보다 훨씬 원활하게 이루어진다(정옥분, 2009, p. 539). 그러나 비공식적인 또래집단은 아동에게 편의점에서 물건 훔치기와 같은 반사회적 행동을 하거나 부모의 권위에 반항하도록 압력을 행사하는 등 부정적 영향을 미칠 수도 있다. 집단에 속하고자 하는 아동기의 욕구는 스카우트나 자원봉사 조직, 운동모임 등의 공식적 집단에 가입함으로써 충족될 수 있다(Berk, 2011, p. 499).

② 친구관계

여러 명의 아동으로 이루어진 또래집단이 지도자와 추종자로 이루어진 사회적 구조를 통해 다양한 사회적 기술의 습득에 도움을 준다면, 일대일 친구관계는 아동의 신뢰감과 친밀감 형성에 기여한다(Kail, 2008, p. 423). 아동기 초기에는 같이 놀거나 자신의 것을 함께 나누는 것이 친구라고 생각하다가 아동기 중반부터는 신뢰감이 친구관계를 정의하는 중요한 특징이 된다(정옥분, 2009, p. 540). 아동은 나이나 성별, 성격, 학업성적이나 친사회적 행동에서 자신과 비슷한 친구를 선택하는 경향이 있으며, 친구와의 관계를 통해 비판을 참아 내고 갈등을 해결하는 방법을 배운다(Berk, 2011, p. 499). 남아는 여러 명의 친구들과 함께 운동을 하거나 어울려 다니는 데 많은 시간을 보내면서 친밀감을 형성하고, 여아는 일대일의 단짝 친구와 자신의 감정을 나눔으로써 강한 유대감과 친밀감을 형성한다. 여아 간의 친구관계에서는 친밀감과 신뢰감이 강조되는 만큼 친구의 배신과 거부에 대한 두려움도 커서, 질투나 갈등, 긴장감을 더욱 느낀다(정옥분, 2009, p. 540).

친구관계가 아동의 사회정서 발달에 미치는 영향은 아동 개인의 성격적 특성에 따라 다르게 나타난다. 친절하고 다른 사람의 아픔에 공감하는 아동은 친구 간에도 서로의 친사회적 경향을 강화시키고, 반대로 공격적 아동은 친구 사이에서 상대의 반사회적 행동을 증가시키는 것으로 나타나 결국 공격적인 아동의 사회적 문제는 친구관계 안에서도 나타남을 알 수 있다(Berk, 2011, p. 500).

오늘날의 아동은 부모나 또래들과 상호작용하는 것보다 TV 시청이나 스마트폰 사용, 컴퓨터 게임에 더 많은 시간을 보내고 있어 발달에 부정적인 영향을 미칠 것이라는 우려가 높다. 그러나 아동은 전자매체를 접하는 시간의 양이 아니라 접하는 내용에 의해 영향을 받는다(Kail, 2008, p. 434). TV에서 친사회적 행동을 강조하는 프로그램을 본 아동은 친사회적으로 행동하는 경향이 나타나지만(Mares & Woodard, 2005), 아쉽게도 아동이 TV를 시청하는 시간대에는 폭력적인 행동이 친사회적인 행동보다 많이 나온다. 아동이 주로 즐기는 컴퓨터나 스마트폰 게임도 잔인한 방법으로 등장인물을 죽이는 폭력적인 내용이 주를 이루고 있으며, 이러한 폭력적 게임은 아동을 더욱 공격적으로 만든다는 연구 결과도 있다(Anderson et al., 2003).

2. 발달과제

아동기에도 꾸준히 신체 성장이 이루어지는 만큼 적절한 영양섭취와 신체적 활동을 제공하는 것이 중요하다. 특히 키나 몸무게와 같은 자신의 신체적 외모에 대한 이미지나 불만은 아동의 자아존중감에도 영향을 미치므로(정지은, 김민태, 오정요, 원윤선, 2009, p. 339), 지나친 영양공급으로 인한 아동 비만은 물론 필수적인 영양공급도 제공받지 못하는 빈곤가정의 결식아동에 대해서도 관심을 기울여야 한다.

에릭슨은 아동기에 해당하는 만 6~11세를 역동적이고 활동적인 시기로 보았으며 아동의 근면성이 중요하다고 주장한다(Berk, 2011, p. 482). 이 시기

의 아동은 학교생활을 통해 읽기, 쓰기, 셈하기 등의 인지적 기술뿐만 아니라 다양한 또래들 안에서 자신이 가진 독특한 능력을 발휘하면서 조화롭게 생활할 수 있는 사회적 기술 또한 습득해야 한다. 생활환경이 가정에서 학교로 자연스레 확장되는 시기인 이때 학교생활에 대한 불안이 심각해 등교를 거부하는 정서장애를 보이는 아동들도 나타나므로 그에 대한 적절한 개입이 필요하다.

아동의 근면성은 자신이 속한 사회에서 성공적으로 기능하는 데 필요한 기술을 습득하고 과제에 숙달하면서 얻어진다(Erikson, 1963, p. 259). 최근 우리 사회에 주의력결핍 과잉행동장애(ADHD)로 판정받는 아동들이 늘어나고 있는데, 주의력결핍 과잉행동장애의 특징 중 낮은 주의집중력과 충동 조절의 어려움은 아동의 수업 참여 및 또래들과의 관계 형성을 방해한다. 학교생활을 통해 새로운 능력을 습득하는 성취감을 맛보고, 또래들과의 협력을 통해 자신이 맡은 일을 책임감 있게 해내면서 자신을 유능한 존재로 느끼는 아동은 근면성을 획득하지만, 그렇지 못한 아동은 열등감을 느낀다(Shaffer, 1996, p. 52). 아동기에 필수적인 인지적 기술이나 사회적 기술을 획득하지 못한 아동은 어떤 일을 잘할 수 있다는 믿음이 없어 자신의 능력에 비관적이며 열등감에 시달릴 수 있다(정옥분, 2009, p. 55).

3. 사회복지 실천의 함의

아동기에 발생할 수 있는 다양한 문제 중에서도 빈곤은 아동의 신체적 발달은 물론 인지 발달과 심리사회적 발달에도 영향을 미치는 중요한 요인이다. 여기에서는 빈곤과 함께 아동의 학교생활 적응에 어려움을 유발하는 심리사회적 장애들 중에서 주의력결핍 과잉행동장애와 등교 거부(Cooley, 2012, pp. 112-119, pp. 193-206)에 대해 살펴본다.

1) 빈곤

아동빈곤은 보통 18세 미만의 아동이 빈곤한 가정에 속해 있는 경우로(이미영, 2016), 2011년 제정된 우리나라의 「아동빈곤예방법」 제3조(국가법령정보센터)에서는 '아동빈곤'을 '아동이 일상적인 생활여건과 자원이 결핍하여 사회적 · 경제적 · 문화적 불이익을 받는 빈곤한 상태'로 정의한다. 빈곤이 아동에게 미치는 영향은 발육부진과 같은 신체발달 영역뿐만 아니라 낮은 지능이나 학업부진과 같은 인지 발달 영역, 우울, 불안, 공격성, 반시회적 행동 등의 심리사회적 영역에 이르기까지 광범위하다(한미현 외, 2017, p. 243). 또한 아동기 빈곤은 아동의 정상적인 발달을 방해하고 성인기의 범죄나 실업 등으로까지 이어질 수 있으므로 적절한 개입이 반드시 필요하다.

우리나라 아동의 상대빈곤율[1]은 2013년도 8.25%(김미숙 외, 2013)에서 2016년 기준 6.7%(여유진, 2018)로 낮아지는 추세를 보였고 이는 OECD 회원국의 평균보다 낮은 수치였다. 그러나 아동빈곤의 특성을 단순한 소득 기준의 아동빈곤율이 아닌 아동의 성장과 발달에 필요한 14개 항목에 대한 아동결핍 수준으로 분석한 결과(류정희, 2020) 2018년 기준 만 18세 미만 아동의 31.5%가 물질적 결핍을 경험하는 것으로 나타났고 이는 10~20% 정도의 아동결핍지수를 보이는 유럽 국가들보다 높은 수준이다. 아동들은 여가 및 문화생활에서 가장 큰 결핍을 경험하고 있었으며 가족형태별로 살펴보면 양부모 가구의 경우보다 한부모 · 조손가구의 경우에서 더 높은 것으로 나타났다. 이는 빈곤 가정 아동의 경우 물질적인 어려움뿐만 아니라 가정해체와 같은 부정적 사건을 경험하고 가족으로부터 적절한 애정이나 돌봄을 받지 못해 심리 · 정서적 결핍을 경험할 가능성이 높음을 시사한다(장희선, 김기현, 2014). 「아동빈곤예방법」은 우리나라에서 아동의 빈곤문제와 관련해서 제정

1) 아동이 있는 가구의 경상소득이 중위 50% 미만인 경우를 상대빈곤가구로 정의함.

된 최초의 독립 법률로 그 대상에 기초생활수급가정의 아동뿐만 아니라 맞벌이, 이혼, 조손가정 아동, 학대 · 방임 아동 등 성장에 필요한 양육 및 지원을 받지 못하는 모든 아동을 포함하고 있지만 아동빈곤을 예방하고 지원하는 많은 사항이 선언적 규정에 머물고 있다는 아쉬움이 있다(이미영, 2016).

빈곤가정 아동을 위한 복지사업에는 결식 우려가 높은 미취학 및 취학아동을 대상으로 한 아동급식 지원사업, 아동발달지원계좌 지원사업, 지역아동센터, 교육복지 우선지원사업, 사회복지관, We Start 운동, 드림스타트 사업 등이 있다.

2) 주의력결핍 과잉행동장애

주의력결핍 과잉행동장애(ADHD)가 있는 아동은 주의집중과 충동 조절에 어려움을 겪음으로써 수업에 집중하지 못해 학습성취도가 낮을 위험성이 있고 부적절한 행동으로 인해 곤경을 겪을 수도 있다. 남아가 여아보다 두 배 정도 진단 비율이 높다. 주의력결핍 과잉행동장애가 있는 아동들은 많은 경우 뇌의 일부 집행 기능이 약해 어떤 일을 계획해서 시작하고, 진행하고, 조직하는 것에 서투르다. 약물을 이용한 치료와 가정에서의 행동 조절 전략, 학교에서의 적절한 관리 전략이 함께 이루어져야 한다.

주의력결핍 과잉행동장애 증상은 다음의 세 가지 유형으로 구분되며, 대표적인 증상은 다음과 같다. 정확한 진단은 반드시 자격을 가진 정신건강 전문가에게 의뢰한다. 첫째, 과잉행동-충동형 주의력결핍 과잉행동장애 유형은 아동이 자신의 행동에 따른 결과를 생각하지 않고 지나치게 활동적이며, 잘못된 행동을 할 때 진단된다. 아동은 계속 돌아다니고, 자리를 벗어나며, 가만히 앉아 있지 못한다. 둘째, 부주의형 주의력결핍 과잉행동장애 유형의 아동은 충동성이나 과잉행동을 거의 보이지 않으나, 주의집중, 민첩성, 조직화, 기억력, 계획하기에서 어려움을 겪는다. 어떤 일을 시작하거나 활동에 참여하는 것을 어려워하기 때문에 동기가 부족하다거나 책임감이 없다, 게으르다, 무기력하다는 오해를 받기도 한다. 교실 내에서 눈에 띄는 행동을 하지 않아 진단을 받지 못해 필요한 개입이나 지원을 받지 못하는 경우가 많으며, 남아보다 여아에게서 많다. 다음으로 혼합형 주의력결핍 과잉행동장애 유형의 아동은 충동성 과잉행동과 부주의라는 어려움을 모두 갖고 있다. 학업 수행과 행동상의 복합적인 어려움으로 인해 집단에서 가장 눈에 띄는 아동이다. 이 유형의 아동은 주의집중보다는 충동을 조절하는 데 더 어려움을 보인다. 자기가 원하는 것을 할 때는 문제가 나타나지 않으나 가만히 앉아 원하지 않는 것에 주의를 기울이는 것이나 재미있는 일에 즉각 참여하고 싶은 충동을 억제하는 것에 어려움을 느낀다.

3) 등교 거부(학교 부적응)

등교 거부는 학교에 대한 아동의 두려움이나 꺼림을 가리키는 용어로 등교를 거부하는 아동의 상당수가 분리불안장애를 가지고 있다. 등교 거부 원인 중 학업에 대한 불안으로 스트레스가 심해 학교를 빠지기도 한다. 학습장애가 있는 아동에게서 많이 나타나고, 초등학생의 40% 정도가 시험 불안 때문에 등교 거부를 하기도 한다. 또래들에게서 따돌림이나 괴롭힘을 받는 아동은 학교가 안전하지 않다는 생각 때문에 학교를 빠지려고 할 수 있다. 부모의 잦은 불화 등 가정에 어려움이 있는 아동은 집에서 무슨 일이 벌어지는지 직접 지켜봐야 훨씬 안정감을 느낀다. 학교에 다니기보다는 그냥 집에서 텔레비전을 보거나 컴퓨터 게임을 하려는 아동도 있다. 학교에서 늘 벌을 받거나 실패의 경험만 있는 아동이 등교를 거부할 가능성이 크다. 잦은 결석은 아동이 학교에 가는 것을 두려워하거나 원하지 않음을 보여 주는 가장 분명한 증상이다. 늦잠을 자거나 늦장을 부릴 수도 있다. 어떤 아동은 학교에 기꺼이 등교하지만, 그 후에 아프거나 몸이 이상하다고 핑계를 대면서 조퇴한다.

등교 거부의 원인은 다양하므로 아동이 학교를 빠지는 이유를 파악하기 위해서는 학교와 가정 간의 긴밀한 협력이 중요하다. 아동은 물론 부모와도 이야기를 나눈다. 아동이 겪고 있는 어려움에 대한 통찰력을 제공할 수 있는 상담사나 다른 교사들 그리고 행정직원과도 협력한다. 만약 아동이 학교에 다니기 싫은 이유를 말할 수 없으면(혹은 말하지 않으면) 정신건강 전문가와 상의한다. 만약 등교 거부가 며칠 이상 계속되고 부모와 학교 간의 협력적인 개입이 실패한다면 전문가들에게 도움을 요청한다.

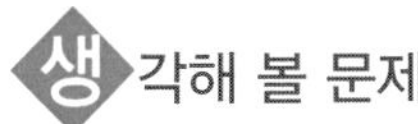

생각해 볼 문제

1. 아동기 주요 발달과업에 대해 논해 보시오.
2. 아동기(7~12세)의 발달에 관한 설명으로 옳은 것을 모두 고르시오.
   ① 자아정체감을 획득한다.
   ② 동성 또래관계를 통해 사회화를 경험한다.
   ③ 조합기술을 획득하기 위해서는 가역성, 보상성, 동일성의 원리에 대한 이해가 필요하다.
   ④ 에릭슨(E. Erikson)의 심리사회적 위기 중 근면성 대 열등감에 해당된다.
   ⑤ 단체놀이를 통해 개인의 목표가 단체의 목표에 속함을 인식하고 노동배분(역할분담)의 개념을 학습한다.
3. 아동기 비만의 원인과 비만이 아동의 발달에 미치는 영향에 관해 논해 보시오.
4. 규칙이 있는 게임이 아동의 사회정서 발달에 기여하는 이유를 설명해 보시오.
5. 구체적 조작기에 대해 설명해 보시오.
6. 피아제(J. Piaget)의 아동기 인지발달에 대한 설명으로 옳은 것을 모두 고르시오.
   ① 보존개념을 획득한다.
   ② 자아중심적 사고 특성을 나타낸다.
   ③ 비논리적 사고에서 논리적 사고로 전환된다.

④ 분류화, 서열화, 조망수용 능력을 획득한다.

⑤ 추상적 사고가 가능해져서 미래의 사건을 예측할 수 있는 가설적, 연역적 사고가 발달한다.

7. 가족이 함께하는 식사가 아동의 언어 발달에 미치는 영향을 예를 들어 설명해 보시오.
8. 아동기의 또래관계 특징을 설명하고, 학교에서의 집단 따돌림을 예방하기 위한 개입 방안을 제시해 보시오.
9. 아동기의 도덕성 발달을 유아기와 비교하여 논해 보시오.
10. 학교에 가기를 거부하는 아동의 학교공포증 원인에는 무엇이 있을지를 생각해 보고, 아동을 학교에 보내기 위한 전략을 세워 보시오.
11. 아동의 자아존중감에 영향을 미치는 요인을 설명해 보시오.
12. 우리나라의 최근 이혼율 변화를 살펴보고, 부모의 이혼이 아동의 발달에 미치는 단기적 · 장기적 영향에 관해 논해 보시오.

참고문헌

권중돈, 김동배(2005). 인간행동과 사회환경. 서울: 학지사.

김미숙, 전진아, 하태정, 김효진, 오미애, 정은희, 최은진, 이봉주, 김선숙(2013). 아동종합실태조사. 보건복지부 · 한국보건사회연구원.

류정희(2020). '우리나라 아동의 다차원적 빈곤 실태와 정책 과제'. 보건복지포럼, 283, 8-21.

여유진(2018). '아동빈곤의 현황과 정책 과제'. 보건복지포럼, 259, 25-39.

이미영(2016). '빈곤아동 지원제도 개선방안에 관한 고찰'. 사회복지법제연구, 7(1), 3-25.

장희선, 김기현(2014). '빈곤이 아동발달에 미치는 영향: 누적적 위험요인의 효과분석'. 한국아동복지학, 47, 1-32.

정옥분(2009). 아동발달의 이해. 서울: 학지사.

정지은, 김민태, 오정요, 원윤선(2009). 아이의 사생활. 서울: 지식채널.

조명한(1982). 한국아동의 언어획득 연구: 책략모형. 서울: 서울대학교 출판부.

조홍식, 김혜래, 신은주, 우국희, 오승환, 성정현, 이지수(2010). 인간행동과 사회환경. 서울: 학지사.

한미현, 문혁준, 강희경, 공인숙, 김상희, 안선희, 안효진, 양성은, 이경열, 이경옥, 이진숙, 천희영(2017). 아동복지(5판). 서울: 창지사.

Anderson, C. A., Berkowitz, L., Donnerstein, E., Huessman, R., Johnson, J. D., Linz, D., Malamuth, N. M., & Wartella, E. (2003). The influence of media violence on youth. *Psychological Science in the Public Interest, 4*, 81-106.

Berk, L. E. (2011). *Infants and children* (7th ed.). Boston: Allyn & Bacon.

Chalmers, J. B., & Townsend, M. A. R. (1990). The effects of training in social perspective taking on socially maladjusted girls. *Child Development, 61*, 178-190.

Cooley, M. L. (2012). 아동 정신건강과 통합교육(*Teaching Kids with Mental Health & Learning Disorders in the Regular Classroom*)(최나야, 최인화 공역). 서울: 학지사.

Crain, W. (2011). 발달의 이론(*Theories of Development Concepts and Applications*)(송길연, 유봉현 공역). 서울: 시그마프레스.

Erikson, E. H. (1963). *Childhood and society*. New York: Norton.

Evans, A. M. (2008). Growing pains: Contemporary knowledge and recommended practice. *Journal of Foot and Ankle Research, 1*, 4.

Fiese, B. H., & Schwartz, M. (2008). Reclaiming the family table: Mealtimes and child health and wellbeing. *Social Policy Report, 22*(4), 3-19.

Fredricks, J. A., & Eccles, J. S. (2002). Children's competence and value beliefs from childhood through adolescence: Growth trajectories in two male-sex-typed domains. *Developmental Psychology, 38*, 519-533.

Guttentag, R., & Ferrell, J. (2004). Reality compared with its alternatives: Age differences in judgments of regret and relief. *Developmental Psychology, 40*, 764-775.

Hoff, E. (2007). 언어발달(*Language Development*)(이현진, 박영신, 김혜리 공역). 서

울: 시그마프레스.

Kail, R. V. (2008). 아동과 발달(*Children and Their Development*, 5th Ed.)(권미균, 김정민, 최형성 공역). 서울: 시그마프레스.

Mares, M. L., & Woodard, E. (2005). Positive effects of television on children's social interactions: A meta-analysis. *Media Psychology, 7*, 301-322.

Marsh, H. W., Craven, R., & Debus, R. (1998). Structures, stability, and development of young children's self-cencept: A multicohort-multioccasion study. *Child Development, 69*, 1030-1053.

Misailidi, P. (2006). Young children's display rule knowledge: Understanding the distinction between apparent and real emotions and the motives underlying the use of display rules. *Social Behavior and Personality, 34*, 1285-1296.

Muris, P., Merckelbach, H., Gadet, B., & Moulaert, V. (2000). Fears, worries, and scary dreams in 4-to12-year-old children: Their content, developmental pattern, and origins. *Journal of Clinical Child Psychology, 29*, 43-52.

Selman, R. (1971). Taking another's perspective: Role-taking development in early childhood. *Child Development, 42*(1), 721-734.

Shaffer, D. R. (1996). *Developmental psychology* (4th ed.). Pacific Grove: Brooks/Cole Publishing Company.

Shipman, K. L., Zeman, J., Nesin, A. E., & Fitzgerald, M. (2003). Children's strategies for displaying anger and sadness: What works with whom? *Merrill-Palmer Quarterly, 49*, 100-122.

Siegler, R., Deloache, J., & Eisenberg, N. (2006). *How children develop* (2nd ed.). New York: Worth Publishers.

Thomas, J. R., & French, K. E. (1985). Gender differences across age in motor performance: A meta-analysis. *Psychological Bulletin, 98*(2), 260-282.

Weems, C. F., & Costa, N. M. (2005). Developmental differences in the expression of childhood anxiety symptoms and fears. *Journal of the American Academy of Child and Adolescent Psychiatry, 44*, 656-663.

Weizman, Z. O., & Snow, C. E. (2001). Lexical output as related to children's vocabulary acquisition: Effects of sophisticated exposure and support for meaning. *Developmental Psychology, 37*, 265-279.

국가법령정보센터 http://www.law.go.kr

질병관리청 https://knhanes.kdca.go.kr/knhanes/sub08/sub08_02.do

제 11 장

인간의 성장과 발달: 청소년기

학습목표

- 청소년기의 발달적 특징을 이해한다.
- 청소년기, 청소년의 개념을 이해한다.
- 청소년기의 신체, 인지, 심리 · 정서, 사회적 특성을 이해한다.
- 청소년기의 신체, 인지, 심리 · 정서, 사회적 과제를 이해한다.
- 청소년기의 신체, 인지, 심리 · 정서, 사회적 특성을 기반으로 사회복지 실천의 함의를 이해한다.

1. 발달적 특징

청소년기는 아동에서 성인으로 성장하는 과도기적(transitional) 시기에 해당한다. 청소년기에는 급격한 신체 변화와 인지, 심리 · 정서, 사회적 발달이 매우 빠르게 동시에 이루어지는 독특한 시기다. 이와 같은 변화가 급속히 이루어짐과 동시에 아동기에 가능했던 보호요소들이 없어짐으로써 스스로 대처하고 결정하고 책임질 것을 요구받는다. 이런 급속한 변화는 청소년에게 혼돈과 스트레스를 가져올 수 있어 약물사용, 폭력, 부적절한 성행동과 같은 일탈현상에 노출될 가능성을 높인다. 그러나 성숙과 준비 과정을 통하여 성인으로서 안정적 사회진입을 꾀할 수 있는 시기이기도 하다.

1) 청소년기, 청소년의 개념

아직까지 청소년기 혹은 청소년에 대한 통일된 보편적 개념이 존재하지 않는다. 우선 법적으로 UN은 1985년에 청소년을 15세에서 24세까지 연령집단으로 규정한 바가 있으나, 우리나라의 「청소년기본법」은 '9세 이상 24세 이하의 자'(제3조 제1항)로, 「청소년보호법」에서는 '19세 미만인 사람'(다만, 만 19세가 되는 해의 1월 1일을 맞이한 사람은 제외, 제2조 제1항)을, 그리고 「민법」과 「아동 · 청소년의 성보호에 관한 법률」에서는 '만 18세까지'(제2조)를 청소년으로 각각 약간씩 상이하게 규정하고 있다.

우리나라의 교육제도상으로는 중학교와 고등학교에 재학 중인 학생을 청소년으로 보기도 하며, 신체적 특성인 제2차 성징의 출현을 기준으로 할 때는 남성과 여성의 차이가 많아 뚜렷하게 구분하기 어려운 면이 있다.

이처럼 청소년기 혹은 청소년의 개념은 법적으로, 교육제도상으로 신체적 특성 기준별로 서로 상이할 수 있고 실제로 다양하게 개념화되어 사용되고 있는 것이 사실이다.

2) 신체적 특성

청소년기에는 남성호르몬(androgen)과 여성호르몬(estrogen)의 분비 촉진으로 청소년의 신체상 2차 성징[1] 변화를 가속화시킨다. 남자 청소년의 경우 고환과 음경이 발달하고, 체모가 생성되며, 사정이 시작되고, 신장이 급속하게 발달하여 성인 체격을 갖추고 목소리도 중후하게 변하는 것이 일반적이다. 여자 청소년의 경우도 자궁과 질, 유방이 발달하고, 체모가 생성되며, 초경과 배란이 일어나면서 성인의 생식 능력을 갖추게 된다.

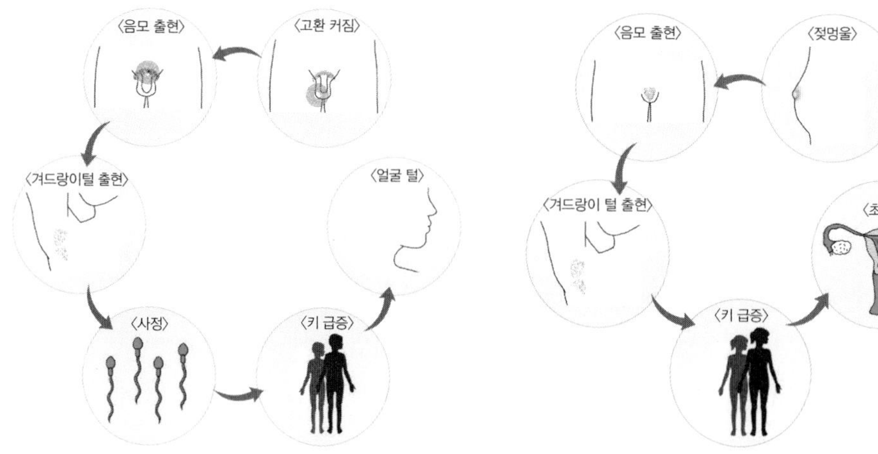

[그림 11-1] 남자 청소년의 신체 변화

[그림 11-2] 여자 청소년의 신체 변화

출처: 국민건강정보포털(http://health.mw.go.kr).

1) 1차 성징은 태아의 성분화로 나타나는 남녀 신체 특징을 의미한다. 2차 성징은 청소년기에 뇌 하부에 위치한 뇌하수체에서 분비되는 생식샘 자극 호르몬이 정소와 난소에 영향을 주어 성호르몬의 작용을 활성화시켜 2차 성징이 나타나게 한다. 남성과 여성에게 공통으로 나타나는 2차 신체 성징변화는 음모, 겨드랑이 털, 여드름이 해당된다.

청소년기의 신체적 발달은 개인의 유전적 특성, 영양상태, 건강 상황, 외부 환경 등의 영향에 따라 다르게 나타날 수 있다. 신체 발달의 개인 차이를 자연스럽게 이해하여 영양 상태와 건강수준을 고려한 균형 있는 식습관과 규칙적인 운동이 건강한 신체 발달을 가능하게 할 수 있다.

- **안드로겐**(androgen): 남성호르몬의 특성을 나타내는 모든 물질을 의미하며, 고환에서 분비되는 테스토스테론이 대표적인 남성호르몬이다. 태아의 성 분화 촉진, 남성생식기관(생식기, 전립선, 정낭) 기능유지, 남성의 2차 성징(털 · 음모, 변성, 여드름, 근육 및 어깨 발달, 생식기 발달 및 몽정) 촉진, 정자 및 피지 생성을 촉진한다.
- **에스트로겐**(estrogen): 여성호르몬의 특성을 나타내는 모든 물질을 의미하며, 남성과 여성이 모두 가지고 있고, 일반적으로 여성 생식에 가장 많이 나타난다. 태아의 성 분화 촉진, 자궁내막을 두껍게 하여 월경주기에 영향, 여성의 2차 성징(털 · 음모, 여드름, 가슴 · 엉덩이 발달, 근육 무게를 줄이고 지방을 태워(물질대사 기능) 곡선미 발달, 혈관과 피부 유지보수, 월경, 성장호르몬 촉진에 영향을 미친다.

출처: 위키백과(2017).

3) 인지적 특성

피아제 인지발달이론에 따르면 청소년기는 구체적 조작기(formal operational stage, 만 11~15세)에 해당되며, 미래에 대한 상상과 추상적인 개념의 이해가 가능하며 가설을 설정하고 연역적 추론이 가능해지는 인지 발달의 성숙 단계라 할 수 있다. 청소년기에는 복잡한 인지활동이 가능해지고, 합리적이고 논리적이며 유연해지는 경향이 있어 어려운 문제를 보다 다양한 관점에서 이해할 수 있게 되고 이를 해결하기 위한 방법도 다각도로 모색하려는 모습을 보인다(Piaget, 1973, p. 9). 그러나 청소년 초기에는 자기 생각이 항상 옳고 심지어 가족을 제외한 다른 사람들도 자신의 생각에 동의한다고 착각하기도 한다. 현실 비판적인 성향이 강하게 도출되면서 가족 등 전통적 권위에 반항하는 모습과 일탈행위를 보이기도 한다. 이런 주관적 이해와 자신에 대한 과대한 신뢰는 인지 발달의 초기 단계에 해당하며 대인 관계와 타인에 대한 객관적인 이해가 이루어지면서 차츰 성숙한 단계로 발전하게 된다.

나아가 이 시기의 청소년들은 내면의 가치체계와 도덕적 판단력을 발달시킨다. 이기적인 개인의 주관적인 관점으로 도덕성을 이해하던 단계에서, 객관적으로 자기 이익보다 타인을 배려하고 책임지려는 보다 성숙한 도덕적 발달을 이루게 된다(Kohlberg, 1981).

4) 심리 · 정서적 특성

청소년기에는 급격한 신체 · 인지적 변화와 사회적 요구, 아동기에 가능했던 동일시 효용성이 없어짐에 따라 새로운 문제들을 직면할 때 부모나 사회의 관습에 기초한 의사결정을 그대로 선택하거나, 자율적인 의사결정을 해야 될 것인지에 대한 정체감 혼란을 경험하게 된다. 이와 같은 정체감 혼란은 불안, 수치, 수줍음, 분노, 우울, 위축 등 민감한 정서적 불안정을 가져올 수 있다(좌현숙, 2017; 〈표 11-1〉 참조). 따라서 청소년기에는 쉽게 예민하고 쉽게 우울하며 분노조절의 어려움이 자주 찾아들 수 있으며, 불완전한 의사결정 능력에 따른 위축 혹은 과장된 행동을 표출할 수 있다. 불안정한 심리 · 정서적 불안정 상태는 자살행동(〈표 11-2〉 참조), 공격적 행동, 과잉행동을 결과하는 문제여건을 만들 수 있다(엄문설, 이연희, 하시연, 2016). 그러나 이와 같은 정체감 혼란, 심리 · 정서적 불안정의 시기에도 적절한 노력을 통하여 개인적인 가치체계를 확립하고 자율적인 의사결정을 통하여 위기를 극복할 수 있는 정체감 성취가 가능할 수 있다.

표 11-1 스트레스 인지율 및 우울감 경험률

구분	스트레스 인지율[1]	남자	여자	중학생	고등학생	우울감 경험률[2]	남자	여자	중학생	고등학생
2011	42.0	35.8	49.0	39.0	45.0	32.8	28.0	38.2	30.0	35.5
2012	41.9	34.8	49.6	38.9	44.7	30.5	25.5	36.0	28.2	32.6
2013	41.4	34.3	49.3	39.1	43.7	30.9	25.2	37.1	29.0	32.6
2014	37.0	30.8	43.7	33.4	40.3	26.7	22.2	31.6	24.4	28.8
2015	35.4	29.6	41.7	31.6	38.7	23.6	19.7	27.8	21.2	25.6
2016	37.4	30.5	44.9	33.6	40.5	25.5	20.9	30.5	22.7	27.7
2017	37.2	30.4	44.6	34.1	39.8	25.1	20.3	30.3	23.5	26.4
2018	40.4	32.0	49.5	37.0	43.4	27.1	21.1	33.6	25.2	28.7
2019	39.9	31.7	48.8	37.2	42.4	28.2	22.2	34.6	26.9	29.4
2020	34.2	28.1	40.7	30.4	37.9	25.2	20.1	30.7	22.9	27.4
2021	38.8	32.3	45.6	36.4	41.2	26.8	22.4	31.4	25.9	27.7

자료: 교육부 · 질병관리청, 「청소년건강행태조사」, 중 · 고등학생 대상
주: 1) 평상시 스트레스를 '대단히 많이' 또는 '많이' 느끼는 사람의 분율
2) 최근 1년 동안 2주 내내 일상생활을 중단할 정도로 슬프거나 절망감을 느낀 적이 있는 사람의 분율
출처: 여성가족부, 한국청소년정책연구원(2022), p. 11.

표 11-2 청소년 사망자 수, 사망 원인

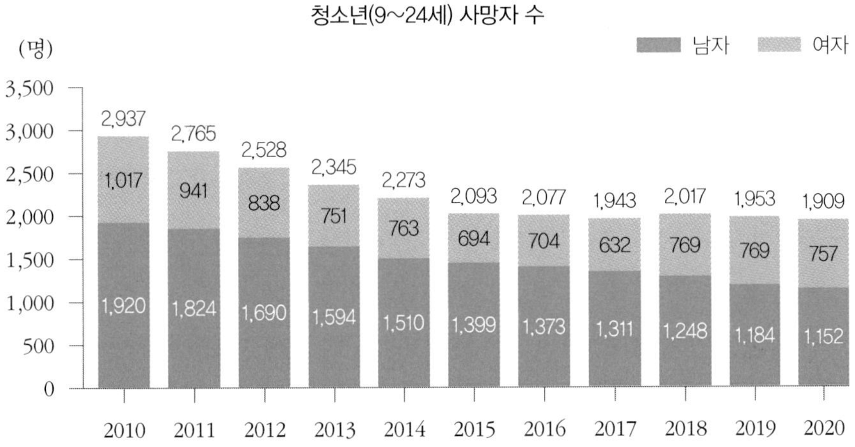

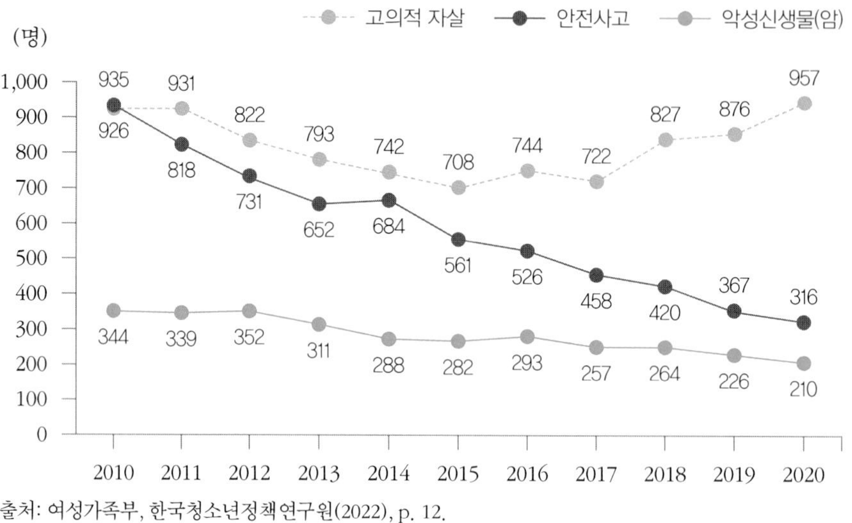

출처: 여성가족부, 한국청소년정책연구원(2022), p. 12.

5) 사회적 특성

청소년기의 청소년은 1차적 사회화를 가능하게 했던 가족으로부터 독립하여 2차적 사회화를 위해 가족 외 사회집단에 자신을 동일시하고 새로운 유대감을 형성하려는 특성이 있다(배민영, 2017). 부모와 가족보다는 또래집단의 지지를 더 선호함으로써 부모로부터 독립하려는 의도로 인하여 반항적 행동을 초래하게 되고, 가족관계에서 발생한 불편한 분위기는 또래집단과 더 많은 시간을 보내게 하고 더 높은 수준의 유대관계를 형성하게 만든다(정숙희, 2017). 따라서 청소년은 또래집단에게서 사회적 관계와 역할을 학습하게 될 가능성이 많다. 청소년은 또래집단이 가진 정서적 지원과 안정감, 소속감이 주는 긍정적 측면이 있고, 때로 또래집단의 압력에 의해 반사회적이고 일탈적인 행동을 할 수 있으며(〈표 11-3〉, 〈표 11-4〉 참조), 집단의 의견에 집중한 나머지 독립적으로 사고하고 판단하며 행동하는 능력을 올바르게 발달시키지 못할 수도 있다.

표 11-3 소년범죄

(단위: 천 명, 명, %)

구분	전체 범죄자 (천 명)	소년 범죄자[1] (명)		범죄유형별 구성비(%)			
			구성비 (%)	재산범죄[2]	강력(폭력) 범죄[3]	강력(흉악) 범죄[4]	기타5)
2011	1,908	83,068	4.4	45.7	26.8	4.0	23.6
2012	2,118	107,490	5.1	44.3	30.5	2.9	22.3
2013	2,147	91,633	4.3	49.9	24.1	2.8	23.2
2014	1,880	77,594	4.1	46.7	24.9	4.1	24.2
2015	1,949	71,035	3.6	45.1	24.6	3.8	26.4
2016	2,020	76,000	3.8	43.5	25.6	4.4	26.4
2017	1,862	72,759	3.9	39.9	28.9	4.8	26.4
2018	1,749	66,142	3.8	40.1	29.8	5.3	24.8
2019	1,755	66,247	3.8	42.0	28.1	5.5	24.4
2020	1,638	64,480	3.9	44.8	22.9	4.9	27.5

자료: 대검찰청, 「범죄분석통계」

주: 1) '17년까지는 10~18세 피의자, '18년부터는 14~18세 피의자

2) 절도, 장물, 사기, 횡령 등

3) 공갈, 폭행 · 상해 등

4) 살인, 강도, 방화, 성폭력

5) 교통사범, 저작권법 위반, 기타

출처: 여성가족부, 한국청소년정책연구원(2022), p. 38.

표 11-4 가출 경험 및 이유

구분	가출 경험[1]	가출 이유[2]					
		부모님과의 문제	학업문제	친구들과 함께 하기 위해서	가정의 경제적 문제	학교문제	기타
2014	4.8	57.4	12.0	16.2	0.2	2.7	11.6
2015	3.5	63.5	12.8	12.4	1.4	3.6	6.2
2016	3.4	60.7	12.4	12.8	0.8	2.7	10.6
2017	3.7	60.9	14.3	10.6	1.7	5.1	7.4
2018	3.8	58.0	15.6	12.0	4.1	3.0	7.2
2019	3.5	61.7	15.9	9.6	2.3	1.1	9.5
2020	2.9	61.0	20.8	8.0	2.3	2.0	5.9

2021	3.2	62.4	18.5	9.7	1.4	0.6	7.4
남자	3.4	59.0	18.7	11.8	1.9	0.0	8.6
여자	2.9	66.6	18.2	7.3	0.8	1.3	5.9
초(4~6)	3.8	54.6	20.0	8.7	2.1	0.0	14.6
중	3.4	68.2	15.3	13.4	1.2	0.0	1.9
고	2.4	65.7	20.5	6.4	0.6	2.1	4.7

자료: 한국청소년정책연구원, 「아동청소년인권실태조사」, 초(4~6) · 중 · 고등학생 대상

주: 1) 최근 1년 동안 가출한 적이 있는 사람의 비중 ; 2) 최근 1년 동안 가출한 적이 있는 사람의 주된 가출 이유

출처: 여성가족부, 한국청소년정책연구원(2022), p. 36.

2. 발달과제

1) 신체적 영역

청소년기에는 호르몬의 변화로 인해 급격한 신체적 · 성적 성숙이 이루어지는 기간으로 청소년의 적절한 영양상태 확인 및 심리적 불안 행동 예방 그리고 건강의 유지를 위하여 흡연 · 음주와 같은 일탈행동을 자제하도록 돕는 것이 청소년 발달의 핵심 발달과제가 된다.

청소년은 시작된 자신의 신체 변화의 정상 여부에 관심이 크고, 또래와 비교하며 상대적으로 자신감 상실(열등감, 좌절감)로 이어질 수 있다. 여자청소년이 남자청소년에 비하여 신체 만족도가 낮아 외모에 대한 낮은 평가와 낮은 자아존중감, 결과적으로 거식증, 성형중독과 같은 사회문제를 야기할 수 있다(박선애, 강영배, 2016). 특히 성과 관련하여 몸의 구조나 생리현상에 대한 관심이 증가하여 지나친 성적 환상과 행동으로 음란매체에 대한 집착, 성행동, 성폭력 등 문제행동을 초래할 수 있다(손병덕, 2015).

흡연은 성인뿐만 아니라 청소년에게도 고지혈증을 유발할 수 있는 위험인자로(변영순, 이혜순, 2007; 고희정, 2010), 청소년기의 음주도 그 당시에 발생할

수 있는 본인의 건강 및 사회적 손실뿐만 아니라, 성인기의 음주행태에까지 그 영향을 유지 · 악화시킨다(민원홍, 2014). 또한 장기적으로 큰 사회경제적 손실을 유발(김재윤, 정우진, 이선미, 박종연, 2011)할 만큼 사회적 폐해가 크기 때문에 흡연 혹은 음주 청소년 학생들의 조기 발견 및 체계적인 관리가 필요하다(〈표 11-5〉 참조).

표 11-5 흡연율 및 음주율 (단위: %)

구분	현재 흡연율[1]	중학생	고등학생	현재 음주율[2]	중학생	고등학생
2011	12.1	8.1	16.1	20.6	12.0	29.0
2012	11.4	7.2	15.4	19.4	10.3	28.2
2013	9.7	5.5	13.8	16.3	8.3	23.8
2014	9.2	4.7	13.5	16.7	8.3	24.6
2015	7.8	3.3	11.7	16.7	7.4	24.9
2016	6.3	2.5	9.5	15.0	6.5	21.9
2017	6.4	3.0	9.2	16.1	7.6	23.0
2018	6.7	3.0	9.8	16.9	8.5	24.2
2019	6.7	3.2	9.9	15.0	7.6	21.8
2020	4.4	1.7	7.1	10.7	5.4	15.9
2021	4.5	1.9	7.2	10.7	5.6	16.0
남자	6.0	2.1	10.0	12.4	6.2	18.8
여자	2.9	1.6	4.2	8.9	5.0	13.0

자료: 교육부 · 질병관리청, 「청소년건강행태조사」, 중 · 고등학생 대상

주: 1) 최근 30일 동안 1일 이상 일반담배(궐련)를 흡연한 사람의 분율

2) 최근 30일 동안 1잔 이상 술을 마신 적이 있는 사람의 분율

출처: 여성가족부, 한국청소년정책연구원(2022), p. 35.

정부는 이상과 같은 청소년의 신체적 영역 발달과제를 개선하고자 국가대책과 계획을 수립하고 있는데 그 구체적 내용은 〈표 11-6〉과 같다.

표 11-6 청소년 건강보호 국가 지원 사업

사업 명	지원내용
정서 · 행동장애 청소년 지원	ㅇ개요 –정서 · 행동장애로 어려움이 있는 청소년에게 종합적 · 전문적 치료 · 재활 서비스를 제공하여 청소년의 정상적 생활 영위 및 건강한 성장 도모 ㅇ지원대상 –정서 · 행동장애로 어려움이 있는 만 9~18세 청소년(우울, 불안, 비행, 품행 장애, 주의력결핍과잉행동장애(ADHD) 등의 문제로 학교생활이나 대인관계에서 어려움을 겪는 청소년) ※ 제외대상: 발달장애, 지적장애, 기 수료생 ㅇ지원내용 –상담 · 치료: 정신의학전문의, 상담사 등의 종합적 · 전문적 상담 –보호: 기숙형 보호시설에서 생활습관 및 사회적응행동, 대인관계기술 습득 –교육: 학습권 보장을 위해 대안 교육(초, 중, 고) –자립지도: 수료 후 청소년들의 사회적응 및 자립을 위한 직업교육, 진로탐색, 체험활동 등 ㅇ프로그램 운영 국립중앙청소년디딤센터 –디딤과정(4개월), 오름과정(1개월), 힐링캠프(11박 12일) 국립대구청소년디딤센터 –디딤과정(4개월), 오름과정(1개월), 인터넷치유(11박 12일) ㅇ신청 절차 –누구나 국립청소년디딤센터 홈페이지에서 신청 가능 –개별신청 및 기관신청(청소년상담복지센터, 학교밖청소년지원센터, 학교 및 시 · 군 · 구 교육지원청, 청소년쉼터, Wee스쿨 · 센터, 청소년 및 아동복지시설 등) ㅇ신청 방법: 인터넷 접수 –중앙디딤센터: www.nyhc.or.kr –대구디딤센터: www.youthfly.or.kr

학교 밖 청소년 건강 검진	ㅇ개요 –학교 밖 청소년이 건강하게 성장할 수 있도록 지원하기 위하여 학교 밖 청소년을 대상으로 정기 건강검진 시행 ㅇ지원대상 –9세 이상 18세 이하 학교 밖 청소년 ※ 19세 학교 밖 청소년도 가능하나, 다른 국가건강검진과 중복 지원 불가 ㅇ지원내용 –검진항목: 상담 및 진찰, 신체 계측, 혈액검사, 소변검사, 구강검진 등 * 기본검진 및 선택검진에서 질환의심 판정을 받을 경우 확진검사를 받을 수 있음(신청기간: 연중, 검진기간: 연중, 검진주기: 매 3년마다 실시) –검진비용: 무료(개인부담 없음) –검진기관: 국민건강보험공단 누리집(www.nhis.or.kr) 건강iN에서 확인 –운영기관: 국민건강보험공단 ㅇ신청 절차 및 방법 –학교 밖 청소년 지원센터를 방문하거나 우편 또는 이메일로 신청(이메일 제출 시에는 반드시 학교밖청소년지원센터와 협의 후 제출)

출처: 여성가족부(2022).

2) 인지적 영역

인간의 지적 능력은 일생 동안 변화를 거치며 특히 영유아, 아동기를 거쳐 청소년기에 비약적인 발전을 보인다. 유전과 성숙에 따라 발달하는 결정적인 인지적 지능은 16~20세 전후에 증가하며 그 이후 점차 쇠퇴하지만 경험과 학습에 의해 발달하는 유동적인 인지적 지능은 성인기 이후에도 학습 정도에 따라 지속적으로 나아질 수 있다(허희옥, 양은주, 김다원, 문용선, 최종근, 2017; Cattell, 1941). 청소년기에는 추상적인 사실에 관심을 가지고 실제로 실제적 · 구체적 · 추상적 · 논리적 추론이 가능하여(〈표 11-7〉 참조), 보다 진

표 11-7 피아제의 인지 발달 과정

단계	연령	특징
감각운동기	0~만 2세	환경과 상호작용하기 위해 자신의 신체감각, 지각 및 신체활동에 의존한다.
전조작기	만 2~ 6, 7세	언어와 같은 상징적 기호를 사용하면서 사고 능력의 진보가 이루어진다. 그러나 세상을 직관적으로 이해하고, 자아중심적이며 전조작적이기 때문에 논리적 사고가 결여된다.
구체적 조작기	만 7, 8~ 11, 12세	논리적 사고가 가능하지만 현재 존재하는 것에 국한된다. 보존개념을 획득하고 사물들 간의 관계를 이해하기 때문에 분류하고 위계를 설정할 수 있다.
형식적 조작기	만 12~14세	추상적이고 가상적인 상황에 대해서도 논리적으로 사고할 수 있고, 상대적 · 다차원적 사고도 가능하다.

출처: Piaget (1973), pp. 55-59.

보된 추론 성숙을 돕는다면 자신과 타인의 인지 과정에 대한 이해를 통하여 정치 · 철학 등 사고의 폭을 높이고 미래에 대한 계획을 세울 뿐만 아니라 문제 상황을 대처하는 대안적 사고 발달도 기대할 수 있다.

그러나 청소년기에 부모와 사회에 대한 반항적 · 자기중심적 사고를 개선하지 못할 경우 청소년이 가진 논리적 · 구체적 · 추상적 사고 능력이 오히려 반가족적 · 반사회적 행동을 초래할 수 있다(김선영, 2014). 따라서 자신과 타인의 역할과 관계를 생각하고 타인의 생각, 감정, 의도 등을 주의 깊게 관찰하며 대처할 수 있는 사회인지 능력을 계발할 수 있도록 돕는 것이 필요하다. 청소년이 사회의 한 구성원 역할을 하기 위하여 사회 일반이 보편적으로 받아들이는 사회문화적 규범가치를 내면화하고 따르는 것이 중요하므로 개인의 인지 발달은 사회인지 발달과 함께 성숙되어야 한다.

3) 심리 · 정서적 영역

에릭슨(Erikson, 1959)에 의하면, 인간행동은 환경과의 상호작용 속에서 점진적으로 발달되며, 적절한 대응 능력, 즉 자기 자신 및 타인에 대한 책임감 등이 유아기로부터 노년기에 이르기까지 단계적으로 발달된다. 특히 청소년기에는 자신이 누구인지를 발견하고 자신이 맡고 있는 다양한 역할들을 파악하고 이러한 역할들을 정체감으로 통합하게 되는데, 청소년기에 이러한 통합된 자아를 성취하려는 시도가 성공하느냐 실패하느냐에 따라 이후의 발달과업에 그리고 효과적이고 건강한 적응에 영향을 받게 된다. 에릭슨(Erikson, 1959)은 청소년들이 자신의 생을 분명한 전망 속에서 내다볼 수 없을 때에 통정된 자아정체감을 형성하기 어렵다고 했고, 마이어(Maier, 1965)는 청년들에게 만일 장래 전망이 어둡거나 단절되어 있을 때 자아정체감의 혼미가 초래되거나 부정적인 정체감이 형성되기도 한다고 하였다.

이와 같은 자아정체감의 혼란 속에서 청소년의 상당수는 심리 · 정서적 부적응을 경험하며(〈표 11-8〉 참조) 자신의 정서를 격렬하게 표현하거나 억제시키는 모순된 모습을 나타낸다. 남자 청소년은 내적 갈등을 외부로 표현하여 공격 · 폭력행동과 같은 외현적 행동특성을 보이고, 여자 청소년은 자신에게 내면화시켜 우울 등 내현적 행동특성을 보이는 경향이 있다(손병덕, 2013). 내현적 행동특성이 급격하고 충동적으로 일어날 때 높은 스트레스와 자살을 감행할 가능성이 높은 반면에 외현적 행동특성이 조절되지 못할 때 범죄와 반사회적 행동이 유발될 수 있다.

한편, 청소년기에는 인지 능력의 발달로 인해 자신의 능력과 현재 상태에 대한 생각이 많아지고, 자신과 타인을 비교하면서 자신의 부족한 부분을 크게 생각하는 성향이 생긴다(문경숙, 2012에서 재인용). 타인과 비교하여 외모나 학업성취 능력이 상대적으로 하위에 있다는 생각이 불안감을 가지게 하여 우울감을 키울 수 있다. 사회적 발달영역에서 취약한 문제들에 노출된 청소

표 11-8 청소년 고민상담 내용 (단위: 천 건[1], %)

구분	상담건수	정보제공	정신건강	대인관계	학업진로	가족	일탈비행	성격	근로	성	인터넷사용	생활습관	활동	법률정보	기타
2016	833	143	93	146	98	127	38	29	5	29	17	16	11	2	79
2017	863	168	118	157	101	94	39	30	7	30	22	16	17	2	61
2018	878	152	150	157	99	101	41	27	16	31	20	16	12	2	54
2019	902	165	163	150	111	82	39	36	26	26	24	16	10	2	54
2020	936	171	190	128	85	98	32	32	18	27	24	16	8	2	107
2021	852	171	205	118	80	85	31	32	3	20	21	12	7	1	67
구성비	100.0	20.0	24.1	13.9	9.4	9.9	3.6	3.7	0.4	2.3	2.5	1.4	0.8	0.2	7.8

자료: 여성가족부, 「청소년 상담(1388) 실적」, 9~24세 청소년 및 청소년 학부모 상담

주: 1) 백 단위에서 반올림하였으며, 구성비는 원 수치로 산출

출처: 여성가족부, 한국청소년정책연구원(2022), p. 41.

년들을 위하여 인지 발달, 정체감 성숙 과정에서 오는 다양한 수준의 심리 · 정서적 발달과업 문제 해소를 위하여 긍정적인 자아정체감의 형성과 인지능력 발달을 꾀하고 현재 자신의 모습에 대한 자아존중감을 높일 수 있도록 돕는 역할이 중요하다.

4) 사회적 영역

사회화의 1차적 경험이 이루어지는 가족과 함께 사회화의 가장 큰 경험은 학교에서 발생할 수 있다. 혈연과 지연을 기반으로 하는 지역사회 공동체의 약화 이후 청소년의 사회화는 학교를 중심으로 한 또래관계 속에서 이루어진다고 볼 수 있다. 그러나 학교는 학력과 성적을 우선시하는 왜곡된 가치관으로 인해 학교는 입시 중심의 주입식 교육으로 청소년의 건강한 발달을 위한

전인적인 교육은 상당히 멀어져 있는 상황에 있다. 이와 같이 왜곡된 교육환경 속에서 청소년은 자신감 상실, 폭력, 가출, 자살과 같은 문제행동을 야기하고 있는 것이 현실이다.

따라서 "적어도 한 사회에서 설정하고 있는 교육의 최소 기준에 모든 국민이 도달할 수 있고, 나아가 모든 국민이 처한 위치에도 불구하고 각자 필요한 교육을 받아 그 잠재력을 최대한 발휘할 수 있는 상태(state) 혹은 이를 보장하기 위한 공적 지원(public service)"(김정원, 이은미, 하봉운, 이광현, 2008)으로 교육을 이해하고 학교에서 모든 청소년이 소외를 경험하지 않고, 자신의 역량을 극대화할 수 있는 학교환경을 만들어 나갈 것이 요청된다(이정인, 유재봉, 2016). 즉, 학교는 더 이상 학생의 교육적 수월성만을 추구하는 것이 아니라 청소년의 삶과 복지를 고민하고 향상시키는 사회복지적 기능을 받아들여야 한다.

학교생활에서 청소년들의 또래관계를 증진시키기 위하여 학교사회사업 프로그램을 적용하여 학교 내 인성교육 프로그램의 방향성을 제시하고 또래집단의 신뢰감 형성 프로그램, 의사소통 훈련 프로그램, 인간관계 훈련 등의 프로그램을 실시하여 또래관계의 긍정적인 면이 학교생활에서 계발될 수 있도록 돕는 것이 필요할 것이다.

3. 사회복지 실천의 함의

성인으로 성장하는 과도기적 시기에 위치한 청소년이 자신이 경험하는 급격한 신체 변화와 인지, 심리 · 정서, 사회적 발달을 적절하게 수용하고 자신이 직면하는 다양한 문제들을 적절하게 대처하고 결정할 뿐만 아니라 자신의 결정에 대하여 책임도 질 줄 아는 건강한 사회 구성원으로 발달해 갈 수 있도록 사회복지 정책과 서비스를 마련하고 적극적으로 제공하는 것이 사회복지의 실천적 역할로 이해된다.

이를 위하여 무엇보다 청소년의 권리에 대한 이해가 선행될 필요가 있다. 즉, 청소년이 가진 잠재적 역량을 극대화하고 이를 실현할 수 있도록 그 권리를 보장하는 것이 사회복지의 실천원리가 된다. 청소년의 권리에 대한 구체적 내용은 1989년 11월 20일 유엔총회에서 채택되고 1991년에 우리나라 국회가 인준한 「유엔아동권리협약(Convention on the Rights of the Child)」이 잘 요약하여 설명하고 있는데 청소년의 생존, 보호, 발달, 참여의 권리가 그것이다(〈표 11-9〉 참조). 첫째, 청소년 생존의 권리는 "적절한 생활수준을 누릴 권리, 안전한 주거지에서 살아갈 권리, 충분한 영양을 섭취하고 기본적인 보건서비스를 받을 권리 등 기본적인 삶을 누리는 데 필요한 권리"를 의미한다. 둘째, '청소년 보호의 권리'는 "모든 형태의 학대와 방임, 차별, 폭력, 고문, 징집, 부당한 형사처벌, 과도한 노동, 약물과 성폭력 등 어린이에게 유해한 것

표 11-9 유엔아동권리협약

구분	청소년 권리 내용
생존의 권리	적절한 생활수준을 누릴 권리, 안전한 주거지에서 살아갈 권리, 충분한 영양을 섭취하고 기본적인 보건서비스를 받을 권리 등 기본적인 삶을 누리는 데 필요한 권리
보호의 권리	모든 형태의 학대와 방임, 차별, 폭력, 고문, 징집, 부당한 형사처벌, 과도한 노동, 약물과 성폭력 등 어린이에게 유해한 것으로부터 보호받을 권리
발달의 권리	잠재 능력을 최대한 발휘하는 데 필요한 권리, 교육받을 권리, 여가를 즐길 권리, 문화생활을 하고 정보를 얻을 권리, 생각과 양심, 종교의 자유를 누릴 권리
참여의 권리	자신의 나라와 지역사회 활동에 적극적으로 참가할 수 있는 권리를 말하며 자신의 의견을 표현하고, 자신의 삶에 영향을 주는 문제들에 대해 발언권을 지니며, 단체에 가입하거나 평화적인 집회에 참여할 수 있는 자유

출처: 유니세프 한국위원회 http://www.unicef.or.kr

으로부터 보호받을 권리"를 말한다. 셋째, '청소년 발달의 권리'는 "잠재 능력을 최대한 발휘하는 데 필요한 권리, 교육받을 권리, 여가를 즐길 권리, 문화생활을 하고 정보를 얻을 권리 생각과 양심, 종교의 자유를 누릴 권리"를 의미한다. 넷째, '청소년 참여의 권리'는 "자신의 나라와 지역사회 활동에 적극적으로 참가할 수 있는 권리를 말하며 자신의 의견을 표현하고, 자신의 삶에 영향을 주는 문제들에 대해 발언권을 지니며, 단체에 가입하거나 평화적인 집회에 참여할 수 있는 자유"를 가리킨다.

나아가 청소년이 경험하는 급격한 신체 변화와 인지, 심리 · 정서, 사회적 발달과제로 대두된 다양한 문제들을 적절하게 대처할 수 있도록 사회복지 서비스를 확대하려는 노력이 요청된다. 현재 사회복지서비스의 생애주기별 돌봄서비스 유형(산모와 신생아 돌봄, 아동 돌봄/보육서비스, 장애아동 재활 및 보호, 장애인 활동보조, 노인 돌봄서비스)에 청소년을 위한 서비스는 포함되어 있지 않다. 기존의 초 · 중등 의무교육과 방과 후 교육 등이 광의의 사회서비스에 포함된다고 할 수 있으나 이러한 서비스로는 청소년의 발달적 과업과 과제를 효과적으로 대처하기 어렵다. 청소년의 사회안전망(CYS-Net, 헬프콜 청소년전화 1388, 청소년 동반자 프로그램, 가출청소년 보호 · 지원/청소년 쉼터 확충, 청소년 비행 · 폭력 예방 및 선도, 청소년 자립 및 사회복귀 지원, 다문화청소년 지원, 시설 및 보호청소년 자립 및 사회복귀 지원)의 강화, 청소년 유해환경 개선 및 보호강화(청소년 스스로지킴이 YP 프로그램 보급, 청소년 유해매체 모니터링 강화, 청소년 인터넷 중독 예방 및 치료, 성범죄로부터 청소년보호, 여성 · 청소년보호중앙점검단 활동 강화), 청소년활동 활성화 및 인프라 확충(학교교육정책과 교육복지정책 연계, 다양한 체험활동을 위한 청소년 문화존 활동지원, 청소년수련활동인증제, 청소년 수련시설 인프라 확충, 지역아동센터 및 종합사회복지관 활동 방과 후 지원) 등의 적극적인 서비스 개발 및 확충이 필요할 것이다.

생각해 볼 문제

1. 청소년기의 발달적 특징을 약술해 보시오.
2. 청소년기, 청소년의 개념을 법적으로 진술해 보시오.
3. 남성과 여성 청소년의 신체적 발달 특성을 말해 보시오.
4. 청소년기의 인지적 특성은 무엇인가?
5. 청소년기의 심리 · 정서적 특성은 무엇인가?
6. 청소년기의 사회적 특성은 무엇인가?
7. 청소년기의 신체적 영역에서 발달과제를 제시해 보시오.
8. 청소년기의 인지적 영역에서 발달과제를 제시해 보시오.
9. 청소년기의 심리 · 정서적 영역에서 발달과제를 제시해 보시오.
10. 청소년기의 사회적 영역에서 발달과제를 제시해 보시오.

참고문헌

교육부, 보건복지부, 질병관리본부(2016). 청소년 건강행태 온라인조사 통계.

고희정(2010). 청소년 흡연에 가정, 학교 그리고 공공장소에서 흡연 제한이 끼치는 영향에 관한 단면조사/금연 후 백내장의 위험은 감소하는가/고지혈증 치료제인 HMG-CoA 환원효소 억제제와 골절의 위험. 가정의학회지, 21(9), 1208-1209.

김선영(2014). 중학교 청소년의 다면적 인성검사에서 나타난 성격특성과 가족건강성, 자아개념, 학교생활적응의 관계. 아동가족치료연구, 12, 17-38.

김재윤, 정우진, 이선미, 박종연(2011). 우리나라 청소년 음주의 사회경제적 비용 추계. *Journal of Preventive Medicine and Public Health, 43*(4), 341-351.

김정원, 이은미, 하봉운, 이광현(2008). 교육복지정책의 효과적 추진을 위한 법 · 제도 마련 연구. 한국교육개발원.

김혜련(2008). 아동 · 청소년 건강증진사업의 과제와 발전방향: 영양, 신체활동 증진 및 비만예방을 중심으로. 보건복지포럼, 141, 20-31.

문경숙(2012). 청소년의 정체감 양식과 심리구인 간의 관계. 교육발전연구, 29(1), 35-47.

민원홍(2014). 청소년의 음주 및 흡연 발달궤적에 대한 신체적 공격성의 영향: 친구특성의 조절효과를 중심으로, 청소년복지연구, 16(1), 283-304.

박선애, 강영배(2016). 여고생의 외모만족도와 친구지지가 학교생활만족에 미치는 영향. 청소년문화포럼, 46, 65-89.

배민영(2017). 초기 청소년의 또래애착 변화 양상 및 예측요인. 아동교육, 26(2), 207-223.

변영순, 이혜순(2007). 청소년의 흡연과 혈압, 지질 및 체질량 지수와의 관계. 대한간호학회지, 37(6), 1020-1026.

손병덕(2013). The role of problematic drinking and offensive behaviors in the development of violence in youths. 청소년학연구, 20(3), 209-225.

손병덕(2015). 청소년의 성경험에 학교환경과 인터넷 사용의 조절효과. 청소년학연구, 22(9), 163-181.

엄문설, 이연희, 하시연(2016). 숲교육 프로그램이 보호관찰 청소년의 기분상태, 자아존중감, 자기통제력에 미치는 영향. 한국임상학회지, 105(2), 253-260.

여성가족부(2022). 정서행동장애 청소년지원(http://www.mogef.go.kr/sp/yth/sp_yth_f007.do), 학교 밖 청소년 건강검진(http://www.mogef.go.kr/sp/yth/sp_yth_f010.do).

여성가족부, 한국청소년정책연구원(2022). 2022 청소년통계.

위키백과(2017). 안드로겐(https://ko.wikipedia.org/wiki/%EC%95%88%EB%93%9C%EB%A1%9C%EA%B2%90), 에스트로겐(https://ko.wikipedia.org/wiki/%EC%97%90%EC%8A%A4%ED%8A%B8%EB%A1%9C%EA%B2%90).

이정인, 유재봉(2016). 교육의 비극적 현실에 대한 해석: 『시학』의 하마르티아(hamartia) 개념을 중심으로. 교육철학연구, 38(1), 133-150.

정숙희(2017). 청소년이 지각한 부모양육태도, 또래애착 및 탄력성과 삶의 의미 간의 구조적 관계. 한국가족관계학회지, 22(1), 23-40.

좌현숙(2017). 청소년의 내재화 문제와 위험요인에 대한 메타분석. 청소년문화포럼, 49, 85-119.

청소년백서(2013). 2012 청소년백서. 서울: 여성가족부.

허희옥, 양은주, 김다원, 문용선, 최종근(2017). 인공지능 시대의 인간 지능과 학습. 교육철학연구, 39(1), 101-132.

Cattell, R. B. (1941). Some theoretical issues in adult intelligence testing. *Psychological Bulletin, 38*, 592.

Erikson, E. H. (1950). *Child and society*. New York: W. W. Norton & Company INC.

Erikson, E. H. (1959). Identity and the life cycle. *Psychological Issues, 1*(1), 18-164.

Erikson, E. H. (1968). *Identity: Youth and crisis*. New York: W. W. Norton & Company INC.

Kohlberg, L. (1981). *Essays on moral development. Philosophy of moral development, 1*. San Francisco, CA: Harper & Row.

Maier, H. W. (1965). *Three theories if child development*. New York: Harper & Kow, pp. 56-57.

Piaget, J. (1973). *The child and reality: Problems of genetic psychology*. New York: Grossman Publishers.

국립중앙청소년디딤센터 http://www.nyhc.or.kr

국민건강정보포털 http://health.mw.go.kr

여성가족부 www.mogef.go.kr

유니세프 한국위원회 http://www.unicef.or.kr

제 12 장

인간의 성장과 발달: 청년기

학습목표

- 청소년기에서 본격적인 성인이 되는 중간 단계로 보는 청년기의 신체, 인지, 심리사회적 특성을 이해한다.
- 청년기의 신체, 인지, 심리사회적 특성에 따른 발달과제를 논의한다.
- 심리사회적 발달과제에 해당하는 친밀감 형성, 정체성 확립, 직업 선택과 결혼, 가족구성 등의 이슈에 대해 구체적으로 학습한다.

인간의 성장과 발달에 있어 청년기는 성인기의 시작을 알리는 시기로 흔히 초기 성인기 또는 성인 초기라고 표현한다. 영어 표현으로는 young adulthood, early adulthood로 표기할 수 있다. 에릭슨(Erikson, 1963)은 이 청년기를 20세에서 40세 사이로 보았는데 이러한 시기 구분은 학자마다 다소 차이가 있다.[1] 케니스톤(Keniston, 1971)은 청소년기와 초기 성인기 사이를 '청년기'라고 정의하였는데 인간 발달에 있어 청년기는 장년기를 향해 나가는 전 단계이기도 하며 신체적으로 가장 건강한 시기라는 특징이 있다. 에릭슨(Erikson, 1963)에 의하면 이 시기는 타인과의 관계를 탐색하는 시기로, 친밀하고 헌신적인 관계를 맺는 능력을 키우는 경험을 통해 향후 안정적이고 친밀한 관계를 형성하는 데 성공할 수 있다. 청년기는 다른 사람과 사랑을 나누는 관계를 공유하는 시기이며, 따라서 이때 성취해야 할 과업은 친밀감이다. 이 친밀감에는 성적 친밀감, 사회적 친밀감이 모두 포함되는데 고립감과 친밀감의 갈등을 성공적으로 해결하게 될 때 사랑이라는 덕목을 얻게 된다.

청년기에는 신체적으로나 인지적인 측면에서 많은 변화를 겪게 된다. 신체는 최대치로 발달하고 있고, 사고체계도 복잡한 사고를 수행할 수 있는 능력이 되기 때문에 타인의 생각이나 관점을 숙고해 볼 수 있게 되고, 더 나은 사람이 되기 위해 타인의 입장에서 자기를 바라볼 수 있는 능력도 발달하게 된다. 현대사회에서 청년기에는 학교를 졸업하고 전일제 직업을 얻어 성인으로서의 여러 가지 책임을 지게 되는 국면을 맞이한다. 청년기 성인은 사회라는, 타인과의 관계라는 맥락 속에서 자기 성장을 하는 데 몰두하게 된다. 그러나 이 시기에는 현명하게 결정할 수 있는 성숙함이나 인생 경험이 부족하기 때문에 결혼이나 가족, 일, 생활양식 등 인생의 중요한 일들을 결정해야 할 때 많은 시행착오와 위험이 따른다.

---

1) 이 책에서는 에릭슨의 정의에 따라 청년기를 20세에서 40세 시기로 정의한다.

1. 신체적 발달 및 특성

1) 신체적 발달

청년기는 인생에 있어 신체적으로 가장 힘이 있고 건강한 시기라 할 수 있다. 20대 후반부터 30대 초반까지 신체적 힘이 증가한다. 질병이나 어떠한 감각기능상의 문제에도 쉽게 노출되지 않는 시기인 것이다. 생물학적인 기능이나 신체적 활동 능력이 20세에서 35세까지 최고점에 달하게 되고, 35세 이후로는 서서히 약화되기 시작한다. 그러나 이러한 신체적 특성은 개인차가 있다(Shephard, 1998).

신체적 질병 중 특히 암은 장년기에 비해 청년기 발생률은 훨씬 낮은 편이다(Cancer Research UK, 2021). 시험이나 다른 마감일이 닥쳤을 때는 기운이 떨어지기는 하지만 대개 이 시기는 가장 에너지가 많고 신체 건강한 시기다. 또한 이 시기에는 법적으로 술이나 담배 등에 접근할 수 있는 나이이기도 하고, 자기의 생활습관이나 식이습관, 운동습관에 대해 스스로 책임을 져야 하는 시기이기도 하다(Hewstone, Fincham, & Foster, 2005).

또한 청년기는 재생산 능력이 가장 강력한 시기이기도 하다. 이 시기에는 성적 욕구도 매우 높고 자녀를 갖기에도 신체적으로 매우 적합한 나이이다.

2) 성별 차이

여성의 경우에는 20대 초반에 생식능력이 가장 최고점에 이른다. 19세에서 26세에 피임하지 않은 성관계를 할 경우 임신이 될 경우가 50%에 이르고, 27세에서 34세는 40%, 35세에서 39세의 경우 30%에 이른다는 연구 결과가 있다(Carl, 2002). 선진국에서의 청년기 인구집단의 사망률은 매우 낮은 편이지만 성별로 비교하자면 18세에서 25세에 이르는 그룹 중 자동차 사고나 자살 등의 이유로 남성이 여성보다 사망률이 높은 것으로 나타나고 있다(BBC, 2019). 일반적으로 여성이 남성보다 기대수명이 높은데 이는 부분적으로는 생물학적 요인에 기인하기도 하지만, 건강에 대해 더 주의하는 성향이 여성의 경우 더 높기 때문이기도 하다.

2. 인지 발달 및 특성

청년기 인지 발달에 관해서는 학자들 간 일치된 견해가 없다. 그러나 연령이 증가하고 정신적인 성숙과 함께 다양한 경험을 거치면서 이를 통해 인지 발달도 영향을 받게 되어 인지 능력이 증가하는 경향이 나타나는 것으로 보고 있다. 특히 청년기에는 사고(思考)에 있어 변화를 경험하는데 효율적 사고나 창의적 사고, 복합적 사고가 가능해진다. 청년기의 이러한 인지 변화는 직업을 갖게 되거나 아이를 출산하는 등의 주요 생애 사건에 의해서도 촉진되기도 하고, 전두엽 발달의 영향을 받기도 한다.

피아제(Piaget, 1952)는 청년기를 형식적 조작기(formal operational period)로 설명하는데 이 시기에는 추상적 사고가 가능하고, 타인의 관점에서 자신을 평가하게 되는 등의 인지 발달이 이루어진다고 하였다. 자신의 지각이나 경험보다는 논리적 원칙의 지배를 받게 되고, 추상적 사고가 가능해짐으로써 경험하지 못한 사건이라도 그것에 대해 가설적이고 추상적인 합리화를 통해 과학적 사고가 가능해지는 시기다.

청년기에도 지능이 증가하는가에 대한 질문이 오랫동안 심리학자들을 혼란스럽게 만들어 왔다. 일부 연구에서는 중기 또는 후기 성인기에 비해 초기 성인기에 해당하는 청년기 성인들이 지능이 높다는 연구가 있지만, 반대로 적어도 50대까지는 나이가 들수록 지능이 높아진다는 연구 결과도 있다. 그러나 이러한 연구 결과는 단순하거나 명쾌하게 설명될 수 있는 것이 아니라는 견해가 일반적이다. 학교교육이나 정보매체 노출 정도, 테스트 조건 등에 의해 영향을 받을 수 있기 때문이다. 지능의 유형에 따라 연령별로 높은 지능이 있다는 연구도 있다. 예를 들어, 평생에 걸쳐 수집한 정보를 사용할 수 있는 능력인 결정화된 지능(crystallized intelligence)은 중기 성인기 성년들의 점수가 높은 반면, 추상적으로 사고하고 새로운 상황을 다룰 수 있는 유동적 지능(fluid intelligence)은 상대적으로 젊은 초기 성인기 성년들의 점수가 높다는 것이다(Cattell, 1971; Cavanaugh & Blanchard-Fields, 2015).

사고 유형에 있어 20대 초반 청년들은 많은 부분에 있어 청소년 시기의 사고 유형과 유사하다고 한다. 인생에 대해 이상적인 관점으로 보는 경향이 있는데, 특히 결혼에 대해 사랑하는 사람과 평생 행복하게 살아가는 것이라는 식의 동화 이야기처럼 사고하는 사람이 많고, 따라서 20대에는 세상을 순진하게 흑백논리로 믿는다는 것이다.

그러나 일반적 관점에서 볼 때 많은 청년기 성인은, 특히 대학교육을 받게 되면 논리적으로 사고하는 능력이 발달되고 이론적으로 문제를 해결하고, 추상적으로 사고하게 됨으로써 사물과 사고를 분류하거나 비교하고, 체계적으로 문제를 해결할 수 있는 능력이 가능해진다.

3. 심리사회적 발달 및 특성

아넷(Arnett, 2011)은 18세 이상 25세 미만의 미국 청년들에게 '당신은 성인기에 접어들었는가?'라고 질문했을 때 대부분의 응답자들이 '그렇기도 하고 그렇지 않기도 하다.'는 모호한 응답을 했다고 한다. 그러나 30대 초반의 청년들에게 같은 질문을 했을 때 대부분이 '그렇다.'고 응답한 것으로 나타났다. 이는 성인이 되는 전환기에 있는 젊은 청년들이 성인으로서의 역할을 연기하고

싫어 하는 현상과 맞물리며, 따라서 이를 '발현 성인기(emerging adulthood)'로 명명하기도 한다.

1) 친밀감 대 고립감

청년기 사회정서적 발달과업은 다양한 영역과 관련되어 있다. 먼저 정서적 발달과업에 있어 에릭슨(Erikson, 1963)의 분류를 고려할 수 있다. 에릭슨은 인간의 성격발달이론에 있어 가장 큰 영향을 미친 학자 중 하나로 그는 청년기(초기 성인기: 20~40세) 발달과업을 '친밀감(intimacy)' 대 '고립감(isolation)'의 싸움이라고 규정한다. 그는 이 시기가 안정적이고 장기간 지속될 수 있는 관계에 대한 열망을 의미하는 것으로 설명한다. 이 시기에 친밀감 형성이라는 과업을 성취하는 사람은 자신감이나 수용 등의 긍정적 특성을 소유하게 되는 반면, 친밀감을 이루지 못하고 고립감에 빠져 있는 성인은 외로움과 버려짐에 대한 두려움이 커진다고 하였다. 친밀감을 이루기 위해서는 다른 사람을 위해 어느 정도 자신의 독립적 자유를 희생해야 한다.

청년기 정서 발달에 있어서는 사랑하는 사람과의 로맨틱한 관계를 찾는 일에 성공하는가 실패하는가가 큰 영향을 미친다. 만족할 만한 관계를 찾는 데 성공하는 사람은 자존감이나 만족감이 향상되는 반면, 실패하는 사람은 그 반대의 결과를 얻는다. 관계에 있어 세 가지의 애착 유형이 발견되는데 안정적 애착관계에 있는 사람은 신뢰할 만한 관계를 경험할 뿐 아니라 자신의 배우자(파트너)를 애인으로서 그리고 친구로서 인식한다. 그러나 저항적 애착관계에 있는 사람은 예상하기 어려운 변화 속에서 부침이 심한 관계를 유지하기 때문에 자존감이 낮아지고 관계 속에서 요구가 많은 사람으로 변하게 된다. 마지막으로 회피형 애착관계에 있는 사람은 불신, 차가운 정서적 관계를 보이는데 이는 배우자 부정이나 알코올중독의 문제를 유발하기도 한다. 이러한 다양한 애착관계 유형에 따라 청년기 친밀감 형성이라는 발달과업도 다른 양태로 발전하게 됨을 알 수 있다.

사랑이나 친밀감, 성인 간의 관계는 서로 관련이 있다. 스턴버그(Sternberg, 1986)는 사랑에는 세 가지 구성요소가 있는데 열정, 결정과 헌신, 친밀감이 그것이다. 열정은 성적 각성을 포함하는 생물학적으로 강한 감정과 흥분이 관계에서 나타나는 것을 의미하고, 결정과 헌신은 배우자를 사랑하고 관계를 유지하기로 결정하고, 그 관계를 유지하는 것을 의미한다. 친밀감은 서로에 대한 따뜻한 배려와 친밀감, 서로를 돕고, 자기를 드러내는 것을 의미한다. 사람들은 다음과 같은 방식으로 친밀감을 표현하게 된다.

- 신체적 친밀감이나 상호 애정 표현, 성적 행동
- 심리적 친밀감이나 감정이나 생각을 공유하는 행동
- 사회적 친밀감이나 친구 또는 여가를 같이 즐기는 행동

그런데 청년기 친밀감이라는 과업을 이루기 위해서는 안정적인 자기정체성이 큰 역할을 한다. 의미 있는 가치와 목표를 가지고 이에 몰입하는 청년들은 자기정체성을 형성할 수 있고, 이는 친밀감을 만들어 낼 수 있는 대인관계를 잘 이루어 나갈 수 있도록 돕는다(Kroger, 2007). 정체성 발달이 잘 이루어지면 깊고 신뢰할 만한 애정관계나 파트너십을 구축할 준비가 된 것으로 예상할 수 있다.

청년기의 심리사회적 발달과업에 관해 에릭슨 외에도 레빈슨(Levinson, 1978)의 이론[2)]을 눈여겨볼 필요가 있다. 레빈슨의 이론에 있어 '인생구조(life

2) 레빈슨은 성인기를 6단계로 나누어 인간의 발달을 설명했는데 그중 청년기(초기 성인기)에 해당하는 단계는 4개로 구분하였다. 성인으로 전환하는 초기 성인 전환기는 17~22세로 청소년기를 벗어나 성인기 삶을 위한 기초적인 선택을 하는 시기로 보았고, 성인진입기는 22~28세로 사랑이나 직업, 우정이나, 가치관, 생활양식 등에 대한 최초의 선택이 이루어지는 시기로 보았다. 28~33세에 해당하는 초기 성인기 마지막 단계에는 30세를 기점으로 변화가 일어난다고 보았는

structure)'는 가장 중요한 핵심 개념으로, 이는 자기에게 의미 있는 타인과의 관계를 구성하면서 한 사람의 인생의 기초가 되는 설계를 의미한다. 레빈슨(Levinson, 1978)은 사람은 30세에 한 번의 전환기(transition)를 맞고, 40세에 다시 중년 전환기를 맞게 된다고 하였다. 30세에 맞는 전환기에 남녀는 서로 다른 양상을 보이는데 남자의 경우 직업적 성공을 추구하며 배우자를 찾고 있지만, 여성의 경우에는 결혼과 직업을 분리하여 전환기를 보내게 된다. 여성이 직업도 유지하면서 결혼하여 양육을 병행해야 하는 경우 남성은 30대에 이룰 수 있는 사회적 지위나 직업적 안정성을 여성의 경우에는 40대에 이르러서도 여전히 이루지 못하는 경우가 많다.

친밀한 관계 형성에 성공하면 가족을 이룰 수 있는 결혼의 단계까지 발전할 수 있지만 실패하면 고립감이나 타인과의 거리감이 생겨 위축될 수 있고, 오히려 방어적으로 남들보다 자신이 우월하다는 감정을 가지게 될 수도 있다(Erikson, 1975). 사랑과 친밀함에 더해 더 깊은 수준의 성적 관계는 청년기에 단기 또는 장기적 관계 속에서 이루어진다. 청소년들의 경우 성적 관계에는 개인의 정신적 성숙 정도가 영향을 미치지만, 성인들의 성적 관계는 매우 다양하게 표현된다.

2) 사회적 시계

뉴가튼(Neugarten, 1996)은 성인의 발달에 있어 중요한 문화적 · 세대적 영향을 주는 '사회적 시계(social clock)'라는 개념을 개발하였다. 직장을 얻거나 결혼하거나, 아이를 출산하거나 집을 사는 등의 사회적으로 요구받는 어떤

데 인생구조에 있어 완만하고 적당한 변화일 수도 있지만 매우 심각하거나 스트레스가 되는 위기를 맞을 수도 있다고 하였다. 초기 성인기의 마지막 단계는 33~40세로 정착 단계로 보았으며 이 시기에는 가정이나 직장에서 어떤 지위를 가지고 정착하여 진보를 이루는 시기이며 부모로서의 역할과 기대가 요구되는 시기로 구분하였다.

기대를 말하는 것인데 모든 사회는 이러한 기대치에 대한 적절한 시기를 주문하고 있다는 것이다. 따라서 이러한 기대치에 맞게 이루어 내는가 아닌가가 동료들과의 비교나 평가를 통해 자존감에도 영향을 주게 된다고 하였다. 사회적 시계에는 '여성적(feminine)'인 시계와 '남성적(masculine)'인 시계가 있는데 전자는 20대 초반이나 중반에 결혼하고 부모가 되는 것을 말하고, 후자는 20대 후반에 직업적으로 어느 궤도에 오르는 것을 말한다. 그런데 시기에 맞게 결혼생활을 시작한 그룹은 책임감도 강하고, 자기 통제력도 있으며, 참을성도 강하며 자상한 반면, 자존감은 감소하고 나이를 먹어 갈수록 약해지고 불안해진다는 연구 결과가 도출되었다. 반면, 남성적 시계에 따라 직업적 성취를 우선순위에 둔 사람은 주도적이고, 사회성이 좋으며, 독립적이고 지적인 성향을 띠는 것으로 나타났다. 결론적으로 말하면 사회적 시계가 기대하는 적절한 시기에 직업을 얻거나 결혼을 하는 등의 발달과업을 이루는 것이 성인으로서의 심리사회적 측면에서의 긍정적·부정적 결과와 관련이 된다는 것을 의미한다.

3) 자기정체성과 독립

에릭슨은 청소년기의 과업으로 자기정체성(self-identity)을 형성하는 것이라고 보았다. 그러나 산업화사회에서 청소년기가 점점 길어지면서 이제 청년기(초기 성인기)에 본격적으로 자기정체성을 탐구하고 형성하는 것으로 변화하고 있다(Arnett, 2000). 연구에 따르면 정체성 탐색과 완성이 10대 시기에 이루어지는 경우는 거의 없고, 20대에 들어서도 여전히 계속되고 있다는 것이다(Arnett, 2000).

정체성 형성은 세 가지 영역과 관련되는데 사랑, 일, 세계를 보는 관점이 그것이다. 10대에도 이성 간의 데이트가 이루어지지만 정체성 형성에 영향을 미치는 신중하고 지속적인 이성관계(사랑)는 이루어지기 힘들다. 일에 있

어서도 10대에 경험하는 일은 아르바이트나 파트타임의 일 또는 앞으로의 직업을 준비하기 위한 일인 경우가 많다. 세계를 보는 관점도 20대에 들어서야 대학교육 등의 영향과 다양한 경험을 통해 형성되면서 자기정체성 탐색에 영향을 끼치게 된다(Arnett, 2000). 이와 같이 청년기 초기는 10대에 충분히 탐색되지 못했던 자기정체성을 탐색하고 형성하기 위한 많은 고민과 갈등을 경험하는 시기다.

한국의 청년들은 청년기(초기 성인기)를 미래에 대한 계획을 세우는 시기, 자신에게 집중하는 시기, 자신의 모습을 만들어 가는 시기로 인식하는 경향이 높다고 하였다. 또한 성인으로 인정받기 위한 조건으로 '자신의 행동에 대한 책임을 지는 것'을 가장 중요하게 생각하고 있었으며, 성인 정체성을 인지함에 있어 중요한 타자와의 분리와 연결이 중요하게 작용하는 것으로 나타났다(김현주, 이선이, 이여봉, 2013; 안선영, 김희진, 박현준, 김태령, 2011). 청년기 초기는 본격적으로 성인이 될 준비 또는 청소년기에서 성인으로 전환되는 전환기를 겪게 되기 때문에 이전보다 독립적이고, 자기 인생에 대해 책임지도록 자발적 또는 비자발적으로 연관되는 시기다. 따라서 이러한 준비와 경험을 통해 자기정체성을 확립하고, 사회의 한 구성원으로서의 성인이 되는 준비를 거쳐 신체적 · 심리사회적 독립의 기반을 마련하게 된다.

청년들은 독립(independence)하기 위해 부모를 떠나게 되지만 최근 기대수명이 높아지면서 부모를 떠나는 연령이 늦춰지는 경향이 있고, 경제적인 이유 등으로 부모에게 의존하여 사는 청년기 성인들이 많아지고 있다. 그럼에도 불구하고, 청년기의 심리사회적 발달과업으로 부모를 떠나 물리적 · 심리적 독립의 준비를 하는 청년들은 부모의 보호 아래 누렸던 여러 가지 편안함과 안정을 포기하고 낮은 삶의 수준이라도 감수하게 되는데, 이것이 독립심과 자기 신뢰를 가져오는 긍정적 효과를 얻게 한다. 독립할 준비가 되어 있고, 부모와의 애착이 안정적으로 이루어진 청년기 성인들은 집을 떠난다고 해도 부모-자녀 간 상호관계는 만족스럽게 유지될 수 있고, 성인의 삶으로의 전환도 성공적으로 이루어지게 된다.

그러나 독립이 말처럼 쉬운 것은 아니다. 독립을 함으로써 부모나 청년기 자녀 모두 장점을 누리기도 하지만, 가족을 떠나 독립적으로 생활하면서 겪게 되는 사소한 문제에서부터 중요한 문제까지 가까이에서 도와줄 부모나 가족이 부재함으로써 당황하게 되는 경우에도 부딪힐 수 있고, 이로 인해 외로움이나 우울증을 겪게 될 수도 있기 때문이다(Rosenfeld, 2010). 또한 부모가 재정적 문제가 있거나 지원이 없어서 너무 일찍 독립하게 된 청년들은 향후 결혼생활이나 직업생활에도 부정적인 영향을 미칠 가능성이 있다는 연구 결과도 있다(허정무, 2019).

4) 직업 선택과 유지

국내의 한 연구에 따르면 우리나라 청년들은 자신이 직장에 있을 때, 자녀와 있을 때, 지역사회 일원으로 참여할 때 자신을 성인으로 인식하는 정도가 높은 것으로 나타났다(안선영 외, 2011). 청년기 성인이 앞으로 습득하게 될 사회 기술이나 수용할 만한 사회 규범을 결정하는 데 큰 역할을 하는 것이 직업이다. 직업은 성인의 삶의 전 영역에 있어 영향을 미칠 뿐 아니라 생활을 해 나갈 수 있는 소득을 보장해 준다. 그러나 직업은 소득뿐 아니라 사회적으로 얻게 될 기회나 지위, 정치 성향에까지도 영향을 미치기 때문에 직업을 선택하고 유지하는 과업은 청년기 성인에게 매우 중요한 과업이 된다.

커리어(career)를 개발하는 것은 청년기 성인에게 정서적으로도 큰 영향을 미친다. 부모의 집을 떠나 재정적으로 독립하고, 커리어를 추구하고, 이를 위해 필요한 학업을 추가적으로 시도한다는 것은 특별히 더 중요성을 띤다. 남자의 경우 이러한 목적을 위해 많은 투자를 하는 경향이 있지만 여성은 가족과 커리어 개발, 이 둘을 분리시켜 진행하는 경향이 있다(Levinson, 1978). 이러한 경향 때문에 직업적으로 성공하게 되면 정서적으로 큰 발전을 이루는

데, 예를 들면 자존감이 향상되는 것이다. 특히 남성의 경우가 이에 더 해당된다. 청년기에 들어서면 자기가 원하거나 추구하는 직업을 얻기 위해 필요한 자격을 갖추려는 노력을 많이 하지만, 직업을 한번 선택한다고 해서 계속 거기 머무는 것을 의미하는 것은 아니다. 최근에는 직업을 바꾸거나 직장을 옮기는 등의 일이 청년기 성인에게 흔히 일어나는 일이기 때문이다.

학습이론모델에 따르면 직업을 선택하는 것은 하나의 학습된 기술로서, 직업선택이 적절하지 않은 것은 잘못된 신념(믿음)에 기인하는 경우가 많다고 하였다. 피터슨 등(Peterson, Sampson, Reardon, & Lenz, 2003)은 직업을 선택하는 일이 인지와 정서가 상호작용한 결과물이고, 직업 선택은 결국 문제 해결 활동이라고 하였다.

커리어 개발은 생애 전반에 걸쳐 발생한다. 이것은 학습된 기술을 통해 만들어지는데, 자기 자신에 대해 잘 아는 것이 올바른 직업 선택을 하는 데 필수적이다. 흥미나 적성을 따라 직업을 선택하기보다 자신의 성별에 맞다고 간주되는 사회적 관념에 따라 직업을 선택하는 경우도 많다. 직업 선택은 자기 성격의 표현이자 성격의 연장이기도 하다. 청년기 성인에게 있어 직업 선택은 가족이나 학교, 지역사회 문화와의 상호작용을 통해 일어나는 결과물이다. 이에 덧붙여 경제적 · 사회적 환경도 직업 선택에 중요하게 영향을 미친다.

부모들의 경우 특히 자기 자신이 롤모델이 되어 주기도 하고, 다양한 직업 경험을 해 볼 수 있는 관련 활동을 할 기회를 줌으로써 청년기 자녀의 직업 선택을 원조하기도 한다. 직업 선택에 있어 가족의 도움이 없을 경우 청년기 성인은 직업 선택을 위한 의사결정에 어려움을 겪는다. 청년기 성인들의 직업 선택은 자기가 '이상적인 직업'이라고 믿고 있는 것에 영향을 받을 뿐 아니라, 의사결정을 얼마나 성숙하게 할 수 있는가 하는 능력에 달려 있다. 직업 선택은 매우 복잡한 다양한 요소들의 작용을 통해 이루어지는데 고등학교에서 충분히 진로탐색이 될 수 있는 학교와 그렇지 않은 학교 간의 차이가 많은 것으로 드러났다.

5) 결혼과 부모되기

(1) 결혼

해비거스트(Havighurst, 1953)는 청년기 초기 과업으로 배우자 선택, 가정 형성, 자녀양육 및 가정관리, 직장생활 시작, 시민 의무 완수, 사회적 집단 형성 등을 주요 발달과업으로 보았다. 배우자 선택에서부터 가정관리까지 결혼과 가정생활이 청년기(초기 성인기)의 주요 과업으로 분류되는 것과 같이 이 시기의 결혼과 가족구성 및 가정생활 유지는 매우 중요한 부분을 차지한다.

장기간 지속되고 깊은 신뢰 속에서 친밀감을 유지할 수 있는 방법에는 크게 결혼과 동거라는 방법이 있다. 동거는 결혼하지는 않았지만 함께 살면서 성관계를 나누는 것이고, 대부분 25~45세 성인들이 이 방식을 택한다. 동거가 결혼해도 좋을지 알아보기 위한 수단이라고 말하지만 추후 결혼 만족도를 높이는 수단으로 동거가 유익하다는 확실한 증거를 찾기는 어렵다. 오히려 반대로 결혼 전 동거가 이혼율을 높인다는 보고가 있다(코리아타운데일리, 2019. 3. 10.). 어떤 이들은 결혼을 위한 준비 단계가 아니라, 결혼 대신 동거를 택하기도 한다.

결혼은 여러 가지 유익이 많다. 결혼한 사람들이 미혼이거나 이혼했거나 사별한 사람들보다 더 건강하고 더 행복하다는 연구 결과가 많다. 평균적으로 기혼남이 미혼남보다 오래 산다. 결혼생활 초기에는 매우 행복할 수 있지만, 결혼생활 만족도는 부모로서의 양육 책임이 끝나고 재정적으로 안정이 될 때 만족도가 더 높아지는 것으로 나타나고 있다. 반면, 결혼은 여러 가지 문제점도 가지고 있다. 결혼에 대한 비현실적인 기대나 성생활, 경제문제, 집안일, 양육 등이 문제가 될 수 있다.

최근 추세는 결혼과 자녀 출산을 30대 이후까지 미루는 경향이다. 세계결혼연령지도에 따르면 북유럽과 서유럽 국가들은 결혼 평균 연령 30세 이상으로 만혼 경향을 보였고, 우리나라의 경우에도 2021년 기준 평균 결혼(초혼) 연령은 여성이 31.08세, 남성이 33.35세로 매년 증가추세를 나타나고 있다(통계청, 2021). 프라이스오노믹스(Priceonomics)는 "각국의 결혼 연령 차이가 나는 가장 큰 요인은 국가별 임금인 것 같다."면서 "임금이 높은 선진국이 상대적으로 결혼을 늦게 하는 경향이 있다."고 밝혔다(이투데이, 2013. 11. 25.). 경제적 요인이 만혼에 영향을 미치지만 이렇게 결혼을 미루는 현상은 다른 측면에서 보면 정신적으로 더 성숙하고 남녀가 안정적 관계를 유지할 수 있다는 점에서 이익이 된다.

(2) 부모되기

청년기, 특히 33~40세까지는 성인으로서 안정을 이루는 시기인데 이때 직업적 안정도 이루고, 대부분 배우자를 찾는다. 또한 자녀를 낳고 부모역할에 돌입한다. 예전에는 결혼하면 자녀를 낳는 것이 당연한 일이었고, 사회문화적으로도 자연스럽게 요구받는 피할 수 없는 사항이었다. 그러나 최근 서구 사회나 한국 사회에서도 결혼은 했으나 자녀를 갖지 않기로 하는 무자녀 가정이 늘고 있다. 피임기술의 발달이나 인식의 변화로 자녀를 갖지 않는 것이 쉽게 통제되는 사회가 된 것이다.

1950년대만 해도 미국의 경우 결혼한 부부가 아이를 가지는 비율은 78%였지만, 오늘날에는 70% 미만으로 낮아졌고, 첫 자녀를 갖는 연령대도 높아지고 있다. 2017년 기준 한국의 초산 연령은 31.6세로 미국의 26.4세나 일본의 30.7세를 넘어서 세계 최고 수준에 이르고 있다(조선일보, 2018. 3. 26.).[3] 자녀를 갖더라도 한 자녀만 갖는 등 가족 구성원 크기가 매우 작아지고 있는 실정이다. 부모가 되는 것은 결혼생활을 더 촉진시키는 장점이 있지만, 첫째 자

3) 미국, 일본은 2015년 기준.

녀 출생 후 결혼 만족도가 감소한다는 연구 결과도 있다. 이것은 아무래도 양육 부담으로 인해 역할에 부담이 생길 뿐 아니라 책임도 커지고 경제적으로도 부담이 되기 때문에 이러한 요인들이 스트레스 요인으로 작용하게 됨으로써 발생하게 되는 현상일 것이다. 그렇지만 부부가 서로 양육 책임과 의무를 잘 분담한다면, 특히 남편이 아내의 양육 스트레스를 잘 이해하고 돕는다면 남편과 아내 모두 부모 역할에서의 스트레스는 최소화되고 부부 만족도는 낮아지지 않게 될 것이다(Shapiro, Gottman, & Carrère, 2000).

처음 부모가 되는 사람들은 자녀로 인해 누릴 수 있는 많은 장점에도 불구하고, 자녀 양육을 위해 소요되는 시간이나 책임에 대한 준비가 되어 있지 않는 경우가 많아 어려움을 겪을 수 있다. 특히 계획된 임신이 아닌 경우 또는 아이가 예민하여 다루기 힘든 경우에 더욱 그렇다. 그리고 젊은 청년기 부모들 중 자신을 아직 부모로 인식하지 못하고 자녀 때문에 자유가 없고, 중요한 다른 일을 하기 어렵다고 생각될 때 더욱 그렇다. 젊은 여성의 경우 직장과 자녀양육 사이에서 이러한 갈등은 더욱 심해진다.

(3) 독신

오늘날 많은 사람이 독신(singlehood)을 선택한다. 많은 독신자가 어떤 이유로 결혼하지 않든 간에 자기 나름대로의 생활방식으로 스스로 만족할 만한 삶을 살아간다. 독신자들은 의무로부터 자유롭고 자기 삶에 대한 통제가 가능한 것을 즐긴다. 독신자 비율이 점점 늘고 있는 현상은 미국이나 한국 모두 마찬가지다. 미국인 중 30~34세 연령 중 결혼하지 않은 미혼자 비율이 지난 1970년대 이후 꾸준히 증가하여 2010년에는 30%를 상회하고 있다(Noren, 2011). 한국도 2020년 기준 30대 남성 미혼자는 50.8%, 여성 미혼자는 33.6%인 것으로 조사되었다(통계청, 2021). 인구학에서는 50세에 이르기까지 결혼하지 않은 비율을 독신율로 간주하는데 우리나라 여성의 독신율은 2015년 기준 3.8%이고 이러한 추세가 계속될 때 2025년에는 10.5%가 될 것으로 예

상하고 있다(이삼식 외, 2016).

그런데 남성 독신자보다는 여성 독신자가 더 늦게 결혼하거나 오래 독신생활을 가능성이 더 높다. 왜냐하면 여성들은 동갑이나 나이가 좀 더 많은, 학력이 동등하거나 조금 더 높은, 좋은 직업을 가진 남성 배우자를 원하는 데 비해 남성들은 배우자를 찾을 때 자기보다 어린 여성을 원하기 때문이다. 여성은 조금 높여서 결혼하고, 남성은 조금 낮춰서 결혼하는 풍조 때문에 결국 전문직이 아닌 노동자 계층 독신 남성과 전문직 독신 여성은 배우자를 구하지 못하고 오래 독신으로 남게 되는 것이다(Craig & Dunn, 2009). 독신으로 사는 것의 장점은 가족에 구속되지 않고 자유롭게 자신의 시간을 쓸 수 있다는 점이다. 그러나 단점도 많다. 외로움, 성생활이나 사회생활의 제한, 안전의 문제, 결혼한 커플들로부터 배제당하는 느낌 등이 그것이다. 특히 독신 남성은 독신 여성보다 신체적·정신적 건강의 문제를 더 많이 겪는다. 왜냐하면 여성은 남성보다 동성 친구들과의 친밀함을 유지하면서 지지를 많이 받기 때문이다.

표 12-1 학자별 청년기(성인 초기) 발달과업

에릭슨 (Erikson, 1963)	–친밀함 형성 –타인과 개방적이고 조화로운 관계 형성 –타인과의 친밀한 관계 형성에 실패하면 고립감을 느끼게 되어 자기 자신에게만 몰두하게 됨
레빈슨 (Levinson, 1978)	–자신의 꿈과 희망을 명확하게 정의하는 것 –직업 선택과 경력 관리 –친밀한 관계 형성
해비거스트 (Havighurst, 1953)	–배우자 선택과 결혼 –자녀양육 및 가정 관리 –직업생활 시작 –시민의무 완수 –사회적 집단 형성

4. 사회복지 실천의 함의

1) 성인으로서의 인식

우리나라 청년들을 대상으로 한 성인에 대한 기준과 과업에 대한 인식조사 결과(안선영 외, 2011) 청년들은 청년기를 많은 가능성이 있는 시기, 미래에 대한 계획을 세우는 시기, 자신에게 집중하는 시기, 자신의 모습을 만들어 가는 시기라고 인식하는 것으로 나타났다. 성인의 기준을 '자신의 행동에 대해 책임을 지는 것'으로 보는 경향이 있었으며, 가족을 형성하고 가족을 부양하며, 자녀양육 능력을 가지는 것을 매우 중요하게 여기는 것으로 나타났다(안선영 외, 2011). 이러한 결과는 외국 청년기 성인 대상 조사 결과와 비교할 때 개인의 행동과 정서, 부모로부터의 경제적 · 물리적 독립에 대해 중요하게 생각하는 것보다 상대적으로 가족과 관련한 기준을 더 중요하게 생각하는 경향으로 외국 청년기 성인과 차이가 있음을 보여 주고 있다.

성인기에 과업에 있어 연령규범이 뚜렷하게 존재하는 것으로 나타났는데 이는 또 성별에 따라 차이가 있는 것으로 나타났다. 예를 들면, 결혼 적령기를 남자는 평균 32.5세, 여자는 평균 30.2세로 보는 응답이 많은 것으로 나타났다(한국리서치, 2021).

이러한 인식조사 결과는 사회복지 실천에 있어 중요한 함의를 지닌다. 외국에 비해 성인으로서 독립하는 시기가 상대적으로 늦고, 미래에 대한 계획이나 준비가 늦어지는 경향이 있는 청년기 성인들에 대해 사회복지 실천현장에서 이들이 필요로 하는 서비스나 문제 및 욕구해결을 위한 기초 정보로 이러한 연구 결과를 적극 활용해야 할 것이다.

2) 자기정체성과 친밀감 구축

청년기는 연령대 스펙트럼이 넓기 때문에(20~40세) 20대 초반의 청년과 30대의 청년은 신체적 · 심리적 · 사회적 특성에서 많은 차이가 있다. 그러나 자기정체성과 친밀감의 구축은 20~30대라는 연령 차이를 막론하고 인생의 발달과업에서 가장 중요한 과업 중 하나다. 자기정체성이란 총체적인 자기 지각을 말하는데 시간적 동일성과 자기연속성을 인식하는 것, 즉 시간이 경과하면서 변화하는 자기 자신을 이제까지의 자신과 같은 존재로 인식하고 수용하는 것을 말한다(Erickson, 1968). 자기를 다른 사람과 분리된 독특한 개인으로 인식하고 자기일관성과 자기정체성을 이룰 수 있어야 한다. 그런데 에릭슨은 이러한 과업을 청소년기 발달과업으로 규정하지만 실제로는 청년기 과업에 해당하는 경우가 많다. 또한 에릭슨이 말하는 청년기 발달과업 중 친밀감 형성도 자기정체성 구축만큼 중요한 발달과업에 해당한다.

청년들이 대학 진학이나 직업기술 훈련의 과정을 거친 후에도 직업 선택을 유예하거나 합리적인 진로 선택을 잘하지 못하는 이유는 자기정체성의 혼란, 미확립과 큰 관련이 있다. 자기 자신이 누구인지, 무엇을 원하는지, 어떠한 가치와 목적을 두고 직업을 선택해야 하는지에 대한 자기 인식과 탐색이 부족하기 때문에 물질과 자본주의 가치가 팽배한 상업주의 노동시장에서 경제적 기준에 주요 초점을 맞춘 진로 선택이 이루어지고 있는 것이다. 이러한 선택은 결국 잦은 이직이나 직업 불만족으로 이어지고, 생애 전반에 걸친 발달과업을 원만하게 이루어 나가는 데 걸림돌이 된다.

뿐만 아니라 친밀감 형성도 우리나라 청년들이 이루기 힘들어하는 과업 중 하나다. 어떤 대상과의 깊고 신뢰성 있는 꾸준한 관계 형성은 자존감 향상 및 삶의 충만함과 만족감으로 이끌어 준다. 그러나 깊이 있고 친밀감 있는 장기적 관계 형성은 개방적인 자기노출과 관계에 대한 헌신이 전제되어야 하는데, 청년기의 이러한 과업을 이루기 위한 우리나라 교육 및 사회 환경은 부정적인 걸림돌이 되고 있다. 과도한 경쟁과 대학입시라는 학교교육과 청소년에 대한 사회 정책 및 제도의 부실함이 친밀한 관계 형성에 가장 큰 장애물이 되고 이러한 결과는 결국 청년기 성인들에게까지 지속적인 영향을 미치게 된다.

사회복지 실천현장에서 청년들이 청소년기에 이루지 못했던 자기정체성 형성과 청년기 과업인 친밀감 구축이라는 과제를 잘 수행할 수 있도록 돕는 서비스와 제도적 접근이 이루어져야 한다. 사회복지 실천현장도 사회 전반의 문제점과 크게 다르지 않게 청소년 및 청년기 성인에 대한 서비스나 접근이 매우 빈약한 것이 우리 현실이다. 청년기 성인은 주요 클라이언트의 범주에서 제외되는 경우가 많고, 서비스 대상으로서의 일차적 대상 집단이 아닌 경우가 많다. 다행히도 학교사회사업을 통해 청소년기 상담이나 서비스 지원이 이루어지고 있지만 양적 · 질적으로 부족한 수준이다. 청소년기에 원만한 심리사회적 발달을 이루어야 청년기에 들어서서 직업과 가족구성 등 본격적인 인생설계와 준비를 할 수 있기 때문에 청소년기 서비스가 현재보다 더 다양하고 질 높은 형태로 구축되어야 한다.

청년기 사회복지서비스를 위해서는 무엇보다도 관계 형성의 경험과 기술을 훈련하는 프로그램 개발이 필요하다. 관계 형성을 통한 친밀감을 구축하기 위해 지나온 학령기와 청소년기를 뒤돌아보고, 친밀한 관계를 방해하는 심리 내적 요인에 대한 분석과 인지 및 행동 유형을 검토하여 새로운 관계 형성 기술과 태도를 습득할 수 있도록 돕는 프로그램이 개발되어야 한다.

3) 가족구성

2020년 인구주택총조사 결과에 따르면 우리나라 30대 인구의 미혼 비중은 42.5%로 2015년의 36.3%보다 6.2%p가 늘어난 것으로 나타났다. 남성 30대의 미혼율은 50.8%, 여성 30대의 미혼율은 33.6%로 남성 30대 미혼율이 여

성보다 높게 나타났다(통계청, 2021). 이렇다 보니 청년기 초 · 중반에 결혼하고 가족을 구성하던 이전과 달리 청년기 중 · 후반인 30대 초반 또는 이보다 더 늦어지는 30대 중 · 후반까지 결혼 연령이 늦춰짐에 따라 청년기 발달과업이 이전과 많이 달라지는 추세다. 에릭슨이 청년기 과업으로 친밀감 형성을 규정하고 있지만, 일반적으로 결혼과 같이 장기적 관계를 통해 이루어지던 친밀감 형성 과업이 결혼이 늦춰짐에 따라 이 과업의 발달도 지연되는 추세라고 할 수 있다.

현재 우리나라 사회복지기관 서비스나 복지 정책 및 제도를 살펴보면 미혼 청년들이 도움을 받을 수 있는 내용은 거의 부재하다고 보아야 할 것이다. 구직이나 진로개발 관련 정책 및 제도를 제외하고는 가까운 미래에 가족을 구성할 수 있는 심리사회적 지원과 서비스를 받을 수 있는 기관이나 프로그램은 찾아보기 힘들다. 결과적으로 청년기 성인들이 민간 결혼알선업체나 개인적 네트워크를 통해 결혼에 접근하는데 이는 비용이나 노력 대비 좋은 결과를 얻기가 쉽지 않고, 예상치 못한 부작용도 나타난다. 더욱이 단지 결혼하여 가족을 구성하는 것이 전부가 아니고, 청년기를 잘 보내고 본격적인 장년기에 돌입하기 위해서는 부부간의 신뢰와 애정, 기능적인 의사소통이 바탕이 된 관계가 형성되어야 하고, 자녀양육에 대한 부모기술, 양육 가치관 등이 정립되어야 하는데 이를 훈련시키고 가르쳐 줄 기관이나 프로그램에 대한 접근성은 매우 떨어지는 편이다.

생각해 볼 문제

1. 에릭슨이 말하는 청년기 과업은 무엇이며, 이를 이루기 위해 어떠한 노력이 필요한지 생각해 보시오.
2. 청년기의 신체적 발달 특성과 남녀 차이에 대해 설명해 보시오.
3. 청년기 인지 발달이 청소년기와 같거나 다른 점은 무엇인지 생각해 보시오.
4. 뉴가튼의 '사회적 시계' 이론에 대해 설명해 보시오.
5. 청년기 직업선택과 경력 개발에 관한 이슈들에 대해 생각해 보시오.
6. 최근의 결혼과 자녀출산 경향에 대해 설명해 보시오.
7. 해비거스트의 청년기 과업에 대해 설명해 보시오.
8. 독신으로서의 삶의 장점과 단점에 대해 생각해 보시오.
9. 청년기 과업 수행에 실패했을 때 발생할 수 있는 문제에 대해 생각해 보시오.
10. 청년기 발달과 과업 수행을 돕기 위한 사회복지 실천방법에 대해 생각해 보시오.
11. 청년기 혹은 장년기의 발달과제에 대해 학자와 내용을 연결한 것 중 옳지 않은 것은?

   ① 레빈슨(D. Levinson) – 직업 선택, 사회적 역할

   ② 펙(R. Peck) – 자아분화, 친밀한 관계 활동

   ③ 굴드(R. Gould) – 자신의 삶에 대한 책임 있는 행동

   ④ 에릭슨(E. Erikson) – 타인과 조화로운 관계 형성

   ⑤ 해비거스트(R. Havighurst) – 배우자 선택, 가정관리

참고문헌

김현주, 이선이, 이여봉(2013). 초기 성인기의 정체성 구성에 관한 연구: 중요한 타자와의 상호작용. 가족과 문화, 25(3), 54-96.

안선영, 김희진, 박현준, 김태령(2011). 청년기에서 성인기로의 이행과정 연구 II: 총괄보고서. 한국청소년정책연구원, 한국청소년개발원.

이삼식, 최효진, 계봉오, 김경근, 김동식, 서문희, 윤자영, 이상협, 이윤석, 천현숙

(2016). 결혼 · 출산 행태 변화와 저출산 대책의 패러다임 전환. 한국보건사회연구원.

이투데이(2013. 11. 25.). 세계 결혼 연령 지도, 선진국일수록 결혼 늦어…… 한국은?

조선일보(2018. 3. 26.). 31.6세, 가장 늦게 첫 아이 낳는 한국… 결혼 1년 늦을 때마다 자녀 0.1명 줄어.

코리아타운데일리(2019. 3. 10.). 결혼 전 동거'가 좋아? 이혼율 더 높다.

통계청(2021). 2020년 인구주택총조사 결과보고서.

한국리서치(2021). 「결혼인식지표-2021년」 결혼하면 행복해질까? 한국리서치 정기조사 여론 속의 여론.

허정무(2019) 부모의존 성인자녀세대의 생활양식과 가족관계의 미래 전망. 예술인문사회 융합 멀티미디어논문지. 9(12), 1295~1304.

Arnett, J. J. (2000). Emerging adulthood: A theory of development from the late teens through the twenties. *American Psychologist, May, 55*(5), 469-480.

Arnett, J. J. (2011). Emerging adulthood(s): The cultural psychology of a new life stage. In. L. A. Jensen (Ed.), *Bridging cultural and developmental psychology: New syntheses in theory, research and policy* (pp. 255-275). New York: Oxford University Press.

BBC. (2019). Why more men than women die by suicide. By Helene Schumacher 18th March 2019. Retrieved https://www.bbc.com/future/article/20190313-why-more-men-kill-themselves-than-women.

Cancer Research UK. (2021) UK cancer mortality statistics by age. Last reviewed: 1 February 2021. Retrieved www.cancerresearchuk.org.

Carl, T. H. (2002). *Study speeds up biological clocks: Fertility rates dip after women hit 27*. San Francisco: Chronicle April 30.

Cattell, R. B. (1971). *Abilities: Their structure, growth, and action*. Boston: Houghton Mifflin.

Cavanaugh, J. C., & Blanchard-Fields, F. (2015). *Adult development and aging* (7th ed.). Stanford: Cengage Learning.

Craig, G., & Dunn, W. (2009). *Understanding human development* (2nd ed.).

Pearson: Prenticenall.

Erikson, E. (1963). *Youth and society*. New York: Norton.

Erikson, E. (1968). *Identity, youth and crisis*. New York: Norton.

Erikson, E. (1975). *Childhood and Society*. Penguin.

Havighurst, R. J. (1953). *Human development and education*. New York: Longmans, Green.

Hewstone, M., Fincham, F., & Foster, J. (2005) *Psychology* (1st Eds). Oxford, UK & Malden, MA: Blackwell.

Keniston, K. (1971). *Youth and dissent: The rise of a new opposition*. Florida: Houghton Mifflin Harcourt Press.

Kroger, J. (2007). *Identity development: Adolescence through adulthood*. Thousand Oaks, Calif: Sage Publications.

Levinson, D. (1978). *The seasons of a man's life*. NY: Ballantine The Random House Publishing Group.

Levinson, D. (1986). "A conception of adult development". *American Psychologist, 41*(1), 3-13.

Neugarten, B. (1996). *The meaning of Age*. Chicago: University of Chicago Press.

Noren, L. (2011. 3. 31.). "More Americans Never Getting Married". *Graphic Sociology*. The Society Pages.

Peterson, G., Sampson, J., Reardon, R., & Lenz, J. (2003). Core concepts of a cognitive approach to career development and services (ppt). *Center for the Study of Technology in Counseling and Career Development* (Dunlap Success Center).

Piaget, J. (1952). *The origins of intelligence in children*. New York: International University Press.

Pierre, N., & Samuel, C. (2003). Adult Mortality In The Era Of HIV/AIDS: Sub-Saharan Africa (pdf). 18 August 2003. Population Division, Department of Economic and Social Affairs (United Nations Secretariat).

Rosenfeld, M. (2010). The independence of young adults, in historical perspective.

Family Therapy Magazine, May/June, 9(3), 17-19.

Shapiro, A. F., Gottman, J. M., & Carrère, S. (2000). The baby and the marriage: Identifying factors that buffer against decline in marital satisfaction after the first baby arrives. *Journal of Family Psychology, 14*(1), 59-70.

Shephard, R. J. (1998). Aging and exercise. In T. D. Fahey (Ed.), *Encyclopedia of Sports Medicine and Science*. Retrieved www.sportsci.org.

Sternberg, R. J. (1986). A triangular theory of love. *Psychological Review, 93*, 119-135.

The Korea Times (2013. 3. 3.). "Single-person households on the rise".

제 13 장

인간의 성장과 발달: 장년기

학습목표

- 40대 이후 중년을 포함하는 장년기의 신체, 인지, 심리사회적 특성을 이해한다.
- 장년기에 경험하는 중년의 위기, 가족과 사회에 대한 의무 등을 살펴본다.
- 장년기를 생산적으로 보낼 수 있는 사회복지 실천 접근방법에 대해 학습한다.

장년기는 인생의 황금기라고도 불리고, 인생의 쇠퇴기라고도 불린다. 인간은 발달단계에서 다른 시기보다 상대적으로 긴 시간을 장년으로서 보내게 된다. 학자마다 장년기 연령대를 다르게 보고 있으나 일반적으로 30대부터 60대를 장년기로 본다. 이 책에서는 초기 성인기를 포함하는 청년기를 40세까지로 보았기 때문에 본격적인 성인기라 할 수 있는 장년기를 41세에서 65세로 보기로 한다.

장년기에는 여러 가지 신체적 · 심리사회적 변화를 경험한다. 생물학적으로 노화를 경험하는 시기이면서 가족이나 직업 등, 책임을 져야 하는 많은 역할과 지위로 인해 스트레스를 많이 경험하는 시기이기도 하다. 그러나 신체적으로나 정서적으로 쇠약해지고 속도가 느려지지만 대부분의 장년기 성인들은 활발하게 일상생활을 유지해 나가고 젊었을 때만큼 또는 그때보다 더 행복하게 살아간다. 특히 가족이나 친구와의 관계유지에 더 가치를 두는 경향이 있다(Angner, Ray, Saag, & Allison, 2009).

1. 신체적 발달 및 특성

1) 신체적 발달

장년기는 대부분의 사람들이 신체의 변화를 느끼기 시작하는 시기인데 이는 곧 노화가 시작됨을 의미한다. 신장(키)은 이미 20대에 최대치까지 자라기 때문에 이 키가 55세 정도까지는 그대로 유지되지만, 55세 이후로는 뼈의 밀집도가 약해지면서 남성은 1인치, 여성은 약 2인치 정도 줄게 된다. 여성이 키가 더 줄게 되는 것은 골다공증이 주요 원인이 된다. 이와 같이 키는 감소하는 반면, 체중(몸무게)은 증가하게 되는데 특히 체지방이 증가하게 된다.

또한 장년기를 거치면서 힘(근력)이 점점 감소된다. 허리와 다리 근육도 약해지는데 60세 정도가 되면 대개는 자기가 가진 최대치의 힘에서 약 10%를 잃게 된다.

남녀 모두 주름이 늘고, 주요 장기들도 예전만큼 효율적으로 기능하지 못한다. 폐나 심장도 약해진다. 치아의 색깔도 흰색에서 노란색으로 변색된다. 비록 40대에도 이미 이러한 증상을 경험하는 성인들도 있지만 대부분은 50대 중반에 이르러서야 이러한 경험을 하는 경우가 많은 것으로 보고되고 있다(Moskowitz, 2014).

한편, 감각기관 중 시각의 경우 약 40세부터 시작해서 시력이 약화되기 시작하는데 나이가 들수록 가까이에 있는 물체에 초점을 맞추는 능력이 떨어지는 노안을 경험하게 된다. 이는 질병이라기보다는 수정체의 노화에 따른 눈의 장애 현상이다. 즉, 나이가 들면서 수정체가 딱딱해지고 탄력이 없어져서 조절력이 감소해 가까운 곳의 사물을 잘 구분하지 못하게 되는 것이다. 청력의 경우도 노화와 함께 약해지거나 소실되는 경우가 많은데 성인 45~54세 연령의 사람들 9명 중 1명가량이 청력 소실을 경험하는 것으로 조사되었다.

비록 노화를 막을 수는 없지만 노화를 늦출 수는 있다. 정기적인 운동이나 스트레칭, 근력운동은 유연성이나 근력 감소를 최소화할 수 있을 것이다. 또한 정기 검진을 통해 질병을 초기에 치료하고, 향후 발병할 수 있는 중증 질환 등을 예방할 수 있을 것이다.

2) 성별에 따른 장년기 신체 변화 특성

장년기의 건강은 개인마다 다르지만 대개는 건강한 편이라고 할 수 있다. 그러나 장년이 경험하는 가장 흔한 질병에는 관절염, 천식, 기관지염, 심장병, 당뇨병, 고혈압, 정신장애, 뇌졸중이 있다. 장년기 건강과 질병은 성별에 따른 차이가 있다. 여성의 경우 갱년기 증상을 겪게 되는데 이 증상은 다양

한 신체적 · 정신적 증상을 동반한다. 특히 골다공증과 폐경으로 인한 관절계 동통, 안면홍조, 두통, 만성적 피로감, 어지럼증, 우울감, 불안감, 무기력감을 경험하게 된다. 그러나 여성의 경우 갱년기 이후 오히려 월경이나 임신에 대한 걱정이 사라지기 때문에 성생활이 더 활발해질 수 있다는 보고도 있다(North American Menopause Society, 2016).

남성의 경우에도 여성처럼 갱년기를 겪을 수 있는데 우리나라 40대 이상 남성 중 약 30%가 남성 갱년기 증상을 나타내는 것으로 추정하고 있다. 개인에 따라 증상이 다를 수 있지만 대개는 성욕감퇴, 발기부전, 성관계 횟수 감소 등 성기능이 감소하는 양상을 보인다(Swierzewski, 2015). 그 외에도 원인을 알 수 없는 무기력감, 만성 피로, 집중력 저하, 우울증, 불면증, 자신감 상실, 복부비만, 체모의 감소, 근력 저하, 관절통, 피부노화, 안면홍조, 심계항진, 발한, 골다공증 등이 나타나게 된다.[1] 남성들도 나이가 들어 감에 따라 테스토스테론이 감소하면서 힘이 약해지고, 식욕이 부진하며, 집중력이 약화된다. 그러나 테스토스테론이 감소한다고 해서 불안이나 우울증 같은 심리적 증상이 나타나는 것은 아니기 때문에 남성의 갱년기 증상은 신체적인 부분보다는 정서적인 측면과 더 관련이 있음을 알 수 있다. 중년이 되면 남성들은 20년 전 자기 모습과 같지 않음을 직면하게 되고, 몸무게와 허리둘레가 증가하고, 머리가 빠지면서 자신이 예전보다 덜 매력적이고, 자신감이 떨어지는 것을 느끼게 된다.

장년기에는 가족부양이나 주택대출상환, 실직, 새로운 신기술에의 적응, 질병에의 적응 등 다양한 스트레스 요인에 직면하게 된다. 그러나 이러한 스트레스 요인들이 모두 부정적이라고 할 수는 없다. 결혼이나 휴가 등 좋은 일들도 부정적인 문제만큼이나 스트레스 요인이 될 수 있기 때문이다. 좋은 일이든 힘든 일이든 모두 스트레스 요인이 되기 때문에 스트레스 수준이 높은

1) 다음 건강지식 백과사전 http://k.daum.net/gna/item/index.html?sobid=h_dise

사람일수록 2년 내 질병을 갖게 될 가능성이 높다.

사회경제적 지위나 인종과 같은 요인은 건강과 사망률에 큰 영향을 미친다. 일반적으로는 학력이 낮고, 도시에 거주하는 빈곤층 소수인종이 가장 건강이 취약한데 이는 적절한 의료 서비스를 받기 어렵기 때문으로 분석되고 있다.

2. 인지 발달 및 특성

중년의 성인들은 청년이나 청소년들과는 다르게 사고한다. 성인은 보통 인생의 경험을 통해 통찰력과 깊은 이해를 가지고 어떤 문제나 현상에 대해 사고하지만, 청소년이나 청년들은 극단적이거나 다소 제한된 관점으로 세상을 보는 경향이 있다. 중년의 성인들은 협상할 줄 알고, 갈등을 통해 문제를 해결하는 능력이 있다. 이 시기에는 피아제가 분류하는 인간의 인지 발달단계 중 형식적 조작기의 특징인 추상적 사고, 논리적 사고, 이론적 문제 해결이 가능하다. 그러나 성인들의 사고는 형식적 조작 그 이상의 사고력을 요구한다. 인생의 불확실한 어떤 영역들은 명확한 사고양식으로는 도저히 풀 수 없는 애매모호하고 모순되는 영역이기 때문이다.

인지 발달은 20대에 멈추는 것일까? 그렇지 않다. 최근의 추세를 보면 25세를 넘는 청년기 성인뿐 아니라 40대 이후의 성인들도 대학이나 평생교육기관 등록률이 매우 높은 것을 보면 알 수 있다. 젊은 대학생들에 비하면 성인 대학생들은 자신감도 떨어지고 성적이나 수업에 대한 불안감이 크기도 하다. 또한 학업을 제대로 수행하기 어렵다는 문제로 고립감과 소외감을 느끼기도 쉽다. 반면에 루빈 등(Rubin, Scevak, Southgate, Macqueen, Williams, & Douglas, 2018)은 17~70세까지의 대학생을 조사한 결과 나이가 많은 학생들이 어린 학생들에 비해 본질적으로 더 독립적이고 탐구적이며 동기부여가

된다고 하였고, 특히 나이 든 여성들은 더 깊은 학습 수준에서 정보를 처리하고 그들의 교육에 더 많은 만족감을 표현하는 것으로 보고한 바 있다. 성인들의 대학 입학 이유는 주로 일과 관련된 경우가 많고, 직장에서의 승진을 위해 또는 다른 직업을 준비하기 위해 대학 공부를 시작하는 경우가 많기 때문이다.

중년의 성인들도 인지 발달이 상당한 수준에서 일어날 수 있다. 이 시기에는 인지 능력을 요구하는 많은 일이 사실 자동적으로 발휘된다. 자동차 운전이나 세탁기 작동, TV 리모컨 작동이나 컴퓨터 사용 등은 모두가 할 수 있는 일이다. 이런 일들은 한번 익혀 놓으면 사실 나이와 거의 상관없이 가능하다. 많은 중년이 이러한 자동지식에 의존하고 있지만 새로운 지식과 기술을 배우기도 한다. 평생교육이 보편화되고 있고, 각종 사이버교육기관들의 접근성 때문에 장년기 성인들은 인지활동이 필요한 학습에 지속적으로 노출되어 있다.

장년기가 마무리되고 이제 노년기로 진입할 무렵 인식할 만한 수준의 단기 기억력 상실이 일어난다. 열쇠를 찾는다거나 주차장에서 차를 어디에 두었는지 기억을 못한다거나 하는 식의 기억력 상실이다. 그렇지만 이러한 현상이 정말 문제가 될 만한 심각한 정도인지, 아니면 불안에 가득 찬 중년들이 혹시라도 이른 나이에 치매나 알츠하이머에 걸릴까 하는 두려움에 민감하게 반응하는 것인지는 분명하지가 않다. 장년기가 진행될수록 결정성 지능(crystallized intelligence)이 높아지는 경향이 있는데 이 지능은 그동안 축적된 지식이나 구술 능력, 논리적으로 추론하는 능력을 의미한다. 반면, 유동성 지능(fluid intelligence)은 반응속도나 기억력, 숫자감각, 정확성 등인데 이 능력은 성인기 후기에 들어서면서 점점 감소하는 경향이 있다고 한다(Cattell, 1971).

3. 심리사회적 발달 및 특성

1) 생산성 대 침체

에릭슨(Erikson, 1968)은 장년기를 40~65세로 보았다. 장년기 발달과업으로 생산성을 중요하게 생각했고, 이 과업이 해결되지 못할 때 침체가 발생한다고 보았다. 여기에서 말하는 생산성에는 인생의 여러 영역, 즉 가족, 관계, 사회, 일 등에서의 생산성(productivity)과 창의성(creativity)을 포함하는 개념이다(Slater, 2003). 에릭슨은 이 시기에는 무엇보다도 일이 중요하다고 보았다. 성인기는 창조적이고 의미 있는 일로 채워지는 시기이고, 가족과 관련한 일들로 바쁜 시기다. 또한 우리가 그동안 기대해 왔던 책임지는 사람으로서의 어떤 역할을 하는 시기다. 이 시기에 가장 중요한 과업 중 하나는 가족을 통해 문화를 유지시키고, 문화의 가치를 전수하고, 안정적인 환경을 만들기 위해 노력하는 일이다. 이 시기에는 타인을 돌보고, 사회에 이익이 되는 일을 함으로써 내적인 힘이 길러지는데 에릭슨은 이것을 생산성(generativity)이라고 명명했다. 장년기를 성공적으로 보내지 못하면 우리는 자기에게만 몰두하게 되거나 정체된다. 에릭슨은 이것을 침체(stagnation)라고 불렀는데 이는 타인과 진정한 친밀성을 갖지 못하고 자기에게만 탐닉하게 되면서 자기만을 우선적으로 보호하는 것을 의미한다.

2) 중년의 위기

자식이 독립하거나 관계, 목표가 바뀌면 중년의 성인은 인생의 중요한 변화를 맞이하게 되는데 이를 '중년의 위기(the midlife crisis)'라고 부른다(Jaques, 1965). 중년의 위기는 오랫동안 지녀 왔던 신념이나 가치관에 새롭게

질문을 던지면서 자기와 자기의 삶을 재평가해 보는 시간이다. 중년의 위기를 겪으면서 이혼을 하거나 이직을 하기도 하고 도시에서 농촌으로 이사하는 등의 변화를 경험하기도 하며, 새로운 의미와 목적을 찾는 일이 시작된다.

중년의 위기는 40대 초반 또는 중반에 시작되는데 인생은 유한하고, 누구나 죽게 되어 있다는 사실을 깨달으면서 자신이 젊은 시절 바라던 인생의 꿈이나 목표를 이루지 못했음을 느끼게 되면서 심리적 위기를 겪게 된다. 물론 누구나 이 시기를 힘들게 보내는 것은 아니고 단순히 중년의 한 단계로 거쳐 가는 사람들도 많이 있고, 오히려 이 시기를 퇴보하는 시기가 아닌 인생 전성기로 재탄생시키기 위해 노력하는 사람들도 있다. 이 시기에 남성들은 옷을 젊게 입거나 스쿠버다이빙, 모터사이클링, 스카이다이빙 등 강한 신체활동으로 젊음을 되찾음으로써 자신의 남성성을 강조하는 노력을 하는 경향이 있다. 여성들도 옷을 젊게 입으려고 노력하고, 성형수술이나 사회활동을 많이 함으로써 여성성을 강조하고 싶어 한다. 이러한 노력은 모두 고립감이나 외로움, 열등감이나 무용지물의 느낌, 매력이 상실되는 것을 극복하기 위한 반응으로 볼 수 있다.

그런데 서구 사회나 한국 사회 모두 여성과 남성의 노화에 대해 이중 잣대를 가지고 있다. 남성은 늙어 갈수록 중후하고 성숙한 매력이 있고 희게 물들어 가는 머리카락도 매력적인 중년의 멋으로 봐 주는 한편, 여성의 노화는 아름다움과 매력을 상실하는 것과 동일시하는 문화가 팽배하다. 이러한 이중 잣대는 자연적으로 신체 변화를 겪는 중년들이 중년의 위기를 극복하는 데 아무런 도움을 주지 못하고 있다.

3) 결혼 만족과 성

최근 독신자 비율이 증가하고 있기는 하지만, 중년이 되기까지 많은 성인은 결혼을 하게 된다. 그런데 결혼 만족은 보통 U자 곡선을 그린다. 신혼에 가장 행복하고 중년에 가장 행복하지 않으며, 다시 노년에 경제적으로 안정되고 자식부양이 다 끝났을 때 행복감이 상승하기 때문이다. 선진국과 달리 한국의 노인들은 노후준비가 충분하지 않고, 자식부양의 의무를 선진국보다 훨씬 오래 지는 경향이 있기 때문에 경제적 빈곤층이 많아 반드시 U자 곡선이라고 얘기하기는 어렵다.

장기간 지속되는 관계에 영향을 미치는 요인 중 하나는 부부 서로가 오랜 기간 서로 헌신해야 함을 인식하고 있는 것, 말로 또는 몸으로 감사와 존경과 사랑을 표현하는 것이다. 이러한 요인들은 부부에게 정서적인 지지를 보내주게 되고 서로를 가장 친한 친구로 인식할 수 있게 돕는다.

결혼 만족에 영향을 미치는 또 하나의 요인은 성생활이다. 성은 장년기 내내 발달한다. 성은 임신이나 만성질환, 스트레스나 노화과정에 의해 영향을 받는데 남성이나 여성 모두 신체적 · 심리적 변화를 거치며 이것이 성생활과 성적 특성에 영향을 미친다(Swierzewski, 2008). 남성은 25세 이후 테스토스테론이 감소하는데 이는 성욕을 감퇴시키거나 발기부전을 일으킬 수 있다. 여성은 45~60세 사이에 난소에서 에스트로겐 생산을 멈추게 되고, 폐경이 온다. 폐경은 성생활과 성욕감퇴에 영향을 미친다(North American Menopause Society, 2016; Swierzewski, 2015).

남성의 발기부전을 극복하기 위해서는 생활양식을 바꾸고 약물의 도움을 받는 것이 큰 도움이 된다. 술을 줄이고 금연이나 정기적인 운동, 스트레스 관리가 중요한데 발기부전의 경우 여성과 남성 모두에게 부정적인 영향을 미칠 수 있으므로 정확하게 진단하고 치료해야 한다고 권하고 있다. 부부간의 만족스러운 성생활은 장년기 결혼 만족에 큰 영향을 미치기 때문이다. 성에 대해 부부간에 솔직한 대화와 적절한 치료를 한다면 친밀감을 유지할 수 있고 노년을 즐겁게 맞이할 수 있을 것이다.

4) 직업 스트레스

중년에 가장 스트레스를 많이 받는 장소는 아마도 직장일 것이다. 중년들은 나이 때문에 자신들의 능력에 대해 자신감을 잃으며, 젊은 후배들과 경쟁하는 데 압박을 받는다. 대부분의 장년들은 청년기에 선택한 직업에서 안정적인 커리어 쌓기에 성공하거나 새로운 직업을 위해 준비하거나 둘 중의 한 가지 상황에 놓이게 된다. 장년기에 직업을 바꾼다는 것은 매우 스트레스가 되는 일인데 직업에서 자신이 정체되는 느낌을 받거나 더 많은 수입이 필요할 때 이직을 원하게 된다.

직업과 관련해서 가장 큰 스트레스를 받는 것은 역시 실직했을 때다. 특히 갑작스러운 실직이 문제가 된다. 자존감이 떨어지는 것은 물론 일단 소득이 없어지기 때문에 경제적으로 어려움을 겪게 된다. 실직 외에는 원하지 않는 이직의 필요성이 나타났을 때 스트레스를 받는다. 예를 들어, 승진이 막히거나 연봉이 올라가지 않을 때, 업무 관련 의사결정에 있어 창의성을 발휘할 수 없을 때, 단조로운 업무에 지칠 때, 능력을 인정받지 못한다고 느낄 때, 직무가 뚜렷하지 않을 때, 상사와 마찰이 있을 때, 휴가가 너무 적고 일중독이나 성희롱으로 힘들 때, 비자발적 이직을 고려할 수밖에 없다. 직장에서 장기간 스트레스를 받으면 소진되기 쉽고 무기력함을 느끼게 되는데 일에 있어서도 무능함을 느끼게 된다.

따라서 중년의 성인들은 직장에서의 스트레스를 잘 관리하고, 무엇보다도 자신의 직업적 능력이 잘 발휘되며, 이것을 직장 내에서 인정받도록 관리하는 것이 필요하다. 또는 실직을 대비하여 지속적으로 자신의 인적 자본으로서의 가치를 높이는 자기계발이 요청된다. 신기술이나 작업환경의 변화를 따라잡지 못하고, 젊은 직원들의 업무 능력이나 방식을 인정하거나 배울 점을 습득하지 못할 때 중년의 직장인들은 자발적 또는 비자발적 퇴사를 준비해야 하는 현실에 부딪히게 된다.

4. 장년기와 발달과업

장년기는 인생의 황금기이면서 전성기가 될 수 있는 매우 중요한 시기다. 그러나 한편 샌드위치 세대, 중년의 위기, 상실감의 시기, 빈 둥지 증후군 세대 등으로 불리며 인생의 여러 갈등과 문제를 겪는 힘든 시기로 표현되기도 한다. 따라서 이 시기도 정체 시기가 아닌 하나의 발달 시기로 보고, 발달과업을 잘 이루어 나갈 때 다음 노년기를 잘 맞이할 수 있을 것이라는 관점에서 학자별 장년기 발달과업을 살펴보고자 한다.

1) 에릭슨

에릭슨(Erikson, 1968)은 장년기(middle age)를 40~65세까지로 보았다. 에릭슨이 제시한 장년기 발달과업은 생산성이다. 이것은 사회에 대한 기여와 관련이 있다. 삶을 조금 더 생산적이고 창의적으로 만들어 다른 사람들, 다음 세대에 긍정적인 영향(기여)을 미치는 것을 의미한다. 만약 한 사람이 자기중심적이고 사회에 도움이 될 만한 일을 전혀 하지 않거나 그럴 능력이 없다면 이 사람은 정체감을 느낄 것이고, 결국 삶의 불만족감이 증가할 것이다. 이 시기에는 사랑을 좀 더 많이 표현하고 건강한 생활습관을 유지하며, 자녀들이 좀 더 책임감 있는 성인이 되도록 도와주는 한편, 성인이 된 자녀들의 삶에서는 이제 물러나 주는 태도가 필요하다. 동시에 자기 자신과 자신의 배우자가 인생을 살면서 이루어 놓은 성취에 대해서도 자랑스럽게 생각하고, 신체 변화에 적응하고, 여가를 즐기며, 사회의 성숙한 시민으로서 책임을 다 하는 역할이 요구된다.

2) 해비거스트

해비거스트(Havighurst, 1953)는 장년기(middle age)를 36~60세까지로 보았다. 장년기 과업으로는 성인으로서의 국민적 · 사회적 책임을 수행하고, 생활의 경제적 표준을 확립 · 수행하는 것을 제시하였다. 또한 성인으로서 10대 청소년들로 하여금 책임감 있고 행복한 성인이 되도록 돕는 일에 개입하고, 성인다운 여가활동을 즐기며, 한 사람의 인격자로서의 배우자와 좋은 관계를 맺는 것도 장년기의 주요한 과업으로 설명하였다. 이에 더불어 중년기의 생리적 변화를 인정하고 이에 적응하며, 연로한 부모에 대해 적응하는 것도 장년기 발달과업이라고 제시하였다. 해비거스트는 장년기 성인은 자기 자신의 삶뿐만 아니라 가족(부모나 자녀)에 대한 역할과 책임도 많은 시기를 강조하였다.

3) 레빈슨

레빈슨(Levinson, 1978)은 장년기를 40~65세까지로 보았다. 레빈슨은 인생을 사계절로 표현하고 성인을 6단계로 나누어 설명하였다. 이 중 장년기에 해당하는 단계는 세 단계다. 첫째, 장년기의 시작인 40~45세까지는 중년전환기로 인생의 구조를 재구조화할 필요성을 느끼는 시기로 구분하였다. 이 시기에 성인은 삶의 의미나 방향, 가치관에 대해 의문을 갖고, 자기 자신을 돌아보게 된다. 한 사람의 남성으로서가 아닌 부모로서의 역할로 자신이 인식된다는 점을 알게 되고, 점점 더 죽음에 대해, 인생이 짧다는 것에 대해 생각하게 된다. 따라서 인생의 무형의 유산을 남기는 일과 제2의 인생 설계를 시작하게 된다. 둘째, 중년에 본격적으로 진입하게 되는 45~50세까지는 새로운 인생 설계가 끝나고 새로운 인생 과업들에 헌신해야 하는 단계다. 셋째, 후기 성인기로 60세 이후의 시기를 말한다. 인생을 돌아보고 잘한 일과 잘못한 일에 대해서 돌아보며 평정심을 갖게 되는 시기다.

4) 굴드

굴드(Gould, 1978)는 장년기를 40~60세까지로 보았다. 굴드는 이 시기에 성인은 이 세상에 절대적인 안전은 존재하지 않는다는 것에 대해 고민하고 성찰하게 된다고 설명한다. 즉, 아무리 명성이나 권력, 부를 쌓았어도 그것이 곧 영원불멸의 죽지 않는 삶을 의미하는 것이 아님을 새삼스럽게 깨닫게 된다는 것이다. 굴드는 성인이 아동기부터 지녀온 다양한 환상과 신화를 포기해 나가는 의식 단계를 이론화하였다(McCrae & Costa, 2003). 굴드는 이 과정을 아동기 억압으로부터의 자유이자 자기정체성을 구축해 가는 과정이라고 표현했다. 굴드에게 성인기는 아동으로서 누렸던 안전의 도구들을 뒤흔드는 시간이다. 그는 성인으로서 평생에 걸쳐 해결해야 할 네 가지 잘못된 가정이 있다고 하였는데 그것은 다음과 같다. 첫째, 우리는 평생 부모님과 같이 살 것이고 항상 그분들의 아이로 남을 것이다. 둘째, 우리가 우리 힘으로 할 수 없을 때 부모님이 항상 우리를 도와주실 것이다. 셋째, 인생은 단순하고, 우리 마음대로 통제할 수 있는 것이다. 넷째, 세상에 진짜 죽음이나 악은 존재하지 않는다(Gould, 1978, pp. 39-40). 굴드는 이와 같이 이러한 잘못된 환상과 거짓 신화를 정리해 나갈 때 진정한 성인으로 성장하고 정체성을 확립할 수 있을 것이라고 보았다.

5) 펙

펙(Peck, 1956)은 장년기 성인에 있어 초기 장년기에는 지혜에 가치는 부여하는 능력 대(vs) 물리적 힘에 가치를 부여하는 일, 대인관계를 사회화하는 일 대(vs) 성적 대상화하는 일, 감정적 유연성 대(vs) 감정적 빈곤성, 정신적 유연성 대(vs) 정신적 경직성을 다루는 일에 대해 과업으로 설정하였다.

5. 장년기 관련 이슈

1) 이혼

중년이라고 해서 관계에서 발생하는 문제를 전혀 경험하지 않는 것은 아니다. 2명 중 1명이 이혼하는 미국 사회에서 결혼은 항상 행복한 결말을 가져다주는 것은 아님을 알 수 있다. 한쪽 배우자가 결혼생활을 이어 가기 위해 문제해결 노력을 하지만, 결국 파국에 이르는 경우도 많이 있다. 관계가 깨지는 이유는 매우 다양하지만 어떤 경우는 위기를 해결하지 못해서, 어떤 경우에는 배우자가 서로 다른 방향으로 성장하고 변화하기 때문이기도 하다. 그러나 결혼생활이 지속되지 못하는 이유는 어느 한쪽 배우자만의 잘못이 아닌 경우가 대부분이다. 양쪽 배우자 모두에게 관계를 파국으로 이끈 책임이 있다.

사랑은 시간이 지나면 변하기 마련이고, 특히 중년에 접어들면 이 사실이 더 명확해진다. 장년기의 사랑은 세 가지 요소를 가지고 형성되는데, 열정, 친밀함, 헌신이다. 사랑은 이기적이지 않고 헌신적이며 로맨틱한 관계로 연결된다. 그러나 사랑은 마치 다이어트를 하는 것과 같아서 시작은 쉽지만, 지속하기는 매우 어려운 것이다.

어떤 이들은 열정이 식으면 곧 관계가 끝났다고 생각한다. 어떤 사람들은 열정에 지나치게 몰입해서 사랑하는 관계를 비현실적으로 접근한다. 이런 사람들은 진정한 사랑은 갈등이 문제를 모두 덮을 수 있다고 생각하는 경향이 있다. 따라서 열정이 식어 버리면 이제 새로운 관계를 시작해야 할 때라고 생각한다. 외도도 이러한 결혼생활의 불행과 불만족의 결과 중 한 형태다. 살면서 배우자와 대화하는 법, 갈등을 해결하는 법에 대해 한 번도 배우지 못한 사람들은 별거나 이혼을 선택하기 쉽다. 대부분의 부부가 싸우고 논쟁을 하지만 아주 소수만이 갈등을 해결하는 법에 대해 알고 있다. 따라서 갈등이 많은 부부들은 상담이나 교육을 통해 효과적으로 의사소통하는 법을 배워야 별거나 이혼을 피할 수 있을 것이다.

2) 이직

많은 경우 장년기는 가장 생산성을 높이고 성공이나 권력을 가질 수 있는 전성기로 인식된다. 성인 중기에 직무 만족도가 최고조에 달한다는 연구 결과도 있다. 이런 만족감은 임금 인상뿐 아니라 근로자의 신분에서 감독자나 관리자로 이동하면서 더 많은 권한을 가지게 되는 것과 관련이 있다(Besen, Matz-Costa, Brown, Smyer, & Pitt-Catsouphers, 2013). 또한 장년기의 성인들이 기대와 목표를 낮추고, '여기 그리고 지금'에 만족하는 경향이 있어 만족도가 높다는 분석도 있다. 그렇지만 모든 장년기 성인이 다 그런 것은 아니다. 여러 가지 이유로 실직되었을 때 장년들은 청년들보다 실직 상태에 머무는 시간이 긴 편이다(John & John, 2002).

어떤 사람들은 중년에 자발적으로 직업을 바꾸기도 한다. 이때까지 해 왔던 일에 대해 만족감이 적고, 더 이상 도전하는 새로움이 없거나 즐거움이 없을 때 이직을 하게 된다. 그러나 이직의 결과가 긍정적일 수도 부정적일 수도 있다. 이직 후 결과에 대해 지나치게 높은 기대를 가진 사람은 실망이 클 수도 있다.

3) 자녀 양육과 부모 부양

최근 결혼 연령이 늦추어지는 추세로 인해 결혼하고 가족을 구성하는 나이도 늦추어지고 있다. 따라서 중년의 나이에도 나이 어린 자녀를 기르는 사례가 많아지고 있다. 이는 서구 사회나 한국 사회에서 공통적으로 나타나는 현상으로 10대에 결혼하거나 성인기 초기에 결혼하던 1세기 전 풍조와는 매우 다른 현상이다. 그러나 이러한 만혼 현상에도 불구하고 아직까지는 중년의 나이가 될 때에는 적어도 10대 청소년 나이의 자녀를 기르는 것이 일반적이다. 그런데 아이러니하게도 중년 부모와 그들의 10대 자녀는 둘 다 감정의 위기를 겪기 쉬운 연령대에 있다. 10대 자녀는 사춘기와 함께 정체성 혼란으로 위기를 겪고, 중년은 생산성을 추구하다 보니 힘이 든다. 이 두 현상이 서로 조화롭게 맞춰지지가 않기 때문에 가족 내 위기를 경험하기 쉽다.

보통 부모들은 10대 자녀들에게 몇 가지 방식으로 대한다. 어떤 중년 부모들은 자기들이 못 이룬 10대 시절의 꿈을 자녀들이 이루어 주기를 바라며 자녀들의 의사와 상관없이 음악 공부를 시키거나 운동을 시킨다. 어떤 부모들은 자기가 선호하는 특정 대학에 꼭 입학시키려고 하거나 가업을 이어받게 만든다. 10대 자녀가 청년기에 돌입하며 이제 성인이 되는 것을 목격하는 중년의 부모들은 자신들이 나이 먹어 감을 느끼고 이것이 가족 내 긴장을 촉발시킨다. 결국 자녀들은 대학이나 직장을 핑계로 집을 떠나 독립하게 되고, 가족의 평화는 다시 찾아온다. 물론 이때 빈 둥지 증후군을 느끼며 외로움을 겪는 부모도 많다.

최근에는 성인 자녀들이 다 커서도 부모 곁을 떠나지 않고 부모에게 의존해서 살거나 독립한 후에도 다시 부모 곁으로 돌아오는 자녀들이 많아지고 있다. 이러한 현상은 미국, 영국, 프랑스, 한국 등 많은 국가에서 나타나고 있는데 이런 경우를 부메랑 자녀(boomerang children)라고 부른다. 또는 성인이 되어 자립할 나이가 되었지만 부모 집에 얹혀살거나 부모에게 경제적으로 기대는 청년을 캥거루족이라고도 부른다(매일경제, 2019. 7. 8.). 경제적 이유든 정서적 이유든 어떤 이유든 간에 이런 경우 양쪽 모두에게 힘든 시간이 된다. 부모들은 이미 빈 둥지 증후군을 이겨 내고 나름대로 잘 적응했는데 자녀들이 다시 돌아오면 새로운 생활에 다시 적응해야 하는 문제가 생기기 때문이다. 자녀들에게도 역시 적응의 문제는 발생한다. 그러나 자녀 입장에서는 부모와 함께 살면서 성인으로서의 자신의 책임을 덜 느끼게 될 수 있다. 이런 유형의 가족생활 형태는 부모와 자녀 모두가 상호 동의한 상태에서 아주 임시적으로 일정 기간을 정한 상태에서 시작하는 것이 바람직하다.

장년기 성인은 자녀 양육과 함께 부모 부양의 책임이나 의무도 함께 지고 있는 샌드위치 세대다. 부모의 노후를 돌보면서 자신의 노후도 준비해야 하는 시기인 것이다. 대개는 부모와 친밀한 관계를 유지하고 함께 살지는 않아도 자주 연락하고 좋은 관계를 유지한다. 그러나 문제는 중년의 성인이 나이 들어가는 노부모를 돌보아야 하는 데에서 나온다. 부모에 대한 지원은 재정적인 지원에서부터 모시고 사는 일까지 다양하다. 중년의 남녀라면 여행을 하거나 자녀 또는 자녀의 자녀인 손자녀들과 즐겁게 보내리라 기대할 수도 있지만 나이 들어 가시는 부모님을 모셔야 하는 큰 과업이 있다. 어떤 부모님들은 자녀의 돌봄 없이도 충분히 독립적으로 사실 수 있지만 어떤 부모님들은 부분적으로, 때로는 완전히 자녀의 도움 없이는 살아가기 힘든 경우도 있다. 부모님께 경제적으로, 물리적으로, 정서적으로 도움을 드리는 데 딸 또는 며느리가 부모 부양의 가장 주된 책임을 지는 경우가 흔하다.

중년의 성인은 부모가 돌아가실 경우 매우 큰 충격을 받거나 고통스러워한다. 가장 오래된 관계 중 하나인 부모-자녀의 관계가 이제 끝나게 됨을 의미하기 때문이다. 부모의 죽음은 사랑하는 사람이 살아 있는 동안에 잘 대해 드리고 갈등이 있다면 살아 있을 때 해결해야 함을 느끼게 해 주고, 죽음이라는 것에 대해 신중하게 생각하게 되는 사건이다.

4) 친구관계

모든 연령대를 막론하고 친구는 가족이나 이웃을 대신하는 건강한 대안이 된다. 친구는 지지해 주고 방향을 제시해 주며 안내자가 된다. 많은 장년기 성인은 가족이나 일로 바쁘지만 적어도 어느 정도의 친구관계는 유지한다. 그러나 바빠서 시간이 없는 장년들에게 친구관계를 유지하기란 쉽지가 않다. 이 시기가 의무와 책임질 일이 가장 많은 시기이고 친구를 만나기 위해 시간 내기가 가장 어려운 시기이기 때문이다. 따라서 신혼부부나 은퇴한 부부보다도 장년기 성인들이 가장 친구가 없다. 이와 같이 양적으로는 많은 친구를 가질 수 없지만 깊이 있는 소수의 친구관계를 맺는 일에는 문제가 없다. 인생에서 가장 가깝고 신뢰할 만한 친구를 만드는 일이 중년에 이루어지는 경우가 많기 때문이다.

6. 사회복지 실천의 함의

1) 중년의 위기 극복

중년의 위기를 극복하려면 시간도 걸리고 에너지도 소모되지만 힘든 만큼이나 해결방법도 많이 있다는 것을 아는 것이 중요하다. 중년이 위기를 겪을 때 믿을 만한 친구나 상담가 등과 자신들의 감정을 반드시 이야기하는 것이 매우 중요하다. 자신의 인생 목적이 무엇인지 다시 한번 재평가해 보는 것이 필요하다.

운동이나 식이요법도 중년의 위기 극복에 도움이 될 수 있다. 가장 중요한 것은 위기를 피하려 하지 말고 이것을 끌어안아야 한다는 것이다. 생활습관이나 행동을 개선함으로써 위기를 극복할 수 있는데, 예를 들면 운동은 긴장이나 스트레스 수준을 최대한 낮춰 줄 수 있고, 영양가 있는 식사 또한 충분한 수면이나 휴식만큼 도움이 된다. 중년의 위기를 하나의 전환단계처럼 여겨서 이제 새로운 기회와 성장을 위한 관문이라고 생각한다면 훨씬 받아들이기 쉬울 수 있다. 중년의 위기를 지나치게 부정적이고 스트레스가 되는 일로 여기기 때문에 극복하기 어려운 경우가 많다.

중년의 위기 극복을 위해서는 인생 후반에 새로운 목표나 의미를 찾도록 돕고, 이전에 세웠던 계획이나 꿈이 성취되지 못한 것에 대해 지나치게 후회하거나 자책감을 갖지 않도록 도와야 한다. 대화가 잘 통하고 신뢰할 수 있는 친구와 정기적으로 시간을 보낼 수 있도록 돕는 방법도 있다.

2) 자녀와 부모를 함께 부양해야 하는 샌드위치 세대에 대한 지원

많은 중년이 샌드위치 세대(sandwich generation)에 해당한다. 돌보아야 할 자녀가 있고, 모셔야 할 연로하신 부모가 있는 중년들은 역할이나 책임이 과하게 부과되어 늘 바쁘고 쫓기다 못해 만성 피로를 느끼게 된다. 일반적으로 장년기의 여성이 연로하신 부모님을 모시는 주보호자 역할을 하게 된다(Fiske, 1979). 특히 직업을 갖지 않은 중년 여성이 이 일을 하게 되는데 배우자 및 자녀를 위한 집안일뿐 아니라 노부모의 수발까지 병행하게 될 때 중년 여성의 삶의 질은 극도로 저하된다.

중년에 접어든 여성이 폐경이나 갱년기 증상과 함께 중년의 위기를 겪어내기도 힘든 상황에서 노부모의 보호자 역할을 전업으로 수행해 내는 것은 매우 힘든 일이다. 우리나라는 장기요양보험제도를 통해 치매나 중증질환의 노인 부양을 국가적으로 지원하고 있지만, 아직까지 이 제도의 혜택을 받을 수 없는 노인이 훨씬 더 많고, 서비스가 제한적이며, 사각지대에 있는 혜택받지 못하는 대상도 많기 때문에 이렇게 국가가 포괄하지 못하는 문제를 해소하는 데 장년기 중년 여성의 시간과 에너지가 투입되고 있는 것이다.

사회복지 실천현장의 서비스나 프로그램을 통해 이러한 중년 여성들이 가정에서 담당하는 여성 역할과 노부모 보호라는 과중한 이중 역할부담을 경감시키고 이들에게 더 나은 삶을 살 수 있도록 지원하기 위한 구체적인 지원

방안이 마련되어야 한다. 또한 사회복지전문가들은 장년기 남성과 여성들이 샌드위치 세대로서 겪는 어려움과 주요 돌봄제공자로서 중년 여성의 신체적 · 심리적 · 사회적 문제에 대한 전문지식과 대응기술을 잘 훈련하여 이들에게 서비스를 제공해야 할 것이다.

생각해 볼 문제

1. 에릭슨이 말하는 장년기 과업은 무엇이며, 이를 이루기 위해 어떠한 노력이 필요한지 생각해 보시오.
2. 장년기의 신체적 변화 특성과 남녀 차이에 대해 설명해 보시오.
3. 장년기 중년의 위기란 무엇이며, 이를 해결하기 위해 어떠한 노력이 필요한지 생각해 보시오.
4. 결혼만족에 영향을 미치는 요인에 대해 생각해 보시오.
5. 장년기 직업 스트레스 요인에 대해 설명해 보시오.
6. 레빈슨이 구분한 장년기의 3단계에 대해 설명해 보시오.
7. 해비거스트의 장년기 과업에 대해 설명해 보시오.
8. 굴드가 말하는 성인기에 해결해야 할 네 가지 잘못된 환상이나 신화가 무엇인지 설명해 보시오.
9. 샌드위치 세대에 대해 설명하고 이들이 경험하는 어려움에 대해 생각해 보시오.
10. 장년기 성인들을 위한 사회복지 실천과제에 대해 생각해 보시오.

참고문헌

매일경제, 류영상 기자(2019. 7. 8.). 캥거루족 · 부메랑 키즈 보는 5060세대 부모 걱정은…. https://www.mk.co.kr/news/economy/view/2019/07/497300/

Angner, E., Ray, M. N., Saag, K. G., & Allison, J. J. (2009). Health and happiness among older adults: A community-based study. *Journal of Health Psychology, 14*, 503-512.

Besen, E., Matz-Costa, C., Brown, M., Smyer, M. A., & Pitt-Catsouphers, M. (2013). Job characteristics, core self-evaluations, and job satisfaction. *International Journal of Aging & Human Development, 76*(4), 269-295.

Cattell, R. B. (1971). *Abilities: Their structure, growth, and action*. New York: Houghton Mifflin.

Erikson, E. H. (1968). *Identity, youth and crisis*. New York: Norton.

Fiske, M. (1979). *Middle age: The prime of life?* London: Harper & Row.

Gould, R. (1978). *Transformation, growth and change in adult life*. New York: Simon & Schuster.

Havighurst, R. J. (1953). *Human development and education*. New York: Longmans, Green.

Jaques, E. (1965). Death and the midlife crisis. *International Journal of Psychoanalysis, 46*, 502-514.

John, D., & John, T. (2002). *Human development across the lifespan* (5th ed.). Boston: McGraw-Hill College.

Levinson, D. (1978). *The seasons of a man's life*. New York: The Random House Publishing Group.

McCrae, R. & Costa, T. (2003). *Personality in Adulthood: A Five Factor Theory Perspective*. Guilford. New York, 2003.

Moskowitz, R. J. (2014). *Wrinkles. U. S. National Library of Medicine*. Retrieved https://www.nlm.nih.gov/medlineplus/ency/article/003252.html.

North American Menopause Society. (2016). *Menopause FAQs: Understanding the symptoms*. Retrieved http://www.menopause.org/for-women/expert-answers-to-frequently-asked-questions-about-menopause/menopause-faqs-understanding-the-symptoms

Peck, R. (1956). Psychological developments in the second half of life. In Anderson, John E. (Ed). (1956). *Psychological aspects of aging* (pp. 42-53). Washington, DC, US: American Psychological Association, v, 320.

Rubin, M., Scevak, J., Southgate, E., Macqueen, S., Williams, P., & Douglas, H. (2018). Older women, deeper learning, and greater satisfaction at university: Age and gender predict university students' learning approach and degree satisfaction. *Diversity in Higher Education, 11*(1), 82-96.

Slater, C, L. (2003). "Generativity versus stagnation: An elaboration of Erikson's adult stage of human development". *Journal of Adult Development, 10*(1), 53-65.

Swierzewski, S. J. (2008). *Sexual development in adults*. Retrived www.health communites.com.

Swierzewski, S. J. (2015). *Erectile dysfunction*. Retrieved http://www.healthcommunities.com/erectile-dysfunction/overview-of-impotence.shtml.

다음 건강지식 백과사전 http://k.daum.net/qna/item/index.html?sobid=h_dise

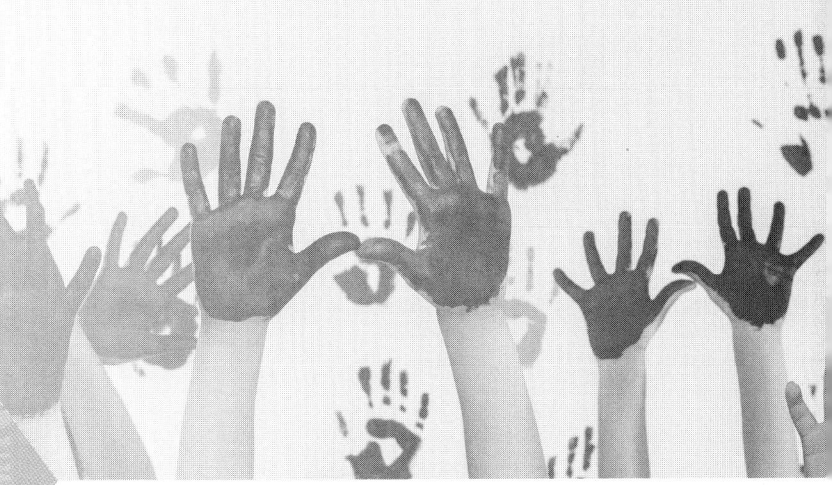

제 14 장

인간의 성장과 발달: 노년기

학습목표

- 노년기의 주요 개념을 이해한다.
- 노년기의 주요 변화에 대해 이해한다.
- 노년기의 발달과제이론의 각 특징들을 이해한다.
- 성공적인 노년을 위한 발달과제들을 이해한다.
- 노년기의 사회복지 실천의 주요 과제들을 이해한다.

의학기술의 발달과 영양상태가 좋아지면서 선진산업사회에서는 유아 사망률의 감소와 평균수명의 증가로 평균수명 100세를 바라보게 되었다. 장수는 축복이지만 준비되지 않은 장수는 노인 빈곤, 고독사, 노인 부양 부담 증가 등의 사회문제로 이어지기도 한다. 이와 관련하여 이 장에서는 노년기의 개념, 발달 특징, 발달 과업 등을 알아보고, 행복한 노년, 건강한 노년을 위한 실천과제들을 살펴본다.

1. 발달적 특징

1) 노년기 개념

노년기는 유아에서 청년으로 성장한 사람이 중년을 거쳐 노인(老人)이 되는 생의 발달단계에서의 마지막 과정으로, 성인기 이후부터 죽음까지를 일컫는다. 노년기 이전의 역할 전이에는 졸업, 취업, 결혼 등의 통과의식이 분명하게 있지만, 노년기 역할로의 전환은 공식적인 통과의식이 거의 없다. 퇴임식이나 노인에 대한 편견을 경험하는 것을 제외하고는 사람들은 필연적이지만 입학, 졸업 등과 달리 계획하지 않은 단계에 도달한다(장인협, 최성재, 1997; Rosow, 1974)는 표현처럼 노년기의 시작 시기를 정의하는 것이 불분명하다. 또한 시대와 문화에 따라 노인을 정의하는 것이 다르기 때문에 노년기의 시작을 한 가지로 정의하는 것이 쉽지 않다.

그러나 일반적으로 노인에 대한 사회적 통념은 60세 이상을 노인으로 인식한다. 에릭슨(Erikson)은 생애발달주기에서 노년기를 60세 이상으로 규정하고 있지만, 고령화가 진행되며 노년기의 시작도 늦추어지는 추세다. 고령화 정도 측정 지표는 65세 이상을 노인으로 규정하고 있으며, 우리나라도 통상 노인 연령 기준을 만 65세 이상으로 규정하고 있다. 법률상 규정되는 노인 연령 기준은 정년 규정, 연금수급 연령, 복지혜택 연령 등으로 살펴볼 수 있는 통상 만 65세이며(「국민연금법」「노인복지법」「국민기초생활보장법」), 「고령자고용촉진법」은 만 60세 이상을 정년으로 규정한다. 연금수급과 정년 연령이 최근 계속 상향조정되고 있기 때문에 향후에는 노인 연령을 70세 이상이 될 것이 예상된다.

노인을 규정할 때 연령에 의한 기준이 가장 쉽지만, 노인과 비노인의 경계 설정은 연령기준 외에도 다양할 수 있으며, 다음의 네 가지 기준이 일반적인 노인을 정의하는 기준으로 사용된다. ① 역연령(歷年齡, chronological age)은 달력상의 연령으로 시간의 흐름에 따른 나이를 말한다. 역연령에 의한 노인 기준은 일반적으로 60~65세다. ② 기능적 연령은 신체기능의 저하, 외모의 노화, 이동성의 저하, 정신기능 등의 개인 능력의 변화로 노인을 정의한다. ③ 사회적 역할상실에 의한 노인 기준은 주요한 사회적 지위의 역할을 상실한 상태에 있는 사람으로, 직업 유무를 기준으로 퇴직 이후부터 노인으로 본다. ④ 개인의 자각에 의한 노인은 노인 자신이 스스로 노인이라고 판단하는 것이다(양옥남, 김혜경, 김미숙, 정순돌, 2010; 장인협, 최성재, 1997). 주관적인 노인 기준은 다른 기준보다 상대적으로 높아 70~74세 정도를 노인으로 정의한다(양옥남 외, 2010).

연령과 노화에 의한 노인의 정의가 보편적이고 이해하기 쉬운 개념이지만, 사회적 역할상실, 개인의 자각에 의한 정의도 노인에 대한 개념 정립에 도움이 되며, 이러한 네 가지 정의는 노인의 다차원적 특성을 잘 보여 주고 있다.

2) 신체적 특징

생애발달주기에서 노년기에 들어서면서 겪는 가장 큰 변화는 노화(aging)

다. 노화 유형 중 생물학적 노화는 피할 수 없는 자연스러운 변화이며 노년기의 특징이다. 뼈 질량 감소, 체중과 신장 감소, 치아 개수 감소, 피부 탄력성 저하 등 신체 각 기관의 조절 능력이 쇠퇴하고, 신체의 면역체계가 약해지며 신체의 외부자극 대처 능력이 저하된다. 노화로 인해 인간은 생활기능 수행상의 장애를 경험해 가기도 한다(박석돈, 박순미, 최외선, 2010; 조성희, 김욱, 김정현, 박현식, 2020). 이러한 노화는 신체 외면상의 변화와 구조적인 쇠퇴, 감각기능의 변화 그리고 만성질환 상병률의 증가로 구분해서 살펴볼 수 있다.

(1) 신체 외면상의 변화

나이를 몰라도 육안으로 20대와 노인을 구분하는 것이 어렵지 않다. 이것은 노화로 인해 피부의 탄력이 감소하고 주름살이 증가하며, 검버섯과 같은 반점 등이 얼굴과 몸에 생기기 때문이다. 또한 근육조직이 퇴화하고 근력이 감소하면서 외면상 노화를 경험하게 된다. 늘어나는 흰머리로 인해 염색 등을 하게 되고, 치아 상실 등을 경험한다(양옥남 외, 2010).

(2) 구조적인 쇠퇴

연령이 증가함에 따라 신체 내 세포조직의 재생기능이 퇴화함으로써 신진대사가 저하되어 기초대사율이 낮아진다(양옥남 외, 2010). 골격 조직에 있어서 뼈에 칼슘이 부족해서 생기는 골다공증이 증가한다. 유연성이 떨어지고 골밀도가 낮아 가벼운 충격에도 쉽게 골절상을 입는다. 또한 노인들의 골절상은 회복이 더디어 실내외에서의 주의가 필요하다. 오랫동안 잘못된 자세, 습관이 누적되고, 근력이 약화되면서 몸의 골격이 변형되기도 한다. 키가 작아지고, 허리가 굽기도 한다.

(3) 감각기능의 변화

감각기능은 신체의 내적 및 외적 상황과 변화에 대한 정보를 수집하여 뇌에 전달하는 기능을 말하며 시각, 청각, 미각, 후각, 촉각 및 통각의 기관들이 다(장인협, 최성재, 1997).

① 시각

연령 증가에 따른 시각의 변화는 시력 상실이다. 일반적으로 시력은 20세 경에 최고에 이르고 40대까지 큰 변화가 없다가 그 이후 상당히 약해지기 시작한다. 노안은 나이가 들수록 안구의 조절력이 떨어져 근거리에서의 시력 장애와 시야가 흐려지는 증상이다. 수정체의 섬유질이 증가하여 시각이 흐려지는 백내장은 당뇨병을 초래하기도 한다. 연령 증가와 더불어 안구의 내부 압력이 상승하여 시신경의 기능이 부분적으로 저하되고 실명에 이르는 녹내장도 나타난다(이혜원, 1997).

② 청각

나이가 들면 귀가 어두워진다는 말을 듣게 된다. TV 시청 시 노인 분들이 소리를 크게 켜 놓거나, 전화 통화 시 큰 목소리로 이야기해야 되는 것을 주변에서 볼 수 있을 것이다. 청력 손실은 사실상 20세 정도부터 시작되어 서서히 진행되다가 50세 이후부터 청력 손실을 느끼게 된다. 소리의 고저 및 강도에 대한 감지 능력이 변해 고음과 작은 소리에 대한 감도가 낮아진다. 청력 손실과 시력 손실은 겹쳐서 발생하지 않는 이상 상호 보충적으로 기능을 보완할 수 있는데 두 가지가 겹쳐 발생하면 개인생활 및 사회생활이 곤란해진다(장인협, 최성재, 1997).

③ 미각

맛에 대한 감지 능력은 70세 이전까지는 큰 변화가 없다는 연구가 있지만, 일상생활에서 경험하는 노인분들의 특성을 보면 음식을 짜게 하는 경향이 있다. 이것은 혀에서 뇌의 미각중추에 이르는 자극 전달의 전도기능이 감소하는 것이 주요 원인으로 추정된다. 또 나이가 들어 입안 위생상태가 나빠져도 미각기능이 떨어진다. 맛에 대한 민감도가 떨어지고 짠맛은 강해진다(장인협, 최성재, 1997).

④ 촉각 · 후각 · 통각

촉각도 상실되는 경향을 보이며, 후각과 통증에 대한 민감성인 통각은 연령 증가에 따라 기능이 약화된다는 경향이 우세하지만 아직 확실한 검증은 없다(장인협, 최성재, 1997).

(4) 만성질환 상병률 증가

노화로 인한 신체기능의 쇠퇴와 잘못된 식습관, 운동 부족, 건강관리 소홀 등으로 만성질환 상병률이 증가한다. 건강관리를 잘해도 신체 세포의 노화로 인한 질병과 오래 사용한 기계가 고장 나듯이 생기는 신체의 퇴행을 피해 갈 수는 없다. 노인성 질환으로는 치매, 뇌졸중, 퇴행성 관절염 등을 들 수 있다.

3) 인지적 특징

노년기에는 지적 능력이 저하되고 기억력과 학습능력이 쇠퇴되는 경향이 있다. 30세를 전후로 뇌세포가 상실되고, 50세 이후부터 상실 속도가 빨라진다. 이러한 변화로 노년에 기억력이 감퇴하고 기억장애가 생긴다. 그러나 연령 증가에 따른 인지기능이 절대적으로 감퇴하는 것은 아니며 개인차가 있다(양옥남 외, 2010). 과도한 음주, 약물남용 등으로 뇌세포가 손상되는 경우에는 물리적 원인으로 인지기능이 쇠퇴할 수 있다. 반면에 뇌세포에 영양 공급이 잘되고 지속적인 두뇌활동 노력을 하는 경우에는 뇌세포의 노화로 인한 기능 저하를 늦추거나 영향력이 미비하도록 예방할 수도 있다.

지능을 유동성 지능과 결정화된 지능으로 구분해 볼 때, 유동성 지능은 성인 초기에 최고점에 도달했다가 그 후 서서히 감퇴하고, 결정화된 지능은 나이가 들어도 꾸준히 증가한다는 연구 결과도 있다.[1]

그러므로 모든 노인의 지적 능력이 쇠퇴하고, 쇠퇴 정도가 크다고 일반화할 수는 없다. 신체적 제약은 있을 수 있지만, 60세가 넘어서도 왕성한 활동을 하는 지식인, 철학자, 예술인, 경제인 등을 쉽게 볼 수 있다.

뇌세포의 노화로 인한 인지기능은 기억력, 언어 능력, 시공간 파악 능력, 판단력 및 추상적 사고력 등과 다양한 지적 능력으로, 인지기능의 저하는 이러한 능력이 저하되면서 기억력 감퇴, 기억장애, 연산추리 능력의 저하, 단어가 생각나지 않는 등의 현상이 나타난다. 그중 심각한 장애는 노인성 치매다.

치매는 인지기능이 저하되어 일상생활에 상당한 지장을 주며, 시공간 개념을 상실하고, 가족과 주변 사람들을 기억하지 못하는 특징이 있다. 식사를 하고도 기억하지 못해 계속 식사를 요구하기도 하고, 대소변 조절장애도 겪는다. 치매는 다양한 원인 질환의 증후군으로 대표적 원인 질환으로는 알츠하이머병, 혈관성 치매, 파킨슨병 등이 있다.

4) 정서적 특징

노인이 되면 기쁨, 슬픔 등의 감정을 덜 느끼고 덜 표출하는 것을 볼 수 있다. 정서표현이 감소되는 이유에는 생물학적 설명과 자기절제에 의한 설명이 있다. 먼저 생물학적 원인에 의한 정서표현 감소는 뇌세포에 영양 공급이 잘 안 되어 신경전달물질의 양이 감소하고, 신경섬유가 엉키어 노인의 경우 활력과 생기가 떨어지고 정서 감정도 달라져서 희로애락을 느끼는 정도가 희

1) "유동성 지능은 정신의 유동성을 상징하며 의미 추론 및 추리 능력, 기억 용량, 도형 지각능력 등을 포함한 선천적 영역이다. 결정적 지능은 경험, 교육, 훈련에 의한 언어 이해력, 개념 형성, 논리적 추리력 등이 포함되며 이는 문화적 가치, 경험의 폭, 의사소통과 이해력, 판단력 등에 의해 좌우되는 능력이다."(양옥남 외, 2010, p. 65).

박해지기 때문이다. 자기절제에 의한 성명은 정서표현 감소는 연령이 증가하면서 정서조절 기능이 발달함에 따라 정서표현이 절제되고 외부로 표현이 적어지기 때문으로 본다. 즉, 인간의 기본적 정서체계는 연령과 상관없이 안정적이라고 본다(양옥남 외, 2010). 이외에도 자극이 반복되면 동일한 강도의 자극에 적응되어 반응도가 낮아지는 것처럼, 희로애락 경험에 노출이 많이 될수록 정서적 반응이 덜할 수도 있다.

윤진(1996, pp. 181-189)의 설명을 중심으로 노인의 성격 변화의 특성을 살펴보면, 다음과 같이 여덟 가지 성격 특징을 알 수 있다.

- 우울증적 경향의 증가: 질병, 병과 배우자의 죽음, 경제적 여건의 악화 등은 노인의 심리적 부담을 강화시켜 전반적으로 우울증 경향이 증가한다. 그러나 이 우울증 경향은 개인의 적응 능력 수준에 따라 그 정도가 달라지거나 전혀 보이지 않는 노인도 있다.
- 내향성 및 수동성의 증가: 노화해 감에 따라 사회적 활동이 점차 감소하고 사물의 판단과 활동 방향을 외부보다는 내부로 돌리는 행동양식을 갖게 된다. 또한 업무처리나 문제 해결을 위한 능동적인 노력보다는 무사하게 지나가려는 경향, 우연이나 체념 등의 의존적인 수동성이 증가한다.
- 성역할 지각의 변화: 이전과는 달리 자신에게 억제되었던 성역할의 방향으로 전환되어 가는 경향이 나타나서 남자 노인은 수동적이고 위축되어 가고, 여자 노인은 능동적이고 권위적인 경향으로 변화한다. 즉, 만년에 가서 남녀 모두 양성화되어 간다고도 볼 수 있다. 이러한 경향은 육체적 영역보다는 사고 · 판단 · 행동과 같은 정신적 영역에서 뚜렷하게 나타난다.
- 경직성의 증가: 자기에게 익숙한 습관, 태도, 방법을 고수하는 경직성은 노화에 따라 증가하는 경향이 있다. 새로운 기기가 발명이 되어도 과거의 것을 고집하거나 바꾸려 하지 않는 것을 예로 들 수 있다.

- 조심성의 증가: 일반적으로 노인이 될수록 행동이 더욱 조심스러워져서 이것은 시각, 청각 등의 감각 능력 감퇴와 신체적 · 심리적 기능 쇠퇴로 부득이하게 조심하게 되기도 하며, 답을 말하기보다는 오답을 말하지 않으려 하는 경향이 증가한다. 이러한 조심성의 증가는 새로운 사업의 시작, 직업 선택, 문제 해결 등에서 그대로 나타나게 된다.
- 친근한 사물에 대한 애착심: 노인이 될수록 오래 사용한 물건에 대한 애착심이 증가한다. 오래된 라디오, 수첩, 앨범 등은 지나온 과거를 회상하고 마음의 안락과 만족을 느끼게 하며 자신과 주변에서 변하지 않고 일정한 방향으로 유지되고 있다는 느낌을 갖게 한다.
- 유산을 남기려는 경향: 사후에 이 세상에 다녀갔다는 흔적을 남기려는 욕망이 강해져 자손을 낳고, 예술작품이나 문학작품, 지식, 교훈, 부동산, 돈, 아름다운 기억 등을 남기고 싶어 한다.
- 의존성의 증가: 신체적 · 경제적 능력의 쇠퇴로 의존성이 증가한다.

5) 사회적 역할과 경제적 변화

우리는 살면서 다양한 역할을 가지며 그 역할은 생의 발달단계와 환경의 변화에 따라 또한 변화한다. 가족 내에서는 여성인 경우 딸, 아내, 어머니의 역할을 하고, 남성인 경우 아들, 남편, 아버지의 역할을 동시에 갖기도 하고 이 중 하나만을 갖기도 한다. 사회적으로는 직업적 역할을 갖는데 직업적 역할은 개인의 정체감을 유지시키는 주요한 기반이다. 1차 산업 중심의 전통사회와 달리 정년퇴직이 제도화되어 있는 산업사회에서 노인은 가장 주요한 사회적 역할인 직업적 역할을 상실한다. 역할을 상실하면서 지위의 위세도가 낮아지는 변화를 경험한다. 직업적 역할의 상실은 가정에서 경제적 공급자의 지위를 상실하거나 약화시켜, 자녀나 배우자의 경제적 도움을 받게 되기도 한다(장인협, 최성재, 1997).

6) 죽음

노년기에 있어 자신 또는 배우자의 죽음이나 친구의 죽음은 불가피하다. 이것은 노년기가 생의 마지막 단계라는 것에서 알 수 있듯이 노화나 질병으로 인한 죽음이 자연스러운 변화이기 때문이다. 그러나 불가피한 생애 사건이지만, 죽음은 많은 사람에게 두려움과 불안을 주는 사건이다. 그러므로 노년기는 죽음에 대한 불안과 수용이라는 복합적 태도를 보이며, 죽음 불안은

표 14-1 퀴블러-로스 모델

단계	특징
부정과 격리 (denial & isolation)	죽음과 불치병을 인정하지 않는다. 진단이 잘못 되었거나 의사의 실수라고 생각하고 다른 병원, 의사들을 찾아다닌다. 또한 죽음을 심리적으로 격리시켜 의식하지 않음으로써 심리적 안정을 유지하려고 노력한다.
분노(anger)	더 이상 자신의 죽음을 부정할 수 없게 되며 왜 내게 이런 불치병과 죽음이 발생하는지에 대해 분노한다. 이들의 분노는 가족, 의사, 간호사 등에게까지 화를 낸다. 때로는 이들의 원망과 분노는 그들의 상태를 이해하고 배려 있게 돌보아 주는 치료와 돌봄이 제공될 때 누그러지기도 한다.
타협(bargaining)	죽음을 피할 수 없는 것을 인식하면서 죽음을 받아들이지만 조금 더 살 수 있게 해 달라고 타협한다. 마지막 공연을 마칠 수 있을 때까지, 자녀의 결혼식에 참석할 수 있게 해 달라는 등의 삶의 연장을 타협한다. 이러한 타협은 대부분 신에게 절박하게 비는 기도이며 약속의 형태가 된다.
우울(depression)	반복되는 치료, 수술, 입원으로 신체적으로 약해지고 외모 변화, 경제적인 부담 등으로 상실감과 우울증이 생긴다.
수용(acceptance)	갑작스런 죽음이 아닌 경우 다가오는 죽음을 수용하는데 이때 환자는 매우 지치고 허약한 상태다. 가족, 친구 등과 조용하게 작별인사를 한다.

출처: Kübler-Ross (1969); 윤진(1996), pp. 346-349.

죽는 과정과 죽을 때 겪는 고통에 대한 두려움, 죽은 다음 미지의 세계에 대한 불안을 포함(Hooyman & Asuman, 2002: 최외선, 2007, p. 757에서 재인용)한다.

퀴블러-로스(Kübler-Ross, 1969)는 불치병의 중환자를 대상으로 한 연구에서 죽음에 이르는 과정의 심리상태를 5단계로 구분하여 설명하고 있다(〈표 14-1〉 참조).

이러한 다섯 단계는 순서적으로 나타날 수도 있지만, 동시적으로 또는 두세 단계가 혼합되어 일어날 수도 있다. 또한 사람에 따라서 분노나 우울증 경향이 먼저 일어날 수도 있기에 퀴블러-로스의 이론은 시간의 순서가 아니라 죽음에 대한 5가지 반응이라고 보는 것이 더 적절하다(윤진, 1996, p. 351).

2. 발달과제

성공적 노화는 삶의 의미와 삶의 질을 더 중시하는 것으로, 생물학적 · 심리적 · 사회적 기능의 수준이 높고, 삶의 만족과 환경 적응의 수준이 높은 상태의 노화를 의미한다(원석조, 2011). 생물학적으로 성공적인 노화는 질병이나 장애가 없거나 있더라고 일상적으로 자립할 수 있는 능력을 보유한 상태다. 심리적으로 성공적인 노화는 건강한 인지기능, 자신에 대한 통제 능력 보유, 환경에의 적응 능력 보유, 삶의 만족도를 유지할 수 있는 상태를 말한다. 사회적으로 성공한 노화는 가족, 친구, 이웃과의 사회적 네트워크를 잘 유지하고, 사회경제적으로 노후준비가 잘 되어 있으며, 사회활동에 활발하게 참여하는 상태다(권중돈, 2009: 원석조, 2011에서 재인용).

1) 주요 노년학 이론

(1) 분리이론

분리이론은 노년기를 노인 개인과 사회가 동시에 상호분리를 시작하는 시기로 이러한 분리는 정상적이고 피할 수 없는 것으로 여긴다. 분리에는 개인적 분리와 사회적 분리가 있다. 개인적 분리는 노인 스스로 에너지를 보존하고 자신만의 시간을 갖고 내적인 면에 충실하기 위해 사회로부터 분리되기를 원할 때 일어난다. 노인은 건강이 약화되고 죽음에 이르는 확률이 높기에 개인의 입장에서 최적의 만족은 사회로부터의 분리다. 이러한 분리는 자신에 대해 더욱 몰두하고, 대상에 대해 정서적 관심이 감소하는 노년기의 발달적 성향과 밀접한 관계가 있다. 따라서 연령 증가에 따른 개인의 사회적 분리는 인생 만족을 증가시키는 중요한 요인이며 사회활동을 적게 할수록 심리적 만족도가 높아진다.

사회적 분리는 사회체계의 입장에서 사회의 기능과 안정 유지를 위해 노인을 분리시키는 것이다. 사회적 분리의 예는 정년제도로, 지식과 기술이 퇴화된 노인을 훈련시키는 것보다 훈련된 젊은이들로 교체하는 것이 유리하다고 판단하기 때문이다(김기태 외, 2009; 나눔의 집, 2013; 장인협, 최성재, 1997).

(2) 활동이론

활동이론은 장년기의 능동적이고 적극적인 생활양식을 노년기에도 지속하는 것이 노인들에게 긍정적인 영향을 줄 수 있기에 노인들의 활동이 적극적으로 이루어져야 한다고 설명한다. 분리가 노년기에 일어나지만 노년기 동안의 생활만족감은 사회활동 참여 정도와 높은 상관성이 있다. 이것은 노인의 심리적 및 사회적 욕구가 중년기와 기본적으로 같다는 가정이다. 강제적인 퇴직이나 건강의 저하로 인해 사회활동 참여 욕구가 충족되지 않으면, 심리적 만족감 또는 사회적 만족감이 낮아진다. 이것은 활동이 개인의 자아

개념을 재확인하는 데 필요한 역할 지지를 제공하기 때문이다(Lemon et al., 1972: 장인협, 최성재, 1997, p. 115에서 재인용).

2) 노년기 발달과제이론

노년기의 발달과제(development task)는 우선 노년기의 변화를 이해하고 신체적 쇠퇴, 인지 능력의 감소, 경제적 소득 감소 등에 슬기롭게 대처하는 것이 중요하다. 노년기의 발달과 관련해서 대표적인 네 가지 이론을 소개한다.

(1) 에릭슨의 심리사회적 발달단계

에릭슨(Erikson)은 심리사회적 발달단계로 생의 단계를 8단계로 구분하였는데, 노년기는 8단계의 마지막 단계에 속한다. 에릭슨에 의하면 노년기의 발달과제로는 자아통합(ego integrity)이 중요하다. 자아통합이 발달한 사람은 과거와 현재 삶을 인정하고 만족하며 죽음을 두려워하지 않고 의미 있게 기다리는 태도를 갖는다. 이것은 나이가 든다는 것을 인정하고, 세계질서와 영적인 것을 행하면서 겪은 경험에서 나오는 자아에 대한 애정으로 여기서의 자아에 대한 애정은 탈나르시스적 애정(post-narcissistic love of human ego)으로 자아도취와는 구별된다. 이와 같은 노년기의 발달과제는 전 단계인 장년기 발달의 성패에 의해 중요하게 영향을 받는다.

자아통합이 발달되지 못하면 절망의 태도가 형성되는데, 이것은 새로운 삶이나 다른 자아통합의 방식을 시도하기에 시간이 부족하다고 느끼는 데서 오는 절망감이다. 노년기에서 절망은 자신의 과거는 물론 현재의 인생을 후회하고 만족하지 못하며, 모든 것을 불운했다고 생각하면서 죽음 앞에 남은 시간이 너무 짧아 불안하고 초조해하며, 자기부정 및 절망적인 태도를 나타내는 것을 의미한다(이혜원, 1997, pp. 44-45; Erikson, 1963).

(2) 펙의 발달과업이론

펙(Peck)은 중년기와 노년기를 통합해서 중년기 이후의 발달과제로 자아분화, 신체적 적응, 자아초월을 설명한다(장인협, 최성재, 1997).

첫 번째 과제는 자아분화다. 노년기의 주요한 변화는 사회적 역할의 상실로 현직에서의 은퇴다. 일(job)에만 자신을 몰두하고 전념하면 현직에 있을 때는 자존감이 높지만 은퇴 후에는 자존감이 급속하게 감소되고 상실된다. 그러므로 은퇴 후에도 자존감을 갖기 위해서는 일에서만이 아니라 다양한 역할을 잘할 수 있도록 자아분화가 필요하다. 자아분화 과정은 유년기에서부터 시작되는 복잡하고 다양한 자아정체성의 발달이다. 자아의 지지기반을 직업적 역할만이 아니라 다양한 역할에 두면 퇴직으로 직업적 역할이 상실되어도 다른 역할을 통해 자아정체성을 유지할 수 있다. 자아분화가 잘 안 되면 자아정체성을 상실하게 되는 부정적인 현상이 나타나게 된다. 그러므로 성공적인 노년을 위해서는 가치 있고 의미 있는 활동 등을 통해 만족감과 가치감을 느낄 수 있어야 한다(Peck, 1968, p. 90).

두 번째 과제는 신체의 기능쇠퇴라는 생물학적 노화현상을 극복하고 잘 적응함으로써 생활의 만족감을 얻는 것이다.

세 번째 과제는 현실적인 자아초월이다. 즉, 불안이나 두려움 없이 자신의 죽음을 인정하고 긍정적으로 받아들여 자신을 현재의 생명을 넘어 미래에까지 연결시키는 것이다. 이러한 자아초월 과제가 잘 이루어지지 않으면 죽음을 두려워하게 되어 불안과 초조한 태도를 가지게 된다(장인협, 최성재, 1997; Peck, 1968).

(3) 해비거스트의 발달과제이론

해비거스트(Havighurst)는 생의 주기를 6단계로 구분하는데, 각 단계에 따른 과제는 건강하고 만족스러운 성장을 할 수 있는 과제이고, 성공적으로 과업을 이룬 개인은 행복할 수 있으며 다음 단계의 발달과업도 잘 수행할 수 있다는 발달단계의 연속성을 강조한다. 따라서 특정 단계의 과제 발달에 실패하면 그 개인은 불행할 수 있으며, 사회에서도 인정받지 못하고, 다음 단계의 발달과제도 잘 수행하지 못하게 된다(Havighurst, 1960, p. 2). 그의 발달단계에서 노년기는 후기 성년기(later maturity, 60세 이후) 단계에 속한다. 후기 성년기는 생물학적 · 사회학적으로 불가피한 상실에 대한 적응이 커다란 과제다.

- 약화되는 신체적 힘과 건강에 따른 적응
- 퇴직과 경제적 수입 감소에 따른 적응
- 배우자의 죽음에 따른 적응
- 동년배 집단과의 유대관계 강화
- 공익적 활동을 하는 일: 사회적 · 정치적 활동에 시민의식을 갖고 참여하는 것
- 생활에 적합한 물리적 환경의 조성

(4) 클라크와 앤더슨의 적응발달과업이론

클라크와 앤더슨(Clark & Anderson, 1967)은 노년기에 적응해야 하는 다섯 가지의 적응과업을 제시하고 있다.

- 노화의 현실과 이론으로 인한 활동 및 행동에 제약이 오는 것을 자각하는 것
- 신체적 및 사회적 생활반경을 재정의하는 것
- 노화로 인한 제약 때문에 종전처럼 만족시킬 수 없는 욕구를 다른 방법으로 만족시키는 것
- 자아의 평가기준을 새로이 설정하는 것
- 노년기의 생활에 맞도록 생활의 목표와 가치를 재정의하는 것

3) 노년기 발달과제

건강한 노년기를 위해서는 신체와 건강관리, 노후준비와 소득감소, 사회활동, 죽음에 대해 잘 준비하고 대처해야 한다.

(1) 신체와 건강관리

노년기는 노화로 인해 신체기능이 쇠퇴하고 질병이 증가한다. 또한 골밀도가 감소하여 작은 충격에도 골절되는 경향이 있다. 노년기 이전 단계까지 직장, 가정, 사회활동 등으로 바쁜 나날을 보내느라 아파도 참거나 병원에 가거나 치료받을 시간이 없어 병이 더 악화되는 상태로 노년기를 맞는 경우도 있다. 그러므로 노년기의 건강한 신체와 질병 예방을 위한 방법은 노년기에 이르러 시작하면 늦다. 그전부터 꾸준한 운동과 '내가 섭취하는 것이 나를 만든다(You are what you eat).'는 생각으로 소식, 신선한 야채와 과일의 적절한 섭취, 고른 영양섭취 등이 필요하다. 또한 노년기는 자신의 의지와 상관없이 신체적 · 물리적인 쇠퇴와 감소, 신진대사기능의 저하를 경험한다. 따라서 건강을 자신하지 말고 노년기의 신체 변화에 대한 정보와 지식을 습득하고, 노년기에 적합한 운동과 식이를 해야 한다. 걷기, 수영 등 관절 부담 없는 운동을 꾸준히 하는 것이 좋다.

(2) 노후대비와 경제적 소득감소 적응

산업사회에서 노년기는 은퇴라는 직업적 역할상실이라는 큰 변화가 있다. 2000년대 이후의 한국 경제의 특징은 직장을 갖는 시기는 점점 늦어지는 반면, 은퇴 시기는 빨라지고 있다는 점이다. 여기에 평균수명의 연장은 임금소득 기간을 생애주기에서 상대적으로 짧아지게 만든다. 은퇴를 하지만 자녀의 학비, 결혼비용 등 지출이 증가하는 경우도 많다. 노후에 자녀에게 경제적 부양을 받는 비율이 점점 감소하는 추세에서 노년기의 생활비는 노년기 이전인 경제활동 시작 단계에서부터 준비해야 한다. 공적 연금제도(국민연금, 공무원 등의 특수직연금)로 노년기의 생활비가 일부분 마련되지만, 본인 또는 부부 생활비로는 부족하다. 그러므로 공적 연금 이외에 노후준비가 필요하다.

노후준비가 되어 있어도 대부분의 사람들은 공적·사적 연금, 저축 등으로 생활비를 마련하기 때문에 소득이 청장년기의 경제활동을 통한 소득보다 감소한다. 이러한 소득감소에 적응하는 것이 노년기의 과제다. 자녀들이 독립하면 작은 집으로 이사를 하거나, 소득수준에 맞게 소비생활을 축소해야 한다. 이러한 변화를 싫어하는 노인들도 있지만, 남들에게 보이는 것보다는 현실에 맞게 합리성을 추구하는 것이 바람직하다.

(3) 사회활동

직업은 사회활동의 주요한 요소다. 그러나 은퇴를 통해 경제적 요구에 의한 사회활동에서 졸업을 하게 된다. 은퇴가 자존감의 상실, 무기력함 등을 유발하기도 하지만, 다른 한편 그동안 미뤄 두었던 여가활동을 할 수 있는 시간을 주기도 한다. 도서관, 지역사회복지관 등에서 자원봉사와 같은 의미 있는 활동을 할 수 있다. 이러한 자원봉사는 노년기의 삶의 질을 높이기도 한다(김승용, 고기숙, 2008). 노인복지관, 지역주민자치센터 등 공공기관에서의 여러 소모임 등의 사회활동을 할 수도 있다. 이러한 사회활동은 유급직업에서 오는 만족감과는 또 다른 자아만족감을 주며 노년기를 활기차게 보낼 수 있게 해 준다.

(4) 죽음과 호스피스

노년기에 있어 자신 또는 배우자의 죽음이나 친구의 죽음은 불가피하다. 불가피한 일이기에 에릭슨이 노년기의 발달과제로 제시한 '자아통합'이라는 자신의 삶을 만족스럽게 받아들이고 죽음을 인정하는 태도를 갖는 것이 필요하다. 죽음에 초연하거나 기다리는 자세에 대해 '좋은 죽음'으로 정의하기도 한다(박석돈 외, 2010, p. 367).

'좋은 죽음'에 대한 요소로 노환으로 사망하는 것, 70세 이후에 사망하는 것, 집에서 임종을 맞이하는 것, 1개월 미만의 임종기간, 임종기 동안 가족과 함께하는 것, 임종기 동안의 독립성, 죽음에 대한 인지, 유언 남기기, 임종기 동안의 자율성, 통증 없는 것, 종교, 호스피스, 무의미한 생명연장술을 받지 않는 것으로 연구되었다(김선미, 이윤정, 김순이, 2003).

노년기에는 죽음 자체보다는 언제, 어떻게 죽느냐 하는 것에 관심이 더 클 수 있다(Matthews, 1979: 김선미 외, p. 95에서 재인용). 죽음과 관련한 심리연구에 의하면, 죽음 과정에 대한 불안이 존재상실과 사후결과에 대한 불안보다 더 높았다(최외선, 2007). 죽음에 대한 불안은 존재의 상실에서 오는 두려움과 죽어 가는 과정에서 오는 두려움, 공포 그리고 사후결과에 대한 불안을 포함하는 심리적 과정이다(오미나, 최외선, 2005). 따라서 회피 또는 부정하는 태도가 아니라, 때가 되면 죽음을 수용적으로 받아들일 수 있도록 죽음에 대한 이해와 준비가 필요하다(최외선, 2007). 그러므로 노년기에는 죽음불안 극복이 과제로 대두되면, 여러 요소 중 종교가 있는 노인이 없는 노인보다 죽음불안이 더 낮은 경향이 있다(최외선, 2007). 실천적으로 집단미술치료(최외선, 박혜경, 2008), 종교생활 등이 도움이 된다.

말기 환자 등 죽음을 앞둔 경우, 죽음을 대비하고 인간적인 죽음을 준비하는 방식으로 호스피스(hospice)가 있다. 호스피스를 정의하면 죽음을 앞둔 환자에게 연명의술 대신 평안한 임종을 맞도록 하는 것이다. 죽음이란 삶의 자연스러운 과정임을 인식시키고, 정신적·육체적 고통 완화와 마지막 순간까지 인간다운 삶을 살 수 있도록 돌보는 것이다(박석돈 외, 2010).

대상자 선정은 치료가능성이 없는 말기 환자로 호스피스 간호가 필요한 자, 의사로부터 불치병의 진단을 받고 여명 기간이 6개월 정도인 자, 의사의 동의가 있거나 의뢰된 자, 환자나 가족이 의사의 진단을 받아들이고 예후를 논의하여 통증 및 증상 완화를 위한 비치료적 간호를 받기로 결정된 자, 가족이나 친지가 없어 호스피스의 도움이 필요하다고 선정된 자, 의식이 분명하고 의사소통이 가능한 자 등이다(양옥남 외, 2010).

호스피스 철학은 다음과 같다. 첫째, 말기 환자와 임종 환자 그리고 그 가족들을 돌보고 지지한다. 둘째, 그들의 남은 생을 가능한 한 편안하게 하고 충만한 삶을 살게 한다. 셋째, 삶을 긍정적으로 받아들이며 죽음은 삶의 자연스런 일부분으로 받아들인다. 넷째, 호스피스는 삶을 연장시키거나 단축시키지 않는다. 다섯째, 환자와 그 가족의 요구에 부응하도록 가능한 한 모든 자원을 이용하여 신체적·심리사회적·영적 요구를 충족시키고 지지하여 죽음을 준비하도록 돕는다(양옥남 외, 2010, pp. 366-367).

호스피스의 유형으로는 병원 내 병동 호스피스, 독립형 호스피스, 환자가정을 방문하는 가정 호스피스, 시설 호스피스, 주간보호 호스피스 등이 있다(박석돈 외, 2010).

3. 사회복지 실천의 함의

노인의 사회적 지위는 시대에 따라 달라진다. 현대화이론에서는 현대화가 노인의 사회적 지위 하락의 원인이 현대화에 있다고 설명한다(김기태 외, 2009). 전통사회에서는 마을의 노인이 중요 사안을 결정하는 위치에 있었지만 현대사회에서는 노인의 지위가 하락한다. 산업화와 현대화로 인한 지식의 발전, 기술의 발전이 급변하는 상황에서 노인들은 새로운 기술 습득이 더디고 젊은 세대에 뒤처지기 마련이다. 이 때문에 연륜과 경험으로 존경받는 시대가 아닌 스마트폰, 인터넷 등을 사용할 줄 알아야 하는 시대에서 노인은 빠르게 변화하는 테크놀로지에 적응하지 못하는 도태된 존재로 여겨지기도 한다. 가치관과 생활태도의 변화 등은 노인들과 청년세대 간의 갈등을 일으키고, 노인의 생각이 구태의연한 낡은 것으로 여겨진다. 이제는 나이가 아니라 사람됨, 살아온 삶을 통해 존경받는 시대다. 노인들도 이런 변화된 가치와

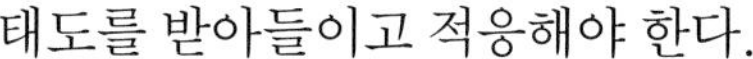
태도를 받아들이고 적응해야 한다.

우리나라도 고령화 속도가 매우 빠르게 진행되고 있어, 인구의 고령화에 대한 제반 정책과 서비스 대책이 시급한 상황이다. 노년기의 특징과 발달과제와 관련한 사회복지 실천에서 주요한 과제로는 경제적 소득감소, 의료, 주거, 사회활동 등의 영역에서의 정책의 확대와 개선이 필요하다.

1) 소득 및 고용보장

평균수명의 연장으로 생애주기에서 노년기가 길어지고 있다. 증가하는 노년기에 비해 소득은 정년퇴직을 기준으로 감소하게 된다. 노년기의 삶의 질의 기본은 경제적 안정이다. 연금과 개인자산으로 생활비를 100% 충당할 수 없는 노인들이 많으며, 늘어나는 의료비를 감당하지 못하기도 한다. 노인의 상대적 빈곤율이 높은 우리나라는 노인의 경제적 어려움이 가장 큰 문제다. 이와 관련해서 국가의 저소득 노인에 대한 연금, 국민기초생활제도 등이 있지만 근본적으로는 신체적 · 정신적으로 건강한 노인들이 일할 수 있어야 한다. 그러므로 노년기의 정년퇴직의 연장과 함께 직장에서 은퇴 후 새로운 직업으로 전환할 수 있도록 개인의 노력과 사회적 지원이 필요하다.

노년부양비의 증가는 청년층의 부담을 가져온다. 청년층의 부담뿐만이 아니라 국민연금, 건강보험 같은 사회보험도 약해지게 된다. 사회보험료를 내는 사람보다 보험료 수혜자가 더 많은 구조가 되어 연금액수, 보장기간, 의료서비스의 질 등이 저하될 수 있다. 따라서 노인을 가족과 사회가 부양하는 데 한계가 있다. 그러므로 노인들의 재취업은 개인적 삶의 질 향상뿐만 아니라 사회적 부양 부담을 줄이는 데 도움이 되며, 노인에게도 사회적 소외에서 벗어나고, 사회활동 욕구를 충족시키는 효과가 있다(원석조, 2011).

그러나 노인의 소득보장을 위한 노인취업은 고려해야 할 사항이 있다. 노인취업의 확대가 청년층의 일자리 축소로 이어지지 않아야 한다. 정년연장은 청년층에게는 신규채용의 감소로 이어질 수 있다. 또한 신체적·물리적 요인에 의해서 정년까지 일을 못할 수도 있다. 노인의 신체와 심신의 기능에 맞고 청년층과 경쟁하지 않는 일자리에 대한 고민이 필요하다.

2) 의료보장

노년기에는 빈번한 질병, 치매, 중풍 등의 의료비 지출이 많아지는데, 노년기의 의료비 부담이 개인적인 차원에서 해결되는 데 한계가 있다. 노인은 젊은 층에 비해 유병률이 2~3배 이상이 되며, 만성질환과 합병증으로 빈번한 의료 진료가 요구된다(박선태, 최병태, 서보준, 송은희, 김유진, 2012). 또한 치매, 중풍 등 장기 요양을 필요로 하는 질병에 대한 의료적 치료 외에도 노인을 간병하는 문제가 있다(양옥남 외, 2010). 전통적으로는 가족 내에서 간병을 전담하였으나, 노인단독가구, 노인부부가구 등의 증가와 여성의 경제활동 참가로 인해 간병의 공적 지원이 절실해졌다. 이에 따라 2008년부터 노인장기요양보험제도가 도입되어 노인성 질환으로 장기요양급여가 필요한 경우 요양보호 신청을 할 수 있다. 노인전문병원 증설, 중증 치매 노인을 위한 치매요양병원 확충, 노인질환의 특성상 치료보다는 돌봄(care)에 관심을 두는 것이 필요하다(양옥남 외, 2010).

3) 주거

노년기에 주택은 일상생활의 대부분의 시간을 보내는 생활공간으로서 생의 어떤 시기보다 큰 의미를 갖는다. 그러므로 노년기의 주거는 노년기의 삶의 질, 성공적인 노화와 관련이 깊다. 사회복지 차원에서 노년기의 주거와 관련해서 관심을 가져야 할 문제는 다음과 같다. 첫째, 경제적 빈곤으로 주거환경이 열악한 노인에 대한 주거보장이다. 무료 또는 저렴한 비용으로 안전하고

청결한 주거공간이 확보되어야 한다. 둘째, 신체적 조건의 변화에 따른 주거환경의 조정이 필요하다. 노화로 신체 적응능력이 쇠퇴하는 시기이기에 문턱 제거, 손잡이 설치, 욕실 미끄럼 방지 등의 설치가 필요하다(김기태 외, 2009).

독립생활이 가능한 노인은 기존에 거주하던 주택이나 작은 규모의 집으로 이사해서 거주하면서 이러한 일상생활의 필요에 맞게 집 구조와 실내를 조정하면 된다. 노인거주세대만으로 구성된 실버타운 등 다양한 형태의 노인거주시설도 개발되고 있다. 그러나 민간에서 운영하는 실버타운의 경우 사업자 부도 시 입주보증금의 회수가 보장되지 않고, 계약조건과 부대시설이 다른 것이 문제점이 될 수 있다.

4) 여가와 자원봉사

노인의 여가활동은 신체 및 정신건강, 삶의 만족감, 심리적 안녕 등을 얻을 수 있고 은퇴 후 가족과 사회로부터의 역할상실에서 벗어날 수 있는 계기가 된다(양옥남 외, 2010).

자원봉사는 노인 자신은 물론 지역사회에도 기여할 수 있으며, 의미 있는 일을 한다는 데서 오는 보람과 만족감은 사회적 지위와 역할 상실을 보충해 주기도 한다(양옥남 외, 2010; 원석조, 2011). 노인의 자원봉사는 사회적 차원에서도 노인에 대한 인식의 전환, 노인차별주의 의식의 약화, 노인복지비용 절감 및 복지인력 부족 보완 같은 긍정적 효과가 있다(원석조, 2011). 노년기 삶의 질을 높이기 위한 사회복지 과제로는 노년기의 심신 기능에 알맞은 여가와 자원봉사 프로그램이 개발되어야 할 것이다(양옥남 외, 2010). 은퇴 전 쌓은 전문성을 활용하여 재능기부, 자원봉사와 노인 일자리를 겸한 방식 등의 프로그램이 좋은 예라고 할 수 있다.

노인 자살률이 해마다 증가하고 있다. 노년기의 우울증 증가가 주요 원인인데, 노년기의 우울증은 건강상태와 사회적 지지의 영향을 많이 받는다. 노인들의 사회참여와 여가 등을 통해 고립되지 않고, 다양한 연령층과 교류를 한다면 우울 수준이 경감될 것이다(원석조, 2011).

각해 볼 문제

1. 노년기 개념과 관련해서 네 가지 기준에 의한 정의를 설명해 보시오.
2. 노년기의 변화에서 노화의 의미는 무엇인지 생각해 보시오.
3. 노년기의 변화 중 신체 외면상의 변화로는 무엇이 있는지 설명해 보시오.
4. 에릭슨의 자아통합과 절망 개념에 대해 설명해 보시오.
5. 해비거스트의 발달과업의 특징을 설명해 보시오.
6. 우리나라 노인 인구의 상대적 빈곤율이 높은 이유에 대해 생각해 보시오.
7. 호스피스에 대해 설명해 보시오.
8. 퀴블러-로스(Kübler-Ross)가 제시한 '죽음의 직면 단계'에 포함되지 않는 것은?

   ① 부정 ② 자학

   ③ 타협 ④ 우울

   ⑤ 분노

참고문헌

김기태, 성명옥, 박봉길, 이은희, 최송식, 최희경, 박미진(2009). 노인복지론. 경기: 공동체.

김선미, 이윤정, 김순이(2003). 노인과 성인이 인식하는 좋은 죽음에 대한 연구. 한국노년학, 23(3), 95-110.

김승용, 고기숙(2008). 지역사회 노인의 자원봉사활동이 자아통합 및 죽음불안에 미치는 영향. 한국지역사회복지학, 25, 51-73.

나눔의 집(2013). **사회복지사 기본서-인간행동과 사회환경**. 서울: 나눔의 집.

박석돈, 박순미, 최외선(2010). **노인복지론**. 경기: 양서원.

박선태, 최병태, 서보준, 송은희, 김유진(2012). **노인복지론**. 경기: 공동체.

양옥남, 김혜경, 김미숙, 정순돌(2010). **노인복지론**. 경기: 공동체.

오미나, 최외선(2005). 재가노인과 시설노인의 자아존중감, 죽음불안 및 우울에 관한 연구. **대한가정학회지, 43**(3), 105-118.

원석조(2011). **노인복지론**. 경기: 공동체.

윤진(1996). **성인노인심리학**. 서울: 중앙적성출판사.

이혜원(1997). **노인복지론: 이론과 실무**. 서울: 유풍출판사.

장인협, 최성재(1997). **노인복지학**. 서울: 서울대학교출판부.

정은희, 이주미(2015). **빈곤통계연보**. 한국보건사회연구원.

조성희, 김욱, 김정현, 박현식(2020). **노인복지론**. 경기: 양서원.

최외선(2007). 노인의 자아통합감과 죽음불안에 대한 연구. **한국노년학, 27**(4), 755-773.

최외선, 박혜경(2008). 집단미술치료가 노인의 자아통합감과 죽음불안에 미치는 효과. **미술치료연구, 15**(4), 697-720.

Clark, M., & Anderson, B. G. (1967). *Culture and aging*. Springfield, Illinois: Charles C. Thomas.

Erikson, E. H. (1963). *Childhood and society*. New York: Norton.

Havighurst, R. J. (1960). *Developmental tasks and education*. New York: Longmans, Greend and Co.

Hooyman, R. N., & Asuman, K. H. (2002). *Social gerontology* (6th ed.). Boston: Allyn and Bacon.

Kastenbaum, R. (1992). *The psychology of death* (2nd ed.). New York: Springer.

Kübler-Ross, E. (1969). *On Death and Dying*. New York: Macmillan Company.

Peck, R. C. (1968). Psychological developments in the second half of life. In B. L. Neugarten (Ed.), *Middle age and aging: A reader in social psychology* (pp. 88-92). Chicago: The University of Chicago Press.

Rosow, I. (1974). *Socialization to old age*. University of California Press.

찾아보기

인명

내용

저자 소개

손병덕(Byoung Duk Sohn)
미국 Washington University(St. Louis) 석사
미국 Harvard University 석사
영국 Oxford University 박사
현 총신대학교 사회복지학과 교수

성문주(Moon Ju Seong)
영국 Oxford University 석사
영국 Oxford University 박사
현 남서울대학교 사회복지학과 교수

백은령(Eun Ryoung Paik)
가톨릭대학교 석사
가톨릭대학교 박사
현 총신대학교 사회복지학과 교수

이은미(Eun Mi Lee)
영국 Kent University 석사
서울대학교 박사
현 서울신학대학교 사회복지학과 교수

최인화(In Hwa Choi)
미국 Columbia University 석사
서울대학교 박사
현 명지대학교 사회복지학과 교수

정정호(Jeong Ho Jeong)
서울대학교 석사
서울대학교 박사
현 청운대학교 사회복지학과 교수

송현아(Hyun A Song)
미국 Washington University(St. Louis) 석사
미국 Pittsburgh University 박사
현 총신대학교 사회복지학과 조교수

인간행동과 사회환경(3판)
Human Behavior and the Social Environment (3rd ed.)

2014년 8월 25일 1판 1쇄 발행
2016년 8월 20일 1판 3쇄 발행
2017년 8월 30일 2판 1쇄 발행
2022년 1월 20일 2판 8쇄 발행
2022년 9월 15일 3판 1쇄 발행

지은이 • 손병덕 · 성문주 · 백은령 · 이은미 · 최인화 · 정정호 · 송현아
펴낸이 • 김진환
펴낸곳 • ㈜ 학지사
04031 서울특별시 마포구 양화로 15길 20 마인드월드빌딩
대표전화 • 02-330-5114 팩스 • 02-324-2345
등록번호 • 제313-2006-000265호

홈페이지 • http://www.hakjisa.co.kr
페이스북 • https://www.facebook.com/hakjisabook

ISBN 978-89-997-2759-7 93330

정가 22,000원